胡适 著

大学者谈史系列

中国历史的看法

中国文史出版社

图书在版编目（CIP）数据

中国历史的看法 / 胡适著 . —— 北京 : 中国文史出版社 , 2023.7
（大学者谈史系列 / 史鸣主编）
ISBN 978-7-5205-4130-5

Ⅰ . ①中… Ⅱ . ①胡… Ⅲ . ①中国历史 – 研究 Ⅳ . ① K207

中国国家版本馆 CIP 数据核字 (2023) 第 105244 号

责任编辑：方云虎

出版发行：中国文史出版社
社　　址：北京市海淀区西八里庄路 69 号院　　邮编：100142
电　　话：010-81136606　81136602　81136603（发行部）
传　　真：010-81136655
印　　装：廊坊市海涛印刷有限公司
经　　销：全国新华书店
开　　本：16 开
印　　张：29.25
字　　数：340 千字
版　　次：2024 年 1 月北京第 1 版
印　　次：2024 年 1 月第 1 次印刷
定　　价：88.00 元

编者说明

作为新文化运动的倡导者和开风气之先的学者，胡适对中国历史的研究和看法以及"大胆的假设，小心的求证"的研究方法，在某种程度上影响了中国现代新史学的发展。本书汇编了胡适主要史学论文，如《研究国故的方法》《中国历史的一个看法》《中国古代政治思想史的一个看法》等，可以看到胡适将中国历史置于中西文化冲突和交流背景下，令人耳目一新的视角和观点；可以看到胡适在严密考据的前提下，同时作为一个思想家所闪耀的智慧的光芒。他的观点成就了他自己，不仅惠及史林，也惠及百年来亿万中国人。

本书重点参考了不同版本的《胡适全集》以及相关专著，按写作时间编次，订正了个别错讹。

编　者

目　录

诸子不出于王官论

今之治诸子学者，自章太炎先生以下，皆主九流出于王官之说。此说关于诸子学说之根据，不可以不辨也。此说始见《汉书·艺文志》，盖本于刘歆《七略》，其说曰：

> 儒家者流，盖出于司徒之官。……
>
> 道家者流，盖出于史官。……
>
> 阴阳家者流，盖出于羲和之官。……
>
> 法家者流，盖出于理官。……
>
> 名家者流，盖出于礼官。……
>
> 墨家者流，盖出于清庙之守。……
>
> 纵横家者流，盖出于行人之官。……
>
> 杂家者流，盖出于议官。……
>
> 农家者流，盖出于农稷之官。……
>
> 小说家者流，盖出于稗官。……（本十家。原文有"其可观者九家而已"之语。故但言九流。）

此所说诸家所自出，皆属汉儒附会揣测之辞，其言全无凭据，而后之学者乃奉为师法，以为九流果皆出于王官。甚矣，先入之言之足以蔽人聪明也！夫言诸家之学说，间有近于王官之所守，如阴阳家之近于占候之官，此犹可说也。即谓古者学在官府，非吏无所得师，亦犹可说也。至谓王官为诸子所自出，甚至以墨家为出于清庙之守，以法家为出于理官，则不独言之无所依据，亦大悖于学术思想兴衰之迹矣。今试论此说之谬。分四端言之。

第一，刘歆以前之论周末诸子学派者，皆无此说也。

（甲）《庄子·天下篇》。

（乙）《荀子·非十二子篇》。

（丙）司马谈《论六家要指》。

（丁）《淮南子·要略》。

古之论诸子学说者，莫备于此四书。而此四书皆无出于王官之说。《淮南要略》（自"文王之时，纣为天下"以下）专论诸家学说所自出，以为诸子之学皆起于救世之弊，应时而兴。故有殷、周之争，而太公之阴谋生；有周公之遗风，而儒者之学兴；有儒学之敝，礼文之烦扰，而后墨者之教起；有齐国之地势，桓公之霸业，而后管子之书作；有战国之兵祸，而后纵横修短之术出；有韩国之法令"新故相反，前后相缪"，而后申子刑名之书生；有秦孝公之图治，而后商鞅之法兴焉。此所论列，虽间有考之未精，然其大旨以为学术之兴皆本于世变之所急，其说最近理。即此一说，已足推破九流出于王官之陋说矣。

第二，九流无出于王官之理也。《周官》司徒掌邦教，儒家以六经设教。而论者遂谓儒家为出于司徒之官。不知儒家之六籍，多非司徒之官之所能梦见。此所施教，固非彼所谓教也。此其说已不能成立。其最谬者，莫如以墨家为出于清庙之守。夫以"墨"名家，其为创说，更何待言？墨者之学，仪态万方，岂清庙小官所能产生？《七略》之言曰：

茅屋采椽，是以贵俭。养三老五更，是以兼爱。选士大射，是以上贤。宗祀严父，是以右鬼。顺四时而行，是以非命。以孝视天下，是以上同。

此其所言，无一语不谬。墨家贵俭，与茅屋采椽何关？茹毛饮血，穴居野处，不更俭耶？何不谓墨家为出于洪荒之世乎？养三老五更，尤不足以尽兼爱。墨家兼爱，本之其所谓"天志"。其意欲兼而爱人，兼而利人，与陋儒之养老异矣。选士大射，岂属清庙之守？其说已为离本。至谓"宗祀严父，是以右鬼，以孝视天下，是以上同"，则更荒谬矣。墨家爱无差等，何得宗祀严父？其上同之说，谓一同天下之义，与儒家之以孝治天下，全无关系也。墨家非命之说要在使人知祸福由于自召，丰歉有待耕耘，正攻儒家"死生有命贵富在天"之说。若"顺四时而行"，适成有命之说，更何"非命"之可言！

凡此诸端，皆足征墨家之不出于王官。举此一家，可例其他。如云纵横之术出于行人之官。不知行人自是行人，纵横自是纵横。一是官守，一为政术，二者岂相为渊源耶？《周礼》尝有掌皮之官矣。岂可谓今日制革之术为出于此耶？

第三，《艺文志》所分九流，乃汉儒陋说，未得诸家派别之实也。古无九流之目。《艺文志》强为之分别，其说多支离无据。如晏子岂可在儒家？管子岂可在道家？管子既在道家，韩非又安可属法家？至于《伊尹》《太公》《孔甲》《盘盂》种种伪书，皆一律收录。其为昏谬，更不待言。其最谬者，莫如论名家。古无名家之名也。凡一家之学，无不有其为学之方术。此方术即是其"逻辑"。是以老子有无名之说，孔子有《正名》之论，墨子有三表之法，"别墨"有墨辩之书（即今《墨子》书中之《经·上下》《经说·上下》《大取》《小取》诸篇），荀子有《正名》之篇，公孙龙有名实之论,尹文子有刑名之论,庄周有《齐物》之篇:皆其"名学"也。古无有无"名学"之家,故"名家"不成为一家之言。惠施、公孙龙,皆墨者也。观《列子·仲尼》篇所称公孙龙之说七事,《庄子·天下》篇所称二十一事,及今所传《公孙龙子》书中《坚白》《通变》《名实》诸篇,无一不尝见于《墨辩》(晋人如张湛、鲁胜之徒颇知此理。至于惠施主兼爱万物,公孙龙主偃兵,尤易见),皆其证也。其后学术散失,汉儒固陋,但知掇拾诸家之伦理政治学说,而不明诸家为学之方术,于是凡"苛察缴绕"(司马谈语)之言,概谓之"名家"。名家之目立,而先秦学术之方法沦亡矣。刘歆、班固承其谬说,列名家为九流之一,而不知其非也。先秦显学,本只有儒、墨、道三家。后世所称法家如韩非"管子"(管仲本无书。今所传《管子》,乃伪书耳),皆自属道家。任法,任术,任势,以为治,皆"道"也。其他如《吕览》之类,皆杂糅不成一家之言。知汉人所立"九流"之名之无征,则其九流出于王官之说不攻而自破矣。

第四,章太炎先生之说,亦不能成立。近人说诸子出于王官者,惟太炎先生为最详(其说见《诸子学略说》。此篇今不列于《章氏丛书》)。然其言亦颇破碎不完。如引《艺文志》之说而以为"此诸子出于王官之证"。此如惠施所云以弹说弹(见《说苑》),不成论证也。其称老聃为柱下史,为征藏史,以为道家固出于史官;然则孔丘尝为乘田矣,尝为委吏矣,岂可遂谓孔氏之学固出于此耶?又云,"墨家先有史佚,为成王师。其后墨翟亦受学于史角"。史佚之书,今无所考,其名但见《艺文志》。其书之在墨家,亦犹晏子之在儒家与伊尹太公之在道家耳。若以墨翟之学于史角,为诸子出于王官之证,则孔子所师事者尤众矣。况史佚、史角既非清庙之官,则《艺文志》墨家出于清庙之说亦不能成立。又云，"其他虽无征验而大抵出于王官"。然则太炎先生亦知其为无征验矣。

太炎先生又曰，"古之学者多出王官。世卿用事之时，百姓当家则务农商畜牧，无所谓学问也。其欲学者，不得不给事官府，为之胥徒，或乃供洒扫为仆役焉。故《曲礼》云，官学事师。学字本或作御。所谓宦者，谓为其宦寺也（适按此说似未必然。郑注云，宦，仕也。《正义》引《左传》宣二年服虔注云，宦，学也。谓学仕官之事。其说似近是）。所谓御者，谓为其仆御也（适按，原作学，本可通。《正义》谓学习六艺是也。即作御，亦是六艺之一。古者车战之世，射御并重。孔子亦有吾执御矣之言。未必是仆役之贱职也）。……《说文》云，仕，学也。仕何以得训为学？所谓官于大夫，犹今之学习行走耳。是故非仕无学，非学无仕"（《诸子学略说》）。又曰，"不仕则无所受书"（《订孔·上》）。适按此言古代书册司于官府，故教育之权柄于王官；非仕无所受书，非吏无所得师。此或实有其事，亦未可知。然此另是一问题。古者学在王官，是一事。诸子之学是否出于王官，又是一事。吾意以为即令此说而［可］信，亦不足证诸子出于王官。盖古代之王官，定无学术可言。《周礼》伪书本不足据（无论如何，《周礼》决非周公时之制度）。即以《周礼》所言"十有二教"及"乡三物"观之，皆不足以言学术。徒以古代为学皆以求仕，故智能之士或多萃于官府。此如欧洲中世教会柄世政，才秀之士多为祭司神甫，而书籍亦多聚于寺院。以故，其时求学者，皆以祭司为师。故谓教会为握欧洲中古教育之柄可也。然岂可遂谓近世之学术皆出于教会耶？吾意我国古代，或亦如此。当周室盛时，教育之权或尽操于王官。然其所谓教，必不外乎祀典卜筮之文，礼乐射御之末。其所谓"师儒"，亦如近世"训导""教授"之类耳。其视诸子之学术，正如天地之悬绝。诸子之学，不但决不能出于王官，果使能与王官并世，亦定不为所容而必为所焚烧坑杀耳。此如欧洲教会尝操中古教育之权，及文艺复兴之后，私家学术隆起，而教会以其不利于己，乃出其全力以抑阻之。哲人如卜鲁诺（Bruno），乃遭焚杀之惨。其时科学哲学之书多遭焚毁。笛卡儿至自毁其已著未刊之"天地论"。使教会当时竟得行其志，则欧洲今世之学术文化尚有兴起之望耶？是故教会之失败，欧洲学术之大幸也；王官之废绝，保氏之失守，先秦学术之大幸也。而世之学者乃更拘守刘歆之谬说，谓诸子之学皆出于王官，亦大昧于学术隆替之迹已。

太炎先生《国故论衡》之论诸子学，其精辟远过其《诸子学略说》矣，然终不废九流出于王官之说（其说又散见他书，如《孝经用夏法说》《订孔》上诸篇）。其言曰，"是故九流皆出王官。及其发舒，王官所不能与。官人守要，而九流究宣其义，是以滋长"（《原学》）。此亦无征验之言。其言"官人守要而九流究宣其义"，大足贻误后学。夫义之未宣，更何要之能守？学术之兴，由简而繁，由易而赜，其简其易，皆属草创不完之际，非谓其要义已尽具于是也。吾意以为诸子自老聃、孔丘至于韩非，皆忧世之乱而思有以拯济之，故其学皆应时而生，与王官无涉。诸家既群起，乃交相为影响，虽明相攻击，而冥冥之中已受所攻击者之薰化。是故孔子攻"报怨以德"之言，而其言无为之治则老聃之影响也。墨子非儒，而其言曰，"义者，正也。必从上之正下，无从下之正上"。则同于"政者正也"之说矣。又言必称尧、舜古圣王，则亦儒家之流毒也。孟子非墨家功利之说，而其言政无一非功利之事。又非兼爱，而盛称禹、稷之行，与不忍人之政，则亦庄生所谓"名实未亏而喜怒为用"者耳。荀子非墨，而其论正名，实大受墨者之影响。诸如此类，不可悉数。其间交互影响之迹，宛然可寻，而皆与王官无涉也。故诸子之学皆春秋、战国之时势世变所产生。其一家之兴，无非应时而起。及时变事异，则向之应世之学，翻成无用之文，于是后起之哲人乃张新帜而起。新者已兴而旧者未踏，其是非攻难之力往往亦能使旧者更新。儒家之有孟、荀，墨家之有"别墨"（别墨之名，始见《庄子·天下》篇），其造诣远过孔、墨之旧矣。有时一家之言，蔽于一曲，坐使妙理晦塞，而其间接之影响，乃更成新学之新基。如庄周之言天地万物进化之理，本为绝世妙论，惜其"蔽于天而不知人"（荀卿之语），遂沦为任天安命达观之说（此说流毒中国最深。《庄子》书中如《大宗师》诸篇，皆极有弊）。然荀卿、韩非受其进化论，而救之以人治胜天之说，遂变出世主义而为救时主义，变乘化待尽之说而为戡天之论，变"法先王"之儒家而为"法后王"之儒家、法家。学术之发生兴替，其道固非一端也。明于先秦诸子兴废沿革之迹，乃可以寻知诸家学说意旨所在。知其命意所指，然后可与论其得失之理也。若谓九流皆出于王官，则成周小吏之圣知，定远过于孔丘、墨翟，此与谓素王作《春秋》为汉朝立法者，其信古之陋何以异耶？

民国六年四月草于赫贞江上寓楼

井田辨（四篇）

一　寄廖仲恺先生的信

仲恺先生：

我好久不曾回答先生的信，请你恕罪。

《建设》好极了。近来的杂志真能做研究的文章的实在不多。这是新思潮运动的一大缺憾。《建设》里的几位先生都是很能做这种文章的。我读了《建设》的文章，使我自己惭愧。我本想做一篇文章寄上，只因为你们所要的文章，决不是美国人所说的热空气一类，必须是细心研究的结果，所以我至今还不曾能有所贡献。上回你提出"国语的文法"一个题目给我，我对于这个问题，颇曾研究一点，不久当做一篇文章寄上。但是我近来因代理大学教务长，终日在大学做些无聊的琐事，实在没有静心思想的工夫，请你许我略迟一点再做了寄上。

胡汉民先生的《中国哲学史之唯物的研究》是我很佩服的。我只有一点怀疑，要请他指教。胡先生的第一个假设，是承认古代真有井田制度。这是很可疑的事。我不能在这封短信里细说我怀疑的理由。简单说来，我的假设是：

（一）古代的封建制度决不是像《孟子》《周官》《王制》所说的那样简单。古代从部落进为无数小国，境内境上还有无数半开化的民族。王室不过是各国中一个最强的国家，故能做一个名义上，宗教上，政治上的领袖。无论如何，那几千年中，决不能有"豆腐干块"一般的封建制度。我们如欲研究中国的封建时代，应该参考欧洲中古的 Feudalism 及日本近世的封建制度，打破"切豆腐干"的封建观念，另外用科学的态度，加上历史的想像力，重新发现古代的所谓封建制度究竟是什么（日本学者如朝河贯一，对于日本的封建制度，极有科学的研究）。

（二）不但"豆腐干块"的封建制度是不可能的，豆腐干块的井田制度也是不可能的。井田的均产制乃是战国时代的乌托邦。战国以前从来没有人提及古代的井田制。孟子也只能说"诸侯恶其害己也，而皆去其籍"。这是"托古改制"的惯技。韩非所谓"无参验而必之"就是这一种。此外如《诗经》的"雨我公田""南东其亩""十亩之间"，似乎都不是明白无疑的证据（《诗序》更不可信了）。我们既没有证据证明井田制的存在，不如从事理上推想当日的政治形势，推想在那种半部落半国家的时代是否能实行这种"豆腐干块"的井田制度。

（三）我疑心古代秦始皇以前并不曾有实际上的统一国家。夏、商、周大概都是较强的国家。兵力盛时，征服的小国也许派自己的子弟去做"诸侯"。其余的国至多不过承认名义上的"宗主权"。要想做到《王制》等书所说的整方块头的封建制度，是事势上不可的。故封建制度一个名词是最容易惹起误解的，是最能阻碍新历史的见解的，不如直用"割据制度"的名词。

（四）"封建制度"一个名词的大弊在于偏重"横剖"的一方面（如《王制》等书所说）。其实所谓"封建制度"的重要方面全在"纵剖"的方面，在社会各阶级上下互相臣属的一方面。不在豆腐干式的方面，乃是宝塔式的方面。这种制度极盛时，下级的臣属服服帖帖的承认上级的特殊权利。试看《诗经·豳风·七月》《小雅·信彼南山》《甫田》等诗，便可看出一副奴隶行乐献寿图。那时代的臣属真能知足！他们自己"无衣无褐"却偏要尽力"为公子裘""为公子裳"！他们打猎回来，"言私其豵，献豜于公"，便极满意了。他们的祷词是，"曾孙（田主）之稼，如茨如梁。曾孙之庾，如坻如京。乃求千斯仓，乃求万斯箱。黍稷稻粱，农夫之庆"。把这几篇同《伐檀》比较，便可看出两个绝不相同的时代。古代的相臣属制度是默认的。后来"封建制度"破坏，只是这个默认的上下相臣属的阶级搅乱了。古代并没有均产的井田制度，故有"无衣无褐"的贫民，有"载玄载黄"的公子裳，有"狐狸"的公子裘（《七月》），有"千斯仓，万斯箱"的曾孙，有拾"遗秉滞穗"的寡妇。因为古代本没有均产的时代，故后来的"封建制度"的破坏并不是井田制的破坏。

以上所说，并不是反对胡先生的唯物的研究。因为所谓"封建制度"，不但是政治上的上下相臣属，也是经济上的上下相统属。上文所引《诗经》便是明例。此外如"我出我车，于彼牧矣。召彼仆夫，谓之载矣。王事多难，维其棘矣"。这虽是军事上的隶属，其实等于经济上的隶属。赋字从武从贝，可以为证。古代不但诸侯以国为私产，卿大夫也各有采地，各有"属大夫"，各有"家臣"（武亿《群经义证》有一条考此颇详）。这都与欧洲中古时代的 Feudal System 根本相同。后来商人阶级起来，凭空添了许多无爵的小诸侯，许多无采邑的地主，——这是破坏封建系统的重要原因。加之兵祸不休，土地的兼并，国家的破灭，财产的更换，主奴的翻覆，——这也是个重要原因。如此说法，似乎已能使唯物的研究成立了，似乎不必从井田破坏一方面着想。

这不过是我一时想到的怀疑之点，要请胡先生教正。

胡先生这篇文章的全体是我很佩服的。论汉代哲学一段更多独到的议论。我从百忙中妄想评论胡先生专心研究的著作，一定很多不妥当的地方。不过拿起笔来便不肯停，只可由他去罢。很望诸位不要见笑。

八年十一月八夜

二　附录：廖仲恺先生答书

适之先生：

先生寄给我的信，对于《建设》杂志，太过恭维，真不敢当。先生能够早日把《国语的文法》做好寄来，不但使《建设》读者得受许多益处，并且使国语的文学有个规矩准绳，将来教育上也可得无限便利，这是我们同人所最恳切希望的。

先生在百忙中对于胡汉民先生的《中国哲学史之唯物的研究》内关于井田的观察，还肯费那么样贵重的时间，下那么样有价值的批评，可见先生对一个问题不肯苟且的态度，不遗巨细的精神，真是佩服。但是我们对于井田制度的观察，和先生所见，有些不同。现在先述汉民先生答辩先生的批评，其次再把我对于这问题的私见和先生讨论。汉民先生的意见是：

（一）井田是不是全照孟子所说，这一点已经在《孟子与社会主义》那篇文章上（《建设》第一号）说"古代井田制度，除了《孟子》再没有可靠的书。孟子所说，是依据古制，或是参上他自己的理想，我们现在不必打这考据的官司"。但以理想推测，井田制虽不必尽照孟子所说那么整齐，却也断不至由孟子凭

11

空杜撰。土旷人稀的时代，人民以一部落一地方共有田地，不是希奇古怪的事。

（二）日本服部宇之吉的《井田私考》也说，"《诗经》的'公田'是属于公家的田，叫人民来佃作的，不必是行助法的'公田'，好像汉代称天子所有的田做公田一般"。但加藤繁在《支那古田制之研究》驳他说，"《诗经》的'公田'和汉代的'公田'同不同，要慎重考究。如果孟子的时代属于公家的'私田'就叫作'公田'，那就什么人都不敢将'雨我公田'一句做助法存在的证据，孟子何至提出来在滕国国君前混说。他要是这样混说，那是三尺童子都会驳他的，滕文公和毕战怎好采纳呢？孟子一点不疑心说出来，滕国君臣也不觉奇怪，这里就很有意味了。而且那土地公有的古代，人民没有发生土地的所有权，人君也不曾拿私有财产的样子'所有'那些田地。天下的田地分配在人民。虽有公地采地的分别，他的租税有入公家卿大夫的不同，然而同是人民享有耕种的普通田地，此外并没有公家当做私有财产所有的田土。我们看《诗经》和《左传》都未曾发现这样田土的痕迹。至汉代认做公家私田的公田，大抵是土地公有制度断烂灭裂，人民各私有其田土，富豪更兼并广大的地面，乘着个势子才起的。所以古时指井田一区做公田的话，到此时代，一变为公家的私产的意味"。加藤繁这段话，好像没有什么武断。就如"秦王翦为大将请美田宅甚众"。又"请善田者五人"。这种举动，在战国末期才见。又如"萧何买民田自污"。"贡禹被召，卖田百亩以供车马"。这都是晚周所无的事。

（三）孟子以前确是没有什么人讲究井田制度。但是孟子以前的人谈政治的，都只爱说简单抽象的话，很少具体的说明一件政制的，不能因此就起疑心。

（四）《夏小正》有初服于公田的话。这本《夏小正》固然不能就认做夏时的著作，但最近由日本理学博士新城新藏氏研究，说《夏小正》所言天体现象，恰和周初西历纪元前一千年的观象相合。那么这本书或者编纂在西周初年。他所纪的天文农事可以认为周初的事情似乎也可于《诗经》之外作一旁证。

（五）井田法虽不可详考，总是土地私有权未发生的时代，共有共用土地的习惯之整顿方法。那时代土旷人稀，人的事业又不繁，各人有耕作便有生活，经济的基础，没有什么波澜。一旦崩坏，多数人的生活就操纵在豪强的手上。马克思说，"阶级竞争之所由起，因为土地共产制崩坏以后，经济的组织都建在阶级对立之上"。意大利的罗利亚（Loria）也说，"欧洲从前经济阶级发生，是在自由土地没落之后"。中国思想界之大变动，也是因为这个缘故。

我于中国古代井田制度，向来没有十分研究；于欧洲古代封建制度，也没有用过工夫。但我以为凡豫想有信史以前的各种制度，无论中国外国，都是一件极冒险的事。想免这个危险，第一要紧的是在本国地方上有这制度残留的痕迹，或有那时代政府的记录的直接证据；其次在外国同阶级时代中有类似制度的旁证；再次有证明反证之不符的反证。对于井田制度，我现在的知识所能及的是：

（一）井田制度，就假定他是事实，也因为相隔年代太远，变迁太多，万不会有他的痕迹留在今日；就是当时政府的记录，也不会存下数千年：这是我敢武断的。但是比较算是当时政府记录之一种的《春秋》，有"初税亩"（宣公十六年）一项记事。据《左传》说，"初税亩，非礼也。谷出不过藉，以丰财也。"《公羊传》说，"……何讥乎始履亩而税，古者什一而藉。……"《榖梁传》说，"……古者什一，藉而不税。……古者三百亩为里，名曰井田。井田者九百亩，公田居一。私田稼不善则非吏，公田稼不善则非民。……"证以《论语》所载"哀公问于有若曰，'年饥，用不足，如之何？'有若对曰，'盍彻乎？'曰，'二，吾犹不足，如之何其彻也？'对曰，'百姓足，君孰与不足？百姓不足，君孰与足？'"这可想见宣公税亩之后，年荒税重，百姓弃田不耕，有若所以劝哀公规复彻法的井田制；足民食即所以益税源，在经济，社会，财政政策上，都说得通。除此之外，要寻这'彻'字的解释，就极难了。此外还有《国语·鲁语》说，"季康子欲以田赋，使冉有访诸仲尼。仲尼不对，私于冉有曰，'求来，汝不闻乎？先王制土，藉田以力，而砥其远近。……若子季孙欲其法也，则有周公之籍矣'"。也是这类。这样看来，《春秋》"初税亩"这项记事，可以证明鲁国到宣公时"初"坏井田。这个证据若确，那么井田制度，不能断他全是孟子的"托古改制""战国时代的乌托邦"了。

（二）井田制度，我假定他是上古民族由游牧移到田园，由公有移到私有，当中一个过渡制度。以社会进化的程序看来，在先生所谓"半部落半国家的时代"，这种井田制度不只是可能的，而且是自然会发生的。试考究欧洲古代"均地制度"Agrarian system 的沿革，和经济农政学者对于土地公有私有问题互相聚讼的学说，便晓得中国古代的井田制度似乎不是可以理想否认的事。以我所知的 Sir Henry Summer Maine 所著 *Village Communities in The East and West* 1871 和 Emile de Laveleye 所著 *Primitive Property* 都是以他们考查所得各处土地原始的分配状态的结果，证明土地的均产制是原始时代各民族通有的制度。据 Laveleye 说，"在所有那些原始社会里的土地，是民族共同的产业，依期分给各家，所以各人能够因天然之赐，自食其力"。他所举的证据很多，其中有一段说，"自由和自由的效果使一族中每个家长平等享有公产不可分的份子，就是日耳曼乡村主要的权利"。*Primitive Property*；p.116。又 M. Guizot 著《欧洲文明史讲义》《法兰西文明史讲义》两本书，论日耳曼民族侵入罗马之后，以一种粗陋强健的生命注入罗马社会的结果，弄到日耳曼和罗马两个社会组织一齐破坏，"土地公有"和"产业独占"两种思想，混杂为一，铸成东罗马帝国后来给土耳其蹂躏的地方所有的制度。亨利佐治在《进步和贫穷》那书里《土地私有之历史的研究》一节内，引了 Guizot 这议论，接着便说，"当时成立很快传播很广的封建制度，就是这两种思想混一的结果。但是躲在封建制度底下，而且和封建制度并行的，还有以耕田人之共有权做基础的原始组织，带着从前的根子复活，而他的踪迹遗留到全欧。这种原始组织，拿耕地来均分，把非耕地作公用，像古代意大利和撒逊时代的英伦所有的，至今在俄国专制政治农奴制度的底下，在塞尔维亚所受回教压迫的底下，还能保存。在印度虽是扫除了好些，然而经过多少回的战争，几百年的专制，还没有完全绝灭"。后来有俄国莫斯科大学教授 Vinogradoff 所著 *Villainage in England* 很详细的研究英国封建时代之农奴制度和他的来历。其中有一段说英国在那时代所行的原野耕作制度，Open-field System 和附随的情形，就是指明更古时代实行均地，可以想见原始的均产主义。他的确信是，"诸侯领土没有设定的地方，没有成形的时候，这种制度是很流行的，印度和在部落时代的意大利可以作证，……所以这种制度或可适合于领主，然而却不是领主的布置"。Ashley 教授是不信那种 Mark Theory 在英国古代土地制度上有实证的。他在那本"历史的和经济的研究"

讲中古均地制度那章里，批评 Vinogradoff 的书不精细之点和可疑的地方不少。但是关于原野耕作制度这说，他也不能不说，"我们或可推定英人在部落阶级的时代里，行过原野耕作法"。其他如 Seebohm's Tribal System in Wales 所考 Aberffraw 领地内土地分配情形，和 Wales 族均田受地方法，都是很有价值的考据。又据日本同文馆出版的"经济大辞书"内土地制度门类关于 Feldge-meinschaft 的说明如下，"共同耕作制度有二。于共有地上共同使用收益的本来之共同耕作制度，和拿共有地分期分割，而在期间内所分配的地上行个别的耕作，满期再行割换的割地制度。由农业史上说，本来之共同耕作制度先起，割地制度稍迟发达。……割地制度之成立，有和前者种种不同的原因。本来之共同耕作制度进步了，就生出个别的观念之发达，和比较的永续性。而其结果，就认一定的期间内，在耕作地上有专属的使用权，所以生出这割换的制度。又由收税的关系上，国王自掌全领土的所有权，只许人民于一定期间在地上使用收益；他所以这样的缘故，有因一国的王征服他国，行他压制的手段的，也有因要矫正一部落内土地分配不平均的弊端的。各国的惯习，虽不一样，然而和土地共有制度一齐的占多数。Mir 就是俄国里共同耕作制度之一种，采用割换制度，俄国人叫他做 Obschtschtina。南洋爪哇也有一种割地制度，耕地完全是村乡所有，村民只有使用权，村乡团体直接对于国王负纳税的义务。……"日本河田嗣郎所著的《土地经济论》，他的主旨是驳亨利佐治及土地公有一派的学说的，却是他论土地所有的沿革，也不能不认初民时代有团体共有土地那一个阶级。中国行井田制度的时候，所谓"溥天之下莫非王土"，对于土地当然不会发生法律上私权的观念。人民是不能有地的，却无不能用地的。地之所出，一方养活人民，一方供给国用，好处就是这里。中国井田制度和外国均地制度，自然有很多不同之点，但是于不同的地方不同的民族中，要寻出绝对相同的制度，除凑巧之外，是万不会有的事。不过各个原始的民族里，有恁些相类似的例，那么井田制度在中国古代，如先生所谓"半部落半国家"之世，就不能说他是绝对不可能。至于豆腐干块不豆腐干块，到是不关紧要。Ashley 对于各学者所考究的古代均地制度，也像先生对于井田制度那么怀疑；然而他在批评 Seebohm 的《威尔斯之部落制度》末尾之附录上，有 I cannot help thinking that the Wales，suggest a certain stereotyping of the division of land at an early date 一段尾声。可见人少地多的原始时代，拿土地来整齐均分，在各民族中不是没有的。至于封建一层，夏、商的时代怎么样我不敢说，到周得国之后，在他绝对的领域内，画土分疆，封给同姓子弟和异姓功臣，也不是事势上万不能整齐。近世在新发现的土地上新兴的国家，如美国、澳洲之类，他们所分的行政区域，也差不多是整方块头的，几千年后的论史家，难道也去怀疑？

（三）《诗经》的"雨我公田，遂及我私"，不能作无疑的证据的道理。先生未曾说得明白。《豳风·七月》《信南山》的诗，我的解释和先生的也有点不同。"无衣无褐，何以卒岁？"我们以为是农人以劳力自勉以懒惰自警的话，所以有"田畯至喜"，有"为此春酒，以介眉寿"。不是"自己无衣无褐，却偏要尽力为公子裘为公子裳"。充其量，这章诗所能证明的，也不过是当时情形，类似欧洲中古封建时代，人民对于君主有执役的义务，却不能证井田因此也不存在。《信南山》《甫田》两章的"曾孙"，先生解作"田主"，但据《通说》《诗经》的"曾孙"，通是指成王。《周颂·维天之命》一章，有"惠我文王'曾孙'笃之"。

又证以《噫嘻》一章，"噫嘻成王，既昭假尔，率时农夫，播厥百谷，骏发尔私，终三十里，亦服尔耕，十千维耦"，似乎《通说》较有可信。《行苇》章的"曾孙"若是寻常的田主，就不应有敦弓了。或者先生所谓田主是王即国家的古代国有土地之主的意义，那便没有什么争论。至于国家有"千斯仓，万斯箱"，农夫有"黍稷稻粱"，寡妇有"遗秉滞穗"，便是社会富裕的景象。后来封建制度的弊端渐露，豪强兼并盛行，那些平和景象就没有了，所以诗人就要作此感叹。这样说去，似乎较稳。

以上拉杂写出来的意见，请先生指教。以我的浅学，且个人书斋里，书籍很少，没有几本参考，拿这样大问题来讨论，很觉得力量不足，望先生不要见笑。

廖仲恺　十二月十九日

三　答廖仲恺、胡汉民先生的信

仲恺、汉民先生：

我初五晚到京后，仔细把两位先生的信再看了一遍。两位先生的研究态度使我也不敢不去做一点研究。不幸我研究的结果使我怀疑的态度更深一层。因此我再把我怀疑之点写出来，请两位先生教正。

先说汉民先生的意见。

他说："古代井田制度，除了《孟子》再没有可靠的书。孟子所说，是依据古制，或是参上他自己的理想，我们现在不必打这考据的官司。"

这是一个大争点。如果我们的讨论只限于孟轲个人的社会主义，那就不必打这考据的官司了。现在我们所争乃是古史，乃是古代是否有井田制度，这可不能不打一点考据的官司了。

汉民先生又说："井田制虽不必尽照孟子所说那么整齐，却也断不至由孟子凭空杜撰。"

我以为古代既没有那样"整齐"的井田制，孟子却偏说得那样整齐，这便是凭空杜撰。

我们试看孟子说的话：

> 夏后氏五十而贡，殷人七十而助，周人百亩而彻。其实皆什一也。彻者，彻也。助者，藉也。龙子曰，"治地莫善于助，莫不善于贡。"贡者，校数岁之中以为常，乐岁粒米狼戾，多取之而不为虐，则寡取之。凶年粪其田而不足，则必取盈焉。为民父母使民盼盼然将终岁勤动不得以养其父母，又称贷而益之，使老稚转乎沟壑。恶在其为民父母也？夫世禄，滕固行之矣。《诗》云，"雨我公田，遂及我私"。惟助为有公田，由此观之，虽周亦助也。

这一段话，上天下地，实在没有头绪。既说"惟助为有公田"，是贡与彻皆无公田可知。他又引《诗》来说"虽周亦助也"。这可见孟子实在不知道周代的制度是什么，不过从一句诗里推想到一种公田制。这种证据已很薄弱了。他不能知道周代的制度，却偏要高谈一千多年前的"助"制，这不是韩非所谓"非愚即诬"吗？

再细看本文，说贡说助之间，忽插入"夫世禄，滕固行之矣"一句。这是什么意思呢？再看下文孟子说：

> 夫仁政必自经界始。经界不正，井地不均，谷禄不平。是
> 故暴君污吏必慢其经界。经界既正，分田制禄，可坐而定也。

照这两段比较看来，更可知孟子所谈的不过是把滕国贵族的"世禄"制度略加整顿，不过是一种"分田制禄"的经界计划，并不是什么土地公有的均产制度。他脑筋里并没有什么明了的均产制度，故说来说去，说得很糊涂不清。

再看下去，孟子说：

> 请野，九一而助。国中，什一使自赋。卿以下必有圭田，圭田五十亩，余夫二十五亩，死徒无出乡。乡田同井，出入相友，守望相助，疾病相扶持，则百姓亲睦。方里而井，井九百亩，其中为公田，八家皆私百亩，同养公田。公事毕，然后敢治私事。所以别野人也。

这一段，我自从做小孩子到现在，总不曾明白懂得。现在我仔细看来，孟子的井田制并不是使百姓家家有田百亩。他所说的"公田"固是属于国家的田。但他的"私田"，仍是卿大夫士的禄田，是贵族的私产，不是农民的公产。种田的农夫乃是佃民，不是田主。如若不然，那"卿以下必有圭田"一段，和上文"世禄""分田制禄"二段便不可懂了。

再看北宫锜问周室班爵禄一章，更可明白这个道理。孟子说：

> 天子之制地方千里，公侯皆方百里，伯七十里，子男五十里。……天子之卿受地视侯，大夫受地视伯，元士受地视子男。大国地方百里，君十卿禄，卿禄四大夫，大夫倍上士，上士倍中士，中士倍下士，下士与庶人在官者同禄，禄足以代其耕也。……耕者之所获，一夫百亩，百亩之粪，上

> 农夫食九人，上次食八人，中食七人，中次食六人，下食五人。庶人在官者其禄以是为差。

照这样看来，孟子理想中耕田百亩的农夫，耕田的酬报，不过是仅够五人至九人的吃食，并不能"享有"这百亩之田。

孟子所主张的，依我看来，只是想把当时佃户所种田，画清疆界，从头分配一番，不管田主是谁，都"截长补短"，重新做一遍经界的手续，使佃户都有平均的佃田，都觉得所佃的田比较是一种可靠的"恒产"，不致随着田主转来转去。孟子的计划，是要使佃田只管换主而佃户不换，故可说是恒产。后来的人不仔细研究，便把孟子的井田制认为一种共产制，这便大错了。

汉民先生引加藤繁的话："……那土地公有的古代，人民没有发生土地的所有权，人君也不曾拿私有财产的样子'所有'那些土地。……并没有公家当作私有财产'所有'的田土，我们看《诗经》和《左传》都未曾发现这样田地的痕迹。"这段话实在不确。《诗经》里明明说过"人有土田，女覆夺之"。这还是西周的诗哩。《左传》里这样的证据更多了：

> 成二年，卫人赏仲叔于奚以邑。
>
> 襄二十六年，郑伯赐子展八邑，子座六邑。
>
> 襄二十七年，公与免余邑六十，辞曰，唯卿备百邑，臣六十矣。
>
> 又宋左师请赏，公与之邑六十。
>
> 又二十八年，与晏子邶殿其鄙六十，与北郭佐邑六十。
>
> 又三十年，子产为政，伯石赂与之邑。

《论语》也说管仲夺伯氏骈邑三百。这种土地，人君可以随便赐人，人臣可以随便夺取，随便用来作贿赂，这还不可算是"当作私有财产'所有'的田土"吗？汉民先生说王翦请田，萧何买田等事，都是晚周所无，似乎也错了。

至于加藤繁说"孟子何至提出来在滕国君臣面前混说"一段，更不值一驳。即如三年之丧，滕国父兄明说"吾宗国鲁先君莫之行，吾先君亦莫之行"，孟子偏敢混说"三年之丧……自天子达于庶人，三代共之！"

以上所说，只是要说明：

（1）孟子自己实在不知道周代的田制究竟是个什么样子，故只能含糊混说。

（2）孟子自己主张的井田制，是想像出来的，没有历史的根据。

（3）无论《诗经》的"公田"应作何解，孟子的"私田"并不是农夫享有的公产，仍是贵族的禄田。

（4）孟子的井田制度不过是一种"经界"的计划，并不是"根本解决的"共产制度。

此外汉民先生所举的（3）（4）（5）三条，都不是重要的证据，我且不讨论。但他的（5）条说"那时代土旷人稀，人的事业又不繁，各人有耕作便有生活，经济的基础没有什么波澜"。这种见解未免把古代的社会状况看得太简单了。东周以前，中国至少已有了二千多年的文化，中原那块小小的疆域，也不知经过了多少战争，也不知经过了多少豪强的兼并，怕没有这种"没有波澜"的社会状况罢。

现在再看仲恺先生的意见。

汉民先生注重的是《孟子》，仲恺先生注重的是《春秋》"初税亩"一句。"初税亩"三个字本来和井田毫无关系。若是孟子不曾说了那些含糊的井田论，这三个字决不会发生问题。公羊、穀梁的传，何休等的长篇井田论，都是孟子的余毒。这话说来很长，待我慢慢说。

依我看来，"初税亩"不过是鲁国第一次征收地租。古代赋而不税，赋是地力所出。平时的贡赋，同用兵时的"出车徒给繇役"都是赋。税是地租——纯粹的 Land tax。古代但赋地力，不征地租。后来大概因为国用不足，于赋之外另加收地租，这叫做税。孟子不赞成税（他曾希望"耕者助而不税"），但是他又主张"国中什一使自赋"。这可见税与赋的分别。宣公初行税亩，故《春秋》记载下来，其实和井田毫无关系。

《左传》说，"初税亩非礼也。谷出不过藉，以丰财也。"藉字训借，借民力耕田，公家分其所收故叫做藉。孟子以前，并无"公田藉而不税"的话。藉即是赋，或者平时的征收叫做藉，军兴时的临时徭役车徒叫做赋。自从孟子把助解作藉（这本不错），又把助强解作八家同助公田，从此以后，说经的人就没有能跳出这个圈子的。

《周礼》是伪书，固不可信。《王制》是汉朝的博士造的，自然曾受了孟子以后的井田论的影响。现在我要说《穀梁》《公羊》都是拿孟子以后的井田论来解《春秋》"初税亩"三个字，故我们不能引《公羊》《穀梁》来证孟子，也不可拿来证古代有井田制。《公羊传》是到汉景帝时公羊寿与胡母生才写定的。穀梁亦不知何时人，或说是秦孝公时人，或说是"《左传》传世后百余年"的人。大概《谷梁传》也是汉初申公、江翁的时代才写定的。我对于"今文""古文"之争，向来不专主一家。我觉得"古文"固有许多不可信的，"今文"也有许多不可信的。我对于《春秋》，虽承认《公》《穀》两传为孔门春秋派的正传，但是我觉得这两部书里一定有汉初的人加入的材料。总之，我们千万不要忘了这两部书都是汉世才写定的。大概那《春秋》三传里没有一部不夹着许多后人妄加的话，这是稍有史料研究的人都该承认的。

先看《公羊传》解这一句：

> 初者何？始也。税亩者何？履亩而税也。……何讥乎始履亩而税？古者什一而藉。古者曷为什一而藉？什一者，天下之中正也。多乎什一，大桀小桀。寡乎什一，大貉小貉。什一者，天下之中正也。什一行而颂声作矣。

这一段的"内证"显然不可遮掩。即使我们承认前几句是真的，那"古者曷为"以下的一大段决不是原文所有。大桀小桀四句全是抄袭孟子答白圭一章。孟子说貉的生活程度简单，政费甚轻，故可以二十而取一。中国的社会政治复杂了，政费甚大，故什一是最低的赋税。孟子这样说法，故大貉小貉等话不为唐突。《公羊传》先有孟子做根据，故不知不觉的劈空引用大貉小貉等话，便露出作伪的证据了！

伏生《尚书大传》的《多方》篇说，"古者十税一。多于十税一，谓之大桀小桀。少于十税一，谓之大貉小貉。王者十一而税，而颂声作矣"。这一段可与《公羊传》比较，更可添上一个作伪的来源。

古代学者见解之浅陋，莫如汉初的一班经师。——这是秦始皇的罪孽！——即如"什一行而颂声作矣"一句话，读了可使人作呕，偏有笨伯抄去引用！

再看《穀梁传》：

> 初者，始也。古者什一，藉而不税。初税亩，非正也。古者三百步为里，名曰井田。井田者九百亩，公田居一。私田稼不善则非吏，公田稼不善则非民。初税亩者，非公之去公田而履亩十取一也。以公之与民为已悉矣。古者公田为居，井灶葱韭尽取焉。

这一段是东西杂凑起来的。"以公之与民为已悉矣"一句竟不通。其中只有"去公田而履亩十取一"一句是重要的。但是这一句可作许多种说法。徐邈说，"除去公田之外，又税私田十之一"，如此说则公田还在，井田之制还在，不过征税法变了！这话可信吗？孔广森说，"去公田而九家同井，每亩税取其什之一"，如此说则公田虽废而井田制仍旧存在，况且税法从九之一变为十之一，更减轻了！（孟子明说"九一而助"，后人被"什一"两个字误了，故想出种种法子极力说明井田是什一）这话可信吗？无论如何说法，"初税亩"三个字若照《穀梁传》的解说，便是鲁宣公时还有井田制。不但如此，若依哀十二年"用田赋"的各家注，则是鲁哀公时还有井田制存在！这话可信吗？

以上所说，只要说明：

（1）"初税亩"三个字于井田制毫无关系。

（2）《公羊》《穀梁》两传中了《孟子》的毒，作茧自缚，惹出许多无谓的争论。

（3）《公羊》《穀梁》决不是孟子以前的书。

（4）因为孟子的井田论实在太糊涂了，不容易懂得，故《公羊》《穀梁》说来说去总说不清楚。

总结两句话：（1）孟子是很佩服《春秋》的人，若是《春秋》里有井田的根据，他又何必不用呢？他又何必去寻出那不痛不痒的两句《诗经》来证明周人的公田呢？（2）古人谈赋税，如"什一""藉""彻"等等，都只是税法，于井田不井田毫无关系。两千年的读书人不懂得这个浅近的道理，所以作茧自缚，再也缠不清楚。我们现在应该认清：税法是税法，田制是田制。

以上答仲恺先生的第一条，本可以完了，但是我谈高兴了，忍不住要添上几句我自己假设的议论。我以为井田论的沿革史很值得研究。从前学者的大病在于一口咬定井田是有的，学者的任务只是去寻出井田究竟是个什么样子。这是最可怜的事。"日读误书"是一可怜；"日读伪书"是更可怜；"日日研究伪的假设"是最可怜！古代学者拿《王制》《周礼》来注《孟子》，又拿《孟子》来注《王制》《周礼》，又拿《孟子》《王制》《周礼》来注《公羊》《穀梁》，却不肯去研究《孟子》《王制》《周礼》《公羊》《穀梁》《汉书·食货志》、何休《公羊解诂》等书的渊源线索，故以讹传讹，积讹成真了！正如《尔雅》本是汉儒的经说辑成的，而后人又引汉儒经说来注《尔雅》。故《尔雅》竟像真是作于周公成于孔子的古书了！

我对于井田论沿革史的假设，大概如下，不能详细说了。

（1）孟子的井田论很不清楚，很不完全。（说见上）

（2）《公羊传》只有"什一而藉"一句，也不清楚。（同上）

（3）《穀梁传》说的详细一点，俱全是后人"望文生义"的注语，决不是当时的纪载。（见上）

（4）汉文帝时一班博士奉诏作《王制》。《王制》里分田制禄之法全是用《孟子》作底稿来做的。证据具在，不用我来详述。但《王制》除了"制农田百亩……""古者公田藉而不税"等话之外，并无分明的"井田制"。

（5）汉文帝、景帝时，韩生"推《诗》之意而为内外传数万言"。现存的《韩诗外传》四，解"中田有庐，疆场有瓜"二句说，"古者八家而井，田方里为一井，……其田九百亩，……八家为邻，家得百亩，余夫各得二十五亩，家为公田十亩，余二十亩为庐舍，各得二亩半。……"这是演述《穀梁传》的话，把公田算作八十亩，每家实耕田百十亩，是后世"什一，一在十之外"的起原。《穀梁传》本有"公田为居，井灶葱韭尽取焉"的话，韩生大概因此联想到"中田有庐，疆场有瓜"两句，故想出"余二十亩为庐舍"的计算。这是分明清楚的一种井田论。

（6）汉代是一个造假书的时代，是一个托古改制的时代。西汉末年忽然跑出一部《周礼》来。《周礼》一书，我起初只承认他是战国末年的一部大乌托邦。现在我仔细看来，这书一定是《孟子》《王制》以后的书，一定是用《孟子》《王制》作底本来扩大的。《孟子》不曾见着这部书，作《王制》的博士们也不曾见着这部书，但是作《周礼》的人是熟读《尚书大传》《孟子》《王制》等书的。《周礼》里的井田制说得很详细，很繁复，很整齐，确是中国统一以后的人的大胆悬想。那时中国的疆域扩大不止秦以前的两倍，故《周礼》授田之制不止百亩：

大司徒。凡造都鄙，不易之地家百亩，一易之地家二百亩，再易之地家三百亩。

遂人。上地夫一廛，田百亩，莱五十亩，余夫亦如之；中地夫一廛，田百亩，莱百亩，余夫亦如之；下地夫一廛，田百亩，莱二百亩，余夫亦如之。

当时为什么有这种大乌托邦的计划出现呢？司马迁作《平准书》，已说，"当此之时，网疏而民富，役财骄溢，或至兼并，豪党之徒以武断于乡曲"，可见文、景时代的井田论已是有所为而发的了。武帝以后，贵族外戚更强横了。元帝、成帝以后，富贵的越富贵，贫困的越贫困。加之天灾水旱，几次"人相食"（元帝二年，成帝永始二年），故哀帝时师丹请限制豪富吏民的田产。师丹原议引井田的话，又说"君子为政，贵因循而重改作；然所以有改者，将以救急也。亦未可详，宜略为限"。可见当时有改革的必要，但是因为豪富的反对很大，故不得不用托古改制的方法，用"大帽子"来压服反对的人。这便是《周礼》等书的动机。试看当时师丹、孔光、何武等所覆奏的改革办法，还许贵族豪民私有田产奴婢，不过以三十顷——三千亩——为限，可谓和平的改革了。他们还要遭丁傅、董贤等的反对，竟不能实行。扬雄、刘歆、王莽等都是要想做一番大改革的人，不能不用尽心思先去埋下一个改革的根据。刘歆造假书的原因大概是为此。王莽得政之后，即下诏"更名天下田曰王田不得买卖，其男口不过八而田过一井者，分余田与九族乡党，犯令法以法"。这便是乌托邦的试行。但是周公、孔子终压不住那一班有田产的贵族豪强，王莽的乌托邦不久便崩坏了。汉民先生说，"可见当时所谓天下愁怨的，只是一班豪强反对"。这话真不错。

（7）《韩诗》《周礼》出现以后，井田论的说法渐渐变精密。汉代的井田详说，约有下列各家：

一，《食货志》。这是参酌《韩诗外传》和《周礼》两书而成的。看他把《周礼》的两种不同的三等授田法（见上）并成一种，又采用《韩诗》"公田十亩，余二十亩为庐舍"，可知这时候的井田论已经过一番参考研究了。

二，何休《公羊解诂》。这又是参考《周礼》《孟子》《王制》《韩诗》《食货志》做的。他不取《周礼》的三等授田法，一律每人百亩，但加了一个"三年一换主易居"的调剂法。

三，《春秋》井田记。《后汉书·刘宠传》注引此书，所引一段多与何休说相同。

我以为大概井田论是到汉代方才完备的。懂得以上所述种种井田论的沿革线索，方才可以明白井田的话是汉代的有心救世的学者，依据孟子的话，逐渐补添，逐渐成为"像煞有介事"的井田论。井田论的史料沿革弄明白了，一切无谓的争论都可以没有了。

我的井田论研究，现在可以结束。仲恺先生的（2）（3）两条，我可以不辩了。因为（2）条所引西洋和日本的学者的话，都只是关系"原始社会"的讨论。我是不承认那有了二千多年政治生活的有史民族还是在"原始社会"的。至于（3）条所论的《诗经》两章，虽然未必"能证井田因此也不存在"，但是也未必能证明井田因此存在。至于《信南山》《甫田》两篇的"曾孙"，我决不信是指成王的。我对于汉儒说《诗》，几于没有一个字不怀疑。汉儒的酸腐脑筋，全没有文学的观念。《维天之命》的曾孙也未必即指成王，因为成王并不是文王的曾孙，即使这个曾孙是成王，也不能证明那两个曾孙也是成王。《噫嘻》一篇和那两篇诗的文体相差很远，也不知相隔多少时代，更不能互相引证了。

我这一篇大胆的狂论是三天里做成的，定多不妥的地方。但是我所以敢这样狂妄，并不是因为古人聪明不如我们，只因为古人蔽于旧说成见，不肯用自己的心思才力去研究，我们现在的历史眼光变了，学问的方法也变了，故可以大胆做一点独立的研究。这个问题，前人写了一屋子的书，我们这种百忙中人的大胆研究如何能保没有错误？但是我这种怀疑的挑战也许可以引起一些学者的继续研究。这就是我的诚恳希望了。

我前次的原信是匆匆写的，并不是细心研究的结果，居然能引起两位先生的细心讨论，又因此使我做一点考据，补正我前信的主张，这是我应该感谢两位先生的。

九年一月九夜二时

四 附 跋

井田制度有无之研究，这个问题提出以后，除了上文抄存的三篇讨论之外，还有九年一月十四日胡汉民先生答我的一篇长信和廖仲恺先生的一段附记（均见《建设》二卷一号），又有九年一月二十六日我的一篇答书和一月三十一日朱执信先生的一篇答书（均见《建设》二卷一号）。后来还有四月间季融五先生（通）的一篇长文与汉民、执信两先生的答辩（均见《建设》二卷五号）。这几篇，我本想全抄下来，附在这里。后来我所以删去这几篇的理由，约有几层：

第一，这几篇占的篇幅太多了，不适于做附录。

第二，我在九年一月二十六日的答书里曾说："我觉得我第二信论井田说史料沿革一段，似乎是这问题的重要论点。我如果能有机会重做一篇《井田考》，我只要说一个意思：井田论是孟子凭空虚造出来的；孟子自己并未曾说得明白，后人一步一步的越说越周密，其实都是演述《孟子》的，不可用来证《孟子》。"但后来的讨论都避去这个中心论点，而讨论许多枝叶问题，故始终没有结果。现在把这些枝叶的讨论一齐删去，或者可以使这个中心论点格外明显一点。

　　在删去的胡汉民先生答书之中，他指出我的一个大错误。我在第二书里引北宫锜问周室班爵禄一章下，加上一句案语，说"若是每个农家能有田百亩，百里的大国尽量只有九万亩田，只够八百个农夫，余夫还不在内。其余的君卿士大夫所受地都在什么地方去寻呢？"这是我一时疏忽，把方百里看作百方里了。汉民先生指出方百里应该有九百万亩田，可以配给八万家。现在因为删去后来的讨论，故我把这几句错误的案语删去，另在这里声明一句，表示我的感谢。

　　我现在翻开这个问题的讨论，自然觉得一件最伤心的事，就是当初加入讨论的五个人之中，一位可爱敬的朱执信先生不幸已成为历史上的人物了！朱先生答我的信里，考证古代的尺度与田亩，都是很可佩服的议论。他这篇讨论现已收入他的遗集（《朱执信集》，页六二七至六三三），读者可以参看。

十，七，四

研究国故的方法

研究国故，在现时确有这种需要。但是一般青年，对于中国本来的文化和学术，都缺乏研究的兴趣。讲到研究国故的人，真是很少。这原也怪不得他们，实有以下二种原因：（一）古今比较起来，旧有的东西就很易现出破绽。在中国，科学一方面，当然是不足道的；就是道德和宗教，也都觉浅薄得很。这样，当然不能引起青年们底研究兴趣了。（二）中国的国故书籍，实在太没有系统了。历史书，一本有系统的也找不到；哲学也是如此。就是文学一方面，《诗经》总算是世界文学上的宝贝。但假使我们去研究《诗经》，竟没有一本书能供给我们做研究的资料的。原来中国底书籍，都是为学者而设，非为普通人一般人底研究而做的。所以青年们要研究，也就无从研究起。我很望诸君对于国故，有些研究的兴趣，来下一番真实的工夫，使彼成为有系统的。对于国故，亟应起来整理，方能使人有研究的兴趣，并能使有研究兴趣的人容易去研究。

"国故"底名词，比"国粹"好得多。自从章太炎著了一本《国故论衡》之后，这"国故"底名词于是成立。如果讲是"国粹"，就有人讲是"国渣"。"国故"（National Past）这个名词是中立的。我们要明了现社会底情况，就得去研究国故。古人讲，知道过去才能知道现在。国故专讲国家过去的文化，要研究它，就不得不注意以下四种方法：

一、历史的观念　现在一般青年，所以对于国故没有研究兴趣的缘故，就是没有历史的观念。我们看旧书，可当彼做历史看。清乾隆时，有个叫章学诚的，著了一本《文史通义》。上边说："六经皆史也。"我现在进一步来说："一切旧书——古书——都是史也"。本了历史的观念，就不由然而然的生出兴趣了。如道家炼丹修命，确是很荒谬的，不值识者一笑。但本了历史的观念，看看他究竟荒谬到了什么田地，亦是很有趣的。把旧书当做历史看，知彼好到什么地步，或是坏到什么地步，这是研究国故方法底起点，是"开宗明义"第一章。

二、疑古的态度　疑古的态度，简要言之，就是"宁可疑而错，不可信而错"十个字。譬如《书经》，有《今文尚书》和《古文尚书》之别。有人说，《古文尚书》是假的，《今文尚书》有一部分是真的，余外一部分，到了清时，才有人把它证明是假的。但是现在学校里边，并没把假的删去，仍旧读它全书，这是我们应该怀疑的。至于《诗经》，本有三千篇，被孔子删剩十分之一，只得了三百篇。《关雎》这一首诗，孔子把它列在第一首，这首诗是很好的。内容是一很好的女子，有一男子要伊做妻子，但这事不易办到，于是男子"寤寐求之"，连睡在床上都要想伊，更要"悠哉悠哉辗转反侧"呢！这能表现一种很好的爱情，是一首爱情的相思诗。后人误会，生了许多误解，竟牵到旁的问题上去。所以疑古的态度有两方面好讲：一、疑古书的真伪。二、疑真书被那山东老学究弄伪的地方。我们疑古底目的，是在得其"真"，就是疑错了，亦没有什么要紧。我们知道，哪一个科学家是没有错误的。假使信而错，那就上当不浅了！自己固然一味迷信，情愿做古人底奴隶，但是还要引旁人亦入于迷途呢！我们一方面研究，一方面就要怀疑，庶能不上老当呢！

如中国底历史，从盘古氏一直相传下来，年代都是有"表"（Table）的，"像煞有介事"，看来很是可信。但是我们要怀疑，这怎样来的呢？根据什么呢？我们总要"打破砂锅问到底"，究其来源怎样，要知道这年月的计算，有的是从伪书来的，大部分还是宋朝一个算命先生，用算盘打出来的呢。这哪能信呢！我们是不得不去打破彼的。

在东周以前的历史，是没有一字可以信的。以后呢？大部分也是不可靠的。如《禹贡》这一章书，一般学者都承认是可靠的。据我用历史的眼光看来，也是不可靠的，我敢断定它是伪的。在夏禹时，中国难道竟有这般大的土地么？四部书里边的经、史、子三种，大多是不可靠的。我们总要有疑古的态度才好！

三、系统的研究　古时的书籍，没有一部书是"著"的。中国底书籍虽多，但有系统的著作，竟找不到十部。我们研究无论什么书籍，都宜要寻出它底脉络，研究它的系统。所以我们无论研究什么东西，就须从历史方面着手。要研究文学和哲学，就得先研究文学史和哲学史。政治亦然。研究社会制度，亦宜先研究其制度沿革史，寻出因果的关系，前后的关键，要从没有系统的文学、哲学、政治等等里边，去寻出系统来。

有人说，中国几千年来没有进步，这话荒谬得很，足妨害我们研究的兴趣。更有一外国人，著了一部世界史，说中国自从唐代以后，就没有进步了，这也不对。我们定要去打破这种思想的。总之，我们是要从从前没有系统的文学、哲学、政治里边，以客观的态度，去寻出系统来的。

四、整理　整理国故，能使后人研究起来，不感受痛苦。整理国故的目的，就是要使从前少数人懂得的，现在变为人人能解的。整理的条件，可分形式内容二方面讲：

（一）形式方面：加上标点和符号，替它分开段落来。

（二）内容方面：加上新的注解，折中旧有的注解。并且加上新的序跋和考证，还要讲明书底历史和价值。

我们研究国故，非但为学识起见，并为诸君起见，更为诸君底兄弟姊妹起见。国故底研究，于教育上实有很大的需要。我们虽不能做创造者，我们亦当做运输人——这是我们底责任，这种人是不可少的。

（本文为1921年7月胡适在东南大学的演讲，枕薪记录）

清代学者的治学方法

一

研究欧洲学术史的人知道科学方法不是专讲方法论的哲学家所发明的，是实验室里的科学家所发明的，不是亚里士多德（Aristotle），倍根（Bacon），弥儿（Mill）一般人提倡出来的，是格利赖（Galileo），牛敦（Newton），勃里斯来（Priestley）一般人实地试行出来的。即如世人所推为归纳论理的始祖的倍根，他不过曾提倡知识的实用和事实的重要，故略带着科学的精神。其实他所主张的方法，实行起来，全不能适用，决不能当"科学方法"的尊号。后来科学大发达，科学的方法已经成了一切实验室的公用品，故弥儿能把那时科学家所用的方法编理出来，称为归纳法的五种细则。但是弥儿的区分，依科学家的眼光看来，仍旧不是科学用来发明真理解释自然的方法的全部。弥儿和倍根都把演绎法看得太轻了，以为只有归纳法是科学方法。近来的科学家和哲学家渐渐的懂得假设和证验都是科学方法所不可少的主要分子，渐渐的明白科学方法不单是归纳法，是演绎和归纳互相为用的，忽而归纳，忽而演绎，忽而又归纳；时而由个体事物到全称的通则，时而由全称的假设到个体的事实，都是不可少的。我们试看古今来多少科学的大发明，便可明白这个道理。更浅一点，我们走进化学实验室里去做完一小盒材料的定性分析，也就可以明白科学的方法不单是归纳一项了。

欧洲科学发达了二三百年，直到于今方才有比较的圆满的科学方法论。这都是因为高谈方法的哲学家和发明方法的科学家向来不很接近，所以高谈方法的人至多不过能得到一点科学的精神和科学的趋势；所以创造科学方法和实用科学方法的人，也只顾他自己研究试验的应用，不能用哲学综合的眼光把科学方法的各方面详细表示出来，使人了解。哲学家没有科学的经验，决不能讲圆满的科学方法论。科学家没有哲学的兴趣，也决不能讲圆满的科学方法论。

不但欧洲学术史可以证明我这两句话，中国的学术史也可以引来作证。

二

当印度系的哲学盛行之后，中国系的哲学复兴之初，第一个重要问题就是方法论，就是一种逻辑。那个时候，程子到朱子的时候，禅宗盛行，一个"禅"字几乎可以代表佛学。佛学中最讲究逻辑的几个宗派，如三论宗和法相宗都很不容易研究，经不起少许政府的摧残，就很衰微了。只有那"明心见性，不立文字"的禅宗，仍旧风行一世。但是禅宗的方法完全是主观的顿悟，决不是多数人"自悟悟他"的方法。宋儒最初有几个人曾采用道士派关起门来虚造宇宙论的方法，如周濂溪、邵康节一班人。但是他们只造出几种道士气的宇宙观，并不曾留下什么方法论。直到后来宋儒把《礼记》里面一篇一千七百五十个字的《大学》提出来，方才算是寻得了中国近世哲学的方法论。自此以后，直到明代和清代，这篇一千七百五十个字的小书仍旧是各家哲学争论的焦点。程、朱、陆、王之争，不用说了。直到二十多年前康有为的《长兴学记》里还争论"格物"两个字究竟怎样解说呢！

《大学》的方法论，最重要的是"致知在格物"五个字。程子、朱子一派的解说是：

> 所谓"致知在格物"者，言欲致吾之知，在即物而穷其理也。盖人心之灵莫不有知，而天下之物莫不有理。惟于理有未穷，故其知有不尽也。是以《大学》始教，必使学者即凡天下之物，莫不因其已知之理而益穷之，以求至乎其极。至于用力之久，而一旦豁然贯通焉，则众物之表里精粗无不到，而吾心之全体大用无不明矣。（朱子补《大学》第五章）

这一种"格物"说便是程、朱一派的方法论。这里面有几点很可注意。（1）他们把"格"字作"至"字解，朱子用的"即"字，也是"到"的意思。"即物而穷其理"是自己去到事物上寻出物的道理来。这便是归纳的精神。（2）"即凡天下之物，莫不因其已知之理而益穷之，以求至乎其极"，这是很伟大的希望。科学的目的，也不过如此。小程子也说，"语其大至天地之高厚，语其小至一物之所以然，学者皆当理会。"倘宋代的学者真能抱着这个目的做去，也许做出一些科学的成绩。

但是这种方法何以没有科学的成绩呢？这也有种种原因。（1）科学的工具器械不够用。（2）没有科学应用的需要。科学虽不专为实用，但实用是科学发展的一个绝大原因。小程子临死时说，"道著用，便不是。"这种绝对非功用说，如何能使科学有发达的动机？（3）他们既不讲实用，又不能有纯粹的爱真理的态度。他们口说"致知"，但他们所希望的，并不是这个物的理和那个物的理，乃是一种最后的绝对真理。小程子说，"今日格一件，明日格一件，积习既多，然后脱然有贯通处"。又说，"自一身之中，至万物之理，但理会得多，自然豁然有觉悟处"。朱子上文说的"至于用力之久，而一旦豁然贯通焉，则众物之表里精粗无不到，而吾心之全体大用无不明矣。"这都可证宋儒虽然说"今日格一事，明日格一事"，但他们的目的并不在今日明日格的这一事。他们所希望的是那"一旦豁然贯通"的绝对的智慧。这是科学的反面。科学所求的知识正是这物那物的道理，并不妄想那最后的无上智慧。丢了具体的物理，去求那"一旦豁然贯通"的大彻大悟，决没有科学。

再论这方法本身也有一个大缺点。科学方法的两个重要部分，一是假设，一是实验。没有假设，便用不着实验。宋儒讲格物全不注重假设。如小程子说，"致知在格物，物来则知起。物各付物，不役其知，则意诚不动"。天下那有"不役其知"的格物？这是受了《乐记》和《淮南子》所说"人生而静，天之性也，感于物而动，性之欲也"那种知识论的毒。"不役其知"的格物，是完全被动的观察，没有假设的解释，也不用实验的证明。这种格物如何能有科学的发明？

但是我们平心而论，宋儒的格物说，究竟可算得是含有一点归纳的精神。"即凡天下之物，莫不因其已知之理而益穷之"一句话里，的确含有科学的基础。朱子一生有时颇能做一点实地的观察。我且举朱子《语录》里的两个例：

（1）今登高山而望，群山皆为波浪之状，便是水泛如此。只不知因什么事凝了。

（2）尝见高山有螺蚌壳，或生石中。此石即旧日之土，螺

蚌即水中之物。下者却变而为高，柔者却变而为刚。此事思之至
深，有可验者。

这两条都可见朱子颇能实行格物。他这种观察，断案虽不正
确，已很可使人佩服。西洋的地质学者，观察同类的现状，加上
大胆的假设，作为有系统的研究，便成了历史的地质学。

三

起初小程子把"格物"的物字解作"语其大至天地之高厚，
语其小至一物之所以然"，又解作"自一身之中，至万物之理"。
这个"物"的范围，简直是科学的范围。但是当科学器械不完备
的时候，这样的科学野心，不但做不到，简直是妄想。所以小程
子自己先把"物"的范围缩小了。他说"穷理亦多端，或读书讲
明义理，或论古今人物，别其是非，或应接事物，处其当然：
皆穷理也。"这是把"物"字缩到"穷经，应事，尚论古人"三
项。后来朱子便依着小程子所定的范围。朱子是一个读书极博
的人，他的一生精力大半都用在"读书穷理""读书求义"上。他
曾费了大工夫把《四子书》《四经》（《易》《诗》《书》《春秋》）
自汉至唐的注疏细细整理一番，删去那些太繁的和那些太讲不
通的，又加上许多自己的见解，做成了几部简明贯串的集注。这
几部书，八百年来，在中国发生了莫大的势力。他在《大学》《中
庸》两部书上用力更多。每一部书有《章句》，又有《或问》《中
庸》还有《辑略》。他教人看《大学》的法子，"须先读本文，
念得，次将《章句》来解本文，又将《或问》来参《章句》，须
逐一令记得，反复寻究，待他浃洽，既逐段晓得，将来统看温寻

过，这方始是。"看这一条，可以想见朱子的格物方法在经学上的应用。

他这种方法是很繁琐的。在那禅学盛行的时代，这种方法自然很受一些人的攻击。陆子批评他道："易简工夫终久大，支离事业竟浮沉。""支离事业"就是朱子一派的"传注"工夫。陆子自己说："学苟知本，则《六经》皆我注脚。"又说，"《六经》注我，我注《六经》"。他所说的"本"，就是自己的心。他说，"宇宙即是吾心，吾心即是宇宙"。他又说，"万物皆备于我。只要明理。然理不解自明，须是降师亲友"。

朱子说，"人心之灵，莫不有知，而天下之物，莫不有理"。这是说"理"在物中，不在心内，故必须去寻求研究。陆子说，"此心此理，实不容有二"。心就是理，理本在心中，故说"理不解自明"。这种学说和程、朱一系所说"即物而穷其理"的方法，根本上立于反对的地位。

后来明代王阳明也攻击朱子的格物方法。阳明说：

> 众人只说格物要依晦翁，何曾把他的说去用。我着实曾用来。初年与钱友同论做圣贤要格天下之物，因指亭前竹子，令去格看。钱子早夜去穷格竹子的道理，竭其心思，至于三日，便致劳神成疾。当初说他是精力不足，某因自去穷格，早夜不得其理，到七日亦以劳思致疾。遂相与叹，圣贤是做不得的，无他大力量去格物了！

王阳明这样挖苦朱子的方法，虽然太刻薄一点，其实是很切实的批评。朱子一系的人何尝真做过"即凡天下之物，莫不因其已知之理而益穷之"的工夫？朱子自己说："夫天下之物，莫不有理，而其精蕴则已具于圣贤之书，故必由是以求之。"从"天下之物"缩小到"圣贤之书",这一步可算跨得远了!

王阳明自己主张的方法大致和陆象山相同。阳明说:"心外无物。"又说:"物者,事也。凡意之所发,必有其事。意所在之事谓之物。"又说:"如吾心发一念孝亲,即孝亲便是物。"他把"格"字当作"正"字解,他说:"格者,正也,正其不正以归于正也。"他把"致知"解作"致吾心之良知",故要人"于其良知所知之善者,即其意之所在之物,而实为之,无有乎不尽;于其良知所知之恶者,即其意之所在之物,而实去之,无有乎不尽"。这就是格物。

陆、王一派把"物"的范围限于吾心意念所在的事物,初看去似乎比程、朱一派的"物"的范围缩小得多了。其实并不然。程、朱一派高谈"即凡天下之物",其实只有"圣贤之书"是他们的"物"。陆、王阳明承认"格天下之物"是做不到的事,故把范围收小,限定"意所在之事谓之物"。但是陆、王都主张"心外无物"的,故"意所在之事"一句话的范围可大到无穷,比程、朱的"圣贤之书"广大得多了。还有一层,陆、王一派极力提倡个人良知的自由,故陆子说,"《六经》为我注脚",王子说,"夫学贵得之心,求之于心而非也,虽其言之出于孔子,不敢以为是也"。这种独立自由的精神便是学问革新的动机。

但是独立的思想精神,也是不能单独存在的。陆、王一派的学说,解放思想的束缚是很有功的,但他们偏重主观的见解,不重物观的研究,所以不能得社会上一般人的信用。我们在三四百年后观察程、朱、陆、王的争论,从历史的线索上看起来,可得这样一个结论:"程、朱的格物论注重'即物而穷其理',是很有归纳的精神的。可惜他们存一种被动的态度,要想'不役其知',以求那豁然贯通的最后一步。那一方面,陆、王的学说主张真理即在心中，抬高个人的思想，用良知的标准来解脱'传注'的束缚。这种自动的精神很可以补救程、朱一派的被动的格物法。程、朱的归纳手续，经过陆、王一派的解放，是中国学术史的一大转机。解放后的思想，重新又采取程、朱的归纳精神，重新经过一番'朴学'的训练，于是有清代学者的科学方法出现，这又是中国学术史的一大转机。"

四

中国旧有的学术，只有清代的"朴学"确有"科学"的精神。"朴学"一个名词包括甚广，大要可分四部分：

（1）文字学（Philology）。包括字音的变迁，文字的假借通转等等。

（2）训诂学。训诂学是用科学的方法，物观的证据，来解释古书文字的意义。

（3）校勘学（Textual Criticism）。校勘学是用科学的方法来校正古书文字的错误。

（4）考订学（Higher Criticism）。考订学是考定古书的真伪，古书的著者，及一切关于著者的问题的学问。

因为范围很广，故不容易寻一个总包各方面的类名。"朴学"又称为"汉学"，又称为"郑学"。这些名词都不十分满人意。比较起来，"汉学"两个字虽然不妥，但很可以代表那时代的历史背景。"汉学"是对于"宋学"而言的。因为当时的学者不满意于宋代以来的性理空谈，故抬出汉儒来，想压倒宋儒的招牌。因此，我们暂时沿用这两个字。

"汉学"这个名词很可表示这一派学者的公同趋向。这个公同趋向就是不满意于宋代以来的学者用主观的见解来做考古学问的方法。这种消极方面的动机，起于经学上所发生的问题，后来方才渐渐的扩充，变成上文所说的四种科学。现在且先看汉学家所攻击的几种方法：

（1）随意改古书的文字。

（2）不懂古音，用后世的音来读古代的韵文，硬改古音为"叶音"。

（3）增字解经。例如解"致知"为"致良知"。

（4）望文生义。例如《论语》"君子耻其言而过其行"，本有错误，故"而"字讲不通，宋儒硬解为"耻者，不敢尽之意，过者，欲有余之辞"，却不知道"而"字是"之"字之误（皇侃本如此）。

这四项不过是略举几个最大的缺点。现在且举汉学家纠正这种主观的方法的几个例。唐明皇读《尚书·洪范》"无偏无颇，遵王之义"，觉得下文都协韵，何以这两句不协韵，于是下敕改"颇"为"陂"，使与义字协韵。顾炎武研究古音，以为唐明皇改错了，因为古音"义"字本读为我，故与颇字协韵。他举《易·象传》"鼎耳革，失其义也；覆公𫗧，信如何也"，又《礼记·表记》"仁者，右也；道者，左也；仁者，人也；道者，义也"，证明义字本读为我，故与左字，何字，颇字协韵。

又《易·小过》上六，"弗遇过之，飞鸟离之。"朱子说当作"弗过遇之"。顾炎武引《易·离》九三，"日昃之离，不鼓缶而歌，则大耋之嗟"，来证明"离"字古读如罗，与过字协韵，本来不错。

"望文生义"的例如《老子》"行于大道，唯施是畏"，王弼与河上公都把"施"字当作"施为"解。王念孙证明"施"字当读为"迤"，作邪字解。他举的证据甚多：（1）《孟子·离娄》，"施从良人之所之"，赵岐注，"施者，邪施而行"，丁公著音迤。（2）《淮南·齐俗训》，"去非者，非批邪施也"，高诱注，"施，微曲也"。（3）《淮南·要略》，"接径直施"，高注，"施，邪也"。以上三证，证明施与迤通，《说文》说，"迤，衺行也。"（4）《史记·贾生传》，"庚子日施兮"，《汉书》写作"日斜兮"。（5）《韩非子》的《解老》篇解《老子》这一章，也说，"所谓大道也者，端道也。所谓貌施也者，邪道也。"以上两证，证明施字作邪字解。这种考证法还不令人心服吗？

这几条随便举出的例，可以表示汉学家的方法。他们的方法的根本观念可以分开来说：

（1）研究古书，并不是不许人有独立的见解，但是每立一种新见解，必须有物观的证据。

（2）汉学家的"证据"完全是"例证"。例证就是举例为证。看上文所举的三件事，便可明白"例证"的意思了。

（3）举例作证是归纳的方法。举的例不多，便是类推（Analogy）的证法。举的例多了，便是正当的归纳法（Induction）了。类推与归纳，不过是程度的区别，其实他们的性质是根本相同的。

（4）汉学家的归纳手续不是完全被动的，是很能用"假设"的。这是他们和朱子大不相同之处。他们所以能举例作证，正因为他们观察了一些个体的例之后，脑中先已有了一种假设的通则，然后用这通则所包涵的例来证同类的例。他们实际上是用个体的例来证个体的例，精神上实在是把这些个体的例所代表的通则，演绎出来。故他们的方法是归纳和演绎同时并用的科学方法。如上文所举的第一件事，顾炎武研究了许多例，得了"凡义字古音皆读为我"的通则。这是归纳。后来他遇着"无偏无颇，遵王之义"，一个例，就用这个通则来解释他，说这个义字古音读为我，故能与颇字协韵。这是通则的应用，是演绎法。既是一条通则，应该总括一切"义"字，故必须举出这条"义读为我"的例，来证明这条"假设"的确是一条通则。印度因明学的三支，有了"喻体"（大前提），还要加上一个"喻依"（例），就是这个道理。

五

我现在且举几个最精密的长例来表示汉学家的科学方法。清代汉学的成绩，要算文字学的音韵一部分为最大，故我先举钱大昕考定古今音变迁的一条例。钱氏于古音学上有两大发明，一是"古无轻唇音"，一是"古无舌头舌上之分"。前一条我已引在我的《中国哲学史大纲》里了。现在且举他的"古无舌头舌上之分"一条。舌上的音如北方人读"知""彻""澄"三组的字都是舌上音。舌头音为"端""透""定"三组的字（西文的 DT 两母的字）。钱氏发明现读舌上音的字古音都读舌头的音。他举的例如下：

（1）《说文》，"冲读若动"。《书》"惟予冲人"，《释文》"直忠切"。古读直如特，冲子犹童子也。字母家不识古音，读冲为虫，不知古读虫亦如同也。《诗》"蕴隆虫虫"，《释文》，"直忠反"；徐，"徒冬反"。《尔雅》作爞爞，郭，"都冬反"。《韩诗》作烔，音徒冬反。是虫与同，音不异。

（2）古音中如得。《三仓》云，"中，得也"。《史记·封禅书》"康后与王不相中"；《周勃传》"子胜之尚公主，不相中"。小司马皆训为得。

（3）古音陟如得。《周礼》"太卜掌三梦之法，……三曰咸陟"。注，"陟之言得也，读如王德翟人之德"。

（4）古音赵如掉。《诗》"其镈斯赵"，《释文》，"徒了反"。《周礼·考工记》注引此作"其镈斯掉"，大了反。《荀子》杨倞注，"赵读为掉"。

（5）古音直如特。《诗》"实惟我特"，《释文》，"《韩诗》作直，云相当值也"。《檀弓》"行并植于晋国"，注，"植或为特"。《王制》"天子犆礿"，《释文》"犆音特"。

（6）古音竹如笃。《诗》"绿竹猗猗"，《释文》"《韩诗》作薄，音徒沃反"，与笃音相近，皆舌音也。笃竹并从竹得声。《论语》"君子笃于亲"，《汗简》云，"古文作竺"。《书》"笃不忘"，《释文》"本又作竺"。《释诂》，"竺，厚也"，《释文》"本又作笃"。《汉书·西域传》，"无雷国北与捐毒接"，师古曰，"捐毒即身毒，天毒也"。《张骞传》，"吾贾人转市之身毒国"，邓展曰，"毒音督"，李奇曰，"一名天竺"。《后汉书·杜笃传》，"摧天督"，注，"即天竺国"。然则竺，笃，毒，督，四字同音。

（7）古读猪如都。《檀弓》"洿其宫而猪焉"，注，"猪，都也，南方谓都为猪"。《书》，"大野既猪"，《史记》作既都。"荣波既猪"，《周礼注》引作"荣播既都"。

（8）古读追如堆。《郊特牲》，"母追"，《释文》"多雷反"。枚乘《七发》，"逾岸出追"，李善注，"追古堆字"。

（9）古读倬如菿。《诗》"倬彼甫田"，《韩诗》作菿。

（10）古读枨如棠。孔子弟子申枨，《史记》作申棠。……因枨有棠音，可悟古读"长"丁丈切，与党音相似，正是音和，非类隔。

（11）古读池如沱。《诗》"滮池北流"，《说文》引作"滮沱"。《周礼》职方氏，"并州，其川虖池"；《礼记》"晋人将有事于河，必先有事于恶池"，即滮沱之异文。

（12）古读廛如坛。《周礼》廛人，注，"故书廛为坛，杜子春读坛为廛"。"载师以廛里任国中之地"，注，"故书廛或为坛，司农读为廛"。

（13）古读秩如挮。《书》"平秩东作"，《说文》引作挮，从丰，弟声。……凡从失之字，如跌，迭，瓞，蛈，诀，皆读舌音，则秩亦有迭音可信也。

（14）侄娣本双声字。《公羊·释文》"侄，大结反，娣，大计反"，此古音也。《广韵》，侄有"徒结""直一"两切。

（15）古读陈如田。《说文》"田，陈也"。陈完奔齐，以国为氏，而《史记》谓之田氏，是古田陈同声。

钱氏所举的例，不止这十五个，我不能全抄了。看他每举一个例，必先证明那个例；然后从那些证明了的例上求出那"古无舌头舌上之分"的大通则。这里面有几层的归纳，和几层的演绎。他从《诗·释文》《檀弓·注》《王制·释文》各例上寻出"古读直如特"的一条通则，便是一层归纳。他用同样的方法去寻出"古读竹如笃""古读猪如都"等等通则，便是十几次的归纳。然后把这许多通则贯串综合起来，求出"古读舌上音皆为舌头音"的大通则，便是一层大归纳。经过这层大归纳之后，有了这个大通则，再看这个通则有没有例外。如字书读冲为虫，他便可应用这条大通则，说虫字古时也读如"同"。这是演绎。他怕演绎的证法还不能使人心服，故又去寻个体的例，如虫字的"直忠"和"都冬"两切，证明虫字古读如同。这又是归纳了。

这是汉学家研究音韵学的方法。三百年来的音韵学所以能成一种有系统有价值的科学，正因为那些研究音韵的人，自顾炎武直到章太炎都能用这种科学的方法，都能有这种科学的精神。

六

我再举一个训诂学的例。清代讲训诂的方法，到王念孙、王引之父子两人，方才完备。二王以后，俞樾、孙诒让一班人都跳不出他们两人的范围。王氏父子所著的《经传释词》，可算得清代训诂学家所著的最有统系的书，故我举的例也是从这部书里来的。古人注书最讲不通的，就是古书里所用的"虚字"。"虚字"在文法上的作用最大，最重要。古人没有文法学上的名词，一切统称为"虚字"（语词，语助词等等），已经是很大的缺点了。不料有一些学者竟把这些"虚字"当作"实字"用，如"言"字在《诗经》里常作"而"字或"乃"字解，都是虚字，被毛公、郑玄等解作代名词的"我"字，便更讲不通了。王氏的《经传释词》全用归纳的方法，举出无数的例，分类排比起来，看出相同的性质，然后下一个断案，定他们的文法作用。我要举的例是用在句中或句首的"焉"字。

"焉"字用在句尾，是很平常的用法。例如"殆有甚焉""必有事焉"，都作"于此"解，那是很容易的。但是"焉"字又常常用在一句的中间或一句的起首，他的功用等于"于是""乃""则"一类的状词，大概是表时间的关系，有时还带着一点因果的关系。

王氏举的例如下：

（1）《礼记·月令》，"命舟牧覆舟，五覆五反，乃告舟备具于天子，天子焉（于是）始乘舟"。

（2）《晋语》，"尽逐群公子，乃立奚齐，焉（于是）始为令于国。"

（3）《墨子·鲁问》，"公输子自鲁南游楚，焉（于是）始为舟战之器"。

（4）《山海经·大荒西经》，"夏后开焉（于是）始得歌九招"。

（5）《祭法》，"坛墠有祷，焉（则）祭之；无祷乃止"。

（6）《三年问》，"故先王焉（乃）为之立中制节"。

（7）又，"焉使倍之，故再期也"。

（8）《大戴礼·王言》篇，"七教修，焉（乃）可以守；三至行，焉（乃）可以征"。

（9）《曾子·制言》篇，"有知，焉（乃）谓之友；无知，焉谓之主"。

（10）《齐语》，"乡有良人，焉（乃）以为军令"。

（11）《吴语》，"吾道路悠远，必无有二命，焉（乃）可以济事"。

（12）《老子》，"信不足，焉（于是）有不信"。

（13）《管子·幼官》篇，"胜无非义者，焉（乃）可以为大胜"。

（14）又《揆度》篇，"民财足则君赋敛焉（乃）不穷"。

（15）《墨子·亲士》篇，"焉（乃）可以长生保国"。

（16）又《兼爱》，"必知乱之所自起，焉（乃）能治之"。

（17）又《非攻》，"汤焉（乃）敢奉率其众以乡有夏之境"。

（18）《庄子·则阳》篇，"君为政，焉（乃）勿卤莽；治民，焉（乃）勿灭裂"。

（19）《荀子·议兵》篇，"若赴水火，入焉（则）焦没耳"。

（20）又，"凡人之动也，为赏庆为之，则见害伤焉（乃）止矣"。

（21）《离骚》，"驰椒邱且焉（于是）止息"。

（22）《九章》，"焉（于是）洋洋而为客""焉（于是）舒情而抽信兮"。

（23）《九辩》，"国有骥而不知乘兮，焉(乃)皇皇而更索"。

（24）《招魂》，"巫阳焉（乃）下招曰"。

（25）《远游》，"焉（乃）逝以徘徊"。

（26）僖十五年《左传》，"晋于是乎作爰田，晋于是乎作州兵"。《晋语》作"焉作辕田，焉作州兵。"是"焉"与"于是"同义。

（27）《荀子·礼论》篇，"三者偏亡，焉无安人"。《史记·礼书》用此文，焉作则。《老子》，"故贵以身为天下，则可寄天下"。《淮南·道应训》引此，则作焉。是"焉"与"则"同义。

这种方法，先搜集许多同类的例，比较参看，寻出一个大通则来：完全是归纳的方法。但是以我自己的经验看起来，这种方法实行的时候，决不能等到把这些同类的例都收集齐了，然后下一个大断案。当我们寻得几条少数同类的例时，我们心里已起了一种假设的通则。有了这个假设的通则，若再遇着同类的例，便把已有的假设去解释他们，看他能否把所有同类的例都解释的满意。这就是演绎的方法了。演绎的结果，若能充分满意，那个假设的通则便成了一条已证实的定理。这样的办法，由几个（有时只须一两个）同类的例引起一个假设，再求一些同类的例去证明那个假设是否真能成立：这是科学家常用的方法。假设的用处就是能使归纳法实用时格外经济，格外省力。凡是科学上能有所发明的人，一定是富于假设的能力的人。宋儒的格物方法所以没有效果，都因为宋儒既想格物，又想"不役其知"。不役其知就是不用假设，完全用一种被动的态度。那样的用法，决不能有科学的发明。因为不能提出假设的人，严格说来，竟可说是不能使用归纳方法。为什么呢？因为归纳的方法并不是教人观察"凡天下之物"，并不是教人观察乱七八糟的个体事物；归纳法的真义在于教人"举例"，在于使人于乱七八糟的事物里面寻出一些"类似的事物"。当他"举例"时，心里必已有了一种假设。如钱大昕举冲，中，陟，直，赵，竺……等字时，他先已有了一种"类"的观念，先有了一种假设。不然，他为什么不举别的整千整万的字呢？又如王氏讲"焉"字的例，他若先没有一点假设，为什么单排出这些句中和句首的"焉"字呢？汉学家的长处就在他们有假设通则的能力。因为有假设的能力，又能处处求证据来证实假设的是非，所以汉学家的训诂学有科学的价值。道光年间有个方东澍做了一部《汉学商兑》，极力攻击汉学家，但他对于高邮王氏的《经义述闻》，也不能不佩服，不能不说"实足令郑朱俛首，自汉、唐以来未有其比"。这可见汉学家的方法精密，就是宋学的死党也不能不心服了。

七

我在上文已举了音韵学和训诂学的例，我现在再举清代校勘学作例。古书被后人抄写刻印，很难免去错抄错刻的弊病。

譬如我做了一篇一百字的文章，写好之后，我自己校看一遍，没有错字。这个原稿可叫做"甲"。我的书记重抄一篇，送登《北京大学月刊》。因为"甲"是用草字写的，抄本"乙"误认了一个字，遂抄错了一个字。这篇"乙"稿拿去排印，商务印书馆的排工又排错了一字；这个印本，可叫做"丙"。这三个本子的"可靠性"有如下的比例：

"甲"本，100；"乙"本，99；"丙"本，97.02。

这一个本子，只经过三手，已比原本减少 02.98 的可靠性了。何况古代的著作，经过了一两千年的传抄翻印，那能保得住没有错误呢。校勘学的发生，只是要救正这种"日读误书"的危险。但是这种校勘的工夫，初看似乎很容易，其实真不容易。譬如上文说的"丙"本，只须寻着我的"甲"本，细细校对一遍，就可校正了。但是这种容易的校勘是不常有的。有些古书并没有原本可用来校对，所有的古本，无论怎样古，终究是抄本。有时一部书只有一个传本，并无第二本。校书的人既不可随意乱改古书，又不可穿凿附会，勉强解说（说详本篇第四章），自不能不用精密的方法，正确的证据，方才能使人心服。清代的校勘学所以能使人心服，正为他用的是科学的方法。

校勘学的方法可分两层说。第一是根据，第二是评判，根据是校勘时用来作比较参考的底本。根据大约有五种：（1）根据最古的本子。例如阮元的《论语注疏校勘记》引据的本子是：《汉石经残字》《唐石经》《宋石经》、皇侃《义疏》《高丽本》（据陈鳣《论语古训》引的）、《十行本》（宋刻的，元明修补的）、《闽本》（明嘉靖时刊）、《非监本》（明万历时刊）、《毛本》（明崇祯时刊）共计九种古本。（2）根据古书里引用本书的文句。例如《群书治要》《太平御览》等书引了许多古书，可以用作参考。

又如阮元校勘《论语》"君子耻其言而过其行"一句，先说："皇本，高丽本，而作之；行下有也。"这是前一种的根据。阮元又说："按《潜夫论·交际篇》，孔子疾夫言之过其行者，亦作之字。"这是第二种根据。又如《荀子·天论》，"内外无别，男女淫乱，则父子相疑，上下乖离"，这四项是平等的，不当夹一个"则"字。《韩诗外传》有这一段，没有"则"字；《群书治要》引的，也没有"则"字。故王念孙根据这两书，说"则"字是衍文。（3）根据本书通行的体例。最明显的例是《墨子·小取》篇，"辟也者，举也物而以明之也。"第二个"也"字，初看似乎无意思，故毕沅校《墨子》，便删了这个字。王念孙后来发现"《墨子》书通以也为他"一条通例，故说这个"也"字也是"他"字："举他物以明此物谓之譬"，这就明白了。他的儿子王引之又用这条通例来校《小取》篇"无也故焉"的"也"字也是"他"字；又"无故也焉"一句也应该改正为"无也故焉"，那"也"字也是"他"字。后来我校《小取》篇，"是犹谓也者同也，吾岂谓也者异也"两句，也用这条通例来把第一和第三个"也"字都读作"他"字。（4）根据古注和古校本。古校本最重要的莫如陆德明的《经典释文》。古注自汉以来多极了，不能遍举。我且举两个应用的例。《易·系辞传》，"拟之而后言，议之而后动"，议字实在讲不通。《释文》云，"陆姚、桓元、荀柔之作仪"。"仪"字作效法解，与"拟"字并列，便讲得通了。《系辞》又有"几者，动之微，吉之先见者也"。我不懂得此处何故单说"吉"，不说"吉凶"。后来我读孔颖达《正义》说"诸本或有凶字者，其定本则无也"，方才知道唐初的人还见过有"凶"字的本子，可据此校改。后来我读《汉书·楚元王传》，"穆生曰，《易》称知几其神乎；几者，动之微，吉凶之先见者也"。此又可证我的前说。（5）根据古韵。我引王念孙《读书杂志》一段作例：

《淮南子·原道训》，"是故无所私而无所公，靡滥振荡，与天地鸿洞；无所左而无所右，蟠委错纱，与万物始终"。案始终当作终始（上文云，"水流而不止，与万物终始"）。公洞为韵。右始为韵（右古读若"以"，说见《唐韵正》）。若作始终，则失其韵矣。

《俶真训》，"若夫真人则动溶于至虚而游于灭亡之野，骑蜚廉而从敦圄，驰于外方（外方据道藏本；各本作方外），休乎宇内，烛十日而使风雨，臣雷公，役夸父，妾宓妃，妻织女"。案"宇内"当为"内宇"（内宇犹宇内也，若林中谓之中林，谷中谓之中谷矣）。内宇与外方相对为文。宇与野，圄，雨，父，女，为韵（野古读若"墅"，说见《唐韵正》），若作"宇内"则失其韵矣。

《说林》篇，"无乡之社，易为黍肉；无国之稷，易为求福。"案"黍肉"当作"肉黍"。后人以肉与福韵相协，故改为"黍肉"。不知福字古读若逼，不与肉为韵也。社黍为韵（社古读若墅。《说文》，社从示，上声。《甘誓》，"不用命戮于社"，与祖为韵。《郊特牲》，"而君亲誓社"，与赋，旅，伍，为韵。《左传》闵二年，成季将生卜辞，"闲于两社"，与辅为韵。《管子·揆度》篇，"杀其身以衅其社"，与鼓，父，为韵），稷福为韵。若作黍肉，则失其韵矣。

以上五项是校勘学的根据。但是这几种根据都有容易致误的危险。先说古本。我们所有的"古本"，已不知是经过了多少次口授手写的抄本了，其中难保没有错误。近人最崇拜宋版的书，其实宋版也有好坏，未必都可用作根据。次说古书转引本书的文句，也有两大危险。第一，引书的人未必字字依照原文，往往随意增减字句。第二，初引或不误，后来传抄翻印，难免没有错误。次说本书的通例，也许著书的人偶然变例。次说古注与古校本。古校本往往有许多种不同的，究竟应该从那一个校本。古注本也有被后人妄改了的。例如《老子》二十三章，"信不足焉，有不信焉"。这句本当作"信不足，焉有不信。"（看上文第六节）故王弼注云，"忠信不足于下，焉有不信也。"（此据《永乐大典》本）但今本王注改作"忠信不足于下焉，有不信焉"，这便不成话了。最后说古韵的根据，有时也容易致误。我且引一条最可注意的例：

　　《易经·剥象传》："君子得舆，民所载也；小人剥庐，终不可用也。"又《丰象传》，"丰其沛，不可大事也；折其右肱，终不可用也。"这两条的韵很不容易说明。顾炎武作《易音》，竟不懂"用"何以能与"载""事"为韵。杨宾实说，两"用"字皆"害"字之误。卢文弨赞成此说，说："害在十四泰，载在十九代，事在七志，古韵皆得相通。古害字作舍，故易与'用'字相混。"

　　这一说，从表面看去，似乎很圆满了。后来王念孙驳他道："凡《易》言君子小人者，其事皆相反。君子得舆，小人剥庐，亦取相反之义，……非谓小人不能害君子也。右肱为人之所用，右肱折则终不可用，……折肱则害及肱矣，何言终不可害乎？今案'用'读为'以'。《苍颉》篇，'用，以也'。用与以声近而义同，故用可读为以。犹'集'与'就'声近而义同，故集可读为就；'戎'与'汝'声近而义同，故戎可读为

汝也。……《剥象传》以灾，尤，载，用，为韵；《丰象传》
以灾，志，事，用，为韵，……于古音并属'之'部。……若
'害'字则从丰声，丰读若介，于古音属'祭'部，……（在
诸经中，与害为韵者）凡发，拨，大，达，败，晰，逝，外，
未，说，辖，迈，卫，烈，月，揭，竭，世，艾，岁，等字，
皆属'祭'部。遍考群经《楚辞》，未有与'之'部之灾，
尤，载，志，事，等字同用者。至于《老》《庄》诸子，无不
皆然。是害与灾，尤，载，志，事，五字，一属'祭'部，一
属'之'部，两部绝不相通。"（《经义述闻》卷二）

因为这些根据都容易弄错，故校勘学不能全靠根据。校勘学
的重要工夫在于"评判"。校勘两字都是法律的名词，都含有审
判的意思；英文"Textual Criticism"译言"本子的评判"。我们
顾名思义，可知校勘学决不单靠本子或他种的根据，可知校勘重
在细心的判断。上文王念孙校一个"用"字，便是评判的工夫。
段玉裁有《与诸同志书论校书之难》一篇，说这个道理最明白：

校书之难，非照本改字，不讹不漏之难也，定其是非之
难。是非有二：曰底本之是非，曰立说之是非。必先定其底
本之是非，而后可断其立说之是非。二者不分，轇轕如治丝
而棼，如算之淆乱其法实，而瞀乱乃至不可理。

何谓底本？著书者之稿本是也。何谓立说？著书者所
言之义理是也。

《周礼·轮人》："望而视其轮，欲其幎尔而下迤也。"
自《唐石经》以下各本皆作"下迤"。唐贾氏作"不迤"。故
《疏》曰："不迤者，谓辐上至毂，两两相当，正直不旁迤，故
曰不迤也。"文理甚明。今各本疏文皆作"下迤"（"下迤者，

谓辐上至毂，两两相当，正直不旁迤，故曰下迤也"），其语绝无文理，则非贾文之底本矣。此由宋人以《疏》合经《注》者，改《疏》之"不"字合经之"下"字，所仍之经非贾氏之经本也。然则经本有二，"下"者是欤？"不"者是欤？

曰，"下"者是也。"望而视其轮"，谓视其已成轮之牙。轮圆甚，牙皆向下迤邪，非谓辐与毂正直两两相当也。经下文，"县之以视其辐之直"，自谓辐。"规之以视其圜"自谓圜。轮之圜在牙。上文"毂，辐，牙，为三材"，此言轮，辐，毂。轮即牙也。然则《唐石经》及各本经作"下"，是；贾氏本作"不"，非也。而义理之是非得矣。倘有浅人校《疏》文"下迤"之误，改为"不迤"，因以疏文之"不迤"，改经文之"下迤"，则贾疏之底本得矣，而于义理乃大乖也。（段氏共引五例今略。……）

故校经之法，必以贾还贾，以孔还孔，以陆还陆，以杜还杜，以郑还郑，各得其底本，而后判其义理之是非，而后经之底本可定，而后经之义可以徐定。不先正《注》《疏》《释文》之底本，则多诬古人。不断其立说之是非，则多误今人。……（《经韵楼集》）

我们看了这种校勘学方法论，不能不佩服清代汉学家的科学精神。浅学的人只觉得汉学家斤斤的争辩一字两字的校勘，以为"支离破碎"，毫无趣味。其实汉学家的工夫，无论如何琐碎，却有一点不琐碎的元素，就是那一点科学的精神。

凡成一种科学的学问，必有一个系统，决不是一些零碎堆砌的知识。音韵学自从顾炎武、江永、戴震、钱大昕、段玉裁、王念孙直到章炳麟、黄侃研究古音的分部，声音的通转，不但分析更细密了，并且系统条理也更清楚明白了。训诂学用文字假借，声类通转，文法条例三项作中心，也自成系统。校勘学的头绪纷繁，很不容易寻出一些通则来。但清代的校勘学却真有条理系统，做成一种科学。我们试看王念孙《读〈淮南子〉杂志》的《后序》，说他订正《淮南子》共九百余条，推求"致误之由"，可得六十四条通则。这一篇一万二千字的空前长序（《读书杂志》九之二十二）真可算是校勘学的科学方法论。又如俞樾的《古书疑义举例》的五，六，七，三卷也提出许多校勘学的通则，也可算是校勘学的方法论。

八

我想上文举的例很可以使读者懂得清代学者的治学方法了。他们用的方法，总括起来，只是两点。（1）大胆的假设，（2）小心的求证。假设不大胆，不能有新发明。证据不充足，不能使人信仰。上文举的许多例，大概多偏重求证的一方面。我现在且引清学的宗师戴震论《尚书·尧典》"光被四表"的光字的历史作为最后的一条例，作为我这一篇方法论的总结束。

《尧典》"光被四表，格于上下"。蔡沈解"光"为"显"，这是最普通的解法。但是孔安国《传》说，"光，充也"。光字作显解，何等近情近理。为什么古人偏要解作"充"字呢？岂不是舍近而求远吗？但是戴震说：

> 《孔传》，"光，充也。"陆德明《释文》无音切。孔冲
> 远《正义》曰，"光，充，《释言》文"。据郭本《尔雅》，

"枱，颎，充也"。注曰，"皆充盛也"。《释文》曰，"枱，孙作光，古黄反"。用是言之，光之为充，《尔雅》具其义。……虽《孔传》出魏、晋间人手，以仆观此字，据依《尔雅》，又密合古人属词之法，非魏、晋间人所能，必袭取师师相传旧解，见其奇古有据，遂不敢易尔。后人不用《尔雅》及古注，殆笑《尔雅》迂远，古注胶滞，如光之训充，兹类实繁。余独以谓病在后人不能遍观尽识，轻疑前古，不知而作也。

戴震是不信伪《孔传》的人，但他却要为"光，充也"一句很不近情理的话作辩护士。我们且看他的说法：

《尔雅》枱字，六经不见。《说文》，"枱，充也"。孙愐《唐韵》，"古旷反"。《乐记》，"钟声铿铿以立号，号以立横，横以立武"。郑康成注曰，"横，充也。谓气作充满也。"《释文》曰，"横，古旷反"。《孔子闲居》篇，"夫民之父母乎，必达于礼乐之原，以致五至而行三无，以横于天下"。郑注曰，"横，充也"。疏家不知其义出《尔雅》。

《尧典》古本必有作"横被四表"者。横被，广被也。正如《记》所云，"横于天下""横于四海"，是也。横四表，格上下，对举。……横转写为枱，脱误为光。追原古初，当读"古旷反"，庶合充霩广远之义。

这真是大胆的假设。他见郭本《尔雅》的枱字在孙本作光，又见《说文》有"枱充也"的话，又见《唐韵》读枱为古旷反，而《礼记》的横字既训为充，又读古旷反，——他看了这些事实，忽然看出他们的关系来，遂大胆下一个假设，说《尧典》

的光字就是桄字，也就是横字。但是《尚书》的各本明明都作"光"字。戴震于是更大胆的提出一个很近于武断的假设，说《尧典》古本必有作横被四表者。"这话是乾隆乙亥（1755）年《与王内翰凤喈书》里说的。过了两年（1757）钱大昕和姚鼐各替他寻着一个证据：

（证一）《后汉书·冯异传》有"横被四表，昭假上下"。

（证二）班固《西都赋》有"横被六合"。

过了七年多（1762），戴震的族弟受堂又替他寻着两个证据：

（证三）《汉书·王莽传》，"昔唐尧横被四表"。

（证四）王褒《圣主得贤臣颂》，"化溢四表，横被无穷"。

过了许多年，他的弟子洪榜又寻得一证：

（证五）《淮南·原道训》，"横四维而含阴阳"。高诱注，"横读桄车之桄"。是汉人横桄通用，甚明。

他的弟子段玉裁又寻得一证：

（证六）李善注《魏都赋》，引《东京赋》"惠风横被"。今本《东京赋》作"惠风广被"，后人妄改也。

这一个字的考据的故事，很可以表示清代学者做学问的真精神。假使这个光字的古本作横已无法证实了，难道戴震就不敢下那个假设了吗？我可以断定他仍是要提出这个假设的。如果一个假设是站在很充分的理由上面的，即使没有旁证，也不失为一个很好的假设。但他终究只是一个假设，不能成为真理。后来有了充分的旁证，这个假设便升上去变成一个真理了。

戴震自己论这个字的考据道：

> 述古之难，如此类者，遽数之不能终其物。六书废弃，经学荒谬，二千年以至今。……仆情僻识狭，以谓信古而

愚，愈于不知而作。但宜推求，勿为株守。例以光之一字，疑古者在兹，信古者亦在兹。

"但宜推求，勿为株守"八个字是清学的真精神。

（附记）此篇第一至第六章是民国八年八月作的；第七章是九年春间作的；第八章是十年十一月作的。相隔日久，中间定有不贯串之处。将来有暇时，当细细修正。

十，十一，三

王 莽

一千九百年前的一个社会主义者

王莽受了一千九百年的冤枉，至今还没有公平的论定。他的贵本家王安石虽受一时的唾骂，却早已有人替他伸冤了。然而王莽确是一个大政治家，他的魄力和手腕远在王安石之上。我近来仔细研究《王莽传》及《食货志》及《周礼》，才知道王莽一班人确是社会主义者。王莽于西历纪元9年建国，那年他就下诏曰：

> 古者设庐井八家，一夫一妇田百亩，什一而税，则国给民富而颂声作。此唐虞之道，三代所遵行也。秦为无道，厚赋税以自供奉，罢民力以极欲，坏圣制，废井田，是以兼并起，贪鄙生；强者规田以千数，弱者曾无立锥之居；又置奴婢之市，与牛马同兰 [栏]，制于民臣，颛断其命，奸虐之人，因缘为利，至略卖人妻子，逆天心，悖人伦，缪于"天地之性人为贵"之义（此等处皆可以补史传的不足。百年前，董仲舒也有"去奴婢，除专杀之威"的主张）。……汉氏减轻田税，三十而税一，常有更赋：罢癃咸出（晋灼曰，虽老病者，皆复出口算），而豪民侵陵，分田劫假；厥名三十税一，实什税五也。父子夫妇终年耕芸，所得不足以自存，故富者犬马余菽粟，……贫者不厌糟糠。……今更名天下田曰王田，奴婢曰私属，皆不得卖买。其男口不盈八而

田过一井者，分余田予九族邻里乡党。故无田，今当受田者，如制度。

敢有非井田圣制，无法惑众者，投诸四裔，以御魑魅。如皇始祖考虞帝故事。（此莽诏须看《王莽传》）

《莽传》说，

坐卖买田宅奴婢铸钱，自诸侯大夫至于庶民，抵罪者不可胜数。（《食货志》同）

此政策即"土地国有""均产""废奴"三个大政策。当日施行时自然有大困难。到了西历12年，中郎区博谏莽曰：

井田虽圣王法，其废久矣。周道既衰，而民不从。秦知顺民之心可以获大利也，故灭庐井而置阡陌，遂王诸夏。迄及海内未厌其敝，今欲违民心，追复千载绝迹，虽尧、舜复起而无百年之渐，弗能行也。天下初定，万民新附，诚未可施行。（《传》）

莽知民愁，乃下书曰：

诸名食"王田"，皆得卖之，勿拘以法。犯私买卖庶人者，且一切勿治。（同）

西历10年，莽即位之二年，初设"六筦之令"。"筦"字《食货志》作"斡"，即是"归国家管理"之意。六筦是：

（1）盐，（2）酒，（3）铁，（4）名山大泽，（5）钱布铜冶，（一今本钱作铁，今依钱大昭校，据闽本。）（6）五均赊贷。

《食货志》记诸筦，有两次诏令的原文。《莽传》亦有两次，一在西 10 年，一在西 17 年。《食货志》第一诏当是 10 年的：

> 夫《周礼》有赊贷（此指"泉府"之职），《乐语》有"五均"。（邓展曰，《乐语》《乐元语》，河间献王所传，道五均事。臣瓒曰，其文云，"天子取诸侯之土，以立'五均'，则市无二贾，四民常均，强者不得困弱，富者不得要贫，则公家有余，恩及小民矣。"沈钦韩曰，《乐语》《白虎通》引之。）传记各有"筦"焉。今开赊贷，张五均，设诸"筦"者，所以齐众庶，抑并兼也。

"遂于长安及五都立五均官，更名长安东西市，令及洛阳，邯郸，临淄，宛，成都市长，皆为'五均司市师'。〔两市及五都〕皆置交易丞五人，钱府（即泉府）丞一人"。此时似尚未明定"六筦"之数，诸"筦"次第举行。凡属于国有富源的，办法如下：

> 工商能采金银铜连（铅）锡，登龟取贝者。皆自占〔于〕司市钱府，顺时气而取之。……

这不是国家自办，乃是归国家管理；凡做此项事业的，须呈报（"占"）于司市钱府。营业所得，国家要抽"所得税"。故《食货志》说：

> 诸取众物——鸟兽鱼鳖百虫——于山林水泽，及畜牧者，嫔妇桑蚕织妊纺绩补缝，工匠医巫卜祝，及它方技商贩贾人坐肆列里区谒舍，皆各自占所为于其所在之县；官除其本，计其利，十一分之，而以其一为贡。敢不自占，自占有不实者，尽没入所采取，而作〔于〕县官一岁。

抽所得税竟抽到女工方技，似乎不确。况且科罚条文内说"尽没入所采取"，似乎原令的所得税只限于"诸取众物于山林水泽，及畜牧者"或至多"及它方技商贩贾人坐肆列里区谒舍者"。《莽传》也只说"命县官酤酒，卖盐铁器，铸钱。诸采取名山大泽众物者，税之"。可以互证。

《食货志》说酤酒的办法最详细：

> 令官作酒，以二千五百石为一均，率开一卢以卖，雠五十酿为准。一酿用粗米二斛，曲一斛，得成酒六斛六斗。各以其市月朔米曲三斛并计其贾而参分之，以其一为酒一斛之平。除米曲本贾，计其利而什分之，以其七入官，其三及醯酨（酢浆也）灰炭给工器薪樵之费。

五均之制，《食货志》也说的详细：

（1）市平（平均的物价）"诸司市常以四时中月，实定所掌，为物上中下之贾，各自用为其市平，毋拘他所。"

（2）收滞货"众民卖买五谷布帛丝绵之物，周于民用，而不雠者，均官有以考检厥实，用其本贾取之，毋令折钱。"

（3）平市"万物印贵过平一钱，则以〔所收不雠之物以〕平贾卖与民。其贾氏贱减〔于〕平者，听民自相与市，以防贵庾者。

（4）赊"民欲祭祀丧纪而无用者，钱府以所入工商之贡，但赊之。（师古曰，但，空也，徒也，言不取息利也。）祭祀无过旬日，丧纪无过三月。"

（5）贷本"民或乏绝，欲贷以治产业者，均授之，除其费，计所得〔而〕受息，毋过岁什一"。《莽传》作"赊贷与民，收息百月三"。

这些政策，都是"国家社会主义"的政策。他们的目的都是"均众庶，抑并兼"。但当那个时代，国家的组织还不完备，这种大计划的干涉政策，当然不能一时收效。政府里的书生又不能不依靠有经验的商人，故《食货志》又说：

> 羲和（官名）置命士，督五均六斡，郡有数人，皆用富贾。洛阳薛子仲、张长叔，临菑姓伟等，乘传求利，交错天下。因与郡县通奸，多张空簿，府藏不实。百姓俞病。

到了西17年，王莽又下诏曰：

> 夫盐，食肴之将；酒，百药之长，嘉言之好；铁，农田之本；名山大泽，饶衍之藏；五均赊贷，百姓所取平，仰给以赡；钱布铜冶，通行有无，备民用也。此六者，非编户齐民所能家作，必仰于市；虽贵数倍，不得不买。豪民富贾，即要贫弱，先圣知其然也，故笼之。每一斡为设科条防禁，犯者罪至死。

我们看这一诏，可以知道当日的政治家确能了解"国家社会主义"的精意。六筦都是民间的"公共用具"，私人自做，势必不能；若让少数富贾豪民去做，贫民必致受他们的剥削。社会主义者所以主张把这种"公共用具"一切收归社会（或国家）办理。这个意思，即是王莽的政策的用意，那是无可疑的了。

西21年，南郡秦丰，平原女子迟昭平各聚兵作乱。莽召群臣问禽贼方略。故左将军公孙禄征来与议，他说：

> ……国师嘉信公（刘歆）颠倒五经，毁师法，令学士疑

惑。明学男张邯，地理侯孙阳，造井田，使民弃土业。羲和
鲁匡设六筦，以穷工商。……宜诛此数子，以慰天下。

这几个重要人物，除了刘歆之外，几乎全不可考。若不是公孙禄
明白提出，我们竟无从知道这些主名了。作井田的孙阳，已不可
考。张邯见于《汉书·儒林传》（八十八）之《后苍传》下。后
苍通诗礼，传匡衡翼奉萧望之，匡衡的传经表如下：

按《莽传》，满昌为莽太子讲诗。又按《后苍传》，张邯与
皮容"皆至大官，徒众尤盛"。鲁匡见于《后汉书·鲁恭传》
（五十五），"恭，扶风平陵人也。……哀平间，自鲁而徙。祖
父匡，王莽时为羲和，有权数，号曰智囊。"《食货志》说：

国师公刘歆言周有泉府之官，取不雠，与欲得，即《易》
所谓"理财正辞禁民为非"者也。莽乃下诏。（即十年之
诏）……羲和鲁匡言：

名山大泽，盐，铁，钱，布帛，五均赊贷，筦在县官。
唯酒酤独未筦。……《诗》曰，"无酒酤我。"而《论语》
曰，"酤酒不食。"二者非相反也。夫《诗》据承平之世，酒
酤在官，和旨便人，可以相御也。《论语》孔子当周衰乱，
酒酤在民，薄恶不诚，是以疑而弗食。今绝天下之酒，则无
以行礼相养，放而亡限，则费财伤民。请法古令官作酒。
（余见上）

这种穿凿附会，绝像王莽时代的经学家。《莽传》又说，公孙禄请诛数子之后，

> 莽怒，使虎贲扶禄出，然颇采其言，左迁鲁匡为五原卒正。以百姓怨非，故六筦非匡所独造，莽厌众意而出之。

大概酒筦是鲁匡的计划，其余则刘歆等人的合作，未必是鲁匡一人"所独造"了。

西 22 年，四方盗贼并起，太师王匡等战数不利。莽"乃议遣风俗大夫司国宪等分行天下，除井田奴婢山泽六筦之禁。即位以来诏令不便于民者，皆收还之，待见未发"。此事竟无下文，似乎终莽之世，这些政策不曾废除。再过一年，他就死了。

《食货志》说：

> 莽性躁扰，不能无为。每有所兴造，必欲依古。

《莽传》说：

> 莽意以为制定则天下自平，故锐思于地里，制礼作乐，讲合六经之说。公卿旦入暮出，论议连年不决。……莽自见前颛权以得汉政，故务自揽众事。……莽常御灯火至明，犹不能胜。

可怜这样一个勤勤恳恳，生性"不能无为"，要"均众庶，抑并兼"的人，到末了竟死在渐台上，他的头被一个商人杜吴斫去，尸首被军人分裂，"支节肌骨脔分"！而二千年来，竟没有人替他说一句公平的话！

十一，九，三

书院制史略

我为何讲这个题目？因为古时的书院与现今教育界所倡的"道尔顿制"精神大概相同。一千年以来，书院实在占教育上一个重要位置，国内的最高学府和思想的渊源，惟书院是赖。盖书院为我国古时最高的教育机关。所可惜的，就是光绪变政，把一千年来书院制完全推翻，而以形式一律的学堂代替教育。要知我国书院的程度，足可以比外国的大学研究院。譬如南菁书院，他所出版的书籍，等于外国博士所做的论文。书院之废，实在是吾中国一大不幸事。一千年来学者自动的研究精神，将不复现于今日了。所以我今日要讲这个书院的问题。本题计分两节：第一，书院的历史；第二，书院的精神。兹分别言之：

一、书院的历史

（一）精舍与书院　书院在顶古的时候，无史可考；因古代的学校，都是私家设立，不甚出名。周朝学制，亦无书院的名称。战国时候，讲学风起，私家学校渐为人所器重。汉时私家传授之盛，为古所未有。观汉朝的国子监太学生，多至数万人，即可见学风之盛。六朝时候，除官学外，复有精舍。此精舍系由少数的贵族或士大夫在郊外建屋数椽，以备他们春夏射御，秋冬读书的处所。惟此精舍，仍由私家学塾蝉蜕而来，其教授方法，与佛家讲经相同。佛家讲经只许和尚沉思默想，倘和尚不明经理而欲请教于大和尚，此时大和尚就以杖叩和尚之头，在问者虽受重击，毫无怨言，仍俯首思索如故。有时思索不得，竟不远千里朝拜名山，俾一旦触机觉悟，此法系启发学者思想。不借外界驱策而能自动学习；所以精舍也采取佛家方法。其后道家讲经，也和佛家相同。到唐明皇的时候，始有书院的名称。书院之有学校的价值，固自唐始，但至宋朝更进步了。

（二）宋代四大书院　书院名称，至宋朝时候才完全成立。当时最负盛名的书院，如石鼓、岳麓、应天、白鹿洞，世人称为四大书院。这些书院，都系私人集资建造，请一个学者来院主教，称他叫山长。书院大半在山水优秀的地方，院内广藏书籍，使学生自修时候，不致无参考书。此藏书之多，正所以引起学生自由研究的兴趣。此四大书院，不独藏书很多，并且请有学者在院内负指导责任。来兹学者，如有困难疑惑之处，即可向指导者请教；犹如今日道尔顿制的研究室。所以宋朝的书院，就是为学者自修的地方。

（三）宋代书院制度　宋代书院制度，很可研究。每一个书院，有山长一人，系学识丰富的人充任。书院里藏书极多，有所谓三舍制，就如湖南潭州书院，分县学、书院、精舍三种。在州府县学里读书，都是普通之才；优者升入书院。当时书院的程度，犹如今日大学本科，倘在书院里考得成绩很好，就升入精舍。此时犹如今日入大学研究院了。又当时又有所谓大学三舍制，就是在宋仁宗的时候，大兴学校，令天下皆设官学，自己复于京师设立大学。考他的组织方法，也有三种阶级，在州县学读书，称曰外舍，等于大学预科；经一种考试升入内舍，等于今日大学本科；再经严格的考试，就升入精舍，等于今日大学研究院。这种制度，已在浙江书院实行了。

（四）宋代讲学之风与书院　宋代讲学之盛，古所未有。当时所谓州学、县学、官学，只有其名，而无其实。此等学校，吾无以名之，只得叫它曰抽象的学校，大概一位老师就是一个学校，老师之责任，就在讲经。当时入官学者甚少，国子监太学生都可花钱捐得。然而尊崇一派奉为名师，日趋听讲者亦甚多。听讲时大半笔记，不用书籍，如《朱子语录》，即学生所做的笔记。教法亦大半采佛家问答领悟之法，至于讲学之风，迨南宋时可谓登峰造极。当时学生所最崇拜的，只有二人，因此分为二派：一派当推朱子，而另一则为陆象山派。朱陆既殁，其徒散居各处，亦复以讲学为号召，所以私立的书院，就从此增多了。

（五）会讲式的书院　会讲式的书院，起自明朝，如无锡东林书院，每月订有开会时间。开会之先，由书院散发请帖，开会时由山长主讲一段，讲毕，令学生自由讨论，各抒意见，互相切磋，终以茶点散会。

（六）考课式的书院　考课式的书院，亦起自明朝。此式定每月三六九日或朔望两日，由山长出题，凡合于应试资格的人，即可往书院应试。书院并订津贴寒士膏火办法，供寒士生活之用。此等书院，仅在考试时非常忙碌，平时无须开门，考课者亦不必在场内，只要各抒谠论而已。

（七）清代的书院　清时学术思想，多不尊重理学一派，只孜孜研究考据实用的学问。学者贵能就性之所近，分门研究，研究所得，以笔记之。有时或做极长的卷折，以示造诣。所有书院，概系公立。山长由州府县官聘请富有学识者充之。山长薪水很大，书院经费，除山长薪水外，又有经临等费。学生除不收学费外，又有膏火津贴奖赏等。所以在学足供自给，安心读书，并可以膏火等费赡养家室，不致有家室之累。每一书院，藏书极多，学生可以自由搜求材料，并有学识丰富之山长，加以指导。其制度完备，为亘古所未有，而今则不复见了！

二、书院的精神

（一）代表时代精神 一时代的精神，只有一时代的祠祀，可以代表。因某时之所尊奉者，列为祠祀，即可觇某时代民意的趋向。古时书院常设神祠祀，带有宗教的色彩，其为一千年来民意之所寄托，所以能代表各时代的精神。如宋朝书院，多崇拜张载、周濂溪、邵康节、程颐、程颢诸人，至南宋时就崇拜朱子，明时学者又改崇阳明，清时偏重汉学。而书院之祠祀，不外供许慎、郑玄的神像。由此以观，一时代精神，即于一时代书院所崇祀者足以代表了。

（二）讲学与议政 书院既为讲学的地方，但有时亦为议政的机关。因为古时没有正式代表民意的机关；有之，仅有书院可以代行职权了。汉朝的太学生，宋朝朱子一派的学者，其干涉国家政治之气焰，盛极一时；以致在宋朝时候，政府立党籍碑，禁朱子一派者应试，并不准起复为官。明朝太监专政，乃有无锡东林书院学者出而干涉，鼓吹建议，声势极张。此派在京师亦设有书院，如国家政令有不合意者，彼辈虽赴汤蹈火，尚仗义直言，以致为宵小所忌，多方倾害，死者亦多，政府并名之曰东林党。然而前者死后者继，其制造舆论，干涉朝政，固不减于昔日。于此可知书院亦可代表古时候议政的精神，不仅为讲学之地了。

（三）自修与研究　书院之真正的精神惟自修与研究，书院里的学生，无一不有自由研究的态度，虽旧有山长，不过为学问上之顾问；至研究发明，仍视平日自修的程度如何。所以书院与今日教育界所倡道尔顿制的精神相同。在清朝时候，南菁、诂经、钟山、学海四书院的学者，往往不以题目甚小，即淡漠视之。所以限于一小题或一字义，竟终日孜孜，究其所以，参考书籍，不惮烦劳，其自修与研究的精神，实在令人佩服！

三、结论

本题拟举二例，作为结论：（一）譬如南菁书院，其山长黄梨洲先生，常以八字告诫学生，即"实事求是，莫作调人"。因为研究学问，遇困难处若以调人自居，则必不肯虚心研究，而近乎自暴自弃了。（二）又如上海龙门书院，其屏壁即大书"读书先要会疑，学者须于无疑中寻找疑处，方为有得"，即可知古时候学者的精神，惟在刻苦研究与自由思索了。其意以学问有成，在乎自修，不在乎外界压迫。这种精神，我恐今日学校中多轻视之。又当声明者，即书院并不拒绝科学，如清代书院的课程，亦有天文、算学、地理、历史、声、光、化、电等科学。尤以清代学者如戴震、王念孙等都精通算学为证。惜乎光绪变政，将一千年来的书院制度，完全推翻，而以在德国已行一百余年之学校代替此制，诩为自新。使一千年来学者自动的研究精神，将不复现于今日。吾以今日教育界提倡道尔顿制，注重自动的研究，与书院制不谋而合，不得不讲这书院制度的史略了。

（本文为 1923 年 12 月 10 日胡适在南京东南大学的演讲，陈启宇笔记）

再谈谈整理国故

鄙人前年曾在贵校的暑期学校讲演过一次整理国故，故今天的题名曰再谈谈整理国故。那时我重在破坏方面提倡疑古，今天要谈的却偏于建设方面了。我对人说：我国各种科学莫有一种比得上西洋各国，现在要办到比伦于欧美，实在不容易，但国故是我们自己的东西，总应该办来比世界各国好，这种责任，是放在贵校与北大的国学系，与有志整理国故者的肩上，盼望诸君努力！

"国故"二字为章太炎先生创出来的，比国粹，国华，……等名词要好得多，因为它没有含得有褒贬的意义。现在一般老先生们看见新文化的流行，读古书的人日少，总是叹息说："西风东渐，国粹将沦亡矣！"但是把古书试翻开一看，错误舛伪，佶屈聱牙，所在皆是，欲责一般青年皆能读之，实属不可能，即使"国粹沦亡"，亦非青年之过，乃老先生们不整理之过。故欲免"国粹沦亡"之祸，非整理国故，使一般青年能读不可！据我个人意见，整理之方式有四种：

（一）最低限度之整理——读本式的整理

（二）索引式的整理

（三）结账式的整理

（四）专史式的整理

（一）读本式的整理

这种方式，即是整理所有最著名的古书，使成为普通读本，使一般人能读能解。现在一般青年不爱读古书，确是事实，但试思何以青年不爱读古书呢？因为科学发达的原故吗？西洋文化输入的原故吗？学校里课程繁重的原故吗？我敢说都不是重要的原因，实因莫有人整理，不容易读懂的原故；我已于上文说过了，试举个例来证明；Shaksespeare 的《莎氏乐府》与 Milton 的《失乐园》及现在的《圣经》Bible 的原本不是很难懂的吗？何以现在英美人个个都能读呢？并不是英美人爱读古书，我国青年不爱读古书，实在因《莎氏乐府》《失乐园》《圣经》有很通俗最易解的译本罢了！但这种整理，要具有下列五种方法：

（1）校雠　古书中有许多本来是很易懂，往往因传写或印刻的错误，以致佶屈的，如《论语》中："君子耻其言而过其行"一句中的"而"字，很不易解，但依别本"而"字为"之"字，则明畅易懂了，故依据古本，或古书，引用的原文来校对，是整理国故中的最重要的方法。

（2）训诂　训诂即下注解，因从古至今，语言文字，经过许多变迁，故有些句子初学不易看懂，故注解亦是必需的；但注解不宜滥用，须有下列二条件，才下注解：（甲）必不可少——因为有许多书很明白，加了注解，反使读者不了然。（乙）要有根据——注解不能随个人主观的见解妄下，须根据古字典，或古注，或由上下文比较，始能得确凿的意义。

（3）标点　有许多书加上标点，它的意义，气态就完全明白了，不必加注解了！故标点亦是很重要的！

（4）分段　我国文章，多系一气写成，以致思想，意义，初学者不易看出，若一经分段，则于作者的思想，意义，极易看出，节省读者的精力不少。

（5）介绍　我们要彻底了解一部书，对于作者之历史，环境，地位，……不能不知道，故宜于每部古书之前，作以上所说种种之简单介绍与批评，于初学者补助不少。

有以上五种方法来整理古书，则读本式的整理即成功了，恐怕青年人也爱读古书了！

（二）索引式的整理

索引怎样解呢？如以绳索钱，使能提纲挈领也。西洋书籍，差不多每本都有索引（Index），检查非常便利，而我国的书没有一本有的，如问一个稍不著名的人为何时人，则非检查许多书不能览得，有时竟查不出，这是何等痛苦啊！后来汪辉祖著《姓氏韵编》，看起来很平常，然而后学者却受惠不少！但很不完备，现在非有人出来作这工作不可，这种工作并不难，中等人材都可以干的。我很希望大家起来合作！

（三）结账式的整理

怎么叫结账式的整理呢？譬如说：以前有许多学者说《尚书》中有许多篇为东晋梅颐所上的伪书；有些人又说不是；又古今文之争，至今亦未决，又如有人说《诗经》的小序是子夏作的，有人又反对，我们应当把自古迄今各家的聚讼结合起来，作一评断，好像商家在年底结账一样，所以叫做结账式。有这种整理，初学者就不至陷入迷途了！

（四）专史式的整理

有以上三种方式之整理了，然后就各种性质类似的古书，纂集起来作为一种专史，如诗赋史，词曲史……等类是也，这种整理，能使初学者不耗几多脑力，即能知国学中各门之源流及其梗概了！

以上把各种方式及方法说完了，再来谈谈实际的整理：我既主张用以上几种方式整理国故，所以我就选了《诗经》来做第一种方式的整理——即读本式的整理——及至我把《诗经》看一遍后，才知数千年来许多大经师都没有把《诗经》弄明白；我并不是说我弄明白了，但我敢大胆说，至少要比古人多明白一点；譬如《诗经·大雅·公刘》章云："于'胥'斯原"的"胥"字，以前注《诗经》者都当作"相"字解，但实在讲不通，试问"于相斯原"又怎样讲呢？但我们用比较法观之，则一望而知"胥"为一地名，因其余两章有"于京斯依""于豳斯馆"同文法的句子，注云"京"，与"豳"皆地名，则"胥"为地名无疑了！又《召南·采蘋》章云："于以采蘋，南涧之滨，于以采藻，于彼行潦"一章，不知注解说些什么！但我们若将原文加上标点，成为"于以采蘋？南涧之滨；于以采藻？于彼行潦。"则为很明白的一问一答的句子了，意即一问：那里去采蘋呢？一答：到南涧之滨去采；又问：那里去采藻呢？一答：于彼行潦去采，由上二例，可见古人实在没有把《诗经》弄明白了！这种工作，在清代已经很发达了，如王念孙父子之《经传释词》，俞樾之《古书疑义举例》……等书，都是用这种方法做成的，不过他们的方法还未十分精密，不能使人满意，如译某字为某词，——如译"焉"为语助词——究竟某词又如何解呢？他们就答不出来了！

以上所讲几种整理国故的方式，都是很容易办到的，只要中材的人，有了国学常识，都可以做，希望诸君起来合作，把难读难解的古书，一部一部的整理出来，使人人能读，虽属平庸，但实嘉惠后学不少了！

（本文为 1924 年 1 月胡适在东南大学国学研究班的演讲，叶维笔记）

古史讨论的读后感

　　《读书杂志》上顾颉刚、钱玄同、刘掞藜、胡堇人四位先生讨论古史的文章，已做了八万字，经过了九个月，至今还不曾结束。这一件事可算是中国学术界的一件极可喜的事，他在中国史学史上的重要一定不亚于丁在君先生们发起的科学与人生观的讨论在中国思想史上的重要。这半年多的《努力》和《读书杂志》的读者也许嫌这两组大论争太繁重了，太沉闷了；然而我们可以断言这两组的文章是《努力》出世以来最有永久价值的文章。在最近的将来，我这个武断的估价就会有多人承认的。

　　这一次古史的讨论里最徼幸的是双方的旗鼓相当，阵势都很整严，所以讨论最有精采。顾先生说的真不错：

> 中国的古史全是一篇糊涂账。二千余年来随口编造，其中不知有多少罅漏，可以看得出它是假造的。但经过了二千余年的编造，能够成立一个系统，自然随处也有它的自卫的理由。现在我尽寻它的罅漏，刘先生尽寻它的自卫的理由，这是一件很好的事。即使不能遽得结论，但经过了长时间的讨论，至少可以指出一个公认的信信和疑疑的限度来，这是无疑的。

我们希望双方的论主都依着这个态度去搜求证据。这一次讨论的目的是要明白古史的真相。双方都希望求得真相，并不是顾先生对古史有仇，而刘先生对古史有恩。他们的目的既同，他们的方法也只有一条路：就是寻求证据。只有证据的充分与不充分是他们论战胜败的标准，也是我们信仰与怀疑的标准。

现在双方的讨论都暂时休战了，——顾先生登有启事，刘先生也没有续稿寄来。我趁这个机会，研究他们的文章，忍不住要说几句旁观的话，就借着现在最时髦的名称"读后感"写了出来，请四位先生指教。

第一，所谓"影响人心"的问题。这是开宗明义的要点，我们先要说明白。刘先生说：

> 因为这种翻案的议论，这种怀疑的精神，很有影响于我国的人心和史界，心有所欲言，不敢不告也。（十三期）

他又说：

> 先生这个翻案很足影响人心；我所不安，不敢不吐。（十六期）

否认古史某部分的真实，可以影响于史界，那是自然的事。但这事决不会在人心上发生恶影响。我们不信盘古氏和天皇、地皇、人皇氏，人心并不因此变坏。假使我们进一步，不能不否认神农、黄帝了，人心也并不因此变坏。假使我们更进一步，又不能不否认尧、舜和禹了，人心也并不因此变坏。——岂但不变坏？如果我们的翻案是有充分理由的，我们的翻案只算是破了一件几千年的大骗案，于人心只有好影响，而无恶影响。即使我们的证据不够完全翻案，只够引起我们对于古史某部分的怀疑，这也是警告人们不要轻易信仰，这也是好影响，并不是恶影响。本来刘先生并不曾明说这种影响的善恶，也许他单指人们信仰动摇。但这几个月以来，北京很有几位老先生深怪顾先生"忍心害理"，所以我不能不替他伸辩一句。这回的论争是一个真伪问题；去伪存真，决不会有害于人心。譬如猪八戒抱住了假唐僧的头颅痛哭，孙行者告诉他那是一块木头，不是人头，猪八戒只该欢喜，不该恼怒。又如穷人拾得一圆假银圆，心里高兴，我们难道因为他高兴就不该指出那是假银圆吗？上帝的观念固然可以给人们不少的安慰，但上帝若真是可疑的，我们不能因为人们的安慰就不肯怀疑上帝的存在了。上帝尚且如此，何况一个禹？何况黄帝、尧、舜？吴稚晖先生曾说起黄以周在南菁书院做山长时，他房间里的壁上有八个大字的座右铭：

实事求是，莫作调人。

我请用这八个字贡献给讨论古史的诸位先生。

第二，顾先生的"层累地造成的古史"的见解真是今日史学界的一大贡献，我们应该虚心地仔细研究他，虚心地试验他，不应该叫我们的成见阻碍这个重要观念的承受。这几个月的讨论不幸渐渐地走向琐屑的枝叶上去了；我恐怕一般读者被这几万字的讨论迷住了，或者竟忽略了这个中心的见解，所以我要把他重提出来，重引起大家的注意。顾先生自己说"层累地造成的古史"有三个意思：

（1）可以说明时代愈后，传说的古史期愈长。

（2）可以说明时代愈后，传说中的中心人物愈放愈大。

（3）我们在这上，即不能知道某一件事的真确的状况，也可以知道某一件事在传说中的最早状况。

这三层意思都是治古史的重要工具。顾先生的这个见解，我想叫他做"剥皮主义"。譬如剥笋，剥进去方才有笋可吃。这个见解起于崔述；崔述曾说：

> 世益古则其取舍益慎，世益晚则其采择益杂。故孔子序
> 《书》，断自唐虞；而司马迁作《史记》乃始于黄帝。……
> 近世以来……乃始于庖牺氏或天皇氏，甚至有始于开辟之
> 初盘古氏者。……嗟夫，嗟夫，彼古人者诚不料后人之学之
> 博之至于如是也！（《考信录·提要》上，二二）

崔述剥古史的皮，仅剥到"经"为止，还不算彻底。顾先生还要
进一步，不但剥的更深，并且还要研究那一层一层的皮是怎样堆
砌起来的。他说：

> 我们看史迹的整理还轻，而看传说的经历却重。凡是一
> 件史事，应看他最先是怎样，以后逐步逐步的变迁是怎样。

这种见解重在每一种传说的"经历"与演进。这是用历史演进的
见解来观察历史上的传说。

这是顾先生这一次讨论古史的根本见解，也就是他的根本方
法。他初次应用这方法，在百忙中批评古史的全部，也许不免有
些微细的错误。但他这个根本观念是颠扑不破的，他这个根本方
法是愈用愈见功效的。他的方法所以总括成下列的方式：

（1）把每一件史事的种种传说，依先后出现的次序，排列
起来。

（2）研究这件史事在每一个时代有什么样子的传说。

（3）研究这件史事的渐演进：由简单变为复杂，由陋野变
为雅驯，由地方的（局部的）变为全国的，由神变为人，由神话
变为史事，由寓言变为事实。

（4）遇可能时，解释每一次演变的原因。

他举的例是"禹的演进史"。

禹的演进史，至今没有讨论完毕，但我们不要忘了禹的问题只是一个例，不要忘了顾先生的主要观点在于研究传说的经历。

我在几年前也曾用这个方法来研究一个历史问题——井田制度。我把关于井田制度的种种传说，依出现的先后，排成一种井田论的演进史：

（1）《孟子》的井田论很不清楚，又不完全。

（2）汉初写定的《公羊传》只有"什一而藉"一句。

（3）汉初写定的《榖梁传》说的详细一点，但只是一些"望文生义"的注语。

（4）汉文帝时的《王制》是依据《孟子》而稍加详的，但也没有分明的井田制。

（5）文、景之间的《韩诗外传》演述《榖梁传》的话，做出一种清楚分明的井田论。

（6）《周礼》更晚出，里面的井田制就很详细，很整齐，又很烦密了。

（7）班固的《食货志》参酌《周礼》与《韩诗》的井田制，并成一种调和的制度。

（8）何休的《公羊解诂》更晚出，于是参考《孟子》《王制》《周礼》《韩诗》的各种制度，另做成一种井田制。（看《胡适文存》二，页二六四——二八一）

这一个例也许可以帮助读者明了顾先生的方法的意义，所以我引他在这儿，其实古史上的故事没有一件不曾经过这样的演进，也没有一件不可用这个历史演进的（evolutionary）方法去研究。尧、舜、禹的故事，黄帝、神农、庖牺的故事，汤的故事，伊尹的故事，后稷的故事，文王的故事，太公的故事，周公的故事，都可以做这个方法的实验品。

第三，我们既申说了顾先生的根本方法，也应该考察考察刘掞藜先生的根本态度与方法。刘先生自己说：

> 我对于古史，只采取"察传"的态度，参之以情，验之以理，断之以证。（《读书杂志》十三期）

他又说：

> 我对于经书或任何子书，不敢妄信，但也不敢闭着眼睛，一笔抹杀；总须度之以情，验之以理，决之以证。

这话粗看上去似乎很可满人意了。但仔细看来，这里面颇含有危险的分子。"断之以证"固是很好，但"情"是什么？"理"又是什么？刘先生自己虽没有下定义，但我们看他和钱玄同先生讨论的话，一则说：

> 但是我们知道文王至仁。

再则说：

> 我们也知道周公至仁。

依科学的史家的标准，我们要问，我们如何知道文王、周公的至仁呢？"至仁"的话是谁说的？起于什么时代？刘先生信"文王至仁"为原则，而以"执讯连连，攸馘安安"为例外；又信"周公至仁"为原则，而以破斧缺斨为例外。不知在史学上，《皇矣》与《破斧》之诗正是史料，而至仁之说却是后起的传说变成的成见。成见久据于脑中，不经考察，久而久之便成了情与理了。

刘先生列举情，理，证三者，而证在最后一点。他说"参之以情"，又说"度之以情"。崔述曾痛论这个方法的危险道：

> 人之情好以己度人，以今度古……往往迳庭悬隔，而其
> 人终不自知也……以己度人，虽耳目之前而必失之。况欲以
> 度古人，……岂有当乎？（《考信录·提要》上，四）

作《皇矣》诗的人并无"王季、文王是纣臣"的成见，作《破斧》诗的人也并无"周公圣人"的成见；而我们生在几千年后，从小就灌饱了无数后起的传说，于今戴着传说的眼镜去读诗，自以为"度之以情"，而不知只是度之以成见呵。

至于"验之以理"，更危险了。历史家只应该从材料里，从证据里，去寻出客观的条理。如果我们先存一个"理"在脑中，用理去"验"事物，那样的"理"往往只是一些主观的意见。例如刘先生断定《国语》《左传》说烈山氏之子柱能殖百谷百蔬的话不是凭空杜撰的，他列举二"理"，证明烈山氏时有"殖百谷百蔬"的可能。他所谓"理"，正是我们所谓"意见"。如他说：

> 人必借动植物以生；既有动植物矣，则必有谷有蔬也
> 无疑。夫所谓种植耕稼者，不过以一举手一投足之劳，扫
> 荒薉，培所欲之植物而已。此植物即所谓"百谷百蔬"也
> （《读书杂志》十五，圈点依原文）。

这是全无历史演进眼光的臆说。稍研究人类初民生活的人，都知道一技一术在今日视为"不过一举手一投足之劳"的，在初民社会里往往须经过很长的时期而后偶然发明。"借动植物以生"是一件事，而"种植耕稼"另是一件事。种植耕稼须假定（1）辨认种类的能力，（2）预料将来收获的能力，（3）造器械的能力，（4）用人工补助天行的能力，（5）比较有定居的生活，……等等条件备具，方才有农业可说。故治古史的人，若不先研究人类

学社会学，决不能了解先民创造一技一艺时的艰难，正如我们成年的人高谈阔论而笑小孩子牙牙学语的困难；名为"验之以理"，而其实仍是"以己度人，以今度古"。

最后是"断之以证"。在史学上证据固然最重要，但刘先生以情与理揣度古史，而后"断之以证"，这样的方法很有危险。我们试引刘先生驳顾先生论古代版图的一段做例。《尧典》的版图有交趾，顾先生疑心那是秦汉的疆域。刘先生驳他道：

> 就我所知，春秋之末，秦汉之前，竟时时有人道及交趾，甚且是尧舜抚有交趾。

他引四条证据：

（a）《墨子·节用中》。 （b）《尸子》佚文。

（c）《韩非子·十过》。 （d）《大戴礼记·少闲》。

《大戴礼》是汉儒所作，刘先生也承认。前面三条，刘先生说"总可认为战国时文"。——这一层我们姑且不和他辩；我们姑且依他承认此三条为"战国时文"。依顾先生的方法，这三条至多不过证明战国时有人知有交趾罢了。然而刘先生的"断之以证"的方法却真大胆！他说：

> 知有交趾，则是早已与交趾有关系了。但是我们知道春秋、东周、西周、商、夏都与交趾没有来往，是墨子、尸子、韩非等所言，实由尧之抚有交趾也（圈是我加的）。

战国时的一句话，即使是真的，便可以证明二千年前的尧时的版图，这是什么证据？况且刘先生明明承认"《春秋》东周、西周、商、夏都与交趾没有来往"；若依顾先生的方法，单这一句已可以证明《尧典》为秦汉时的伪书了。

我们对于"证据"的态度是：一切史料都是证据。但史家要问：（1）这种证据是在什么地方寻出的？（2）什么时候寻出的？（3）什么人寻出的？（4）地方和时候上看起来，这个人有做证人的资格吗？（5）这个人虽有证人资格，而他说这句话时有作伪（无心的，或有意的）的可能吗？

刘先生对于这一层，似乎不很讲究。如他上文举的三条证据，（a）《墨子·节用》篇屡称"子墨子曰"，自然不是"春秋之末"的作品。（b）尸佼的有无，本不可考；《尸子》原书已亡，依许多佚文看来，此书大概作于战国末年，或竟是更晚之作。（c）《韩非子》一书本是杂凑起来的；《十过》一篇，中叙秦攻宜阳一段，显然可证此篇不是韩非所作，与《初见秦》等篇同为后人伪作的。而刘先生却以为"以韩非之疑古，犹且称道之"。不知《显学》篇明说"明据先王，必定尧、舜者，非愚则诬也"；《五蠹》篇明说"今有美尧、舜、汤、武、禹之道于当今之世者，必为新圣笑矣"。即用此疑古的两篇作标准，已可以证明《十过》篇之为伪作而无疑。这些东西如何可作证据用呢？

以上所说，不过是我个人的读后感。内中颇有偏袒顾先生的嫌疑，我也不用讳饰了。但我对于刘掞藜先生搜求材料的勤苦，是十分佩服的；我对他的批评，全无恶感，只有责备求全之意，只希望他对他自己治史学的方法有一种自觉的评判，只希望他对自己搜来的材料也有一种较严刻的评判，而不仅仅奋勇替几个传说的古圣王作辩护士。行文时说话偶有不检点之处，我也希望他不至于见怪。

十三，二，八

欧阳修的两次狱事

　　欧阳修两次被人用家庭暧昧事参劾，一次在庆历五年（1045），他年三十九；一次在治平四年（1067），他年六十一。第二次乃御史蒋之奇劾他与长子妇吴氏有私，其后诏问语所从来，之奇说得之彭思永，思永力抵以为风闻，神宗以为辞穷。遂降谪思永、之奇，而降手诏安慰他。此事只见于《文集》附录之《神宗实录本传》（墨本及朱本）及《神宗旧史本传》。而《行状》《墓志》《神道碑》，及《年谱》皆不载此事，止泛说"无根之言""飞语"而已。本集九十三有《乞根究蒋之奇弹疏札子》，内有云：

　　　　之奇诬罔臣者，乃是禽兽不为之丑行，天地不容之大恶。臣若有之，万死不足以塞责。……

细检各传，乃知之奇原奏所劾是什么事。

　　第一次狱事牵涉他的外甥女张氏。记此事的，王铚《默记》最详：

　　　　公甥张氏，妹婿龟正之女，非欧生也。幼孤，鞠育于家，嫁侄晟。晟自虔州司户罢，以替名仆陈谏同行，而张与谏通。事发，鞠于开封府右军巡院。张惧罪，且图自解免，其语皆引公未嫁时事，词多丑异。

军巡判官著作佐郎孙揆止劾张与谏通事，不复支蔓。宰相闻之，怒，再命太常博士三司户部判官苏安世勘之，遂尽用张前后语成案。俄又差王昭明（内侍供奉官）监勘。……昭明至狱，见安世所劾案牍，视之，骇曰，"昭明在官家左右，无三日不说欧阳修；今省判所勘乃迎合宰相意，加以大恶。异日昭明吃剑不得"。安世闻之大惧，竟不敢易揆所勘，但劾欧公用张氏资买田产立户事，奏之。宰相大怒。公既降知制诰，知滁州；而安世坐"牒三司取录问吏人不闻"，奏降殿中丞，泰州监税；昭明降寿春监税。公责告云：

不知（《年谱》作能）淑慎，以远罪辜。知出非己族而鞠于私门，知女归有室（《年谱》作有室归）而纳之群从。向以讼起晟家之狱，语连张氏之资，券既不（《年谱》作非）明，辩无所验。〔朕〕（《年谱》有此字）以其久参近侍，（《年谱》作侍从）免致深文；其（朱鲍校补"可"字，叶本无。《年谱》作止。）除延阁之名，还序右垣之次。仍归漕节，往布郡条。体余宽恩，思释前咎。（《年谱》作咨）

又安世责词云：

汝受制按考，法当穷审，而乃巧为朋比，愿弭事端；漏落偏说，阴合傅会。知朕慎重狱事，不闻有司，而私密省寺，潜召胥役。迹其阿比之实，尚与朋党之风。（涵芬楼本，下，二——三）

王铚引当日责词，与《欧阳文忠公全集》所附胡柯的《文忠公年谱》所载制词相符，足见其可信。惟王铚颇不满意于苏安世，而王安石作安世的墓志（《临川集》石印本二十三，9）却极力归功于他。王安石说：

> 庆历五年，……欧阳修以言事切宜，为权贵人所怒；因其孤甥女子有狱，诬以奸利事。天子使……苏君与中贵人杂治。当是时，权贵人连内外诸怨恶修者，为恶言，欲倾修，锐甚。天下汹汹，必修不能自脱。苏君卒白上曰，修无罪，言者诬之耳。于是权贵人大怒，诬君以不直，绌为殿中丞，泰州监税。……苏君以此名闻天下。

此事结案"欧公用张氏资买田产立户事"，王铚说"立户"，《神宗实录本传》叙此事云，"坐用张氏奁中物买田立欧阳氏券"，《神宗旧史本传》亦同。

但《实录》与《旧史》记张氏事云：

> 修妹适张龟正，龟正无子而死，有龟正前妻之女，才四岁，无所归，以俱来。及笄，修以嫁族兄之子晟。后在晟所与奴奸，事下开封府。狱吏附致其言以（原注：三字一作"暧昧之言"）及修。（墨本，朱本及《旧史》略同）

各传皆云此女归欧阳家时"才四岁"。然欧阳修自己的《滁州谢上表》云：

> 伏念臣生而孤苦，少则贱贫；同母之亲，惟存一妹。丧厥夫而无托，携孤女以来归。张氏此时，生才七岁。……在人情难弃于路隅，缘臣妹遂养于私室。今方公私嫁娶，皆行姑舅婚姻；况晟于臣宗已隔再从，而张非己出，因谓无嫌。乃未及笄，遽令出适。然其既嫁五六年后，相去数千里间，不

> 幸其人自为丑秽，臣之耳目不能接，思虑不能知，而言者及
> 臣，诚为非意。以至究穷于资产，固已吹析于毫毛；若以攻臣
> 之人恶臣之甚，苟罹纤过，奚遁深文？盖荷圣明之主张，得
> 免罗织之冤枉。（庆历五年十月。《文集》九十，页9—10）

他自称此女来外家时年七岁，而史传改为四岁，又何必呢？

钱愐《钱氏私志》（《学海类编》本，《古今说海》本）对于
欧阳修有私怨，故多谤词。书中说他"有文无行"，又记他在河
南推官任时，在钱惟演幕中，亲一妓，为作"柳外轻雷池上雨"
的《临江仙》词。书中记张氏一案云：

> 欧后为人言其盗甥。表云："丧厥夫而无托，携孤女以
> 来归。张氏此时，年方七岁。"内翰伯（钱穆父）见而笑
> 云："年七岁正是学'簸钱时也'。"欧词云：
> 江南柳，
> 叶小未成阴。
> 人为丝轻那忍折？
> 莺怜枝嫩不胜吟，——
> 留取待春深。
>
> 十四五，
> 闲抱琵琶寻。
> 堂上簸钱堂下走，
> 恁时相见已留心。——
> 何况到如今。
> 欧知贡举时，落第举人作《醉蓬莱》词以讥之，词极丑诋。

钱惟引的词为《忆江南》，今集中不收。但欧诗多被后人删削，罗泌、曾慥皆删去不少。以今所存的看来，此词大概不是伪造的。此词虽然不一定是为张氏作的，但今所存的词如《南歌子》：

> 凤髻金泥带，
> 龙纹玉掌梳；
> 走来窗下笑相扶，
> 爱道"画眉深浅入时无？"
>
> 弄笔偎人久，
> 描花试手初，
> 等闲妨了绣功夫，
> 笑问双鸳鸯字怎生书？

也是写一个很放浪而讨人欢喜的女孩子，此女子确不是倡女，乃是住在他家的。大概张氏一案不全出于无因。狱起时，欧公止三十九岁，他谪滁州后，即自号醉翁，外谪数年而头发皆白；此可见当日外界攻击之多了。

十三，十月底记此事，十一，五夜写完

南宋初年的军费

宋高宗与秦桧主张和议，确有不得已的苦衷。周密《齐东野语》曾略说此意，其言颇平允。今读庄绰《鸡肋编》，中有记南渡军费二条，可供参考：

> 绍兴中统兵有神武五军，及刘光世、韩世忠、张俊三大帅，都计无二十万众。而刘军不及三之一，月费
>
> 米三万石，
>
> 钱二十八万贯，
>
> 比之行在诸军之费，米减万余石，而钱二三万缗。盖人虽少而官资率高，且莫能究其实也（中·页26）。
>
> 建炎之后，除殿前马步三帅外，诸将兵统于御营使司，后分为神武五军。刘光世、韩世忠、张俊、王瓒、杨沂中为五帅。刘太傅一军在池阳，月费
>
> 钱二十六万七千六百九十贯三百文。（一十万四千贯系朝廷应副、余仰漕司也。）
>
> 米二万五千九百三十八石，三斗。
>
> 粮米七千九百六十六石八斗。
>
> 草六万四百八十束。
>
> 料六千四十八石。
>
> 而激赏回易之费不在焉。

韩军不知其实，但朝廷应副钱月二十一万余贯，则五军可略见矣。

至绍兴中，吴玠一军在蜀，岁用至四千万。

绍兴八年，余在鄂州，见岳侯军月用

钱五十六万缗，

米七万余石，

比刘军又加倍矣。而马刍秣不与焉。（下·页四）

前一条后附论云：

时天下州郡没于胡虏，据于僭伪；四川自供给军；淮南江湖荒残盗贼。朝廷所仰，惟二浙闽广江南，才平时分配之一。兵费反逾前日。此民之所以重困，而官吏多不请俸，或倚阁人有饥寒之叹也。（中·页26）

此实南宋不能不议和的主要原因。秦桧有大功而世人唾骂他至于今日，真是冤枉。

《中兴系年录》云

绍兴十二年右司鲍琚总领鄂州大军钱粮。先是琚奏岳飞军中利源，鄂州并公使，激赏，备边，回易，十四库岁次息钱一百六十万五千余缗。诏以鄂州七酒库隶田师中为军需，余令总所桩收。（王鹏运《花间集跋引》）

刘军仰给于漕司，岳军取给于酒库，此与今日军人靠盐税鸦片为利源者颇相同。

　　　　　　　　　　　　　　　　　　十三，十，三十

汉初儒道之争

汉武帝初年有一件很可注意的案子，可惜史料不完全了，我们只知道一点零碎的事实。《前汉书》卷六《武帝纪》云：

> 建元元年（前140），……秋七月……议立明堂，遣使者安车蒲轮，束帛加璧，征鲁申公。二年（前139）冬十月，御史大夫赵绾，坐请毋奏事太皇太后，及郎中令王臧皆下狱，自杀。丞相婴，太尉蚡免。

记载此事最详的是《史记》《汉书》的《田蚡传》，今以《史记》（卷一〇七）为主：

> 魏其（窦婴）武安（田蚡）俱好儒术，推毂赵绾为御史大夫，王臧为郎中令；迎鲁申公，欲设明堂，令列侯就国，除关（《索隐》，谓除关门之税也。服虔曰，除关禁也），以礼为服制，以兴太平。举适（《汉书》作谪）诸窦宗室毋节行者，除其属籍。
>
> 时诸外家为列侯，列侯多尚公主，皆不欲就国。以故，毁日至窦太后。太后好黄老之言，而魏其、武安、赵绾、王臧等务隆推儒术，贬道家言。是以窦太后滋不悦魏其等。
>
> 及建元二年，御史大夫赵绾请无奏事东宫。窦太后大

怒，〔曰，此欲复为新垣平邪？〕乃罢逐赵绾、王臧等，而免丞相太尉。（《汉书》卷五十二同）

此不言绾、臧自杀。然《本纪》与《儒林传》皆说他们自杀。《史记·儒林传》（卷一二一）云：

> 及今上即位，赵绾、王臧之属明儒学，而上亦乡之，于是招方正贤良文学之士。

又云：

> 臧请天子欲立明堂，以朝诸侯，不能就其事。乃言师申公。于是天子使使束帛加璧，安车驷马，迎申公。弟子二人乘轺传从。至，见天子，天子问治乱之事。申公时已八十余，老，对曰，"为治者不在多言，顾力行何如耳"。是时天子方好文词，见申公对，默然。然已招致，则以为太中大夫，舍鲁邸，议明堂事。
>
> 太皇窦太后好老子言，不说儒术，得赵绾、王臧之过，以让上。上因废明堂事，尽下赵绾、王臧吏，后皆自杀。申公亦疾免以归，数年卒。

此事很像清朝末年的戊戌政变。窦太后是文帝的皇后，经历三朝，凡立四十五年（此据师古考订，《外戚传》原文作五十一年），故她一家的威权很大。她的信奉黄老之言，在别处也有记载。《汉书·外戚传》上（卷九十七）说：

> 窦太后好黄帝老子言，景帝及诸窦不得不读《老子》，尊其术。

《史记·儒林传》云：

> 及至孝景，不任儒者；而窦太后又好黄老之术，故诸博
> 士具官待问，未有进者。

又云：

> 窦太后好老子书，召辕固生问老子书，固曰，"此是家
> 人言耳"。太后怒曰，"安得司空城旦书乎？"乃使固入圈刺
> 豕。景帝知太后怒而固直言无罪，乃假固利兵下圈刺豕，正
> 中其心；一刺，豕应手而倒。太后默然，无以复罪。

这竟是罗马暴君令罪人入斗兽圈斗兽的虐政。辕固生批评了老子
一句话，便几乎得了死罪。赵绾、王臧等想借明堂的招牌来推翻
窦太后的专政，放逐一班无节行的贵戚宗室，又明白奏请不要奏
事东宫，怪不得这位老太婆要大生气了。窦婴与田蚡都是大贵
戚，也免官而去；赵绾、王臧的下狱自杀真不为奇了。

《儒林传》又云：

> 及窦太后崩（建元六年，前135），武安侯田蚡为丞
> 相，绌黄老刑名百家之言，延文学儒者数百人，而公孙弘以
> 《春秋》白衣为天子三公，封以平津侯。天下之学士靡然乡
> 风矣。

十四，三，卅

此事当参考《郊祀志》。《郊祀志》云：

> 孝景即位十六年，祠官各以岁时祠如故，无有所兴。
> （《史记·封禅书》同）

此是窦太后与景帝信奉黄老言的大功效。非细读《郊祀志》全文，不能领会这一句话的重要。《郊祀志》接着说：

> 武帝初即位，尤敬鬼神之祀。汉兴已六十余岁矣，天下艾安；缙绅之属皆望天子封禅改正度也。而上乡儒术，招贤良。赵绾、王臧等以文学为公卿，欲议古，立明堂城南，以朝诸侯，草巡狩，封禅，改历，服色事，未就。窦太后不好儒术，使人微伺赵绾等奸利事，按绾、臧，绾、臧自杀。诸所兴为皆废。
>
> 六年，窦太后崩。其明年，征文学之士。明年，上初至雍，郊见五畤。

十四，五，十六夜

中国近一千年是停滞不进步吗？

这篇演讲是要尝试解答一个最难解的中国之谜，就是中国停滞不进步这个谜。韦尔士先生在他的《世界史纲》里用最简明的话把这个谜写出来："中国文明在公元〔七〕世纪已经到了顶点了，唐朝就是中国文明成就最高的时代；虽然它还能慢慢地、稳健地在安南传布，又传入柬埔寨，……从此以后一千年里，除了这样地域的进展之外，使中国文明值得记入这部《史纲》的不多。"

我要提出的解答就是实在不承认这个谜，绝对没有一个中国停住不动一千年之久，唐代的文明也绝不是中国文明成就最高的时代。历史家往往被唐代文化成就的灿烂迷了眼，因为那些成就与光荣的唐代以前不止四百五十年的长期纷乱和外族征服对照，当然大显得优胜。然而仔细研究整个的中国文化史，我们便容易相信七世纪的唐代文明绝不是一个顶点，而是好几个世纪的不断进步的开始。

首先，七世纪没有印刷的书籍。雕板印刷是九世纪开始的，而大规模的印书要到十世纪才有。第一批烧泥作的活字是十一世纪中发明的，用金属作的活字还要更晚，试想这些大发明使初唐的书和手抄本时代以来文明的一切方面发生了何等可惊的变化！

甚至唐代的艺术，虽然极受人赞美，也只是一个开始，而且若与宋朝和晚明的艺术作品相比只能算是不成熟的艺术。我们尽管承认唐画的一切宗教感情和精细的技巧，却不能不承认后来中国绘画的成就，尤其是那些有诗人气味的，有理想主义气味的山水画家的成就，大大超过了唐代的艺术家。

在文学方面，唐代出了一些真正伟大的诗人和几个优美的散文作家。但是没有史诗，没有戏曲，没有长篇小说，这一切都要在唐代以后很久才发展起来。最早的伟大戏曲出现是十三世纪，伟大的长篇小说是十六、十七世纪。抒情的歌、戏曲、短篇故事、长篇小说，这种种民间文学渐渐大量发展，构成近代中国文明历史最重要而有趣味的一章。

但是七世纪以后最大的进步还是在宗教和哲学的领域。

古中国的文明在基督纪元的最初七百年里遭遇两个大危险——蛮族征服北部，佛教完全支配全国。北方的蛮族是渐渐被本土人民同化了，然而佛教始终是中国最有势力的宗教。男男女女抛弃家庭去做和尚，做尼姑；在古代各种族中大概是最有理性主义倾向的民族竟变得这样狂热，所以自残自虐成了风气，着了魔的和尚有时用布浇了油，裹住自己的手指、臂膀，甚至于整个身体，然后自己用火烧，作为对佛教一位神的奉献。

但是中国人的民族心理渐渐又恢复过来了，渐渐对佛教的支配起了反抗。中国的佛教徒开始抓到这个新宗教的基本教义而丢掉那些不要紧的东西。快到七世纪末，从广州出来的一位和尚建立了禅宗的叫作"南宗"的一派，发动了佛教的大革命。近代的研究指示我们，这在根本上是一个中国的运动，凡这个运动自称"直接天竺佛教正统"的话都是很少历史根据的，或者全没有历史根据的。禅宗在十世纪、十一世纪实际上已经压倒了一切其他宗派，对于一切仪式主义，形式主义，文字主义都要反抗，告诉人得解救的途径只在我们本身之内。最要紧的事是懂得人的天然纯洁完全的真正本性。九世纪的伟大的禅宗和尚们不怕把佛像烧掉，把"十二部经"当作废纸。这个唯智主义的禅宗离大乘佛教之远，正等于乔治·福克司的宗教离中古基督教之远。历史家当然不能忽视这个长时期的"禅宗改革"（700—1100）。在这段改革里，佛教本身堕落到了最恶劣的喇嘛教种种形式，摩尼教、祆教、景教、基督教，以及别的宗教也正侵入中国，而中国人的头脑坚决摆脱印度的大宗教，铺下了宋朝的本国世间哲学复兴的路。

唐朝有一件可注意的事，就是完全没有独创的学术和现世的思考。唐朝最有名的学者如韩愈、李翱，只是平庸不足道的思想家，但是四百年的禅宗训练终于能够产生一个辉煌的哲学思考的时代。

禅宗虽然是唯智主义的，在根本上还是神秘主义的，超现世的；禅宗的中心问题还是靠知识解放使个人得救这个问题。就这方面说，禅宗对于从来不大注意个人得救问题的中国头脑还不十分相合。因此自宋朝以下新儒家哲学的复兴便是更进一步脱开中国佛教的神秘主义，把注意力重新用到人生与社会与国家的实在问题上。

哲学的第一阶段的结果是朱子（死1200）一派得了很高的地位。这一派虽然承认潜思默想的价值，还是倾向于着重由"格物"来扩张知识的重要性。第二阶段（1500—1700）又有王阳明（死1528）学派的神秘主义的复活，阳明的唯心哲学在中国和日本都有很大的势力。这两个学派，虽然都是明白反佛教，却从没有完全脱掉中古中国佛教时代传下来的"宗教性"的人生观，这个人生观往往还妨碍新儒家哲学的基本上是理性主义的趋向充分发达。

然而十七世纪又开始了一个新时代。十七、十八世纪有第一等头脑的人抛开了宋、明的哲学思考，认为那都是武断的，无用的，而把他们的精力用在靠纯粹客观方法寻求真理上。因此，顾炎武（死1681），开创中国科学的音韵学的人，在他的关于古音的大著作里往往用一百个例来证明一个古音。知识必须是客观的，理论必须以实证为根据的：这就是那个时代流行的精神。我们有理由把那个时代叫做"科学的"时代，不是因为有摸得到的征服自然的成就，而是因为有真正的科学态度和方法浸透了那个时代的一切校勘学研究、历史研究。正是前朝的这种科学传统使我们至少有些人在近代科学研究的各个领域里能够感觉心安理得。

我想，我所说的话已经够表示中国在近一千年里不是停滞不进步了。我们很高兴而且诚心诚意地承认，中国在这些世纪里的成就比不上近代欧美在近二百年里所做到的奇迹一般迅速的进步。种种新的条件，都是乐天知命的东方各民族所不曾经历过的条件，都要求迅速而激烈的变化，西方各民族也的确成就了这样的事业。我们正因为没有这样逼迫人的需要，所以多少养成了不可破的乐天知命的习惯，总是用优闲得多的方法应付我们的问题。我们有时甚至于会认为近代欧洲走得太快了，大概正仿佛一个英国人往往藐视近代美国人，觉得他们过分匆忙。

然而这种差别只是程度的差别，不是种类的差别。而且，如果我所提出的历史事实都是真实的，——我相信都是真实的——我们便还有希望，便不必灰心。一个民族曾证明它自己能够在人生与文明的一切基本方面应付自己的问题，缓慢而稳健地求得自己的解决，也许还可以证明它在一个新文明、新训练之下不是一个不够格的学生。因为，用一个英国大诗人的话来说：

> 我们是大地的古〔主〕人，
> 正当着时代的清晨。
> 于是睡着，于是又觉醒，
> 经历新奇，灿烂，光辉
> 的年岁，我们会采取吸收
> 变化的花朵和精髓。

（本文为 1926 年 11 月 11 日胡适在英国剑桥大学的演讲）

再论王莽

昨晚写英文《王莽》演说稿，到今早三点半才完功。此次写此文，虽费了不少精力，却得了不少益处。十一年（1922）九月间我初写《王莽》一文，不过是一天的读书笔记，后来遂不曾细细修正过。今回重写此文，曾细读《食货志》《王莽传》等篇，始知王莽所行的新法大都有所本，其中止有一部分是王莽的创制。如他建国后，第一年所行的三大政策：土地国有，均田，废奴婢，皆是汉武帝时代董仲舒曾提出的。始建国元年的诏书可以说是完全根据董仲舒说武帝的话，略加引申的。仲舒原书见《食货志》上：

> 古者税民不过什一，其求易供；使民不过三日，其力易足。民财内足以养老尽孝，外足以事上共税，下足以畜妻子极爱，故民说从上。
>
> 至秦则不然：用商鞅之法，改帝王之制，除井田，民得卖买。富者田连仟伯，贫者亡立锥之地。又颛川泽之利，管山林之饶，荒淫越制，逾侈以相高。邑有人君之尊，里有公侯之富。小民安得不困？又加月为更卒，已复为正；一岁屯戍，一岁力役，三十倍于古（师古曰，更卒，谓给郡县一月而更者也。正卒，谓给中都官者也。率计今人一岁之中屯戍

及力役之事，三十倍多于古也）。田租口赋盐铁之利，二十倍于古（师古曰，既收田租，又出口赋，而官更夺盐铁之利）。或耕豪民之田，见税什五。

故贫民常衣牛马之衣，而食犬彘之食，重以贪暴之吏刑戮妄加；民愁亡聊，亡逃山林，转为盗贼。赭衣半道，断狱岁以千万数。

汉兴，循而未改。

古井田法虽难卒行，宜少近古，限民名田，以澹（赡）不足。塞并兼之路，盐铁皆归于民。去奴婢，除专杀之威。薄赋敛，省繇役，以宽民力，然后可善治也。

王莽改田制去奴婢之诏理论是全抄仲舒的，办法则比他更彻底。

《食货志》又说，哀帝即位，师丹辅政，曾建限田之议，他说：

古之圣王莫不设井田，然后治乃可平。孝文皇帝承亡周乱秦兵革之后，天下空虚，故务劝农桑，帅以节俭。民始充实，未有并兼之害。故不为民田及奴婢为限。今累世承平，豪富吏民赀数巨万，而贫弱俞困。

盖君子为政贵因循而重改作。然所以有改者将以救急也。亦未可详，宜略为限。

哀帝下诏云：

制节谨度，以防奢淫，为政所先，百王不易之道也。诸侯王，列侯，公主，吏二千石，及豪富民，多畜奴婢田宅亡限，与民争利。百姓失职，重困不足。其议限列。（《哀帝纪》）

有司（《食货志》上作"丞相孔光大司空何武"）条奏：

> 诸〔侯〕王列侯〔皆〕得名田国中；列侯在长安，及
> （《志》无"及"字）公主名田县道；〔及〕（《志》有此
> 字）关内侯，吏民名田，皆无得过三十顷。（如淳曰，名田
> 国中者，自其所食国中也。既收其租税，又自得有私田三十
> 顷。名田县道者，《令甲》，"诸侯在国，名田他县，罚金二
> 两"；今列侯有不之国者，虽遥食其国租税，复自得田于他
> 县道。公主亦如之。不得过三十顷。）
>
> 诸侯王奴婢二百人。列侯公主，百人。关内侯吏民，
> 三十人。
>
> 年六十以上，十岁以下，不在数中。
>
> 贾人皆不得名田为吏。
>
> 犯者以律论。
>
> 诸名田畜奴婢过品，皆没入县官。（《哀帝纪》）

《食货志》云：

> 期尽三年，犯者没入官。

又云：

> 时田宅奴婢贾为减贱。丁傅用事，董贤隆贵，皆不便
> ········
> 也。诏书"且须后"，遂寝不行。

故《哀帝纪》无实行的诏书。此事在绥和二年（前7）。王莽的
改制与师丹、孔光的主张正是一贯，不过他认限制名田畜奴为不
彻底，故索性废止私有土田奴婢了。

王莽的六筦之中，盐与铁由国家设官专卖，起于东郭咸阳与

孔仅，事在元狩四年（前119）。铸钱在汉初尚不归政府专办；至武帝时，始禁铸钱，由上林三官专铸。至五铢钱出，币制画一，禁私铸的政策始生效力。《食货志》说：

> ……令天下非三官钱不得行。诸郡国前所铸钱，皆废销之，输入其铜三官。而民之铸钱益少。计其费不能相当，唯真工大奸乃盗为之。

又说：

> 自孝武元狩五年（前118）三官初铸五铢钱，至平帝元始中（1—5），成钱二百八十亿万余云（28，000，000，000）。

依这些史事看来，王莽的六筦，只有三筦是他的创制。

十七，四，十九

读《北史》杂记

北方民族的"铸象卜"

《北史·高欢本纪》(六,2):

> 尔朱荣"遂入洛,因将篡位。神武(高欢)谏不听,请铸像卜之。铸不成,乃止"。

又同书《高洋本纪》(七,7),

> 于是徐之才盛陈宜受禅。……帝……乃使李密卜之,遇大横,曰,大吉,汉文帝之封也。帝乃铸象以卜之,一写而成。

又杨衔之《洛阳伽蓝记》(永宁寺下)也说:

> 于是〔尔朱荣与元天穆〕密议长君,诸王之中不知谁应当璧,遂于晋阳人各铸象,不成。惟长乐王子攸光相具足,端严特妙。是以荣意在长乐。

十八,三,廿一

又《北史·后妃传》上:

> 魏故事,将立皇后,必令手铸金人,以成者为吉。不则不得立也。

十八,三,廿四

又同传：

> 道武皇后慕容氏，……帝令后铸金人，成，乃立之。
>
> 道武宣穆皇后刘氏，……以铸金人不成，故不登后位。……明元即位，追尊谥位。
>
> 明元昭哀皇后姚氏，……明元以后纳之，后为夫人，后以铸金人不成，未升尊位。然帝宠礼如后。是后犹欲正位，后谦不当。泰常五年薨，帝追恨之，赠皇后玺绶而加谥焉

十八，三，廿四

魏朝曾订正北方语音

《北史》卷十九，《咸阳王禧传》：

> 孝文（471—499）引见朝臣，诏断北语，一从正音。禧赞成其事。于是诏："年三十已上，习性已久，容或不可卒革。三十已下，见在朝廷之人，语音不听依旧。若有故为，当降爵黜官。若仍旧俗，恐数世之后伊、洛之下复成被发之人。朕尝与李冲论此，冲言，四方之语竟知谁是？帝者言之，即为正矣。何必改旧从新？冲之此言，应合死罪。乃谓冲曰，卿实负社稷。冲免冠陈谢。"

此事在孝文帝太和十九年（495）六月，《孝文本纪》（《北史》三）只记云：

> 六月己亥，诏不得以北俗之语言于朝廷，违者免所居官。

《李冲传》（《魏书》五三）不记此次争论。

十八，三，廿六

《北史》记男色之风

北齐《废帝殷本记》（《北史》七，9）云：

> 〔天保〕九年，太子监国，集诸儒讲《孝经》，令杨愔传旨谓国子助教许散愁曰："先生在世，何以自资？"对曰，"散愁自少以来，不登娈童之床，不入季女之室，服膺简策，不知老之将至"。

此答可见"娈童"之好，在当时是平常的事。魏《汝南王悦传》（十九，15）云：

> 〔悦〕妃阎氏，生一子，不见礼答。有崔延夏者，以左道与悦游，合服仙药松术之属。……又绝房中而更好男色。轻忿妃妾，至加捶挞，同之婢使。

又魏《彭城王韶（勰之孙）传》（十九，11）云：

> 文宣（高洋）常剃韶鬓须，加以粉黛，衣妇人服，以自随，曰，"以彭城为嫔御"。讥元氏微弱，比之妇女。

十八，三，廿六

崔　浩

我读《崔浩传》(《北史》二一)，很感觉其人之伟大。崔浩一生颇有种族之感，故他对于北征，每次皆决胜，对于南征则每次皆阻挠，此非偶然之事也。

他以国史事被诛，《北史》记他"书国事，备而不典，而石铭显在衢路，北人咸悉忿毒，相与构浩于帝"。这是说他老实记载北人之幼稚鄙野，故当时有"直笔"之颂，这也可见他有种族之见。

他的父亲崔宏"因苻氏乱，欲避地江南，为张愿所获，本图不遂，乃作诗以自伤，而不行于时，盖惧罪也。浩诛，中书侍郎高允受敕收浩家书，始见此诗。允知其意"。此可证崔氏父子有种族之感也。

崔浩的政见全是汉朝儒家的思想，但他"性不好庄老之书，每读不过数十行，辄弃之，曰，此矫诬之说，不近人情，必非老子所作。老聃习礼，仲尼所师，岂设败法之言以乱先王之教？袁生所谓家中筐箧中物，不可扬之王庭"。

他与天师寇谦之相善，排斥佛教，故有 446 年之大毁佛法。"浩非毁佛法，而妻郭氏敬好释典，时时诵读。浩怒，取而焚之捐灰厕中。"佛法为外国教，此举也有种族之意味。

十八，三，三十

北朝的女权

北魏拓跋氏旧制，"后宫产子，将为储贰，其母皆赐死"。故：

> 椒庭之中，以国旧制，相与祈祝，皆愿生诸王公主，不
> 愿生太子。（《北史》十三）

这制度到宣武胡后始废止。这个制度虽是惨酷不人道，然而其中涵义正是惧怕女后权大。

北朝女子似比南方女子自由的多。高欢的娄后便是一例。娄后

> 少明悟，强族多聘之，并不肯行。及见神武（高欢）城
> 上执役，惊曰，此真吾夫也。乃使婢通意，又数致私财，使
> 以聘己。父母不得已而许焉。（以下《北史》十四）

高欢后以外交关系，要同蠕蠕通婚，娄后劝他娶蠕蠕公主。

> 公主性严毅，一生不肯华言。

高欢有尔朱氏妃，

> 公主引角弓仰射翔鸥，应弦而落。妃引长弓，斜射飞鸟，
> 亦一发而中。

北朝女后最奇特者为隋文帝的独孤后。她嫁时，与文帝相得，"誓无异生之子"。她最妒忌，后宫莫敢进御。

> 尉迟迥女孙有美色，先在宫中。帝于仁寿宫见而悦之，
> 因得幸。后伺帝临朝，阴杀之，上大怒，单骑从苑中出，不
> 由径路，入山谷间三十余里。

> 高颎、杨素等追及，扣马谏。帝太息曰，"吾贵为天子，不得自由！"
>
> 高颎曰，"陛下岂以一妇人而轻天下？"帝意少解，驻马良久，夜方还宫。后候上于阁内，及帝至，流涕拜谢。颎、素等和解之。

独孤后的妒忌，不但用在她丈夫身上，竟成了一个普遍的原则。

> 后见朝士有妾孕者，必劝帝斥之。

高颎因此见黜：

> 颎夫人死，其妾生男，〔后〕益不善之，渐加谮毁，讽帝黜颎。

她的长子太子勇也因此被废黜：

> 勇多内宠，昭训云氏嬖幸，礼匹于嫡，而妃元氏无宠，尝遇心疾，二日而薨。献皇后意有他故，甚责望勇。
>
> 又自妃薨，云昭训专擅内政，后弥不平，颇求勇罪过。
>
> 晋王广知之，弥自矫饰，姬妾恒备员数，唯与萧妃居处。
>
> 皇后由是薄勇，愈称晋王德行。（《勇传》《北史》七一）

后来竟因此杀了几个儿子，坏了杨家天下。《勇传》中详记独孤后的说话，神气如画。

但妒忌不限于独孤后，似当时确有这样一种风气。魏淮阳王《孝友传》（《北史》十六），孝友尝奏表曰：

> 古诸侯娶九女，士有一妻二妾。晋令，诸王置妾八人，郡君侯妾六人。官品令，第一第二品有四妾，第三第四有三

妾，第五第六有二妾，第七第八有一妾。所以阴教事修，继嗣有广。广继嗣，孝也。修阴教，礼也。

而圣朝忽弃此数，由来渐久。将相多尚公主，王侯娶后族，故无妾媵，习以为常。

妇人多幸生遭今世，举朝略是无妾，天下殆皆一妻。设令人强志广娶，则家道离索，身事迍邅，内外亲知共相嗤怪。凡今之人通无准节，父母嫁女则教之以妒。姑姊逢迎必相劝以忌。持制夫为妇德，以能妒为女工。自云受人欺，畏他笑我。王公犹自一心，以下何敢二意！

孝友的提议的是非，我们可以不论；但这一段文章却很可以表示当日女子的威权！

独孤后不过是这个背景中的一个人而已。

十八，五，八夜

考作象棋的年代

我去年作一段笔记如下：

象棋之作，不知起于何时，也不知起于何国。看其中有"象"，似起于印度一带；看其中有"炮"，可知其年代不古。再看象棋与西方的 Chess 相同之点，如马走"日"字，如象走斜线，可知这两种棋戏大概同出于一源。

《大英百科全书》（*Encyclopedia Britannica*）"Chess"一条下述中国象棋的起源的一段，错谬百出，不值得一辩。

前几个月，我翻阅《续藏经》，见僧念常的《佛祖历代通载》卷二十二（页二九二）于唐文宗开成己未（西历839）之下大书云：

"制象棋"。注云："昔神农以日月星辰为象；唐相国牛僧孺用车马将士卒，加炮代之为机（？）矣。"（"机"字似是"棋"字？）

据此，中国的象棋作于西历839年，创作者为牛僧孺。（生779，死847。）

那时候中国与印度交通已近千年。也许这种游戏从印度、波斯传进来已久，到牛僧孺才把他改作一种中国的象棋戏。

116

念常此书专记佛教事，忽插入这一段，似不是有心作伪；大概佛教徒也知道象棋是从印度输入的，故把它记在佛教史里。

念常注中说的"日月星辰"的棋戏，现在不可考了。

今天读《全唐文》到卷一百六十，见吕才的《因明注解立破义图序》，中有云：

> 栖元法师谓才曰，檀越复研味于六经，探赜于百氏，推阴阳之燊伏，察律吕之忽微；又闻生平未见《太玄》，诏问须臾即解；由来不窥象戏，试造旬日复成。以此有限之心，逢事即欲穿凿。

这里说的"象戏"大概是牛僧孺以前的象戏的一种。吕才，博州清平人，麟德二年（665）卒。

十八年九月

司马迁替商人辩护

一

中国的正统派经济思想一面主张均田均产，一面主张重农抑商。凡井田之论，限民名田之议，以及王莽没收私有土地实行均田之政策，皆属于前者。凡挫辱商人，不许商人乘车衣丝，市井子孙不得仕宦，以及种种驱民归农的政策，皆属于后者。

均田均产的思想是由于渴想一种"调均"的社会。孔子说："不患贫而患不均。"又说："均无贫。"（《论语》作"不患寡而患不均"。今依汉人引文校改。）他虽然不曾发挥这个意思，到了孟子手里，便有经界井田的主张出来了。后来封建制度完全消灭，政权全归国家，土地全归私有，私有资本主义更发达了。当时富人并兼贫人，必有很冷酷的不均现象，如董仲舒说的："富者田连阡陌，贫者无立锥之地""贫者常衣牛马之衣，而食犬彘之食"。儒家既以"调均"为理想，故多主张均田制度。汉文帝时博士所作《王制》便主张农夫每人分田百亩。董仲舒在《春秋繁露》的《度制》篇里也主张"方里八家，一家百亩"。董生也明白井田制度不容易实行，故他对汉武帝说："古井田法虽难猝行，宜少近古，限民名田，以赡不足，塞并兼之路。"哀帝时，儒生当国，师丹、孔光等人便主张实行限田，贵族与平民私有田地皆不得过三十顷。当时贵族宠臣反对此议，遂不得实行。到王莽才把天下私有土地全数收为国有，名曰"王田"，不得买卖："其男口不盈八而田过一井者，分余田予九族邻里乡党。故无田，今当受田者，如制度。"均田之议遂见于制度，试行了三年而废除。

重农抑商的主张起于一种错误的价值论，认商人为不劳而获的不生利阶级，不但不生利，还得靠剥削农人为谋利之道。如晁错说的，商人"男不耕耘，女不蚕织，衣必文采，食必粱肉，无农夫之苦，有阡陌之利"，这是很普遍的见解。他们虽不曾明说劳动为价值的原素，然而他们都深信古话所谓"一夫不耕，或受之饥；一女不织，或受之寒"的原则，所以绝不能了解何以不耕不织的人可以衣食千百人。这是重农抑商的第一个理由。他们又不能了解货币的性质，故有一种最幼稚的货币理论，以为货币越不方便，越好；越方便，越不好。故他们以为五谷是交易有无的基本，而金钱是有害无利的。如晁错说的：

> 夫珠玉金银，饥不可食，寒不可衣。然而众贵之者，以上用之故也。其为物轻微易藏，在于把握，可以周海内而无饥寒之患。此令臣轻背其主，而民易去其乡，盗贼有所劝，亡逃者得轻资也。粟米布帛生于地，长于时，聚于力，非可一日成也。数石之重，中人弗胜，不为奸邪所利。一日弗得而饥寒至。是故明君贵五谷而贱金玉。

这也是重农抑商政策的一个理由。他们根本上不愿人民"轻去其乡"，更不愿商人"千里游敖，冠盖相望，乘坚策肥，履丝曳缟"。他们根本上就不要一个商业发达的社会。所以他们处处想用法律压迫商人，不准商人"衣锦绣绮縠絺纻罽，操兵（兵是兵器），乘骑马"（《高祖本纪》，八年），不准市井子弟做官（《食货志》）。哀帝时孔光等议限田奏中有"贾人皆不得名田为吏"，这不但要禁止商人为吏，还要禁止他们买田了！

这种种政策和他们背后的经济思想，都只是不承认那自然产生的私产制度的新社会，而要想用法律政治来矫正这个自然变迁，来压制商人，来"使民务农"。这种干涉政策有什么效果呢？我们可让晁错自己回答：

> 今法律贱商人，商人已富贵矣。尊农夫，农夫已贫贱矣。故俗之所贵，主之所贱也。吏之所卑，法之所尊也。

干涉政策的成效如此，而干涉之论仍日出不穷。故重农抑商，均田均产，二千年中继续为儒生的正统经济思想。

二

在那干涉的调均论最流行的时代，董仲舒的朋友司马迁独唱一种替资本主义辩护的论调。司马迁受道家的自然无为主义的影响很深，故他对于那贫富不均的社会，并不觉得奇怪，也不觉得有干涉的必要。在他的眼里，商人阶级的起来，不过是一种很自然的现象。他很平淡的说：

> 富者，人之情性所不学而俱欲者也。（以下均引《史记》一二九，《货殖传》）
>
> 天下熙熙，皆为利来；天下攘攘，皆为利往。夫千乘之王，万家之侯，百室之君，尚犹患贫，而况匹夫编户之民乎？

这不但是自然的现象，并且是很有益于社会的。社会国家都少不得商人，商人阶级是供给社会的需要而产生的。他说：

> 夫山西饶材竹谷纑旄玉石，山东多鱼盐漆丝声色，江南出柟梓姜桂金锡连（铅）丹沙犀玳瑁珠玑齿革，龙门、碣石北多马牛羊旃裘筋角，铜铁则千里往往山出棋置。此……皆中国人民所喜好，谣俗被服饮食奉生送死之具也。故待农而食之，虞而出之，工而成之，商而通之。此宁有政教发征期会哉？人各任其能，竭其力，以得所欲。故物贱之征贵，贵之征贱，各劝其业，乐其事，若水之趋下，日夜无休时，不召而自来，不求而民出之。岂非道之所符而自然之验耶？《周书》曰："农不出则乏其食，工不出则乏其事，商不出则三宝绝，虞不出则财匮少。财匮少而山泽不辟矣。"此四者，民所衣食之原也。原大则饶，原小则鲜。上则富国，下则富家。贫富之道，莫之夺予，而巧者有余，拙者不足。

司马迁在这里把农工商虞（虞是经营山泽之利的，盐铁属于此业）四个职业分的最清楚，"商而通之"一语更是明白指出商业的功用。同书里曾说：

> 汉兴，海内为一，开关梁，弛山泽之禁，是以富商大贾周流天下，交易之物莫不通得其所欲。

这几句简单的话，使我们知道资本主义的发达是由于汉帝国初期的开放政策。政府尽管挫辱商人，不准商人乘车衣丝，但只要免除关市的苛捐杂税，只要开放山泽之利，商业自然会发达的。商业的发达能使交易之物各得其所欲，这正是商人流通有无的大功用。

司马迁的卓识能认清贫富不均是由于人的巧拙不齐，是自然的现象。他说：

> 贫富之道，莫之夺予，而巧者有余，拙者不足。

又说：

> 无财，作力；少有，斗智；既饶，争时。

又说：

> 纤啬筋力，治生之正道也（此即所谓无财作力）。而富者必用奇胜（此即所谓斗智争时）。田农拙业，而秦阳以盖一州。掘冢，奸事也，而曲叔以起。博戏，恶业也，而桓发用之富。行贾，丈夫贱行也，而雍乐成以饶。贩脂，辱处也，而雍伯千金。卖浆，小业也，而张氏千万。洒削（治刀剑），薄技也，而郅氏鼎食。胃脯（焊羊胃，以末椒姜拌之，晒干作脯），简微耳，浊氏连骑。马医，浅方，张里击钟。此皆诚壹之所致。由是观之，富无经业，则货无常主。能者辐凑，不肖者瓦解。

这都是说工商致富都靠自己的能力智术，不是偶然的，也不是不劳而得的。他引白圭的话道：

> 吾治生产犹伊尹、吕尚之谋，孙、吴用兵，商鞅行法是也。是故其智不足与权变，勇不足以决断，仁不能以取予，强不能有所守，虽欲学吾术，终不告之矣。

故他赞白圭道：

> 白圭其有所试矣。能试有所长，非苟而已也。

这都是承认营利致富是智能的报酬，不是倘来之物。这是很替资本制度辩护的理论，在中国史上最是不可多得的。太史公不像董仲舒那样"下帷讲诵，三年不窥园"，而偏爱高谈天下经济问题的人，他少年时便出门游历，足迹遍于四方，故能有这种特殊的平恕的见解。他看不起那些迂腐儒生，

> 无岩处奇士之行，而长贫贱，好语仁义，亦足羞也。

司马迁既认那农工虞商的资本主义的社会是"道之所符而自然之验"，故他不主张干涉的政策，不主张重农抑商的政策，也不主张均贫富的社会主义。他说：

> 夫神农以前，吾不知已。至若《诗》《书》所述，虞、夏以来，耳目欲极声色之好，口欲穷刍豢之味，身安逸乐而心夸矜势能之荣，使俗之渐民久矣。虽户说以眇（妙）论，终不能化。故善者因之，其次利导之，其次教诲之，其次整齐之，最下者与之争。

这种自然主义的放任政策是资本主义初发达时代的政治哲学。欧洲十八世纪的经济学者，大都倾向于这条路。但资本主义的社会自然产生贫富大不均平的现象，董生所谓"富者田连阡陌，而贫者无立锥之地""贫民常衣牛马之衣，而食犬彘之食"。这种现象也自然要引起社会改革家的注意与抗议，故干涉的政策，均贫富的理想，均田限田的计划，都一一的起来。董生和太史公同时相熟，而两人的主张根本不同如此。后来的儒家比较占势力，而后来的道家学者又很少像司马迁那样周知社会经济状况的，故均贫富，抑并兼的均产主义渐渐成为中国的正统思想。师丹限田之制失败之后，王莽还要下决心实行均田之制。王莽

失败了，后世儒者尽管骂王莽，而对于社会经济，却大都是王莽的信徒。试看班固的《货殖传》，材料全抄《史记》，而论断完全不同了。我们试一比较这两种《货殖传》，可以看出思想的变迁了。

十九年八月

论《春秋》答钱玄同

玄同兄:

你可考倒我了。我这几年压根儿就没有想过《春秋》的性质的问题,所以对于你的质问,我几乎要交白卷。但你的信却使我不能不想想这个问题,想想的结果,略如下方,写出请你指教。

第一,孟轲说:"晋之乘,楚之梼杌,鲁之春秋,一也。其事则齐桓、晋文,其文则史。孔子曰:'其义则丘窃取之矣。'"我想,"其文则史"一句似乎是说,以文字体裁而论,《春秋》是一部史,与别国的史正是"一也"。试看齐国史官记"崔杼弑其君",晋国史官记"赵盾弑其君",其文字体裁正与《春秋》相同。况且"其义则丘窃取之矣"一句,从文法上严格说来,应译作,"至于这里面的意义,可是我偷了他们的了"。旧注以"窃取"为谦辞,我却不肯放过这句话。我以为董狐,齐史,都在孔子之前;史官的威权已经成立了,故孔子自认窃取史官"书法"的意义,而建立正名的思想。

第二,所谓"孔子作《春秋》"者,至多不过是说,孔子始开私家学者作历史的风气。创业不易,故孔子的《春秋》(即使不全是今所传本)也不见得比"断烂朝报"高明多少。但私家可以记史事,确有使跋扈权臣担忧之处。故有"乱臣贼子惧"的话。此事正不须有什么"微言大义",只要敢说老实话,敢记真实事，便可使人注意（惧）了。今之烂污报馆，尚且有大官贵人肯出大捧银子去收买，何况那位有点傻气的孔二先生呢？我的英国朋友佗音比（Arnold Toynbee）每年编一册《国际关系调查》，颇能据事直书。这几年中，每年都有列国外交当局对他的记事表示很关切的注意，往往供给材料，请他更正。这便是"惧"字的"今谊"了（崔浩修史的故事，更可借来印证）。

第三，孔门的后人不能继续孔子以私家学者作史的遗风，却去向那部比断烂朝报高明不多的《春秋》里寻求他老人家的微言大义。于是越钻越有可怪的议论发现，其实都是像禅宗和尚说的，"某甲只将花插香炉上，是和尚自疑别有什么事"（作《左氏春秋》的那位先生似是例外）。

第四，我们在今日无法可以证实或否证今本《春秋》是孔子作的；也不能证明此书是否荀子一派人作的。因为简短，故颇像"断烂"；其实我们看惯了殷虚卜辞，更见了董狐、齐史所记，似可以假定今本《春秋》不是晚出的书，也许真是孔子仿古史书法而作的。我从前（《哲学史》一〇三）曾疑《春秋》有"后来被权门干涉，方才改了的"。现在看来，在那种时代，私家记载不能不有所忌讳，也是很平常的事。即使胡适之、钱玄同在今日秉笔作国史，能真正铁面不避忌吗？

毛子水兄恰好在我家中，见了你的原书和我的答书的前半，他写出了三条意见，如下：

（1）《春秋》的底子可以是孔子以前史官所记录的。

（a）书法是可有的事。

（b）断烂朝报的性质是古初的著作体裁使然，详细的必是口传而非文字。

（2）孔子可以得到这样的纪录，并且利用他。

（3）孔子也许公布古代史官的纪录，并接续记载当时的事。

子水的意见和我相差不远。

以上所说，不知能算是交卷了吗？

谢谢你为我的生日费了那么多的工夫写那篇长文。裱成时，还要请你签字盖章，使千百年后人可以省去考证的工夫。

适之　十九，十二，二十

附录　钱先生来书

适之兄：

今有一事要请问你：你对于《春秋》，现在究竟认它是一部什么性质的书？你的《哲学史》中说《春秋》不该当它历史看，应该以《公》《穀》所说为近是，它是孔子"正名"主义的书；后来你做《北大国学季刊宣言》，对于清儒治《春秋》而回到《公羊》的路上，认为太"陋"了，并且和治《易》回到"方士"的路上为同等之讥评。我对于你这个论调，可以作两种解释：（一）你仍认《春秋》为正名之书，仍以《公》《穀》所言为近是；但对于庄、刘、龚、康诸公的"《春秋》扩大会议派"，动不动说"微言大义""张三世""通三统""黜周王鲁"这些话觉得太讨厌了，离开真相太远了，所以用一个"陋"字来打倒它。（二）你前后的见解不同了，你后来认为《春秋》只是一部"断烂朝报"，不但没有那些微言大义，并且也不是孔子正名之著作。我这两种解释未知孰是，请你自己告我。

我现在的意见，是主张你前一说而略有不同。我以为《春秋》确是正名之书，但不见得就是孔子的笔削（孔子一生，我以为是并没有著过书），大概是荀子一派喜欢"隆礼""正名"的人们干的把戏，作《公羊传》者当是此笔削《春秋》者的数传弟子之类。《公羊》所言已有些"扩大会议"的意味，到了董道士和何老爹，越说越不可究诘了。至于清代的先生们，则离题更远，干脆一句话，他们是"托《春秋》而改制"罢了。我因为觉得《春秋》的称名上确有些奇怪：如整整齐齐的五等爵位，某也公，某也侯，……永远不变，今证之于《钟鼎款识》，实在觉得没有这么一回事；尤其是楚国，这"楚子"的称呼，恐怕只是儒家的玩意儿罢了。此外如那样的褒扬宋伯姬，也颇可疑。故鄙见以为认《春秋》有尔许微言大义的说法，固然不对；若竟认为是鲁国的"政府公报"的原本，似亦未合。你以为然否？希望赐答为荷。

弟玄同白

十九，十二，十九

中国历史的一个看法

历史可有种种的看法，有唯心的，唯物的，唯人的，唯英雄的，……各种看法，我现在对于中国历史的看法，是从文学方法的，文学的名词方面的，是要把它当作英雄传，英雄诗，英雄歌，一幕英雄剧，而且是一幕英雄悲剧来看。

民族主义是爱国的思想，英国有名的先哲曾说过："一个国家要觉得它可爱时，是要看这个国家在历史上是否有可爱之点"，中国立国五千年，时时有西北的蛮族——匈奴、鲜卑……不断的侵入，可说是无时能够自主的，鸦片战争又经过百年，而更有最近空前的危急，在此不断的不光荣的失败历史中，有无光荣之点，它的失败是否可以原谅，在此失败当中，是否可得一教训。

这一出五千年的英雄悲剧，我们看见我们的老祖宗继续和环境奋斗，经过了种种失败与成功，在此连台戏中，有时叫我们高兴，有时叫我们着急，有时叫我们伤心叹气，有时叫我们掉泪悲泣，有时又叫我们看见一线光明，一线希望，一点安慰，有时又失败了，有时又小成功了，有时竟大失败了，这戏中的主人翁，是一位老英雄——中华——他的一生是长期的奋斗，吃尽了种种辛苦，经了种种磨难，好像姜子牙的三十六路伐西岐，刚刚平了一路，又来了一路，又好像唐三藏西天取经，经过了八十一大难，刚脱离了一难，又遭一难似的，这样继续不断奋斗，所以是一篇英雄剧，磨难太多，失败太惨，所以是一篇悲剧。

本来在中国的文字中——戏剧中、小说中，悲剧作品很少，即如《红楼梦》一书，原是一个悲剧，而好事者偏要作些圆梦、续梦、复梦等出来，硬要将林黛玉从棺材里拿起来和贾宝玉团圆，而认为以前的不满意，这真不知何故，或者他们觉得人类生活本来是悲剧的，历史是悲剧的，因此却在理想的文学中，故意来作一段团圆的喜剧。

在这老英雄悲剧中，我们把他分作几个剧目，先说到剧中的主人，主人是姓中名华——老中华，已如上述，舞台是"中国"，是一座破碎的舞台，——穷中国，老天给我们祖宗的，实在不是地大物博，而是一块很穷的地方，金银矿是没有的，除东北黑龙江和西南的云贵一部分外，都是要用丝茶到外国去换的，煤铁古代是不需要的，土地虽称广阔，然可耕之地不过百分之二十，而丝毫无用的地却有三分之一，所以我们的祖宗生下来，就是在困难中。

这剧的开始，要算商周，以前的不讲，据安阳发掘出来的成绩，商代民族活动区域，只有河南、山东、安徽的北部，河北、山西南部的一块，也许到辽宁一部，他们在此建设文化时，北狄、南蛮不断的混入，民族成了复杂的民族，在此环境之下，他们居然能唱一出大戏，这是一件很了不得的事情。我们现在撇开了"跳加官"一类开台戏，专看后面的几幕大戏。

第一幕　老英雄建立大帝国

第二幕　老英雄受困两魔王

第三幕　老英雄死里逃生

第四幕　老英雄裹创奋斗

第五幕　老英雄病中困斗

第一幕　老英雄建立大帝国

中国有历史的时期自商周始，驰［疆］域限于鲁豫，已如上述，在商代社会中迷信很发达，什么事情都问鬼，都要卜，如打猎、战争、祭祀、出门……事无大小，都要把龟甲或牛骨烧灰，看他的龟纹以定吉凶，在此结果，而发明了龟甲、牛骨原始象形的文字，这文字是很笨的图画，全不能表达抽象的意思，只能勉强记几个物事名词而已，在这正在建设文化的时候，西方的蛮族——周，侵犯过来了，他具强悍的天性，有农业的发明，不久把那很爱喝酒的、敬鬼的、文化较高的殷民族征服了，这一来，上面的——政治方面是属于周民族，下面的就是属于殷民族，二民族不断的奋斗：在上面的周民族很难征服下面的殷民族，孔子虽是殷人（宋国），至此很想建设一个现代文化，故曰"吾从周"，而周时，也有人见到两文化接触，致有民族之冲突，所以东方（淮水流域）派了周公去治理，南方（汉水流域）派了召公去治理，封建的基础，即于此时建设，但是北狄、南蛮在此政治之下经了长期的斗争，才将他们无数的小国家征服，把他们的文化同化，以后才成七个大国家，不久遂成一个大帝国。

至于文字方面，也是从龟甲上的，牛骨上的，不达意的文字，经过充分的奋斗，而变为后代的文字，文学方面、哲学方面、历史方面，都得着可以达意的记载，这是一件很不容易的事情。

在周朝的时候，许多南蛮要想侵到北方来，北边的犬戎也要侵到南部去，酝酿几百年，犬戎居然占据了周地，再经几百年，南方也成了舞台的部分。

此时的建设期中，产生了一个"儒"的阶级，儒本是亡国的俘虏——遗老，他本是贵族阶级，是文化的保存者，亡国以后，他只得和人家打打官司，写写字，看看地，记记账，靠这类小本领混碗饭吃而已（根据《荀子》的《非十二子》篇），这班人——"儒"一出来，世界为之大变，因为他们是不抵抗者、是懦夫，我们从字义看，凡是和儒字同旁的字眼，都是弱的意思，如需（耎）字加车旁是软弱的輭（软）字，加心旁是懦字，加子旁是孺字，是小孩子，他们是唱文戏的，但是力量很大，因为他们是文化传播者，是思想界，老子后世称他为道家，但他正是"儒"的阶级中之代表，他的哲学是儒的哲学，他的书中常把水打譬喻，因为水是最柔弱的，最不抵抗的，这就是儒的本身，他们一出，凡是唱武戏的，至此跟着唱起文戏来了，幸而在此当中，出来一个新派，这就是孔子，他的确不能谓之儒者，就是儒者也是"外江"派，他的主张是"杀身成仁"，他说："志士成仁，有杀身以成仁，无求生以害仁"，又说："士不可以不弘毅，任重而道远，人以为己任，死而后已"，这完全和老子相反，老子是信天的，主自然的，而新派孔子，是讲要作人的，且要智仁勇三者都发达，他是奋斗的，"知其不可而为之"，这就是他的精神，新派唱的虽也是文戏，但他们以"有教无类"打破一切阶级，所以后来产生孟子、荀子、弟子李斯、韩非，韩非虽然在政治上失败，而李斯却成了大功，造成了一个大帝国。（第一幕完）

第二幕　老英雄受困两魔王

不久汉朝兴起来了，一班杀猪的，屠狗的，当衙役的……起来建设了一个四百年的帝国，他们可说得上是有为者，如果没有他们的奋斗，则决不会有这四百年的帝国，但是基础究未稳固，而两个魔王就告来临！

第一个魔王——野蛮民族侵入，在汉朝崩溃的时候，夷狄——羌、匈奴、鲜卑都起来，将中国北部完全占领（300至600），造成江左偏安之局。

第二个魔王——印度文化输入，前一个魔王来临，使我们的生活野蛮化，后一个魔王来临，就是使我们宗教非人化，这印度文化侵略过来，在北面是自中央亚细亚而进，在南方是由海道而入，两路夹攻，整个的将中国文化征服。

原来中国儒家的学说是要宗亲——"孝"，要不亏其体，因为"身体发肤，受之父母，不敢毁伤"，将个人看得很重，而印度文化一来呢？他是"一切皆空"，根本不要作人，要作和尚，作罗汉——要"跳出三界"，将身体作牺牲！如烧手、烧臂、烧全身——人蜡烛，以献贡于药王师，这风气当时轰动了全国，自王公以至于庶人，同时迎佛骨——假造的骨头，也照样的轰动，这简直是将中国的文化完全野蛮化！非人化！（第二幕完）

第三幕　老英雄死里逃生

这三百年中——隋、唐时代是很艰难的奋斗，先把北方的野蛮民族来同化他，恢复了人的生活，在思想方面，将从前的智识，解放出来，在文学方面，充满了人间的乐趣，人的可爱，肉的可爱，极主张享乐主义，这于杜甫和白居易的诗中都可以看得出，故这次的文化可说是人的文化。再在宗教方面，发生了革命，出来了一个"禅"！禅就是站在佛的立场上以打倒佛的，主张无法无佛，"佛法在我"，而打倒一切的宗教障、仪式障、文

字障，这都成功了，所以建设第二次帝国，建设人的文化和宗教革命，是老英雄死里逃生中三件大事实。（第三幕完）

第四幕　老英雄裹创奋斗

老英雄正在建设第三次文化的时候，北方的契丹、女真、金、元继续的侵过来了，这时老英雄已经是受了伤，——精神上受了伤（可说是中了精神上的鸦片毒，因为印度有两种鸦片输到中国，一是精神上的鸦片烟——佛，一是真鸦片），受了千年的佛化，所以此时是裹创奋斗，然而竟也建立第三次大帝国——宋帝国，全国虽是已告统一，但身体究未复元，而仍然继续人的文化，推翻非人的文化（这段历史自汉至明，中国和欧洲人相同，宗教革命也是一样），范文正公的"先天下之忧而忧，后天下之乐而乐"，和王荆公的变法，正与前"任重而道远"的学说相符合。

在唐代以前，北魏曾经辟过佛，反对过外国的文化，禁止胡服胡语即其例，但未见成功，而在唐代辟佛的，如韩愈，他曾说过："人其人，火其书，庐其居"，三个大标语，这风气虽也行过几十年，但不久又恢复原状，然在这一次，却用了一种软工夫来抵制这非人的文化，本来是要以"人的政治""人的法律""人的财政"来抗住它的，但还怕药性过猛，病人受纳不起，所以司马光、二程等，主张无为，创设"新的哲学""新的人生观"，在破书堆中找到一本一千七百几十个字的《大学》来打倒十二部大佛经，将此书中的"格物""致知""正心""诚意""修身""齐家""治国""平天下"这一套，来创造新的人的教育，新的哲学，

新的人生观，这实在是老英雄裹创奋斗中的一个壮举，但到了蒙古一兴起，老英雄已筋疲力竭，实在不能抵抗了！（第四幕完）

第五幕　老英雄病中困斗

这位老英雄到明朝已经是由受创而得病了，他的病状呢？一是缠足，我们晓得在唐朝被称的小脚是六寸，到这时是三寸了，实在是可惊人！二是八股文章，三是鸦片由印度输入，这三种东西，使老英雄内外都得病症。

再有一宗，就是从前王荆公的秘诀已被人摒弃了，本来他的秘诀一是"有为"，一是"向外"，但一班的习静者，他们要将喜怒哀乐等，于静坐中思之，结果是无为，是无生气，而不能不使这老英雄在病中困斗。

清代的天下居然有二百余年，这实是程朱学说——君臣观念所致，因为此时的民族观念抵不住君臣的名分观念，不过老英雄在此当中，而仍有其成绩在，就是东北和西南的开辟，推广他的老文化，湖南在几十年前，在政治上占有极大势力，广东、广西于此时有学术上的大贡献，这都是老英雄在病中的功绩，他虽然在政治上失地位，然而在学术上却发生一种"实事求是"的精神——科学的精神，而成就了一种所谓的"汉学"，这种新的学术，是不主静而主动的，它的哲学是排除思想而求考据，考据一学发生，金石、历史、音韵，各方面都发达，顾亭林以一百六十二个证据，来证明"服"字读"逼"字音，这实在具有科学之精神，不过在建设这"人的学术"当中，老英雄已经是老了，病了！

尾 声

这老英雄的悲剧，一直到现在，仍是在奋斗中，他是从奋斗中滚爬出来，建设了人的文化，同化了许多蛮族，平了许多外患，同化了非人的文化，从一千余年奋斗到如今，实在是不易呀！这种的失败，可说是光荣的失败！在欧洲曾经和我们一样，欧洲过去的光荣，我们都具备着，但是欧洲毕竟是成功，这种原因，我认为我们是比他少了两样东西，就是少了一个大的和附带一个小的，大的是科学，小的是工业。我们素来是缺乏科学，文治教育看得太重，我们现在把孔子和其同时的亚里士多得、柏拉图来比一比，柏拉图是懂得数学的，"不懂数学的不要到他门下来"，亚里士多得同时是研究植物的，孔子较之，却未必然吧？与孟子同时的欧几里得，他的几何至今沿用，孟子未尝能如此吧？在清代讲汉学的时候，虽说是有科学的精神，却非加利莱用望远镜看天文，用显微镜看微菌，以及牛顿发明地心吸力可比，所以中西的不同，不自今日始，我们既明白了这个教训，比欧洲所缺乏的是什么？我们知道了，我们的努力就有了目标，我们这老英雄是奋斗的，希望我们以后给他一种奋斗的工具，那末，或者这出悲壮的英雄悲剧，能够成为一纯粹的英雄剧。

（本文为 1932 年 12 月 1 日胡适在武汉大学的演讲）

考证学方法之来历

　　我觉得很抱歉,辅仁大学的很多朋友几次要我来说几句话,可是一年以来,在外面跑了半年,很少时间,直到今天,才得和诸位见面,今天是应辅仁大学国文系之约来的,想到的"考证学方法之来历"这个题目,是和国文系有关系的,而与别的同学也有直接的或间接的关系,因为近几年来,研究考证学方法之来历的渐渐多了,而中国近三百年的学问和思想,很受考证学的影响。

　　考一物,立一说,究一字,全要有证据,就是考证,也可以说是证据,必须有证据,然后才可以相信。

　　近三百年始有科学的,精密的,细致的考察,必有所原,许多人以为是十七世纪西洋天主教耶稣会教士带到中国来的,如梁任公先生就是这样主张着。

　　在一千六百年左右,利玛窦来到中国,继之若干年,经明至清朝康熙雍正年间,有许多有名的学者到中国来,他们的人格学问,全是很感动人的,并且介绍了西方的算学,天文学等十六世纪,十七世纪的西洋科学,恐怕中国的思想界学术界受到他们的影响。

　　中国考证学家,清代考证学开山祖师顾亭林和阎若璩,全生于利玛窦来华之后,顾亭林生于1613年,阎生于1636年,利玛窦则是 1581 或 1582 年来华的，顾亭林考证古音，他的方法极其精密，例如"服"字，古音不读"服"音，而读"逼"音，他为了考证这一字，立这一说，举出一百六十二个证据来证实，在他的著书里，立一说，必要证据，许多字的考证都是这样，阎若璩考证《古文尚书》，也是这样，《尚书》有两种，西汉时候的《今文尚书》，有二十八篇，到了晋代，又出了一种《古文尚书》，有五十三篇，于前一种的二十八篇之外，又增加了二十五篇，文字好，易了解，谈政治，道德，很有点哲学味，内容丰富，因为它是用古文字写的，所以称做《古文尚书》，当时有人不相信，渐渐的也就相信了，至唐代以后，《古文尚书》成为正统，没有疑心它是假的了，到了清代，阎若璩著书《尚书古文疏证》，把假的那些篇，一篇一句，都考出它的娘家，打倒了《古文尚书》。

清代的学术，是训诂，考据和音韵，顾亭林考证音韵研究训诂，阎若璩考证古书真伪，他们两人，全是十七世纪的人，在利玛窦来华以后，这样看来，岂不是西洋的科学影响了中国的考证学了吗。

另一个证据，西洋学者带来了算学，天文等，曾经轰动一时，那时候，自己知道中国历法不够用，常常发生错误，推算日蚀和月蚀也不准确，当时的天文学有三派，一派是政府的钦天监，一派是回教的回回历，一派是中国私人魏氏历法，西洋于十六世纪后改用新历，是最新，最高，最进步的了，带到中国之后，又有了这个第四派，中国政府不能评定那一种历法准确，就想了一个法子，每一种都给他一个观象台，让他们测算日蚀，从何年何日何时开始，至何时退蚀，来考究他们，因为历法和日常生活很有关系，全中国都注意这一回事，二十年的长时间考证的结果，处处是西洋方法占胜利，并且，因为日蚀推算，如果阴雨，就不能看出来了，所以同时测算四川成都，陕西西安，山东济南和北京四个地方，清政府派人到四个地方视察报告，当然不会四个地方都赶上阴雨，结果，别几种都差得很远，而耶稣会教士的新科学方法占了胜利，明代崇祯末年，政府颁布了使用新法，而这一年，明朝就亡了，清代继续采用，直到1912年，民国改元之后，用了新历，而方法还是一样的，清代的考据家，没有不曾研究过算学的，如戴东原，就是一位算学家，有清一代的考证学，就是在西洋算学影响之下，算学方法，就是要有证据。

我个人是怀疑这种说法的，对于当时的西洋学者的人格，学问，我都很钦佩，他们也留下深刻的影响，前读中国的徐光启的三卷信札，更增加了钦佩之意，中国许多革新人物，全受过他们的影响，但是，要说考证学的方法，是由天主教耶稣会教士带来的，到今日为止，还没有充分的考据，前面说过的证明，还不能承认，今天所讲的，就是要特别提出个人的见解，以就正大家，请对于我们怀疑的，加以怀疑，或者更有新的收获。

前面所说的影响，很少可以承认的，顾亭林就不是算学家，阎若璩也是到了晚年算《春秋》《左传》《汉书》中的纪年和日蚀，因为那与历法有关系，才开始学算学的，所以不能受它的影响，而且是已经做了考证学家才学算学的，如王念孙也不是算学家，至少，不是受他的影响，我们只能承认算学影响历法，影响思想，而和考据学没有关系，在西洋，天文学，算学，物理学全很早就发达了，而西洋的历史，文学的考据，到十九世纪才发达，假如天文学，算学等能够影响考据，一定会很早就产生了，而西洋竟是很晚的，所以它并不能影响人怀疑和找证据，至于宗教家所提倡的是使人信，不是使人怀疑。

以时代关系来证明，是错误的，清代两考证学大师，顾亭林有他的来历与师承，阎若璩亦有他的来历与师承。

在音韵方面，顾亭林的方法是立一说，证一字，必要有证据，证据有两种，本证和旁证，如同证《诗经》字韵的古音，从《诗经》中找证据，曰本证，从《老子》《易经》《淮南子》《管子》《楚辞》等书里的方韵来证《诗经》，曰旁证，这种方法，在顾之前，有福建人陈第，作过一本《毛诗古音考》，就用了这种方法，是顾亭林的本师，《毛诗古音考》著于1604年，出版于1606年，利玛窦虽已来华，而北来第一次是1596年，第二次是1602年，短时期内受到影响，是不可能的，顾得自陈，毫无问题，而在陈第之前，还有崔铣，在1580年就考证过《毛诗》古音，再推上去，可到宋代，十二世纪，朱熹就是一位考证家。

再一个证据就是，阎若璩考据《尚书》，他的先师也来历明白，梅鷟，生死年月不可考了，他是1513年的举人，他作过一部《古文尚书考义》，用的方法和阎的一样，一一找出伪造的娘家，那个时候，还没有利玛窦，百年之后，书籍与方法更完备了，在梅鷟之前，可以推上去到元代，吴澄，他死于1333年，已经把《尚书》今文和古文的分开，述其真假，更上可推至宋代的朱熹，吴棫，他们已经疑惑《古文尚书》和《今文尚书》的不同，到了吴澄，就不客气的一一指出了假造的各篇的来历，是东抄西借，杂缀而成的，北宋的欧阳修，王安石，苏东坡，亦曾怀疑而研究之，在唐朝韩愈和柳宗元的文章中，亦提出考证，《论语》一书，经柳宗元的考证，知道是孔子的弟子的弟子所记，那是以常识作证据的。

总之，这种考证方法，不用来自西洋，实系地道的国货，三百年来的考证学，可以追溯至宋，说是西洋天主教耶稣会教士的影响，不能相信，我的说法是由宋渐渐的演变进步，到了十六七世纪，有了天才出现，学问发达，书籍便利，考证学就特别发达了，它的来历可以推到十二世纪。

现在时间还有一点，让我说一点别的。

考证的方法是立一说，必有证据，为什么到了宋代朱熹时候才发达呢，这是很值研究的，这也是一种考据，方才说过，考证学不来自西洋，是国货，可是它是怎样来的呢。

中国历史经过长的黑暗时期，学问很乱，没有创造，没有精密的方法，汉代是做古书的注解，唐代是做注解的注解，文学方面有天才，学术方面则没有，并且，这种方法在古代是不易的，那时候没有刻版书，须一一抄写，书籍是一卷一卷的，有的长至四五十尺，读后忘前，没有法子校勘，写本又常各不相同，没有一定的标准本，唐代有了刻版书，到了宋代才发达，如同书经，有国子监的官版本，有标准本后才能够校勘其他的刻本和抄本，这必须书籍方便才可以，毫无问题。

十一世纪，北宋后期，程颐、程灏提出格物致知来，一部一千七百五十字的《大学》，是有很大的关系的书，几百年来，受着它的约束，程氏兄弟发现了一千七百五十字里有五个字最重要，就是"致知在格物"，《大学》中，每一句话都有说明，惟独这五个字没有，什么是格物，没有人知道，当时有五六十种"格物说"，有解"格"为一个一个的格子的，有解"格"为"格斗"的，程氏兄弟提出重要的解释，格是到的意思，格物就是到物，所以说"格物即物，而穷其理"，今天格一物，明天格一物，今天格一事，明天格一事，然后才可以致知，至于物的范围，由一身之中至天地之高大，万物之所以然，均在其内，这是当时的"格物说"，有了中国的科学理想与目标，而没有科学方法，无从着手，中国从来的学术是（一）人事的，没有物理与自然的解释，（二）文字上的解释，而无物据，所以有理想，不能有所发展，如王阳明和一个姓钱的研究格物，对着一棵竹子坐了三天，毫无所获，王阳明自己对坐了七天，也是一样，于是很幽默的说了，圣贤是做不成了，因为没有那么大的气力来格物了，这个笑话可以证明当时有科学目标与理想而没有方法，这完全不同于西洋，从埃及，希腊，就和自然界接触，亚里斯多德于研究论理之外，自己采集动植物的标本做解剖实验，而孔夫子不过读《诗》而知鸟名罢了，中国没有这样背景，仅能像王阳明对竹而坐了。

程子，朱子感到这种格物办不通，就缩小了物的范围，由无所不包小到三件事：（一）读书穷理，（二）上论古人，（三）对人接物，朱子以后，就丢弃了大规模的格物而缩小，读书穷理也仅是读古经书了，所以士大夫就拿格物方法来研究古书了。

至于程朱格物的背景，我想，那时候没有自然科学，大概是由于科举时代，于做文章之外，还须研究"判"，考试的时候，拿几种案件，甲如何，乙如何，丙又如何，由士子判断是非，这样，必须多少有法律的训练，程明〔道〕送行状中记载着，他做县尉的时候，有听诉的训练，有今日的法官，律师，侦探的天才，从刑名之学得到找证据的方法，考，据，证，例，比等等全为法律上的名词，这方面的训练，在朱熹亦是有的。

朱熹亦是一个考据家，他三十岁的时候，校勘了一册语录，用三种钞本和一种刻本，他发现了刻本中多了百余条，其中五十多条是假的，就删去了，到他三十八岁的时候，找到了证据，就写了一篇跋，说明他的删掉的理由，他的注书也极审慎，他主张研究古书须学法家的深刻，才能穷究得进，他自己说，他的长处没有别的，就是肯用功，考证也是用法律方法，研究了一件，再研究了一件，不曾精细研究一本书，而牵引了许多别的，是一件错误。

他还有许多故事，可以证明他是受了律法的影响，做福建同安县主簿，知漳州，处理案件，是和考证一样的。

简括起来说，中国古代没有自然科学的环境，士大夫与外边无由接近，幸有刑名之学，与法律相近，科举时考"判"，做官时判案，尤须人证物证，拿此种判案方法应用在判别古书真伪，旧说是非，加以格物致知之哲学影响，而为三百年来考证学之来历，故纯为国货考证学，不会来自西洋的，将来有研究天主教耶稣会教士东来的历史专家提出新证据，我当再来辅仁大学取消我今天的话。

天主教研究神学，有一很好的习惯，就是凡立一新说，必推一反对论者与之驳辩，此反对论者称做"魔鬼的辩护师"，今天，我就做了一次"魔鬼的辩护师"。

（本文为1934年1月11日胡适在辅仁大学的演讲，路絮笔记）

说　儒

（一）问题的提出。

（二）论儒是殷民族的教士；他们的衣服是殷服，他们的宗教是殷礼，他们的人生观是亡国遗民的柔逊的人生观。

（三）论儒的生活：他们的治丧相礼的职业。

（四）论殷商民族亡国后有一个"五百年必有王者兴"的预言；孔子在当时被人认为应运而生的圣者。

（五）论孔子的大贡献：（1）把殷商民族的部落性的儒扩大到"仁以为己任"的儒；（2）把柔懦的儒改变到刚毅进取的儒。

（六）论孔子与老子的关系；论老子是正宗的儒。附论儒与墨者的关系。

一

二十多年前，章太炎先生作《国故论衡》，有《原儒》一篇，说"儒"有广狭不同的三种说法：

> 儒有三科，关"达""类""私"之名（《墨子·经上》篇说名有三种：达，类，私。如"物"是达名，"马"是类名，"舜"是私名）：

达名为儒。儒者，术士也（《说文》）。太史公《儒林列传》曰，"秦之季世院术士"，而世谓之院儒。司马相如言"列仙之儒居山泽间，形容甚臞"。（《汉书·司马相如传》语。《史记》儒作传，误。）……王充《儒增》《道虚》《谈天》《说日》《是应》，举"儒书"，所称者有鲁般刻鸢，由基中杨，李广射寝石矢没羽，……黄帝骑龙，淮南王犬吠天上鸡鸣云中，日中有三足乌，月中有兔蟾蜍。是诸名籍道、墨、刑法、阴阳、神仙之伦，旁有杂家所记，列传所录，一谓之儒，明其皆公族。"儒"之名盖出于"需"，需者云上于天，而儒亦知天文，识旱潦。何以明之？鸟知天将雨者曰鹬（《说文》），舞旱暵者以为衣冠。鹬冠者亦曰术氏冠（《汉·五行志》注引《礼图》），又曰圜冠。庄周言儒者冠圜冠者知天时，履句屦者知地形，缓佩玦者事至而断。（《田子方》篇文。《五行志》注引《逸周书》文同。《庄子》圜字作鹬。《续汉书·舆服志》云："鹬冠前圜。"）明灵星舞子吁嗟以求雨者谓之儒。……古之儒知天文占候，谓其多技，故号遍施于九能，诸有术者悉赅之矣。

类名为儒。儒者知礼乐射御书数。《天官》曰，"儒以道得民"。说曰，"儒，诸侯保氏有六艺以教民者"。《地官》曰，"联师儒"。说曰，"师儒，乡里教以道艺者"。此则躬备德行为师，效其材艺为儒。……

私名为儒。《七略》曰，"儒家者流，盖出于司徒之官，助人君顺阴阳明教化者也。游文于六经之中，留意于仁义之际，祖述尧舜，宪章文武，宗师仲尼，以重其言，于道为最高"。周之衰，保氏失其守，史籀之事，商高之算，蜂门之射，范氏之御，皆不自儒者传。故孔子……自诡鄙事，言君子不多能，为当世名士显人隐讳。及《儒行》称十五儒，《七略》疏晏子以下五十二家，皆粗明德行政教之趣而已，未及六艺也。其科于《周官》为师，儒绝而师假摄其名。……

今独以传经为儒，以私名则异，以达名类名则偏。要之题号由古今异，儒犹道矣。儒之名于古通为术士，于今专为师氏之守。道之名于古通为德行道艺，于今专为老聃之徒。

太炎先生这篇文章在当时真有开山之功，因为他是第一个人提出"题号由古今异"的一个历史见解，使我们明白古人用这个名词有广狭不同的三种说法。太炎先生的大贡献在于使我们知道"儒"字的意义经过了一种历史的变化，从一个广义的，包括一切方术之士的"儒"，后来竟缩小到那"祖述尧舜，宪章文武，宗师仲尼"的狭义的"儒"。这虽是太炎先生的创说，在大体上是完全可以成立的。《论语》记孔子对他的弟子说：

女为君子儒，毋为小人儒。

这可见当孔子的时候，"儒"的流品是很杂的，有君子的儒，也有小人的儒。向来的人多蔽于成见，不能推想这句话的涵义。若依章太炎的说法，当孔子以前已有那些广义的儒，这句话就很明白了。

但太炎先生的说法，现在看来，也还有可以修正补充之处。他的最大弱点在于那"类名"的儒（其实那术士通称的"儒"才是类名）。他在那最广义的儒之下，另立一类"六艺之人"的儒。此说的根据只有《周礼》的两条郑玄注。无论《周礼》是否可信，《周礼》本文只是一句"儒以道得民"和一句"联师儒"，这里并没有儒字的定义。郑玄注里说儒是"有六艺以教民者"，这只是一个东汉晚年的学者的说法，我们不能因此就相信古代（周初）真有那专习六艺的儒。何况《周礼》本身就很可疑呢？

太炎先生说"儒之名于古通为术士"，此说自无可疑。但他所引证都是秦汉的材料，还不曾说明这个广义的儒究竟起于什么时代，他们的来历是什么，他们的生活是怎样的，他们同那狭义的孔门的儒有何历史的关系，他们同春秋、战国之间的许多思想潮流又有何历史的关系。在这些问题上，我们不免都感觉不满足。

若如太炎先生的说法，广义的儒变到狭义的儒，只是因为"周之衰，保氏失其守"，故书算射御都不从儒者传授出来，而孔子也只好"自诡鄙事，言君子不多能，为当世名士显人隐讳"。这种说法，很难使我们满意。如果《周礼》本不可信，如果"保氏"之官本来就是一种乌托邦的制度，这种历史的解释就完全站不住了。

太炎先生又有《原道》三篇，其上篇之末有注语云：

> 儒家、法家皆出于道，道则非出于儒也。

若依此说，儒家不过是道家的一个分派，那么，"儒"还够不上一个"类名"，更够不上"达名"了。若说这里的"儒"只是那狭义的私名的儒，那么，那个做儒法的共同源头的"道"和那最广义的"儒"可有什么历史关系没有呢？太炎先生说，"儒法者流削小老氏以为省"（《原道上》），他的证据只有一句话：

> 孔父受业于征藏史，韩非传其书。（《原道上》）

姑且假定这个渊源可信，我们也还要问：那位征藏史（老聃）同那广义的"儒"又有什么历史关系没有呢？

为要补充引申章先生的说法，我现今提出这篇尝试的研究。

二

"儒"的名称，最初见于《论语》孔子说的

> 女为君子儒，毋为小人儒。

我在上文已说过，这句话使我们明白当孔子时已有很多的儒，有君子，有小人，流品已很杂了。我们要研究这些儒是什么样的人。

我们先看看"儒"字的古义。《说文》：

> 儒，柔也，术士之称。从人，需声。

术士是有方术的人；但为什么"儒"字有"柔"的意义呢？"需"字古与"耎"相通；《广雅·释诂》："耎，弱也。"耎即是今"輭"字，也写作"软"字。"需"字也有柔软之意；《考工记》："革，欲其荼白而疾瀚之，则坚；欲其柔滑而腥脂之，则需。"郑注云："故书，需作刷。郑司农云：'刷读为柔需之需，谓厚脂之韦革柔需。'"《考工记》又云："厚其帾则木坚，薄其帾则需。"此两处，"需"皆与"坚"对举，需即是柔耎之耎。柔软之需，引伸又有迟缓濡滞之意。《周易·象传》："需，须也。"《杂卦传》："需，不进也。"《周易》"泽上于天"（☱☰）为夬，而"云上于天"（☵☰）为需；夬是已下雨了，故为决断之象，而需是密云未雨，故为迟待疑滞之象。《左传》哀六年："需，事之下也。"又哀十四年："需，事之贼也。"

凡从需之字，大都有柔弱或濡滞之义。"嬬，弱也。""孺，乳子也。""懦，驽弱者也。"（皆见《说文》）《孟子》有"是何濡滞也"。凡从耎之字，皆有弱义。"偄，弱也。"（《说文》）段玉裁说偄即是懦字。稻之软而黏者为"稬"，即今糯米的糯字。《广雅·释诂》："㛂，弱也。"大概古时"需"与"耎"是同一个字，古音同读如弩，或如糯。朱骏声把从耎之字归入"乾"韵，从"需"之字归入"需"韵，似是后起的区别。

"儒"字从需而训柔，似非无故。《墨子·公孟》篇说：

> 公孟子戴章甫，搢忽，儒服而以见子墨子。

又说：

> 公孟子曰，君子必古言服，然后仁。

又《非儒》篇说：

> 儒者曰，君子必古言服，然后仁。

《荀子·儒效》篇说：

> 逢衣浅带（《韩诗外传》作"博带"），解果其冠，……是俗儒者也。

大概最古的儒，有特别的衣冠，其制度出于古代（说详下），而其形式——逢衣，博带，高冠，搢笏——表出一种文弱迂缓的神气，故有"儒"之名。

所以"儒"的第一义是一种穿戴古衣冠，外貌表示文弱迂缓的人。

从古书所记的儒的衣冠上，我们又可以推测到儒的历史的来历。《墨子》书中说当时的"儒"自称他们的衣冠为"古服"。周时所谓"古",当然是指那被征服的殷朝了。试以"章甫之冠"证之。《士冠礼记》云:

> 章甫,殷道也。

《礼记·儒行》篇记孔子对鲁哀公说:

> 丘少居鲁,衣逢掖之衣;长居宋,冠章甫之冠。丘闻之也:君子之学也博,其服也乡。丘不知儒服。

孔子的祖先是宋人,是殷王室的后裔,所以他临死时还自称为"殷人"(见《檀弓》)。他生在鲁国,生于殷人的家庭,长大时还回到他的故国去住过一个时期(《史记·孔子世家》不记他早年居宋的事。但《儒行》篇所说无作伪之动机,似可信)。他是有历史眼光的人,他懂得当时所谓"儒服"其实不过是他的民族和他的故国的服制。儒服只是殷服,所以他只承认那是他的"乡"服,而不是什么特别的儒服。

从儒服是殷服的线索上,我们可以大胆的推想:最初的儒都是殷人,都是殷的遗民,他们穿戴殷的古衣冠,习行殷的古礼。这是儒的第二个古义。

我们必须明白,殷商的文化的中心虽在今之河南,——周之宋卫(卫即殷字,古读殷如衣,郼韦古音皆如衣,即殷字)——而东部的齐鲁皆是殷文化所被,殷民族所居。《左传》(《晏子春秋》外篇同)昭公二十年,晏婴对齐侯说:"昔爽鸠氏始居此地,季萴因之,有逢伯陵因之,蒲姑氏因之。而后太公因之。"依《汉书·地理志》及杜预《左传注》,有逢伯陵是殷初诸侯,蒲姑氏(《汉书》作薄姑氏)是殷周之间的诸侯。鲁也是殷人旧地。《左传》昭公九年，周王使詹桓伯辞于晋曰："……及武王克商，蒲姑、商奄，吾东土也。"孔颖达《正义》引服虔曰："蒲姑，齐也；商奄，鲁也。"又定公四年，卫侯使祝佗私于苌弘曰："……昔武王克商，成王定之。……分鲁公以大路大旂，夏后氏之璜，封父之繁弱（大弓名），殷民六族——条氏，徐氏，萧氏，索氏，长勺氏，尾勺氏，——使帅其宗氏，辑其分族，将其类丑（丑，众也），以法则周公，用即命于周；是使之职事于鲁，以昭周公之明德；分之土田陪敦，祝宗卜史，备物典策，官司彝器，因商奄之民，命以伯禽，而封于少皞之虚。"这可见鲁的地是商奄旧地，而又有新徙来的殷民六族。所以鲁有许多殷人遗俗，如"亳社"之祀，屡见于《春秋》。傅斯年先生前几年作《周东封与殷遗民》（附录）一文，证明鲁"为殷遗民之国"。他说：

> 《春秋》及《左传》有所谓"亳社"者，是一件很重要的事。"亳社"屡见于《春秋经》。以那样一个简略的二百四十年间之"断烂朝报"，所记皆是戎祀会盟之大事，而亳社独占一位置，则亳社在鲁之重要可知。且《春秋》记"亳社（《公羊》作"蒲社"）灾"在哀公四年，去殷商之亡已六百余年（姑据《通鉴外纪》），……亳社犹有作用，是甚可注意之事实。且《左传》所记亳社，有两事尤关重要。哀七年，"以邾子益来，献于亳社"。……邾于殷为东夷，此等献俘，当与宋襄公"用鄫子于次睢之社，欲以属东夷"一样，周人诒殷鬼而已。又定六年，"阳虎又盟公及三桓于周社，盟国人于亳社"。这真清清楚楚指示我们：鲁之统治者是周人，而鲁之国民是殷人。殷亡六七百年后之情形尚如此！

傅先生此论，我认为是最有见地的论断。

从周初到春秋时代，都是殷文化与周文化对峙而没有完全同化的时代。最初是殷民族仇视那新平定殷朝的西来民族，所以有武庚的事件，在那事件之中，东部的薄姑与商奄都加入合作。《汉书·地理志》说：

> 齐地，……汤时有逢公柏陵，殷末有薄姑氏，皆为诸侯，国此地。至周成王时，蒲姑氏与四国共作乱，成王灭之，以封师尚父，是为太公（《史记·周本纪》也说："东伐淮夷，残奄，迁其君薄姑。"《书序》云："成王既践奄，将迁其君于薄姑。周公告召公，作《将蒲姑》。"但皆无灭蒲姑以封太公的事）。

《史记》的《周本纪》与《齐太公世家》都说太公封于齐是武王时的事。《汉书》明白的抛弃那种旧说，另说太公封齐是在成王时四国乱平之后。现在看来，《汉书》所说，似近于事实。不但太公封齐在四国乱后；伯禽封鲁也应该在周公东征四国之后。"四国"之说，向来不一致：《诗毛传》以管，蔡，商，奄为四国；孔颖达《左传正义》说杜注的"四国"为管，蔡，禄父（武庚），商奄。《尚书·多方》开端即云：

> 惟五月丁亥，王来自奄，至于宗周。周公曰："王若曰：猷告尔四国多方：惟尔殷侯尹民，……"

此时武庚、管、蔡已灭，然而还用"四国"之名，可见管、蔡、武庚不在"四国"之内。"四国"似是指东方的四个殷旧部，其一为殷本部，其二为商奄（奄有大义，"商奄"犹言"大商"，犹如说"大罗马""大希腊"），其三为薄姑，其四不能确定，也许即是"徐方"。此皆殷文化所被之地。薄姑灭，始有齐国；商奄灭，始有鲁国。而殷本部分为二：其一为宋，承殷之后，为殷文化的直接继承者；其一为卫，封给康叔，是新朝用来监视那残存的宋国的。此外周公还在洛建立了一个成周重镇。

我们现在读《大诰》《多士》《多方》《康诰》《酒诰》《费誓》等篇，我们不能不感觉到当时的最大问题是镇抚殷民的问题。在今文《尚书》二十九篇中，这个问题要占三分之一的篇幅（《书序》百篇之中，有《将蒲姑》，又有《亳姑》）。其问题之严重，可以想见。看现在的零碎材料，我们可以看出两个步骤：第一步是倒殷之后，还立武庚，又承认东部之殷旧国。第二步是武庚四国叛乱之后，周室的领袖决心用武力东征，灭殷四国，建立了太公的齐国，周公的鲁国。同时又在殷虚建立了卫国，在洛建立了新洛邑。然而周室终不能不保留一个宋国，大概还是承认那个殷民问题的严重性，所以不能不在周室宗亲（卫与鲁）、外戚（齐）的包围监视之下保存一个殷民族文化的故国。

所以在周初几百年之间，东部中国的社会形势是一个周民族成了统治阶级，镇压着一个下层被征服被统治的殷民族。傅斯年先生说"鲁之统治者是周人，而鲁之国民是殷人"（引见上文）。这个论断可以适用于东土全部。这形势颇像后世东胡民族征服了中国，也颇像北欧的民族征服了罗马帝国。以文化论，那新起的周民族自然比不上那东方文化久远的殷民族，所以周室的领袖在那开国的时候也不能不尊重那殷商文化。《康诰》最能表示这个态度：

> 王曰，呜呼，封，汝念哉！……往敷求于殷先哲王，用保乂民。汝丕远惟商耈成人，宅心知训。……

同时为政治上谋安定，也不能不随顺着当地人民的文化习惯。
《康诰》说：

> 汝陈时臬司，师兹殷罚有伦。……
>
> 汝陈时臬事，罚蔽殷彝，用其义刑义杀。

此可证《左传》定公四年祝佗说的话是合于历史事实的。祝佗说
成王分封鲁与卫，"皆启以商政，疆以周索"；而他封唐叔于夏
虚，则"启以夏政，疆以戎索"。（杜注："皆，鲁卫也。启，开
也。居殷故地，因其风俗，开用其政。疆理土地以周法。索，法
也。"）但统治者终是统治者，他们自有他们的文化习惯，不屑
模仿那被征服的民族的文化。况且新兴的民族看见那老民族的灭
亡往往由于文化上有某种不适于生存的坏习惯，所以他们往往看
不起征服民族的风俗。《酒诰》一篇便是好例：

> 王曰，封，我西土……尚克用文王教，不腆于酒，故我
> 至于今，克受殷之命。

这是明白的自夸西土民族的胜利是因为没有堕落的习惯。再看
他说：

> 古人有言曰："人无于水监，当于民监。"今惟殷坠厥
> 命，我其可不大监抚于时。

这就是说：我们不要学那亡国民族的坏榜样！但最可注意的是
《酒诰》的末段对于周的官吏，有犯酒禁的，须用严刑：

> 汝勿佚，尽执拘以归于周，予其杀。

但殷之旧人可以不必如此严厉办理：

> 又惟殷之迪诸臣惟工，乃涵于酒，勿庸杀之，姑惟教之。

在这处罚的歧异里，我们可以窥见那统治民族一面轻视又一面放任那被征服民族的心理。

但殷民族在东土有了好几百年的历史，人数是很多的；虽没有政治势力，他们的文化的潜势力是不可侮视的。孔子说过：

> 周因于殷礼，所损益可知也。

这是几百年后一个有历史眼光的人的估计，可见周朝的统治者虽有"所损益"，大体上也还是因袭了殷商的制度文物。这就是说，"殪戎殷"之后，几百年之中，殷商民族文化终久逐渐征服了那人数较少的西土民族。

殷、周两民族的逐渐同化，其中自然有自觉的方式，也有不自觉的方式。不自觉的同化是两种民族文化长期接触的自然结果，一切民族都难逃免，我们不用说他。那自觉的同化，依我们看来，与"儒"的一个阶级或职业很有重大的关系。

在那个天翻地覆的亡国大变之后，昔日的统治阶级沦落作了俘虏，作了奴隶，作了受治的平民。《左传》里祝佗说：

> 分鲁公以……殷民六族——条氏，徐氏，萧氏，索氏，长勺氏，尾勺氏，——使帅其宗氏，辑其分族，将其类丑，以法则周公，用即命于周；是使之职事于鲁，以昭周公之明德。分之土田陪敦，祝宗卜史，备物典策，官司彝器。……分康叔以……殷民七族——陶氏，施氏，繁氏，锜氏，樊氏，饥氏，终葵氏。

这是殷商亡国时的惨状的追述。这十几族都有宗氏，都有分族类丑,自然是胜国的贵族了;如今他们都被分给那些新诸侯去"职事"于鲁卫,——这就是去做臣仆。那些分封的彝器是战胜者的俘获品,那些"祝宗卜史"是亡国的俘虏。那战胜的统治者吩咐他们道:

> 多士,昔朕来自奄,予大降尔四国民命。我乃明致天罚,移尔遐逖,比事臣我宗,多逊!……今予惟不尔杀,……亦惟尔多士攸服奔走臣我多逊,尔乃尚有尔土,尔乃尚宁干止。尔克敬,天惟畀矜尔。尔不克敬,尔不啻不有尔土,予亦致天之罚于尔躬!(《多士》;参看《多方》)

这是何等严厉的告诫奴虏的训词!这种奴虏的生活是可以想见的了。

但我们知道,希腊的智识分子做了罗马战胜者的奴隶,往往从奴隶里爬出来做他们的主人的书记或家庭教师。北欧的野蛮民族打倒了罗马帝国之后,终于被罗马天主教的长袍教士征服了,倒过来做了他们的徒弟。殷商的智识分子,——王朝的贞人,太祝,太史,以及贵族的多士,——在那新得政的西周民族之下,过的生活虽然是惨痛的奴虏生活,然而有一件事是殷民族的团结力的中心,也就是他们后来终久征服那战胜者的武器,——那就是殷人的宗教。

我们看殷虚(安阳)出土的遗物与文字,可以明白殷人的文化是一种宗教的文化。这个宗教根本上是一种祖先教。祖先的祭祀在他们的宗教里占一个很重要的地位。丧礼也是一个重要部分(详下)。此外,他们似乎极端相信占卜:大事小事都用卜来决定。如果《鸿范》是一部可信的书,那么,占卜之法到了殷商的末期已起了大改变,用龟卜和用兽骨卜之法之外,还有用蓍草的筮法，与卜并用。

这种宗教需用一批有特别训练的人。卜筮需用"卜筮人"；祭祀需用祝官；丧礼需用相礼的专家。在殷商盛时，祝宗卜史自有专家。亡国之后，这些有专门知识的人往往沦为奴虏，或散在民间。因为他们是有专门的知识技能的，故往往能靠他们的专长换得衣食之资。他们在殷人社会里，仍旧受人民的崇敬；而统治的阶级，为了要安定民众，也许还为了他们自己也需要这种有知识技能的人，所以只须那些"多士攸服奔走臣我多逊"，也就不去过分摧残他们。这一些人和他们的子孙，就在那几百年之中，自成了一个特殊阶级。他们不是那新朝的"士"；"士"是一种能执干戈以卫社稷的武士阶级，是新朝统治阶级的下层。他们只是"儒"。他们负背着保存故国文化的遗风，故在那几百年社会骤变，民族混合同化的形势之中，他们独能继续保存殷商的古衣冠，——也许还继续保存了殷商的古文字言语。（上文引的《墨子·公孟》篇与《非儒》篇，都有"古言服"的话。我们现在还不明白殷、周民族在语言文字上有多大的区别。）在他们自己民族的眼里，他们是"殷礼"（殷的宗教文化）的保存者与宣教师。在西周民族的眼里，他们是社会上多材艺的人，是贵族阶级的有用的清客顾问，是多数民众的安慰者。他们虽然不是新朝的"士"，但在那成周、宋、卫、齐、鲁诸国的绝大多数的民众之中，他们要算是最高等的一个阶级了。所以他们和"士"阶级最接近，西周统治阶级也就往往用"士"的名称来泛称他们。《多士》篇开端就说：

惟三月，周公初于新邑洛，用告商王士。

王若曰：尔殷遗多士！……

157

下文又说：

> 王若曰：尔殷多士！……
>
> 王曰：告尔殷多士！

《多方》篇有一处竟是把"殷多士"特别分开来了：

> 王曰：呜呼，猷告尔有方多士，暨殷多士。

《大雅·文王》之诗更可以注意。此诗先说周士：

> 陈锡哉周，侯（维）文王孙子。文王孙子，本支百世。
> 凡周之士，不显亦世。世之不显，厥犹翼翼。思皇多士，生
> 此王国。王国克生，维周之桢。济济多士，文王以宁。

次说殷士：

> 商之孙子，其丽不亿。上帝既命，侯（维）于周服。侯
> 服于周，天命靡常。
>
> 殷士肤敏，裸将于京。厥作裸将，常服黼冔。王之荩
> 臣，无念尔祖。

前面说的是新朝的士，是"文王孙子，本支百世"。后面说的是
亡国的士，是臣服于周的殷士。看那些漂亮的，手腕敏捷的殷
士，在那王朝大祭礼里，穿戴着殷人的黼冔，（《士冠礼记》：
"周弁，殷冔，夏收。"）捧着鬯酒，替主人送酒灌尸。这真是
一幕"青衣行酒"的亡国惨剧了！（《毛传》以"殷士"为"殷
侯"，殊无根据。《士冠礼记》所谓"殷冔"，自是士冠。）

大概周士是统治阶级的最下层，而殷士是受治遗民的最上
层。一般普通殷民，自然仍旧过他们的农工商的生活，如《多

方》说的"宅尔宅，畎尔田"。《左传》昭十六年郑国子产说，"昔我先君桓公与商人皆出自周，庸次比偶，以艾杀此地，斩之蓬蒿藜藋，而共处之。世有盟誓，以相信也，曰：'尔无我叛，我无强贾，毋或匄夺；尔有利市宝贿，我勿与知。'恃此质誓，故能相保，以至于今"。徐中舒先生曾根据此段文字，说："此'商人'即殷人之后而为商贾者。"又说，"商贾之名，疑即由殷人而起。"（《国学论丛》一卷一号，页一一一）此说似甚有理。"商"之名起于殷贾，正如"儒"之名起于殷士。此种遗民的士，古服古言，自成一个特殊阶级；他们那种长袍大帽的酸样子，又都是彬彬知礼的亡国遗民，习惯了"犯而不校"的不抵抗主义，所以得着了"儒"的浑名。儒是柔懦之人，不但指那逢衣博带的文绉绉的样子，还指那亡国遗民忍辱负重的柔道人生观。（傅斯年先生疑心"儒"是古代一个阶级的类名，亡国之后始沦为寒士，渐渐得着柔懦的意义。此说亦有理，但此时尚未有历史证据可以证明"儒"为古阶级。）

柔逊为殷人在亡国状态下养成的一种遗风，与基督教不抵抗的训条出于亡国的犹太民族的哲人耶稣，似有同样的历史原因。《左传》昭公七年所记孔子的远祖正考父的鼎铭，虽然是宋国的三朝佐命大臣的话，已是很可惊异的柔道的人生观了。正考父曾"佐戴、武、宣"三朝；据《史记·十二诸侯年表》，宋戴公元年当周宣王二十九年（前799），武公元年当平王六年（前765），宣公元年当平王二十四年（前747）。他是西历前八世纪前半的人，离周初已有三百多年了。他的鼎铭说：

> 一命而偻，再命而伛，三命而俯，循墙而走，亦莫余敢侮。饘于是，鬻于是，以糊余口。

这是殷民族的一个伟大领袖的教训。儒之古训为柔，岂是偶然的吗？

不但柔道的人生观是殷士的遗风，儒的宗教也全是"殷礼"。试举三年之丧的制度作一个重要的例证。十几年前，我曾说三年之丧是儒家所创，并非古礼；当时我曾举三证：

（1）《墨子·非儒》篇说儒者之礼曰："丧父母三年。……"此明说三年之丧是儒者之礼。

（2）《论语》记宰我说三年之丧太久了，一年已够了。孔子弟子中尚有人不认此制合礼，可见此非当时通行之俗。

（3）孟子劝滕世子行三年之丧，滕国的父兄百官皆不愿意，说道："吾宗国鲁先君莫之行，吾先君亦莫之行也。"鲁为周公之国，尚不曾行过三年之丧。（《中国哲学史大纲》上，页一三二）

我在五六年前还信此说，所以在《三年丧服的逐渐推行》（《武汉大学文哲季刊》第一卷二号）一篇里，我还说"三年之丧只是儒家的创制"。我那个看法，有一个大漏洞，就是不能解释孔子对宰我说的

夫三年之丧，天下之通丧也。

如果孔子不说诳，那就是滕国父兄百官扯谎了。如果"鲁先君莫之行"，如果滕国"先君亦莫之行"，那么，孔子如何可说这是"天下之通丧"呢？难道是孔子扯了谎来传教吗？

傅斯年先生前几年作《周东封与殷遗民》，他替我解决了这个矛盾。他说：

孔子之"天下"，大约即是齐、鲁、宋、卫，不能甚大。……三年之丧，在东国，在民间，有相当之通行性，盖殷之遗礼，而非周之制度。当时的"君子（即统治者）三年不为礼，礼必坏；三年不为乐，乐必崩"，而士及其相近之阶级则渊源有自，"齐以殷政"者也。试看关于大孝，三年之丧，及丧后三年不做事之代表人物，如太甲，高宗，孝己，皆是殷人。而"君薨，百官总己以听于冢宰者三年"，全不见于周人之记载。

傅先生的说法，我完全可以接受，因为他的确解答了我的困难。我从前说的话，有一部分是不错的，因为三年之丧确是"儒"的礼；但我因为滕鲁先君不行三年丧制，就不信"天下之通丧"之说，就以为是儒家的创制，而不是古礼，那就错了。傅先生之说，一面可以相信滕鲁的统治阶级不曾行此礼，一面又可以说明此制行于那绝大多数的民众之中，说它是"天下之通丧"也不算是过分的宣传。

我可以替傅先生添一些证据。鲁僖公死在他的三十三年十一月乙巳（十二日），次年（文公元年）夏四月葬僖公，又次年（文公二年）冬"公子遂如齐纳币"，为文公聘妇。《左传》说，"礼也"。《公羊传》说，"讥丧娶也。娶在三年之外，则何讥乎丧娶？三年之内不图昏"。此可证鲁侯不行三年丧。此一事，《左传》认为"礼也"，杜预解说道："僖公丧终此年十一月，则纳币在十二月也。"然而文公死于十八年二月，次年正月"公子遂如齐逆女；三月，遂以夫人妇姜至自齐"。杜预注云："不讥丧娶者，不待贬责而自明也！"此更是鲁侯不行三年丧的铁证了。《左传》昭公十五年，

> 六月乙丑，王太子寿卒。
>
> 秋八月戊寅，王穆后崩。
>
> 十二月，晋荀跞如周葬穆后。籍谈为介。既葬，除丧，以文伯（荀跞）宴，樽以鲁壶。王曰，"伯氏，诸侯皆有以镇抚王室，晋独无有，何也？"……籍谈归，以告叔向，叔向曰，"王其不终乎？吾闻之，所乐必卒焉。今王乐忧。……王一岁而有三年之丧二焉。（杜注："天子绝期，唯服三年，故后虽期，通谓之三年。"）于是乎以丧宾宴，又求彝器，乐忧甚矣。……三年之丧，虽贵遂服，礼也。王虽弗遂，宴乐以早，亦非礼也"

这可证周王朝也不行三年丧制。《孟子》所记滕国父兄百官的话可算是已证实了。

周王朝不行此礼，鲁滕诸国也不行此礼，而孔子偏大胆的说，"三年之丧，天下之通丧也。"《论语》记子张问"书云，'高宗谅阴，三年不言'。何谓也？"孔子直对他说："何必高宗？古之人皆然。君薨，百官总己以听于冢宰，三年。"《檀弓》有这样一段：

> 子张之丧，公明仪为志焉。褚幕，丹质，蚁结于四隅，殷士也。

孔子、子张都是殷人，在他们的眼里嘴里，"天下"只是那大多数的殷商民众，"古之人"也只是殷商的先王。这是他们的民族心理的自然表现，其中自然也不免带一点殷人自尊其宗教礼法的宣传意味。到了孟子，他竟说三年丧是"自天子达于庶人，三代共之"的了。到《礼记·三年问》的作者，他竟说三年丧"是百王之所同，古今之所壹也，未有知其所由来者也！"果然，越到了后来，越"未有知其所由来者也"，直到傅斯年先生方才揭破了这一个历史的谜！

三年之丧是"儒"的丧礼，但不是他们的创制，只是殷民族的丧礼，——正如儒衣儒冠不是他们的创制，只是殷民族的乡服。《孟子》记滕国的父兄百官反对三年之丧时，他们说：

> 且志曰，"丧祭从先祖，曰，吾有所受之也"。

这句话当然是古政治家息事宁人的绝好原则，最可以解释当时殷周民族各自有其丧祭制度的政治背景。统治阶级自有其周社，一般"国人"自有其亳社；前者自行其"既葬除服"的丧制，后者自行其"天下之通丧"。

三

我们现在要看看"儒"的生活是怎样的。

孔子以前，儒的生活是怎样的，我们无从知道了。但我疑心《周易》的"需"卦，似乎可以给我们一点线索。儒字从需，我疑心最初只有一个"需"字，后来始有从人的"儒"字。需卦之象为云上于天，为密云不雨之象，故有"需待"之意（《彖传》：需，须也）。《象传》说此卦象为"君子以饮食宴乐"。《序卦传》说："需者，饮食之道也。"《彖传》说：

> 需，须也，险在前也。刚健而不陷，其义不困穷矣。

程颐《易传》说此节云：

> 以险在于前，未可遽进，故需待而行也。以乾之刚健，
> 而能需待不轻动，故不陷于险，其义不至于困穷也。

这个卦好像是说一个受压迫的人，不能前进，只能待时而动，以免陷于危险；当他需待之时，别的事不能做，最好是自糊其口，故需为饮食之道。这就很像殷商民族亡国后的"儒"了。这一卦的六爻是这样的：

> 初九，需于郊，利用恒，无咎。
>
> 《象》曰："需于郊"，不犯难行也。"利用恒，无咎"，未失常也。
>
> 九二，需于沙，小有言，终吉。
>
> 《象》曰："需于沙"，衍（愆）在中也。虽"小有言"，以吉终也。
>
> 九三，需于泥，致寇至。
>
> 《象》曰："需于泥"，灾在外也。自我"致寇"，敬慎不败也。
>
> 九四，需于血，出自穴。
>
> 《象》曰："需于血"，顺以听也。
>
> 九五，需于酒食，贞吉。
>
> 《象》曰："酒食贞吉"，以中正也。
>
> 上六，入于穴，有不速之客三人来，敬之，终吉。
>
> 《象》曰："不速之客来，敬之，终吉"，虽不当位，未大失也。

这里的"需"，都可作一种人解；此种人的地位是很困难的，是有"险在前"的，是必须"刚健而不陷"的。儒在郊，完全是在

野的失势之人，必须忍耐自守，可以无咎。儒在沙，是自己站不稳的，所以说"衍（愆）在中也"。儒在泥，是陷在危险困难里了，有了外侮，只有敬慎，可以不败。儒在血，是冲突之象，他无力和人争，只好柔顺的出穴让人，故《象传》说为"顺以听也"。儒在酒食，是有饭吃了，是他最适宜的地位。他回到穴里去，也还有麻烦，他还得用敬慎的态度去应付。——"需"是"须待"之象，他必须能忍耐待时；时候到了，人家"须待"他了，彼此相"需"了，他就有饭吃了。

《周易》制作的时代，已不可考了。《系辞传》有两处试提出作《易》年代的推测：一处说：

> 《易》之兴也，其当殷之末世，周之盛德邪？当文王与纣之事邪？是故其辞危。危者使平，易者使倾。其道甚大，百物不废，惧以终始，其要无咎。此之谓《易》之道也。

又一处说：

> 《易》之兴也，其于中古乎？作《易》者其有忧患乎？是故"履"，德之基也；"谦"，德之柄也；"复"，德之本也；"恒"，德之固也；"损"，德之修也；"益"，德之裕也；"困"，德之辨也；"井"，德之地也；"巽"，德之制也。"履"和而至，"谦"尊而光，"复"小而辨于物，"恒"杂而不厌，"损"先难而后易，"益"长裕而不设，"困"穷而通，"井"居其所而不迁，"巽"称而隐。"履"以和行，"谦"以制礼，"复"以自知，"恒"以一德，"损"以远害，"益"以兴利，"困"以寡怨，"井"以辩义，"巽"以行权。

《易》卦爻辞已有"箕子之明夷"（《明夷》五爻），"王用享于岐山"（《升》四爻）的话，似乎不会是"文王与纣"的时代的作品。"文王囚居羑里而作《易》"的说法，也是更后起之说。《系辞》还是猜度的口气，可见得《系辞》以前尚没有文王作《易》的说法。《系辞》的推测作《易》年代，完全是根据于《易》的内容的一种很明显的人生观，就是"其辞危""惧以终始，其要无咎"。从第一卦的"君子终日乾乾夕惕若厉，无咎"，到第六十四卦的"有孚于饮酒，无咎"，全书处处表现一种忧危的人生观，教人戒惧修德，教人谦卑巽顺，其要归在于求"无咎"，在于"履虎尾不咥人"。《系辞》的作者认清了这一点，所以推测"作《易》者其有忧患乎？"这个观察是很有见地的。我们从这一点上也可以推测《易》的卦爻辞的制作大概在殷亡之后，殷民族受周民族的压迫最甚的一二百年中。书中称"帝乙归妹"（《泰》五爻），"高宗伐鬼方，三年克之"，更可见作者是殷人。所谓"周易"，原来是殷民族的卜筮书的一种。经过了一个不短的时期，方才成为一部比较最通用的筮书。《易》的六十四卦，每卦取自然界或人事界的一个现象为题，其中无甚深奥的哲理，而有一些生活常识的观察。"需"卦所说似是指一个受压迫的智识阶级，处在忧患险难的环境，待时而动，谋一个饮食之道。这就是"儒"。（"蒙"卦的初爻说："发蒙，利用刑人，用说〔脱〕桎梏以往，吝。"这里说的也很像希腊的俘虏在罗马贵族家里替他的主人教儿子的情形。）

孔子的时候，有"君子儒"，也有"小人儒"。我们先说"小人儒"的生活是怎样的。

《墨子·非儒》篇有一段描写当时的儒：

夫（夫即彼）繁饰礼乐以淫人，久丧伪哀以谩亲；立命缓贫而高浩居（毕沅据《孔子世家》，解浩居为傲倨），倍本弃事而安怠傲。贪于饮食，惰于作务，陷于饥寒，危于冻馁，无以违（避）之。是若人气，鼍鼠藏，而羝羊视，贲彘起（贲即奔字）君子笑之，怒曰，"散人焉知良儒！"

夫（彼）□□□□（孙诒让校，此处疑脱"春乞□□"四字），夏乞麦禾。五谷既收，大丧是随，子姓皆从，得厌饮食。毕治数丧，足以至□矣。因人之家赌（财）以为□，恃人之野以为尊。富人有丧，乃大说喜曰，"此衣食之端也！"

这虽然是一个反儒的宗派说的话，却也有儒家自己的旁证。《荀子·儒效》篇说：

逢衣浅（《韩诗外传》作博）带，解果其冠，（杨倞注引《说苑》淳于髡述"邻圃之祠田，祝曰，蟹螺者宜禾，污邪者百车"。"蟹螺盖高地也，今冠盖亦比之。"）略法先王而足乱世术；缪学杂举，不知法后王而壹制度，不知隆礼义而杀诗书。……呼先王以欺愚者，而求衣食焉。得委积足以掩其口，则扬扬如也。随其长子，事其便辟，举（王念孙云；举读为相与之与）其上客，偄然若终身之虏而不敢有他志。——是俗儒者也。

用战国晚期荀卿的话来比较墨子的话，我们可以相信，在春秋时期与战国时期之间，已有这种俗儒，大概就是孔子说的"小人儒"。

从这种描写上，我们可以看出他们的生活有几个要点：第一，他们是很贫穷的，往往"陷于饥寒，危于冻馁"；这是因为他们不务农，不作务，是一种不耕而食的寄生阶级。第二，他们颇受人轻视与嘲笑，因为他们的衣食须靠别人供给；然而他们自己倒还有一种倨傲的遗风，"立命，缓贫，而高浩居"，虽然贫穷，还不肯抛弃他们的寄食——甚至于乞食——的生活。第三，他们也有他们的职业，那是一种宗教的职业：他们熟悉礼乐，人家有丧祭大事，都得请教他们。因为人们必须请他们治丧相礼，所以他们虽然贫穷，却有相当崇高的社会地位。骂他们的可以说他们"因人之野以为尊"；他们自己却可以说是靠他们的知识做"衣食之端"。第四，他们自己是实行"久丧"之制的，而他们最重要的谋生技能是替人家"治丧"。他们正是那殷民族的祖先教的教士，这是儒的本业。

从这种"小人儒"的生活里，我们更可以明白"儒"的古义：儒是殷民族的教士，靠他们的宗教知识为衣食之端。

其实一切儒，无论君子儒与小人儒，品格尽管有高低，生活的路子是一样的。他们都靠他们的礼教的知识为衣食之端，他们都是殷民族的祖先教的教士，行的是殷礼，穿的是殷衣冠。在那殷周民族杂居已六七百年，文化的隔离已渐渐泯灭的时期，他们不仅仅是殷民族的教士，竟渐渐成了殷周民族共同需要的教师了。

《左传》昭公七年记孟僖子自恨不能相礼，"乃讲学之。苟能礼者，从之。"《左传》又说，孟僖子将死时，遗命要他的两个儿子何忌与说去跟着孔子"学礼焉以定其位"。孔子的职业是一个教师，他说：

> 自行束脩以上，吾未尝无诲焉。

束脩是十脡脯，是一种最薄的礼物。《檀弓》有"古之大夫，束脩之问不出竟"的话，可证束脩是赠礼。孔子有"博学""知礼"的名誉，又有"学而不厌，诲人不倦"的精神，故相传他的弟子有三千之多。这就是他的职业了。

孔子也很注重丧祭之礼，他作中都宰时，曾定制用四寸之棺，五寸之椁（见《檀弓》有若的话）。他承认三年之丧为"天下之通丧"，又建立三年之丧的理论，说这是因为"子生三年然后免于父母之怀"（《论语》十七）。这都可表示他是殷民族的宗教的辩护者，正是"儒"的本色。《檀弓》记他临死之前七日，对他的弟子子贡说：

> 夏后氏殡于东阶之上，则犹在阼也。殷人殡于两楹之间，则与宾主夹之也。周人殡于西阶之上，则犹宾之也。而丘也，殷人也。予畴昔之夜，梦坐奠于两楹之间。夫明王不兴，而天下其孰能宗予？予殆将死也？

看他的口气，他不但自己临死还自认是殷人，并且还有"天下宗予"的教主思想（看下章）。

他和他的大弟子的生活，都是靠授徒与相礼两种职业。大概当时的礼俗，凡有丧事，必须请相礼的专家。《檀弓》说：

> 杜桥之母之丧，宫中无相，君子以为沽也（《七经考文》引古本足利本，有"君子"二字，他本皆无）。

"沽"是寒贱之意。当时周民族已与殷民族杂居了六百年，同化的程度已很深了，所以鲁国的大夫士族也传染到了注重丧礼的风气。有大丧的人家，孝子是应该"昏迷不复自知礼"了，所以必须有专家相导。这正是儒的"衣食之端"。杜桥之母之丧，竟不用"相"，就被当时的"君子"讥为寒伧了。

孔子为人相丧礼，见于《檀弓》（参看下文第六章引《曾子问》记孔子"从老聃助葬"）：

> 国昭子之母死，问于子张曰："葬及墓，男子妇人安位？"
> 子张曰："司徒敬子之丧，夫子相，男子西乡，妇人东乡。"

据《檀弓》，司徒敬子是卫国大夫。孔子在卫国，还为人相丧礼，我们可以推想他在鲁国也常有为人家相丧礼的事。[①]《檀弓》说：

> 孔子之故人曰原壤，其母死，夫子助之沐椁。原壤登木曰："久矣予之不托于音也。"歌曰：
> 狸首之斑然，
> 执女手之卷然。
> 夫子为弗闻也者而过之。从者曰，"子未可以已乎？"夫子曰："丘闻之，亲者毋失其为亲也，故者毋失其为故也。"

这一个不守礼法的朋友好像不很欢迎孔二先生的帮忙；但他顾念故人，还要去帮他治椁。

他的弟子为人家相礼，《檀弓》记载最多。上文引的国昭子家的母丧，即是子张为相。《檀弓》说：

> 有若之丧，悼公吊焉。子游摈，由左。

摈即是相。又说：

> 子蒲卒，哭者呼"灭！"子皋曰，"若是野哉！"哭者改之。

---

① 编者按："远流本"此处补有胡适按语："适按，伪书《家语》也采孔子相司徒敬子之丧的故事。"

170

这似是因为子皋相礼，所以他纠正主人之失。《檀弓》又记：

> 孔子之丧，公西赤为志焉。饰棺墙，置翣，设披，周
> 也。设崇，殷也。绸练设旐，夏也。

> 子张之丧，公明仪为志焉。褚幕丹质，蚁结于四隅，殷
> 士也。

按《士丧礼》的《既夕礼》，饰柩，设披，都用"商祝"为之。可见公西赤与公明仪为"志"，乃是执行《士丧礼》所说的"商祝"的职务（郑玄注，"志谓章识"。当参考《既夕礼》，可见郑注不确）。从此点上，可以推知当时的"儒"不但是"殷士"，其实又都是"商祝"。《墨子·非儒》篇写那些儒者靠为人治丧为衣食之端，此点必须和《檀弓》与《士丧礼》《既夕礼》合并起来看，我们方才可以明白。《士丧礼》与《既夕礼》（即《士丧礼》的下篇）使我们知道当时的丧礼须用"祝"，其职务最繁重。《士丧礼》二篇中明说用"商祝"凡十次，用"夏祝"凡五次，泛称"祝"凡二十二次。旧注以为泛称"祝"者都是"周祝"，其说甚无根据。细考此两篇，绝无用周祝之处；其泛称"祝"之处，有一处确指"夏祝"（"祝受巾巾之"），有两处确指"商祝"（"祝又受米，奠于贝北"；又下篇"祝降，与夏祝交于阶下"）。其他不明说夏与商之处，大概都是指"商祝"，因为此种土丧礼虽然偶有杂用夏、周礼俗之处，其根本的礼节仍是殷礼，故相礼的祝人当然以殷人为主。明白了当时丧礼里"商祝"的重要，我们才可以明白《檀弓》所记丧家的"相"，不仅是宾来吊时的"摈者"（《士丧礼》另有"摈者"），也不仅是指导礼节的顾问。其实还有那最繁重的"祝"的职务。因为这种职务最繁重，所以那些儒者可以靠此为"衣食之端"。

在《檀弓》里，我们已可以看见当孔子的大弟子的时代，丧礼已有了不少的争论。

（一）小敛之奠，子游曰，"于东方。"曾子曰，"于西方。"

（二）卫司徒敬子死，子夏吊焉，主人未小敛，绖而往。子游吊焉，主人既小敛，子游出，绖而反哭。子夏曰，"闻之也欤？"曰，"闻诸夫子：主人未改服，则不绖。"

（三）曾子袭裘而吊，子游裼裘而吊。曾子指子游而示人曰，"夫夫也，为习于礼者，如之何其裼裘而吊也！"主人既小敛，袒，括发，子游趋而出，袭裘带绖而入。曾子曰，"我过矣，我过矣；夫夫是也。"

（四）曾子吊于负夏，主人既祖，填池（郑注，填池当为奠彻，声之误也），推柩而反之，降妇人而后行礼。从者曰，"礼与？"曾子曰，"夫祖者，且也。且，胡为其不可以反宿也？"从者又问诸子游曰，"礼与？"子游曰，"饭于牖下，小敛于户内，大敛于阼，殡于客位，祖于庭，葬于墓，所以即远也。故丧事有进而无退。"

（五）公叔木有同母异父之昆弟死，问于子游，子游曰，"其大功乎？"狄仪有同母异父之昆弟死，问于子夏，子夏曰，"我未之前闻也。鲁人则为之齐衰。"狄仪行齐衰。今之齐衰，狄仪之问也。

我们读了这些争论，真不能不起"累寿不能尽其学，当年不能行其礼"的感想。我们同时又感觉这种仪节上的斤斤计较，颇不像孔子的学风。孔子自己是能了解"礼之本"的，他曾说：

礼，与其奢也，宁俭。丧，与其易也，宁戚（"易"

字旧说纷纭，朱子根据《孟子》"易其田畴"一句，训易为治，谓"节文习熟"）。

《论语》的记者似乎没有完全了解这两句话，所以文字不大清楚。但一位心粗胆大的子路却听懂了，他说：

> 吾闻诸夫子：丧礼，与其哀不足而礼有余也，不若礼不足而哀有余也。祭礼，与其敬不足而礼有余也，不若礼不足而敬有余也。（《檀弓》）

这才是孔子答林放问的"礼之本"。还有一位"堂堂乎"的子张也听懂了，他说：

> 士见危授命，见得思义，祭思敬，丧思哀，其可已矣。（《论语》十九）

"祭思敬，丧思哀"，也就是"礼之本"。我们看孔子对子路说："啜菽饮水尽其欢，斯之谓孝；敛手足形，还葬而无椁，称其财，斯之谓礼"（《檀弓》；同书里，孔子答子游问丧具，与此节同意）；又看他在卫国时，遇旧馆人之丧，"一哀而出涕"，就"脱骖而赙之"，——这都可见他老人家是能见其大的，不是拘泥仪文小节的。最可玩味的是《檀弓》记的这一件故事：

> 孔子在卫（也是一个殷文化的中心），有送葬者，而夫子观之，曰，"善哉！足以为法矣。……其往也如慕，其反也如疑。"子贡曰，"岂若速反而虞乎？"（既葬，"迎精而反，日中祭之于殡宫，以安之"为虞祭。）子曰，"小子识之，我未之能行也。"

孔子叹赏那人的态度，而他的弟子只能计较仪节的形式。所以他那些大弟子，都是"习于礼者"，只能在那些达官富人的丧事里，指手画脚的评量礼节，较量袭裘与裼裘的得失，辩论小敛之奠应在东方或在西方。《檀弓》所记，已够使人厌倦，使人失望，使人感觉孔子的门风真是及身而绝了！

我们读了这种记载，可以想像那些儒者的背景。孔子和这班大弟子本来都是殷儒商祝，孔子只是那个职业里出来的一个有远见的领袖，而他的弟子仍多是那个治丧相礼的职业中人，他们是不能完全跳出那种"因人之野以为尊"的风气之外的。孔子尽管教训他们：

> 女为君子儒，毋为小人儒。

但"君子""小人"的界限是很难画分的。他们既须靠治丧相礼为"衣食之端"，就往往不能讲气节了。如齐国国昭子之母之丧，他问子张：

> 丧及墓，男子妇人安位？

子张说：

> 司徒敬子之丧，夫子相，男子西乡，妇人东乡。

可是主人不赞成这个办法，他说：

> 噫，毋曰我丧也斯沾。（此句郑玄读："噫，毋！曰我丧也斯沾。"说曰："噫，不痛之声。毋者，禁止之辞。斯，尽也。沾读曰觇。觇，视也。国昭子自谓齐之大家，有事人尽视之。"陈澔从郑说。郝敬与姚际恒读"我丧也斯沾尔专

之"为一句，释"沾尔"为沾沾尔，见杭大宗《续礼记集
说》。我不能赞成旧说，改拟如此读法。他好像是说："噫，
别叫人说咱家的丧事那么贫样！"沾当是"沽"的小误。《檀
弓》说："杜桥之母之丧，宫中无相，君子以为沽也。"）尔
专之。宾为宾焉，主为主焉。妇人从男子，皆西乡。

主人要那么办，"夫子"的大帽子也压不住，那位"堂堂乎张
也"也就没有法子，只好依着他去做了。其实这班大儒自己也实
在有招人轻侮之道。《檀弓》又记着一件很有趣的故事：

> 季孙之母死，哀公吊焉。曾子与子贡吊焉。阍人为君
> 在，弗内也。曾子与子贡入于其厩而修容焉。子贡先入，阍
> 人曰，"乡者已告矣"。曾子后入，阍人辟之。涉内溜，卿
> 大夫皆辟位，公降一等而揖之。——君子言之曰："尽饰之
> 道，斯其行者远矣。"

季孙为当时鲁国的最有权力的人，他的母丧真可说是"大丧"
了。这两位大儒巴巴的赶来，不料因国君在内，阍人不让他们进
去，他们就进季孙的马厩里去修容；子贡修饰好了，还瞒不过阍
人，不得进去；曾子装饰得更好，阍人不敢拦他，居然混进去
了。里面的国君与大夫，看见此时有吊客进来，料想必是尊客，
都起来致敬，国君还降一等揖客。谁想这不过是两位改装的儒者
赶来帮主人治丧相礼的呵！我们看了这种圣门的记载，再回想
《墨子·非儒》篇描写的"五谷既收，大丧是随，子姓皆从，得
厌饮食""富人有丧，乃大说喜"的情形，我们真不能不感觉到
"君子儒"与"小人儒"的区别是很微细的了！

　　以上记"儒"的生活，我们只用那些我们认为最可信的史

料。有意毁谤儒者，而描写不近情理的材料，如《庄子》记"大儒以诗礼发冢"的文字，我们不愿意引用。如果还有人觉得我在上文描写"儒"的生活有点近于有心毁谤孔门圣贤，那么，我只好请他平心静气想想孔子自己说他的生活：

> 出则事公卿，入则事父兄；丧事不敢不勉，不为酒困，
> ——何有于我哉？（《论语》九）

在这里，我们可以看见一个"儒"的生活的概略。纵酒是殷民族的恶习惯（参看前章引《酒诰》一段），《论语》里写孔子"不为酒困""唯酒无量，不及乱"，还可见酗酒在当时还是一个社会问题。"丧事不敢不勉"，是"儒"的职业生活。"出则事公卿"，也是那个不学稼圃的寄生阶级的一方面。

四

在前三章里，我们说明了"儒"的来历。儒是殷民族的礼教的教士，他们在很困难的政治状态之下，继续保存着殷人的宗教典礼，继续穿戴着殷人的衣冠。他们是殷人的教士，在六七百年中渐渐变成了绝大多数人民的教师。他们的职业还是治丧，相礼，教学；但他们的礼教已渐渐行到统治阶级里了，他们的来学弟子，已有周鲁公族的子弟了（如孟孙何忌，南宫适）；向他们问礼的，不但有各国的权臣，还有齐鲁卫的国君了。

这才是那个广义的"儒"。儒是一个古宗教的教师，治丧相礼之外，他们还要做其他的宗教职务。《论语》记孔子的生活，有一条说：

乡人傩，"孔子"朝服而立于阼阶。

傩是赶鬼的仪式。《檀弓》说：

> 岁旱，穆公召县子而问焉，曰，"天久不雨，吾欲暴尫
> 而奚若？"曰，"天久不雨而暴人之疾子，毋乃不可与？""然
> 则吾欲暴巫而奚若？"曰，"天则不雨而望之愚妇人，于以
> 求之，毋乃已疏乎？""徙市则奚若？"曰，"天子崩，巷市
> 七日。诸侯薨，巷市三日。为之徙市，不亦可乎？"

县子见于《檀弓》凡六次，有一次他批评子游道："汰哉叔氏，专以礼许人！"这可见县子大概也是孔子的一个大弟子。（《史记·仲尼弟子传》有县成，字子祺。《檀弓》称县子琐）。天久不雨，国君也得请教于儒者。这可见当时的儒者是各种方面的教师与顾问。丧礼是他们的专门，乐舞是他们的长技，教学是他们的职业，而乡人打鬼，国君求雨，他们也都有事，——他们真得要无所不知无所不能的了。《论语》记达巷党人称孔子"博学而无所成名"，孔子对他的弟子说：

> 吾何执？执御乎？执射乎？吾执御矣。

《论语》又记：

> 大宰问于子贡曰，"夫子圣者欤？何其多能也？"子贡
> 曰，"固天纵之将圣，又多能也"。子闻之曰，"大宰知我
> 乎？吾少也贱，故多能鄙事。君子多乎哉？不多也"。

儒的职业需要博学多能，故广义的"儒"为术士的通称。

但这个广义的，来源甚古的"儒"，怎样变成了孔门学者

的私名呢？这固然是孔子个人的伟大成绩，其中也有很重要的历史的原因。孔子是儒的中兴领袖，而不是儒教的创始者。儒教的伸展是殷亡以后五六百年的一个伟大的历史趋势；孔子只是这个历史趋势的最伟大的代表者，他的成绩也只是这个五六百年的历史运动的一个庄严灿烂的成功。

这个历史运动是殷遗民的民族运动。殷商亡国之后，在那几百年中，人数是众多的，潜势力是很广大的，文化是继续存在的。但政治的势力都全在战胜的民族的手里，殷民族的政治中心只有一个包围在"诸姬"的重围里的宋国。宋国的处境是很困难的；我们看那前八世纪宋国一位三朝佐命的正考父的鼎铭："一命而偻，再命而伛，三命而俯，循墙而走，"这是何等的柔逊谦卑！宋国所以能久存，也许是靠这种祖传的柔道。周室东迁以后，东方多事，宋国渐渐抬头。到了前七世纪的中叶，齐桓公死后，齐国大乱，宋襄公邀诸侯的兵伐齐，纳齐孝公。这一件事成功（前642）之后，宋襄公就有了政治的大欲望，他想继承齐桓公之后作中国的盟主。他把滕子、婴齐捉了；又叫邾人把鄫子捉了，用鄫子来祭次睢之社，"欲以属东夷"。用人祭社，似是殷商旧俗。《左传》昭公十年，"季平子伐莒，取郠，献俘，始用人于亳社"。这样恢复一个野蛮的旧俗，都有取悦于民众的意思。宋襄公眼光注射在东方的殷商旧土，所以要恢复一个殷商宗教的陋俗来巴结东方民众。那时东方无霸国，无人与宋争长；他所虑者只有南方的楚国。果然，在盂之会，楚人捉了宋襄公去，后来又放了他。他还不觉悟，还想立武功，定霸业。泓之战（前638），楚人大败宋兵，宋襄公伤股，几乎做了第二次的俘虏。当泓之战之前，

　　大司马固谏（大司马是公子目夷，即子鱼。"固"是形容"谏"字的副词。杜预误解"固"为公孙固，《史记·宋世家》作子鱼谏，不误）曰："天之弃商久矣。君将兴之，弗可赦也已。"（杜预误读"弗可。赦也已。"此五字当作一句读。子鱼先反对襄公争盟。到了将战，他却主张给楚兵一个痛快的打击，故下文力主趁楚师未既济时击之。丁声树先生说"弗"字乃"不之"二字之合。此句所含"之"字，正指敌人。既要做中兴殷商的大事，这回不可放过敌人了。）

这里忽然提出复兴殷商的大问题来，可见宋襄公的野心正是一个复兴民族的运动。不幸他的"妇人之仁"使他错过机会；大败之后，他还要替自己辩护，说，

　　君子不重伤，不禽二毛。……寡人虽亡国之余，不鼓不成列。

"亡国之余"，这也可见殷商后人不忘亡国的惨痛。三百年后，宋君偃自立为宋王，东败齐，南败楚，西败魏，也是这点亡国遗憾的死灰复燃，也是一个民族复兴的运动。但不久也失败了。殷商民族的政治的复兴，终于无望了。

　　但在那殷商民族亡国后的几百年中，他们好像始终保存着民族复兴的梦想，渐渐养成了一个"救世圣人"的预言，这种预言是亡国民族里常有的，最有名的一个例子就是希伯来（犹太）民族的"弥赛亚"（Messiah）降生救世的悬记，后来引起了耶稣领导的大运动。这种悬记（佛书中所谓"悬记"，即预言）本来只是悬想一个未来的民族英雄起来领导那久受亡国苦痛的民众，做到那复兴民族的大事业。但年代久了，政治复兴的梦想终没有影

子，于是这种预言渐渐变换了内容，政治复兴的色彩渐渐变淡了，宗教或文化复兴的意味渐渐加浓了。犹太民族的"弥赛亚"原来是一个复兴英雄，后来却变成了一个救世的教主，这是一变；一个狭义的，民族的中兴领袖，后来却变成了一个救度全人类的大圣人，这一变更远大了。我们现在观察殷民族亡国后的历史，似乎他们也曾有过一个民族英雄复兴殷商的悬记，也曾有过一个圣人复起的预言。

我们试撇开一切旧说，来重读《商颂》的《玄鸟》篇：

> 天命玄鸟，降而生商，宅殷土芒芒。古帝命武汤，正域彼四方。
> 方命厥后，奄有九有。商之先后，受命不殆，在武丁孙子。
> 武丁孙子——武王靡不胜。龙旂十乘，大糦是承。
> 邦畿千里，维民所止。肇域彼四海，四海来假。
> 来假祁祁，景员维河。殷受命咸宜，百禄是何。

此诗旧说以为是祀高宗的诗。但旧说总无法解释诗中的"武丁孙子"。也不能解释那"武丁孙子"的"武王"。郑玄解作"高宗之孙子有武功有王德于天下者，无所不胜服"。朱熹说："武王，汤号，而其后世亦以自称也。言武丁孙子，今袭汤号者，其武无所不胜。"这是谁呢？殷自武丁以后，国力渐衰；史书所载，已无有一个无所不胜服的"武王"了。我看此诗乃是一种预言：先述那"正域彼四方"的武汤，次预言一个"肇域彼四海"的"武丁孙子——武王"。"大糦"旧说有二：《韩诗》说糦为"大祭"，郑玄训糦为"黍稷"，都是臆说（朱骏声《说文通训定声》误记《商颂·烈祖》有"大糦是承"，训黍稷；又《玄鸟》有"大糦是承"，《韩诗》训为大祭。其实《烈祖》无此句）。我以为"糦"字乃是"饎"字，即是"艰"字。艰字籀文作𩜁，字损为糦。《周书·大诰》，"有大艰于西土，西土人亦不静"。"大艰"即是大难。这个未来的"武王"能无所不胜，能用"十乘"的薄弱武力，而承担"大艰"；能从千里的邦畿而开国于四海。这就是殷民族悬想的中兴英雄。（郑玄释"十乘"为"二王后，八州之大国"，每国一乘，故为十乘！）

但世代久了，这个无所不胜的"武王"始终没有出现，宋襄公中兴殷商的梦是吹破的了。于是这个民族英雄的预言渐渐变成了一种救世圣人的预言。《左传》（昭公七年）记孟僖子将死时，召其大夫曰：

> 吾闻将有达者，曰孔丘，圣人之后也，而灭于宋。其祖弗父何以有宋而授厉公。及正考父佐戴武宣，三命兹益共，故其鼎铭云："一命而偻，再命而伛，三命而俯。循墙而走，亦莫敢余侮。饘于是，鬻于是，以糊余口。"其共也如是。臧孙纥有言曰："圣人有明德者，若不当世，其后必有达人。"今其将在孔丘乎？

孟僖子死在昭公二十四年（纪元前518），其时孔子已是三十四岁了。如果这种记载是可信的，那就可见鲁国的统治阶级那时已注意到孔子的声望，并且注意到他的家世；说他是"圣人之后"，并且说他是"圣人之后"的"达者"。孟僖子引臧孙纥的话，臧孙纥自己也是当时人称为"圣人"的，《左传》（襄公二十二年）说：

> 臧武仲雨过御叔，御叔在其邑将饮酒，曰，"焉用圣人！我将饮酒而已。雨行，何以圣为！"

臧孙纥去国出奔时，孔子只有两岁。他说的"圣人有明德者，若不当世，其后必有达人"，当然不是为孔丘说的，不过是一种泛论。但他这话也许是受了当时鲁国的殷民族中一种期待圣人出世的预言的暗示。这自然只是我的一个猜想；但孟僖子说，"吾闻将有达者曰孔丘"，这句话的涵义是说："我听外间传说，将要有一位达人起来，叫做孔丘。"这可见他听见了外间民众纷纷说到这个殷商后裔孔丘，是一位将兴的达者或圣人；这种传说当然与臧孙纥的预言无关，但看孟僖子的口气，好像民间已有把那个三十多岁的孔丘认做符合某种悬记的话，所以他想到那位不容于鲁国的圣人臧孙纥的悬记，说，"今其将在孔丘乎"？这就是说：这个预言要应在孔丘身上了。这就是说：民间已传说这个孔丘是一位将兴的达者了，臧孙纥也有过这样的话，现在要应验了。

所以我们可以假定，在那多数的东方殷民族之中，早已有一个"将有达者"的大预言。在这个预言的流行空气里，鲁国"圣人"臧孙纥也就有一种"圣人之后必有达者"的预言。我们可以猜想那个民间预言的形式大概是说："殷商亡国后五百年，有个大圣人出来。"我们试读《孟子》，就可以知道"五百年"不是我的瞎说。孟子在他离开齐国最不得意的时候，对他的弟子充虞说：

> 五百年必有王者兴，其间必有名世者。由周而来，七百有余岁矣。以其数则过矣；以其时考之则可矣。夫天未欲平治天下也。如欲平治天下，当今之世，舍我其谁也？（《公孙丑》下）

在这一段话里，我们可以看出"五百年必有王者兴"乃是古来一句流行的预言，所以孟子很诧异这个"五百年"的预言何以至今还不灵验。但他始终深信这句五百年的悬记。所以《孟子》最后一章又说：

> 由尧舜至于汤，五百有余岁。……由汤至于文王，五百有余岁。……由文王至于孔子，五百有余岁。……由孔子而来，至于今，百有余岁。去圣人之世若此其未远也，近圣人之居若此其甚也，然而无有乎尔，则亦无有乎尔！（《尽心》下）

这样的低徊追忆不是偶然的事，乃是一个伟大的民族传说几百年流行的结果。

孔子生于鲁襄公二十二年（前551），上距殷武庚的灭亡，已有五百多年。大概这个"五百年必有王者兴"的预言由来已久，所以宋襄公（泓之战在前638）正当殷亡后的第五世纪，他那复兴殷商的野心也正是那个预言之下的产儿。到了孔子出世的时代，那预言的五百年之期已过了几十年，殷民族的渴望正在最高度。这时期，忽然殷宋公孙的一个嫡系里出来了一个聪明睿知的少年，起于贫贱的环境里，而贫贱压不住他；生于"野合"的父母，甚至于他少年时还不知道其父的坟墓，然而他的多才多艺，使他居然战胜了一个当然很不好受的少年处境，使人们居然忘了他的出身，使他的乡人异口同声的赞叹他：

> 大哉孔子！博学而无所成名！

这样一个人，正因为他的出身特别微贱，所以人们特别惊异他的天才与学力之高，特别追想到他的先世遗泽的长久而伟大。所以当他少年时代，他已是民间人望所归了；民间已隐隐的，纷纷的传说："五百年必有圣者兴，今其将在孔丘乎！"甚至于鲁国的贵族权臣也在背后议论道："圣人之后，必有达者，今其将在孔丘乎！"

我们可以说，孔子壮年时，已被一般人认作那个应运而生的圣人了。这个假设可以解决《论语》里许多费解的谈话。如云：

> 子曰：天生德于予，桓魋其如予何？

如云：

> 子畏于匡，曰：文王既没，文不在兹乎？天之将丧斯文也，后死者不得与于斯文也。天之未丧斯文也，匡人其如予何？

如云：

> 子曰：凤鸟不至，河不出图，吾已矣夫！

这三段说话，我们平时都感觉难懂。但若如上文所说，孔子壮年以后在一般民众心目中已成了一个五百年应运而兴的圣人，这些话就都不难懂了。因为古来久有那个五百年必有圣者兴的悬记，因为孔子生当殷亡之后五百余年，因为他出于一个殷宋正考父的嫡系，因为他那出类拔萃的天才与学力早年就得民众的崇敬，就被人期许为那将兴的达者，——因为这些原故，孔子自己也就不能避免一种自许自任的心理。他是不满意于眼前社会政治的现状的，

> 斗筲之人，何足算也！

他是很有自信力的，

> 苟有用我者，期月而已可也，三年有成。

他对于整个的人类是有无限同情心的，

> 鸟兽不可与同群，吾非斯人之徒与，而谁与？天下有道，丘不与易也。

所以他也不能不高自期许，把那五百年的担子自己挑起来。他有了这样大的自信心，他觉得一切阻力都是不足畏惧的了："桓魋其如予何！""匡人其如予何！""公伯寮其如命何！"他虽不能上应殷商民族歌颂里那个"肇域彼四海"的"武王"，难道不能做一个中兴文化的"文王"吗！

　　凤鸟与河图的失望，更可以证明那个古来悬记的存在。那个"五百年必有王者兴"的传说当然不会是那样干净简单的，当然还带着许多幼稚的民族神话。"天命玄鸟，降而生商"，正是他的祖宗的"感生帝"的传说。凤鸟之至，河之出图，麒麟之来，大概都是那个五百年应运圣人的预言的一部分。民众当然深信这些；孔子虽然"不语怪力乱神"，但他也不能完全脱离一个时代的民族信仰。他到了晚年，也就不免有时起这样的怀疑：

> 凤鸟不至，河不出图，吾已矣夫！

"《春秋》绝笔于获麟"，这个传说，也应该作同样的解释。《公羊传》说：

> 有以告者曰，"有麇而角者。"孔子曰："孰为来哉！孰为来哉！"反袂拭面，涕沾袍。颜渊死，子曰，"噫，天丧予！"子路死，子曰，"噫，天祝予！"西狩获麟，孔子曰，"吾道穷矣！"

《史记》节取《左传》与《公羊传》，作这样的记载：

鲁哀公十四年春，狩大野，叔孙氏车子钮商获兽，以为不祥。仲尼视之，曰，"麟也"。取之。曰，"河不出图，雒不出书，吾已矣夫！"颜渊死，孔子曰，"天丧予！"及西狩见麟，曰，"吾道穷矣！"

孔子的谈话里时时显出他确有点相信他是受命于天的。"天生德于予""天之未丧斯文也""天丧予""下学而上达，知我者其天乎！"此等地方，若依宋儒"天即理也"的说法，无论如何讲不通。若用民俗学的常识来看此等话语，一切就都好懂了。《檀弓》记孔子将死的一段，也应该如此看法：

孔子蚤作，负手曳杖，消摇于门，歌曰：

泰山其颓乎？

梁木其坏乎？

哲人其萎乎？

既歌而入，当户而坐。子贡闻之，曰："泰山其颓，则吾将安仰？梁木其坏，哲人其萎，则吾将安放？夫子殆将病也。"遂趋而入。夫子曰："赐，尔来何迟也！夏后氏殡于东阶之上，则犹在阼也。殷人殡于两楹之间，则与宾主夹之也。周人殡于西阶之上，则犹宾之也。而丘也，殷人也。予畴昔之夜，梦坐奠于两楹之间。夫明王不兴，而天下其孰能宗予，予殆将死也。"盖寝疾七日而殁。

看他将死之前，明知道那"天下宗予"的梦想已不能实现了，他还自比于泰山梁木。在那"明王不兴，天下其孰能宗予"的慨叹里，我们还可以听见那"五百年必有王者兴"的古代悬记的尾声，还可以听见一位自信为应运而生的圣者的最后绝望的叹声。

同时，在这一段话里，我们也可以看见他的同时人，他的弟子，和后世的人对他的敬仰的一个来源。《论语》记那个仪封人说：

> 二三子何患于丧（丧是失位，是不得意）乎？天下之无道也久矣。天将以夫子为木铎。

《论语》又记一件很可玩味的故事：

> 南宫适问于孔子曰："羿善射，奡荡舟，俱不得其死焉。禹稷躬稼，而有天下。"孔子不答。南宫适出，子曰："君子哉若人！尚德哉若人！"

南宫适是孟僖子的儿子，是孔子的侄女婿。他问这话，隐隐的表示他对于某方面的一种想望。孔子虽不便答他，却很明白他的意思了。再看《论语》记子贡替孔子辩护的话：

> 仲尼，日月也。……人虽欲自绝，其何伤于日月乎？多见其不知量也。

> 夫子之不可及也，犹天之不可阶而升也。夫子之得邦家者，所谓立之斯立，道之斯行，绥之斯来，动之斯和；其生也荣，其死也哀：——如之何其可及也！

这是当时的人对他的崇敬。一百多年后，孟子追述宰我、子贡、有若赞颂孔子的话，宰我说：

> 以予观于夫子，贤于尧舜远矣！

子贡说：

> 见其礼而知其政，闻其乐而知其德，由百世之后，等百世之王，莫之能违也。自生民以来，未有夫子也。

有若说:

> 岂惟民哉？麒麟之于走兽，凤皇之于飞鸟，太山之于丘
> 垤，河海之于行潦，类也。圣人之于民，亦类也。出于其
> 类，拔乎其萃，自生民以来，未有盛于夫子也。

孟子自己也说:

> 自生民以来，未有孔子也。

后来所谓"素王"之说，在这些话里都可以寻出一些渊源线索。
孔子自己也曾说过:

> 文王既没，文不在兹乎？

这就是一个无冠帝王的气象。他自己担负起文王以来五百年的中
兴重担子来了，他的弟子也期望他像"禹、稷耕稼而有天下"，
说他"贤于尧舜远矣"，说他为生民以来所未有，这当然是一个
"素王"了。

孔子是一个热心想做一番功业的人，本来不甘心做一个"素
王"的。我们看他议论管仲的话:

> 管仲相桓公，霸诸侯，一匡天下，民到于今受其赐。微
> 管仲，吾其被发左衽矣。岂若匹夫匹妇之为谅也，自经于沟
> 渎而莫之知也？

这一段话最可以表示孔子的救世热肠，也最可以解释他一生栖栖
皇皇奔走四方的行为。《檀弓》记他的弟子有若的观察:

> 昔者夫子失鲁司寇，将之荆，盖先之以子夏，又申之以
> 冉有。以斯知不欲速贫也。

《论语》里有许多同样的记载：

> 子欲居九夷。或曰，"陋，如之何？"子曰，"君子居
> 之，何陋之有？"
>
> 子曰，"道不行，乘桴浮于海，从我者其由欤？"

《论语》里记着两件事，曾引起最多的误解。一件是公山弗扰召孔子的事：

> 公山弗扰以费叛，召，子欲往。子路不说，曰，"末
> 之也已，何必公山氏之之也？"子曰："夫召我者，而岂徒哉？
> 如有用我者，吾其为东周乎？"

一件是佛肸召孔子的事：

> 佛肸召，子欲往。子路曰："昔者由也闻诸夫子曰：
> '亲于其身为不善者，君子不入也。'佛肸以中牟畔（佛肸
> 是晋国赵简子的中牟邑宰，据中牟以叛），子之往也，如之
> 何？"子曰："然，有是言也。不曰坚乎，磨而不磷？不曰
> 白乎，涅而不缁？吾岂匏瓜也哉？焉能系而不食？"

后世儒者用后世的眼光来评量这两件事，总觉得孔子决不会这样看重两个反叛的家臣，决不会这样热中。疑此两事的人，如崔述（《洙泗考信录》卷二），根本不信此种记载为《论语》所有的；那些不敢怀疑《论语》的人，如孔颖达（《论语正义》十七），如程颐、张栻（引见朱熹《论语集注》九），都只能委曲解说孔子的动机。其实孔子的动机不过是赞成一个也许可以尝试有为的机会。从事业上看，"吾其为东周乎？"这就是说，也许我可以造成一个"东方的周帝国"哩。从个人的感慨上说，"吾岂匏瓜

也哉？焉能系而不食？"这就是说，我是想做事的，我不能像那串葫芦，挂在那儿摆样子，可是不中吃的。这都是很近情理的感想，用不着什么解释的。（王安石有《中牟》诗："颍城百雉拥高秋。驱马临风想圣丘。此道门人多未悟，尔来千载判悠悠。"）

他到了晚年，也有时感慨他的壮志的消磨。最动人的是他的自述：

> 甚矣吾衰也！久矣吾不复梦见周公！

这寥寥两句话里，我们可以听见一个"烈士暮年，壮心未已"的长叹。周公是周帝国的一个最伟大的创始者，东方的征服可说全是周公的大功。孔子想造成的"东周"，不是那平王以后的"东周"（这个"东周"乃是史家所用名称，当时无用此名的），乃是周公平定四国后造成的东方周帝国。但这个伟大的梦终没有实现的机会，孔子临死时还说：

> 夫明王不兴，而天下其孰能宗予，予殆将死也？

不做周公而仅仅做一个"素王"，是孔子自己不能认为满意的，但"五百年必有王者兴"的悬记终于这样不满意的应在他的身上了。

犹太民族亡国后的预言，也曾期望一个民族英雄出来，"做万民的君王和司令"（《以赛亚书》五五章，四节），"使雅各众复兴，使以色列之中得保全的人民能归回，——这还是小事，——还要作外邦人的光，推行我（耶和华）的救恩，直到地的尽头"（同书，四九章，六节）。但到了后来，大卫的子孙里出了一个耶稣，他的聪明仁爱得了民众的推戴，民众认他是古代先知预言的"弥赛亚"，称他为"犹太人的王"。后来他被拘捕了，罗马帝国的兵"给他脱了衣服，穿上一件朱红色袍子，用荆棘编作冠冕，戴在他头上，拿一根苇子放在他右手里；他们跪在他面前，戏弄他说：'恭喜犹太人的王阿！'"戏弄过了，他们带他出去，把他钉死在十字架上。犹太人的王"使雅各众复兴，使以色列归回"的梦想，就这样吹散了。但那个钉死在十字架上的殉道者，死了又"复活"了："好像一粒芥菜子，这原是种子里最小的，等到长起来，却比各样菜都大，且成了一株树，天上的飞鸟来宿在他的枝上。"他真成了"外邦人的光，直到地的尽头"。

孔子的故事也很像这样的。殷商民族亡国以后，也曾期望"武丁孙子"里有一个无所不胜的"武王"起来，"大糦是承""肇域彼四海"。后来这个希望渐渐形成了一个"五百年必有王者兴"的悬记，引起了宋襄公复兴殷商的野心。这一次民族复兴的运动失败之后，那个伟大的民族仍旧把他们的希望继续寄托在一个将兴的圣王身上。果然，亡国后的第六世纪里，起来了一个伟大的"学而不厌，诲人不倦"的圣人。这一个伟大的人不久就得着了许多人的崇敬，他们认他是他们所期待的圣人；就是和他不同族的鲁国统治阶级里，也有人承认那个圣人将兴的预言要应在这个人身上。和他接近的人，仰望他如同仰望日月一样；相信他若得着机会，他一定能"立之斯立，道之斯行，绥之斯来，动之斯和"。他自己也明白人们对他的期望，也以泰山梁木自待，自信"天生德于予"，自许要作文王、周公的功业。到他临死时，他还做梦"坐奠于两楹之间"。他抱着"天下其孰能宗予"的遗憾死了，但他死了也"复活"了："人能弘道，非道弘人"，他打破了殷周文化的藩篱，打通了殷周民族的畛域，把那含有部落性的"儒"抬高了，放大了，重新建立在六百年殷周民族共同生活的新基础之上：他做了那中兴的"儒"的不祧的宗主；他也成了

"外邦人的光""声名洋溢乎中国，施及蛮貊，舟车所至，人力所通，……凡有血气者莫不尊亲。"

五

孔子所以能中兴那五六百年来受人轻视的"儒"，是因为他认清了那六百年殷周民族杂居，文化逐渐混合的趋势，他知道那个富有部落性的殷遗民的"儒"是无法能拒绝那六百年来统治中国的周文化的了，所以他大胆的冲破那民族的界限，大胆的宣言："吾从周！"他说：

> 夏礼，吾能言之，杞不足征也。殷礼，吾能言之，宋不足征也。文献不足故也。足，则吾能征之矣。

这就是说，夏殷两个故国的文化虽然都还有部分的保存，——例如《士丧礼》里的夏祝商祝，——然而民族杂居太长久了，后起的统治势力的文化渐渐湮没了亡国民族的老文化，甚至于连那两个老文化的政治中心，杞与宋，都不能继续保存他们的文献了。杞国的史料现在已无可考。就拿宋国来看，宋国在那姬周诸国包围之中，早就显出被周文化同化的倾向来了。最明显的例子是谥法的采用。殷人无谥法，《檀弓》说：

> 幼名，冠字，五十以伯仲，死谥，周道也。

今考《宋世家》，微子启传其弟微仲，微仲传子稽，稽传丁公申，丁公申传湣公共，共传弟炀公熙，湣公子鲋弑炀公而自立，是为厉公。这样看来，微子之后，到第四代已用周道，死后称谥了。——举此一端，可见同化的速度。在五六百年中，文献的丧失，大概是由于同化久了，虽有那些保存古服古礼的"儒"，也只能做到一点抱残守缺的工夫，而不能挽救那自然的趋势。可是那西周民族却在那五六百年中充分吸收东方古国的文化；西周王室虽然渐渐不振了，那些新建立的国家，如在殷商旧地的齐鲁卫郑，如在夏后氏旧地的晋，都继续发展，成为几个很重要的文化中心。所谓"周礼"，其实是这五六百年中造成的殷周混合文化。旧文化里灌入了新民族的新血液，旧基础上筑起了新国家的新制度，很自然的呈显出一种"粲然大备"的气象。《檀弓》有两段最可玩味的记载：

> 有虞氏瓦棺，夏后氏堲周，殷人棺椁，周人墙置翣。周人以殷人之棺椁葬长殇，以夏后氏之堲周葬中殇下殇，以有虞氏之瓦棺葬无服之殇。

> 仲宪言于曾子曰："夏后氏用明器……殷人用祭器，……周人兼用之……。"

这都是最自然的现象。我们今日看北方的出殡，其中有披麻带孝的孝子，有和尚，有道士，有喇嘛，有军乐队，有纸扎的汽车马车，和《檀弓》记的同时有四种葬法，是一样的文化混合。孔子是个有历史眼光的人，他认清了那个所谓"周礼"并不是西周人带来的，乃是几千年的古文化逐渐积聚演变的总成绩，这里面含有绝大的因袭夏殷古文化的成分。他说：

> 殷因于夏礼，所损益，可知也。周因于殷礼，所损益，可知也。

这是很透辟的"历史的看法"。有了这种历史见解，孔子自然能看破，并且敢放弃那传统的"儒"的保守主义。所以他大胆的说：

> 周监于二代，郁郁乎文哉！吾从周。

在这句"吾从周"的口号之下，孔子扩大了旧"儒"的范围，把那个做殷民族的祝人的"儒"变做全国人的师儒了。"儒"的中兴，其实是"儒"的放大。

孔子所谓"从周"，我在上文说过，其实是接受那个因袭夏殷文化而演变出来的现代文化。所以孔子的"从周"不是绝对的，只是选择的，只是"择其善者而从之，其不善者而改之"。《论语》里说：

> 颜渊问为邦，子曰："行夏之时，乘殷之辂，服周之冕。乐则韶舞。放郑声，远佞人；郑声淫，佞人殆。"

这是很明显的折衷主义。《论语》又记孔子说：

> 麻冕，礼也；今也纯。俭，吾从众。拜下，礼也；今拜乎上，泰也。虽违众，吾从下。

这里的选择去取的标准更明显了。《檀弓》里也有同类的记载：

> 孔子曰："拜而后稽颡，颓乎其顺也。（郑注，此殷之丧拜也。）稽颡而后拜，颀乎其至也。（郑注，此周之丧拜也。）三年之丧，吾从其至者。"
>
> 殷既封而吊，周反哭而吊。孔子曰："殷已悫，吾从周。"
>
> 殷练而祔，周卒哭而祔。孔子善殷。

这都是选择折衷的态度。《檀弓》又记：

> 孔子之丧，公西赤为志焉：饰棺墙，置翣，设披，周也。设崇，殷也。绸练设旐，夏也。
>
> 子张之丧，公明仪为志焉：褚幕丹质，蚁结于四隅，殷士也。

这两家的送葬的礼式不同，更可以使我们明了孔子和殷儒的关系。子张是"殷士"，所以他的送葬完全沿用殷礼。孔子虽然也是殷人，但他的教义早已超过那保守的殷儒的遗风了，早已明白宣示他的"从周"的态度了，早已表示他的选择三代礼文的立场了，所以他的送葬也含有这个调和三代文化的象征意义。

孔子的伟大贡献正在这种博大的"择善"的新精神。他是没有那狭义的畛域观念的。他说：

> 君子周而不比。

又说：

> 君子群而不党。

他的眼光注射在那整个的人群，所以他说：

> 君子之于天下也，无适也，无莫也，义之与比。

他认定了教育可以打破一切阶级与界限，所以曾有这样最大胆的宣言：

> 有教无类。

这四个字在今日好像很平常，但在二千五百年前，这样平等的教育观必定是很震动社会的一个革命学说。因为"有教无类"，所以孔子说："自行束脩以上，吾未尝无诲焉。"所以他的门下有鲁国的公孙，有货殖的商人，有极贫的原宪，有在缧绁之中的公冶长。因为孔子深信教育可以摧破一切阶级的畛域，所以他终身"为之不厌，诲人不倦"。

孔子时时提出一个"仁"字的理想境界。"仁者人也"，这是最妥贴的古训。"井有仁焉"就是"井有人焉"。"仁"就是那用整个人类为对象的教义。最浅的说法是

> 樊迟问仁，子曰，"爱人。"

进一步的说法，"仁"就是要尽人道，做到一个理想的人样子，这个理想的人样子也有浅深不同的说法：

> 樊迟问仁，子曰，"居处恭，执事敬，与人忠：虽之夷狄，不可弃也。"

这是最低限度的说法了。此外还有许多种说法：

> 樊迟问仁，子曰，"仁者先难而后获，可谓仁矣"。（比较孔子在别处对樊迟说的"先事后得"。）
>
> 司马牛问仁，子曰，"仁者其言也切。为之难，言之得无切乎？"
>
> 颜渊问仁，子曰，"克己复礼为仁。"
>
> 仲弓问仁，子曰，"出门如见大宾，使民如承大祭。己所不欲，勿施于人。在邦无怨，在家无怨。"

其实这都是"居处恭，执事敬，与人忠"引伸的意义。仁就是做人。用那理想境界的人做人生的目标，这就是孔子的最博大又最平实的教义。我们看他的大弟子曾参说的话：

　　士不可以不弘毅：任重而道远。仁以为己任，不亦重
　乎？死而后已，不亦远乎？

"仁以为己任"，就是把整个人类看作自己的责任。耶稣在山上，
看见民众纷纷到来，他很感动，说道："收成是好的，可惜做工
的人太少了。"曾子说的"任重而道远"，正是同样的感慨。

　　从一个亡国民族的教士阶级，变到调和三代文化的师儒；
用"吾从周"的博大精神，担起了"仁以为己任"的绝大使
命，——这是孔子的新儒教。

　　"儒"本来是亡国遗民的宗教，所以富有亡国遗民柔顺以取
容的人生观，所以"儒"的古训为柔懦。到了孔子，他对自己有
绝大信心，对他领导的文化教育运动也有绝大信心，他又认清了
那六百年殷周民族同化的历史实在是东部古文化同化了西周新
民族的历史，——西周民族的新建设也都建立在那"周因于殷
礼"的基础之上——所以他自己没有那种亡国遗民的柔逊取容
的心理。"士不可以不弘毅：任重而道远"，这是这个新运动的
新精神，不是那个"一命而偻，再命而伛，三命而俯"的柔道所
能包涵的了。孔子说：

　　志士仁人，无求生以害仁，有杀身以成仁。

他的弟子子贡问他：伯夷、叔齐饿死在首阳山下，怨不怨呢？孔
子答道：

　　求仁而得仁，又何怨？

这都不是柔道的人生哲学了。这里所谓"仁"，无疑的，就是做

人之道。孟子引孔子的话道：

> 志士不忘在沟壑，勇士不忘丧其元。

我颇疑心孔子受了那几百年来封建社会中的武士风气的影响，所以他把那柔懦的儒和杀身成仁的武士合并在一块，造成了一种新的"儒行"。《论语》说：

> 子路问成人，子曰："若臧武仲之知，公绰之不欲，卞庄子之勇，冉求之艺，文之以礼乐，亦可以为成人矣。"曰："今之成人者何必然。见利思义，见危授命，久要不忘平生之言，亦可以为成人矣。"

"成人"就是"成仁"，就是"仁"。综合当时社会上的理想人物的各种美德，合成一个理想的人格，这就是"君子儒"，这就是"仁"。但他又让一步，说"今之成人者"的最低标准，这个最低标准正是当时的"武士道"的信条。他的弟子子张也说：

> 士见危致命，见得思义，祭思敬，丧思哀，其可已矣。

曾子说：

> 可以托六尺之孤，可以寄百里之命，临大节而不可夺也。君子人欤？君子人也。

这就是"见危致命"的武士道的君子。子张又说：

> 执德不弘，信道不笃，焉能为有？焉能为亡？

子张是"殷士"，而他的见解已是如此，可见孔子的新教义已能改变那传统的儒，形成一种弘毅的新儒了。孔子曾说：

刚毅木讷近仁。

又说：

巧言令色，鲜矣仁。

他提倡的新儒行只是那刚毅勇敢，担负得起天下重任的人格。所以说：

仁者己欲立而立人，己欲达而达人。

又说：

君子……修己以敬，……修己以安人，……修己以安百姓。

这是一个新的理想境界，绝不是那治丧相礼以为衣食之端的柔懦的儒的境界了。

孔子自己的人格就是这种弘毅的人格。《论语》说：

子曰："君子道者三，我无能焉：仁者不忧，知者不惑，勇者不惧。"子贡曰，"夫子自道也。"

子曰："不怨天，不尤人，下学而上达。知我者其天乎！"

叶公问孔子于子路，子路不对。子曰："汝奚不曰，'其为人也，发愤忘食，乐以忘忧，不知老之将至云尔？'"

《论语》又记着一条有风趣的故事：

子路宿于石门，晨门曰，"奚自？"子路曰，"自孔氏"。曰，"是知其不可而为之者欤？"

这是当时人对于孔子的观察。"知其不可而为之"，是孔子的新精神。这是古来柔道的儒所不曾梦见的新境界。

但柔道的人生观，在孔门也不是完全没有相当地位的。曾子说：

> 以能问于不能，以多问于寡；有若无，实若虚；犯而不校：昔者吾友尝从事于斯矣。

这一段的描写，原文只说"吾友"，东汉的马融硬说"友谓颜渊"，从此以后，注家也都说是颜渊了（现在竟有人说道家出于颜回了）。其实"吾友"只是我的朋友，或我的朋友们，二千五百年后人只可以"阙疑"，不必费心去猜测。如果这些话可以指颜渊，那么，我们也可以证明这些话是说孔子。《论语》不说过吗？

> 子入太庙，每事问。或曰："孰谓鄹人之子知礼乎？入太庙，每事问！"子闻之曰，"是礼也。"

这不是有意的"以能问于不能，以多问于寡"吗？这不是"有若无，实若虚"吗？

> 子曰，"吾有知乎哉？无知也。有鄙夫问于我，空空如也。我叩其两端而竭焉。"

这不是"以能问于不能，以多问于寡；有若无，实若虚"吗？《论语》又记孔子赞叹"伯夷、叔齐不念旧恶，怨是用希"，这不是"犯而不校"吗？为什么我们不可以说"吾友"是指孔子呢？为什么我们不可以说"吾友"只是泛指曾子"昔者"接近的某些师友呢？为什么我们不可以说这是孔门某一个时期（"昔者"）所"尝从事"的学风呢？

大概这种谦卑的态度，虚心的气象，柔逊的处世方法，本来是几百年来的儒者遗风，孔子本来不曾抹煞这一套，他不过不承认这一套是最后的境界，也不觉得这是唯一的境界罢了。（曾子的这一段话的下面，即是"可以托六尺之孤"一段；再下面，就是"士不可以不弘毅"一段。这三段话，写出三种境界，最可供我们作比较。）在那个标举"成人""成仁"为理想境界的新学风里，柔逊谦卑不过是其一端而已。孔子说得好：

> 恭而无礼则劳，慎而无礼则葸，勇而无礼则乱，直而无礼则绞。

恭与慎都是柔道的美德，——孟僖子称正考父的鼎铭为"共（恭）"，——可是过当的恭慎就不是"成人"的气象了。《乡党》一篇写孔子的行为何等恭慎谦卑！《乡党》开端就说：

> 孔子于乡党，恂恂如也，似不能言者。其在宗庙朝廷，便便言，唯谨尔。（郑注：便便，辩也。）

《论语》里记他和当时的国君权臣的问答，语气总是最恭慎的，道理总是守正不阿的。最好的例子是鲁定公问一言可以兴邦的两段：

> 定公问："一言而可以兴邦，有诸？"
>
> 孔子对曰："言不可以若是其几也。人之言曰，'为君难，为臣不易'。如知为君之难也，不几乎一言而兴邦乎？"
>
> 曰："一言而丧邦，有诸？"
>
> 孔子对曰："言不可以若是其几也。人之言曰，'予无乐乎为君，唯其言而莫予违也'。如其善而莫之违也，不亦善乎？如不善而莫之违也，不几乎一言而丧邦乎？"

他用这样婉转的辞令，对他的国君发表这样独立的见解，这最可以代表孔子的"温而厉""与人恭而有礼"的人格。

《中庸》虽是晚出的书，其中有子路问强一节，可以用来做参考资料：

> 子路问强。子曰："南方之强欤？北方之强欤？抑而强欤？
>
> "宽柔可教，不报无道，南方之强也。君子居之。
>
> "衽金革，死而不厌，北方之强也。而强者居之。
>
> "故君子和而不流，强哉矫。中立而不倚，强哉矫。国有道，不变塞焉，强哉矫。国无道，至死不变，强哉矫。"

这里说的话，无论是不是孔子的话，至少可以表示孔门学者认清了当时有两种不同的人生观，又可以表示他们并不菲薄那"宽柔以教，不报无道"（即是"犯而不校"）的柔道。他们看准了这种柔道也正是一种"强"道。当时所谓"南人"，与后世所谓"南人"不同。春秋时代的楚与吴，虽然更南了，但他们在北方人的眼里还都是"南蛮"，够不上那柔道的文化。古代人所谓"南人"似乎都是指大河以南的宋国、鲁国，其人多是殷商遗民，传染了儒柔的风气，文化高了，世故也深了，所以有这种宽柔的"不报无道"的教义。

这种柔道本来也是一种"强"，正如《周易·象传》说的"谦尊而光，卑而不可逾"。一个人自信甚坚强，自然可以不计较外来的侮辱；或者他有很强的宗教信心，深信"鬼神害盈而福谦"，他也可以不计较偶然的横暴。谦卑柔逊之中含有一种坚忍的信心，所以可说是一种君子之强。但他也有流弊。过度的柔逊恭顺，就成了懦弱者的百依百顺，没有独立的是非好恶之心了。这种人就成了孔子最痛恨的"乡原"；"原"是谨愿，乡愿是一乡都称为谨愿好人的人。《论语》说：

子曰："乡原，德之贼也。"

《孟子》末篇对这个意思有很详细的说明：

孟子曰："……孔子曰：'过我门而不入我室，我不憾焉者，其惟乡原乎？乡原，德之贼也。'"

万章曰："何如斯可谓之乡原矣？"

曰："何以是嘐嘐也！言不顾行，行不顾言，则曰，'古之人！古之人！行何为踽踽凉凉？生斯世也，为斯世也，善斯可矣'。阉然媚于世也者，是乡原也。"

万章曰："一乡皆称原人焉，无所往而不为原人，孔子以为德之贼，何哉？"

曰："非之，无举也；刺之，无刺也。同乎流俗，合乎污世。居之似忠信，行之似廉洁。众皆悦之，自以为是，而不可与入尧舜之道。故曰德之贼也。孔子曰：'恶似而非者。恶莠，恐其乱苗也。恶佞，恐其乱义也。恶利口，恐其乱信也。恶郑声，恐其乱乐也。恶紫，恐其乱朱也。恶乡原，恐其乱德也。'"

这样的人的大病在于只能柔而不能刚；只能"同乎流俗，合乎污世""阉然媚于世"，而不能有踽踽凉凉的特立独行。

孔子从柔道的儒风里出来，要人"柔而能刚""恭而有礼"。他说：

众好之，必察焉。众恶之，必察焉。

乡原决不会有"众恶之"的情况的。凡"众好之"的人，大概是"同乎流俗，合乎污世"的人。《论语》另有一条说此意最好：

> 子贡问曰："乡人皆好之，何如？"
>
> 子曰，"未可也"。
>
> "乡人皆恶之，何如？"
>
> 子曰，"未可也。不如乡人之善者好之，其不善者恶之"。

这就是《论语》说的"君子和而不同"；也就是《中庸》说的"君子和而不流，中立而不倚"。这才是孔子要提倡的那种弘毅的新儒行。

《礼记》里有《儒行》一篇，记孔子答鲁哀公问《儒行》的话，其著作年代已不可考，但其中说儒服是鲁宋的乡服，可知作者去古尚未远，大概是战国早期的儒家著作的一种。此篇列举《儒行》十六节，其中有一节云：

> 儒有衣冠中，动作慎；其大让如慢，小让如伪；大则如威（畏），小则如愧：其难进而易退也，粥粥若无能也。

这还是儒柔的本色。又一节云：

> 儒有博学而不穷，笃行而不倦，……礼之以和为贵，……举贤而容众，毁方而瓦合，其宽裕有如此者。

这也还近于儒柔之义。但此外十几节，如云，

> 爱其死以有待也，养其身以有为也。
>
> 非时不见，非义不合。
>
> 见利不亏其义，见死不更其守。其特立有如此者。
>
> 儒有可亲而不可劫也，可近而不可迫也，可杀而不可辱也。其过失可微辨而不可面数也。其刚毅有如此者。
>
> 身可危也，而志不可夺也。虽危，起居竟信（伸）其

志，犹将不忘百姓之病也。其忧思有如此者。

患难相死也，久相待也，远相致也。

儒有澡身而浴德，陈言而伏。……世治不轻，世乱不沮。同弗与，异弗非也。其特立独行有如此者。

儒有上不臣天子，下不事诸侯，慎静而尚宽，强毅以与人，……砥厉廉隅。虽分国，如锱铢。……其规为有如此者。

这就都是超过那柔顺的儒风，建立那刚毅威严，特立独行的新儒行了。

以上述孔子改造的新儒行：他把那有部落性的殷儒扩大到那"仁以为己任"的新儒；他把那亡国遗民的柔顺取容的殷儒抬高到那弘毅进取的新儒。这真是"振衰而起儒"的大事业。

六

我们现在可以谈谈"儒"与"道"的历史关系了。同时也可以谈谈孔子与老子的历史关系了。

"道家"一个名词不见于先秦古书中，在《史记》的《陈平世家》《魏其武安侯列传》，[①]《太史公自序》里，我们第一次见着"道家"一个名词。司马谈父子所谓"道家"，乃是一个"因阴阳之大顺，采儒墨之善，撮名法之要"的混合学派。因为是个混合折衷的学派，他的起源当然最晚，约在战国的最后期与秦汉之间。这是毫无可疑的历史事实。（我别有论"道家"的专文。）

---

① 编者注："商务本"原作《封禅书》，现据"远流本"改。

最可注意的是秦以前论学术派别的，没有一个人提到那个与儒墨对立的"道家"。孟子在战国后期论当时的学派，只说"逃墨必归于杨，逃杨必归于儒"。韩非死在秦始皇时，他也只说"世之显学，儒墨也"。

那么，儒、墨两家之外，那极端倾向个人主义的杨朱可以算是自成一派，其余的许多思想家，——老子，庄周，慎到，田骈，驺衍等，——都如何分类呢？

依我的看法，这些思想家都应该归在儒、墨两大系之下。

宋轻、尹文、惠施、公孙龙一些人都应该归于"墨者"一个大系之下。宋轻（宋钘）、尹文主张"见侮不辱，救民之斗；禁攻寝兵，救世之战"，他们正是墨教的信徒，这是显而易见的。惠施主张"泛爱万物"，又主张齐、梁两国相推为王，以维持中原的和平；公孙龙到处劝各国"偃兵"，这也是墨教的遗风。至于他们的名学和墨家的名学也有明显的渊源关系，那更是容易看出的。

其余的许多思想家，无论是齐鲁儒生，或是燕齐方士，在先秦时代总称为"儒"，都属于"儒者"的一大系。所以齐宣王招致稷下先生无数，而《盐铁论》泛称为"诸儒"；所以秦始皇坑杀术士，而世人说他"坑儒"。《庄子·说剑》篇（伪书）也有庄子儒服而见赵王的传说。

老子也是儒。儒的本义为柔，而《老子》书中的教义正是一种"宽柔以教，不报无道"的柔道。"弱之胜强，柔之胜刚，天下莫不知，莫能行""上善若水，水利万物而不争""夫唯不争，故天下莫与之争""报怨以德""强梁者不得其死""曲则全，枉则直，洼则盈"。……这都是最极端的"犯而不校"的人生观。如果"儒，柔也"的古训是有历史意义的，那么，老子的教义正代表儒的古义。

我们试回想到前八世纪的正考父的鼎铭，回想到《周易》里"谦""损""坎""巽"等等教人柔逊的卦爻词，回想到曾子说的"昔者吾友尝从事"的"犯而不校"，回想到《论语》里讨论的"以德报怨"的问题，——我们不能不承认这种柔逊谦卑的人生观正是古来的正宗儒行。孔子早年也从这个正宗儒学里淘炼出来，所以曾子说：

> 以能问于不能，以多问于寡；有若无，实若虚；犯而不校：昔者吾友尝从事于斯矣。

后来孔子渐渐超过了这个正统遗风，建立了那刚毅弘大的新儒行，就自成一种新气象。《论语》说：

> 或曰："以德报怨，何如？"
>
> 子曰："何以报德？——以直报怨；以德报德。"

这里"或人"提出的论点，也许就是老子的"报怨以德"，也许只是那个柔道遗风里的一句古训。这种柔道，比"不报无道"更进一层，自有大过人处，自有最能感人的魔力，因为这种人生观的基础是一种大过人的宗教信心，——深信一个"无为而无不为""不争而善胜"的天道。但孔子已跳过了这种"过情"的境界，知道这种违反人情的极端教义是不足为训的，所以他极力回到那平实中庸的新教义："以直报怨，以德报德。"

这种讨论可以证明孔子之时确有那种过情的柔道人生观。信《老子》之书者，可以认为当时已有《老子》之书或老子之教的证据。即有尚怀疑《老子》之书者，他们若平心想想，也决不能否认当时实有"犯而不校"的柔道，又实有"以德报怨"

的更透进一层的柔道。如果连这种重要证据都要抹煞，硬说今本《老子》里的柔道哲学乃是战国末年世故已深时宋钘、尹文的思想的余波，那种人的固执是可以惊异的，他们的理解是不足取法的。

还有那个孔子问礼于老聃的传说，向来怀疑的人都学韩愈的看法，说这是老子一派的人要自尊其学，所以捏造"孔子，吾师之弟子也"的传说（姚际恒《礼记通论》论《曾子问》一篇，说，"此为老庄之徒所作无疑"）。现在依我们的新看法，这个古传说正可以证明老子是个"老儒"，是一个殷商老派的儒。

关于孔子见老子的传说，约有几组材料的来源：

（1）《礼记》的《曾子问》篇，孔子述老聃论丧礼四事。

（2）《史记·孔子世家》记南宫敬叔与孔子适周问礼，"盖见老子云"一段。

（3）《史记·老庄申韩列传》，"孔子适周，将问礼于老子，老子曰……"一段。

（4）《庄子》中所记各段。

我们若依这个次序比较这四组的材料，可以看见一个最可玩味的现象，就是老子的人格的骤变，从一个最拘谨的丧礼大师，变到一个最恣肆无礼的出世仙人。最可注意的是《史记》两记此事，在《孔子世家》里老子还是一个很谦恭的柔道学者，而在《老子列传》里他就变做一个盛气拒人的狂士了。这个现象，其实不难说明。老子的人格变化只代表各时期的人对于老子的看法不同。作《曾子问》的人绝对不曾梦见几百年后的人会把老聃变成一个谩骂无礼的狂士，所以他只简单的记了老聃对于丧礼的几条意见。这个看法当然是最早的；因为，如果《曾子问》真是后世"老庄之徒所作"，请问，这班"老庄之徒"为什么要把老子写成这样一个拘谨的丧礼专门大师呢？若如姚际恒所说，《曾子问》全书是"老庄之徒所作无疑"，那么，这班"老庄之徒"捏造了这五十条丧礼节目的讨论，插入了四条老聃的意见，结果反把老聃变成了一个儒家丧礼的大师，这岂不是"赔了夫人又折兵"的大笨事吗？——这类的说法既说不通了，我们只能承认那作《曾子问》的人生在一个较早的时期，只知道老子是一位丧礼大师，所以他老老实实的传述了孔子称引老聃的丧礼意见。这是老、孔没有分家的时代的老子。

司马迁的《孔子世家》是《史记》里最谨慎的一篇，所以这一篇记孔子和老子的关系也还和那最早的传说相去不远：

〔孔子〕适周问礼，盖见老子云。辞去，而老子送之曰："吾闻富贵者送人以财，仁人者送人以言。吾不能富贵，窃仁人之号，送子以言曰：'聪明深察而近于死者，好议人者也。博辩广大危其身者，发人之恶者也。为人子者，毋以有己。为人臣者，毋以有己。'"

这时代的人已不信老子是个古礼专家了，所以司马迁说"适周问礼，盖见老子云"，这已是很怀疑的口气了。但他在这一篇只采用了这一段临别赠言，这一段话还把老子看作一个柔道老儒，还不是更晚的传说中的老子。

到了《老庄列传》里，就大不同了！

孔子适周，将问礼于老子。老子曰："子所言者，其人与骨皆已朽矣。独其言在耳。……"

这就是说，孔子"将"要问礼，就碰了一个大钉子，开不得口。这就近于后世传说中的老子了。

至于《庄子》《列子》书中所记孔子见老子的话，离最古的传说更远，其捏造的时代更晚，更不用说了。如果老子真是那样一个倨傲谩骂的人，而孔子却要借车借马远道去"问礼"，他去碰钉子挨骂，岂非活该！

总之，我们分析孔子问礼于老子的传说，剥除了后起的粉饰，可以看出几个要点：

（1）古传说认老子为一个知礼的大师。这是问礼故事的中心，不可忽视。

（2）古传说记载老子是一位丧礼的专家。《曾子问》记孔子述他的礼论四条，其第二条最可注意：

> 孔子曰：昔者吾从老聃助葬于巷党，及堩，日有食之，老聃曰："丘止柩就道右，止哭以听变，既明反而后行。"曰，"礼也"。反葬而丘问之曰："夫柩不可以反者也。日有食之，不知其已之迟数，则岂如行哉？"老聃曰："诸侯朝天子，见日而行，逮日而舍奠。大夫使，见日而行，逮日而舍。夫柩不蚤出，不莫宿。见星而行者，唯罪人与奔父母之丧者乎？日有食之，安知其不见星也？且君子行礼，不以人之亲痁患。"吾闻诸老聃云。

这种议论，有何必要而须造出一个老师的权威来作证？岂非因为老聃本是一位丧礼的权威，所以有引他的必要吗？

（3）古传说里，老子是周室的一个"史"：《老子列传》说他是"周守藏室之史"，《张汤列传》说他是"柱下史"。史是宗教的官，也需要知礼的人。

（4）古传说又说他在周，成周本是殷商旧地，遗民所居。（古传说又说他师事商容，——一作常枞，汪中说为一人——可见古说总把他和殷商文化连在一块，不但那柔道的人生观一项而已。）

这样看来，我们更可以明白老子是那正宗老儒的一个重要代表了。

聪明的汪中（《述学》补遗，《老子考异》）也承认《曾子问》里的老聃是"孔子之所从学者，可信也"。但他终不能解决下面的疑惑：

> 夫助葬而遇日食，然且以见星为嫌，止柩以听变，其谨于礼也如是。至其书则曰："礼者，忠信之薄而乱之首也。"下殇之葬，称引周、召、史佚，其尊信前哲也如是（此一条也见《曾子问》）。而其书则曰："圣人不死，大盗不止。"彼此乖违甚矣。故郑注谓"古寿考者之称"，黄东发《日钞》亦疑之，而皆无以辅其说。（汪中列举三疑，其他二事不关重要，今不论。）

博学的汪中误记了《庄子》伪书里的一句"圣人不死，大盗不止"，硬说是《老子》里的赃物！我们不能不替老子喊一声冤枉。《老子》书里处处抬高"圣人"作个理想境界，全书具在，可以覆勘。所以汪中举出的两项"乖违"，其一项已不能成立了。其他一项，"礼者，忠信之薄，而乱之首"，正是深知礼制的人的自然的反动，本来也没有可疑之处。博学的汪中不记得《论语》里的同样主张吗？孔子也说过：

> 人而不仁，如礼何？人而不仁，如乐何？

又说过：

> 礼云，礼云，玉帛云乎哉？乐云，乐云，钟鼓云乎哉？

《论语》又有两条讨论"礼之本"的话：

> 林放问礼之本。子曰："大哉问！礼，与其奢也，宁俭。丧，与其易也，宁戚。"（说详上文第三章）
> 子夏问曰："'巧笑倩兮，美目盼兮，素以为绚兮'，何谓也？"子曰："绘事后素。"曰："礼后乎？"子曰："启予者商也，始可与言诗已矣。"

《檀弓》述子路引孔子的话，也说：

> 丧礼，与其哀不足而礼有余也，不若礼不足而哀有余也。祭礼，与其敬不足而礼有余也，不若礼不足而敬有余也。

这样的话，都明明的说还有比"礼"更为根本的在，明明的说礼是次要的（"礼后"），正可以解释老子"礼者忠信之薄而乱之首"的一句话。老子、孔子都是深知礼意的大师，所以他们能看透过去，知道"礼之本"不在那礼文上。孔子看见季氏舞八佾，又旅于泰山，也跳起来，叹口气说："呜呼！曾谓泰山不如林放乎！"后世的权臣，搭起禅让台来，欺人寡妇孤儿，抢人的天下，行礼已毕，点头赞叹道："舜禹之事，吾知之矣！"其实那深知礼意的老聃、孔丘早已看透了！《檀弓》里还记一位鲁人周丰对鲁哀公说的话：

> 殷人作誓而民始畔，周人作会而民始疑。苟无礼义忠信诚悫之心以莅之，虽固结之，民其不解乎？

这又是老子的话的注脚了。

总之，依我们的新看法，老子出在那个前六世纪，毫不觉得奇怪。他不过是代表那六百年来以柔道取容于世的一个正统老儒；他的职业正是殷儒相礼助葬的职业，他的教义也正是《论语》里说的"犯而不校""以德报怨"的柔道人生观。古传说里记载着孔子曾问礼于老子，这个传说在我们看来，丝毫没有可怪可疑之点。儒家的书记载孔子"从老聃助葬于巷党"，这正是最重要的历史证据，和我们上文说的儒的历史丝毫没有矛盾冲突。孔子和老子本是一家，本无可疑。后来孔、老的分家，也丝毫不足奇怪。老子代表儒的正统，而孔子早已超过了那正统的儒。老子仍旧代表那随顺取容的亡国遗民的心理，孔子早已怀抱着"天下宗予"的东周建国的大雄心了。老子的人生哲学乃是千百年的世故的结晶，其中含有绝大的宗教信心——"常有司杀者杀""天网恢恢，疏而不失"——所以不是平常一般有血肉骨干的人所能完全接受的。孔子也从这种教义里出来。他的性情人格不容许他走这条极端的路，所以他渐渐回到他所谓"中庸"的路上去，要从刚毅进取的方面造成一种能负荷全人类担子的人格。这个根本上有了不同，其他教义自然都跟着大歧异了。

那个消极的柔儒要"损之又损，以至于无"；而这个积极的新儒要"学如不及，犹恐失之""学而不厌，诲人不倦"。那个消极的儒对那新兴的文化存着绝大的怀疑，要人寡欲绝学，回到那"无知无欲"的初民状态；而这个积极的儒却讴歌那"郁郁乎文哉"的周文化，大胆的宣言："吾从周！"那个消极的儒要人和光同尘，泯灭是非与善恶的执着；而这个刚毅的新儒却要人"无求生以害仁，有杀身以成仁"，要养成一种"笃信好学，守死善道""造次必于是，颠沛必于是"的人格。

在这个新儒的运动卓然成立之后，那个旧派的儒就如同满天的星斗在太阳的光焰里，存在是存在的，只是不大瞧得见了。可是，我们已说过，那柔道的儒，尤其是老子所代表的柔道，自有他的大过人处，自有他的绝坚强的宗教信心，自有他的深于世故的人生哲学和政治态度。这些成分，初期的孔门运动并不曾完全抹煞：如孔子也能欣赏那"宽柔以教，不报无道"的柔道，也能尽量吸收那倾向自然主义的天道观念，也能容纳那无为的政治理想。所以孔、老尽管分家，而在外人看来，——例如从墨家看来——他们都还是一个运动，一个宗派。试看墨家攻击儒家的四大罪状：

> 儒之道足以丧天下者四政焉：儒以天为不明，以鬼为不神，天鬼不说，此足以丧天下。又厚葬久丧，……此足以丧天下。又弦歌鼓舞，习为声乐，此足以丧天下。又以命为有，贫富，寿夭，治乱，安危有极矣，不可损益也。为上者行之，必不听治矣；为下者行之，必不从事矣。此足以丧天下。（《墨子·公孟》篇）

我们试想想，这里的第一项和第四项是不是把孔、老都包括在里面？所谓"以天为不明，以鬼为不神"，现存的孔门史料都没有这种极端言论，而《老子》书中却有"天地不仁""其鬼不神"的话。儒家（包括孔、老）承认天地万物都有一定的轨迹，如老子说的自然无为，如孔子说的"天何言哉？四时行焉，百物生焉"，这自然是社会上的常识积累进步的结果。相信一个"无为而无不为"的天道，即是相信一个"莫之为而为"的天命：这是进一步的宗教信心。所以老子、孔子都是一个知识进步的时代的宗教家。但这个进步的天道观念是比较的太抽象了，不是一般民众都能了解的，也不免时时和民间祈神事鬼的旧宗教习惯相冲突。既然相信一个"独立而不改，周行而不殆"的天道，当然不能相信祭祀事神可以改变事物的趋势了。孔子说：

> 获罪于天，无所祷也。

又说：

> 敬鬼神而远之。

老子说：

> 以道莅天下，其鬼不神。

《论语》又记一事最有意味：

> 子疾病，子路请祷。子曰："有诸？"子路对曰："有之。诔曰：'祷尔于上下神祇。'"子曰："丘之祷久矣。"

子路尚且不能了解这个不祷的态度，何况那寻常民众呢？在这些方面，对于一般民间宗教，孔、老是站在一条战线上的。

我们在这里，还可以进一步指出老子、孔子代表的儒，以及后来分家以后的儒家与道家，所以都不能深入民间，都只能成为长袍阶级的哲学，而不能成为影响多数民众的宗教，其原因也正在这里。

汪中曾怀疑老子若真是《曾子问》里那个丧礼大师，何以能有"礼者忠信之薄而乱之首"的议论。他不曾细细想想，儒家讲丧礼和祭礼的许多圣贤，可曾有一个人是深信鬼神而讲求祭葬礼文的？我们研究各种礼经礼记，以及《论语》《檀弓》等书，不能不感觉到一种最奇怪的现状：这些圣人贤人斤斤的讨论礼文的得失，无论是拜上或拜下，无论是麻冕或纯冕，无论是绖裘而吊或袭裘而吊，甚至于无论是三年之丧或一年之丧，

215

他们都只注意到礼文应该如何如何，或礼意应该如何如何，却全不谈到那死了的人或受吊祭的鬼神！他们看见别人行错了礼，只指着那人嘲笑道：

> 夫夫也！为习于礼者！

他们要说某项节文应该如何做，也只说：

> 礼也。

就是那位最伟大的领袖孔子也只能有一种自己催眠自己的祭祀哲学：

> 祭如在；祭神如神在。

这个"如"的宗教心理学，在孔门的书里发挥的很详尽。《中庸》说：

> 斋明盛服以承祭祀，洋洋乎如在其上，如在其左右。

《祭义》说的更详细：

> 斋之日，思其居处，思其笑语，思其志意，思其所乐，思其所嗜。斋三日，乃见其所为斋者。祭之日，入室，僾然必有见乎其位；周还出户，肃然必有闻乎其容声；出户而听，忾然必有闻乎其叹息之声。

这是用一种精神作用极力催眠自己，要自己感觉得那受祭的人"如在"那儿。这种心理状态不是人人都训练得到的，更不是那些替人家治丧相礼的职业的儒所能做到的。所以我们读《檀弓》所记，以及整部《仪礼》《礼记》所记，都感觉一种不真实的空气，《檀弓》里的圣门弟子也都好像《士丧礼》里的夏祝、商祝，都只在那里唱戏做戏，台步一步都不错，板眼一丝都不乱，——虽然可以博得"吊者大悦"，然而这里面往往没有一点真的宗教感情。就是那位气度最可爱的孔子，也不过能比一般职业的相礼祝人忠厚一等而已：

> 子食于有丧者之侧，未尝饱也。
>
> 丧事不敢不勉，不为酒困。
>
> 子于是日哭，则不歌。

这种意境都只是体恤生人的情绪，而不是平常人心目中的宗教态度。

　　所以我们读孔门的礼书，总觉得这一班知礼的圣贤很像基督教《福音书》里耶稣所攻击的犹太"文士"（Scribes）和"法利赛人"（Pharisees）。（"文士"与"法利赛人"都是历史上的派别名称，本来没有贬意。因为耶稣攻击过这些人，欧洲文字里就留下了不能磨灭的成见，这两个名词就永远带着一种贬意。我用这些名词，只用他们原来的历史意义，不含贬议。）犹太的"文士"和"法利赛人"都是精通古礼的，都是"习于礼"的大师，都是犹太人的"儒"。耶稣所以不满意于他们，只是因为他们熟于典礼条文，而没有真挚的宗教情感。中国古代的儒，在知识方面已超过了那民众的宗教，而在职业方面又不能不为民众做治丧助葬的事，所以他们对于丧葬之礼实在不能有多大的宗教情绪。老子已明白承认"礼者忠信之薄而乱之首"了，然而他还是一个丧礼大师，还不能不做相丧助葬的职业。孔子也能看透"丧与其易也宁戚"了，然而他也还是一个丧礼大师，也还是"丧事不敢不勉"。他的弟子如"堂堂乎"的子张也已宣言"祭思敬，丧思哀，其可已矣"了，然而他也不能不替贵族人家做相丧助葬的事。苦哉！苦哉！这种智识与职业的冲突，这种理智生活与传统习俗的矛盾，就使这一班圣贤显露出一种很像不忠实的俳优意味。

我说这番议论，不是责备老、孔诸人，只是要指出一件最重要的历史事实。"五百年必有圣者兴"，民间期望久了，谁料那应运而生的圣者却不是民众的真正领袖：他的使命是民众的"弥赛亚"，而他的理智的发达却接近那些"文士"与"法利赛人"。他对他的弟子说：

> 未能事人，焉能事鬼？
> 未知生，焉知死？

他的民族遗传下来的职业使他不能不替人家治丧相礼，正如老子不能不替人家治丧相礼一样。但他的理智生活使他不能不维持一种严格的存疑态度：

> 知之为知之，不知为不知，是知也。

这种基本的理智的态度就决定了这一个儒家运动的历史的使命了。这个五百年应运而兴的中国"弥赛亚"的使命是要做中国的"文士"阶级的领导者，而不能直接做那多数民众的宗教领袖。他的宗教只是"文士"的宗教，正如他的老师老聃的宗教也只是"文士"的宗教一样。他不是一般民众所能了解的宗教家。他说：

> 君子不忧不惧。内省不疚，夫何忧何惧！

他虽然在那"吾从周"的口号之下，不知不觉的把他的祖先的三年丧服和许多宗教仪节带过来，变成那殷周共同文化的一部分了，然而那不过是殷周民族文化结婚的一份赔嫁妆奁而已。他的重大贡献并不在此，他的心也不在此，他的历史使命也不在此。他们替这些礼文的辩护只是社会的与实用的，而不是宗教的："慎终追远，民德归厚矣。"所以他和他的门徒虽然做了那些丧祭典礼的传人，他们始终不能做民间的宗教领袖。

民众还得等候几十年，方才有个伟大的宗教领袖出现。那就是墨子。

墨子最不满意的就是那些儒者终生治丧相礼，而没有一点真挚的尊天信鬼的宗教态度。上文所引墨者攻击儒者的四大罪状，最可以表现儒墨的根本不同。《墨子·公孟》篇说：

> 公孟子曰："无鬼神。"又曰："君子必学祭祀。"

这个人正是儒家的绝好代表：他一面维持他的严格的理智态度，一面还不能抛弃那传统的祭祀职业。这是墨子的宗教热诚所最不能容忍的。所以他驳他说：

> 执无鬼而学祭礼，是犹无客而学客礼也，是犹无鱼而为鱼罟也。

懂得这种思想和"祭如在"的态度的根本不同，就可以明白墨家所以兴起和所以和儒家不相容的历史的背景了。

二十三，三，十五开始写此文
二十三，五，十九夜写成初稿

中国禅学的发展

导　言

　　黎先生，各位同学！今天兄弟是来还债。以前李校长和黎先生同我说了多次，叫我来讲演，我因为事忙，时间不容许，虽然答应了，终没有办到，所以欠下这债来。到了这学期，定要我来讲四次，除了一次是原本，其余三次，好像是加了三倍利息似的。所以这一回，我可以说是受到黎先生的重利盘剥了！

　　"中国禅学的发展"这个题目，中国从来没有人很清楚地研究过。日本有许多关于禅学的书，最重要的，要推忽滑谷快天所著的《中国禅学史》，因为就材料而言，在东方堪称为最完备最详细的。这书前几年才出版。

　　凡是在中国或日本研究禅学的，无论是信仰禅宗，或是信仰整个的佛教，对于禅学，大都用一种新的宗教的态度去研究，只是相信，毫不怀疑，这是第一个缺点。其次是缺乏历史的眼光，以为研究禅学，不必注意它的历史，这是第二个缺点。第三就是材料问题：禅宗本是佛教一小宗，后来附庸蔚为大国，竟替代了中国整个的佛教，不过中国现在所有关于禅宗的材料，大都是宋代以后的；其实禅宗最发达的时候，却当西元七世纪之末到十一世纪——约从唐武则天到北宋将亡的时候，这四百年中间，材料最重要，可是也最难找；正统派的人，竟往往拿他们自己的眼光来擅改禅宗的历史。我十几年前研究禅宗，只能得到宋以后的材料，唐代和唐以前的很难得到。我想：要得到唐以前的材料，只有两种方法：一、从日本庙寺中去找，因为日本还保存着一部分唐代禅学。二、从敦煌石室写本中去找，因为三十年前所发现的敦煌石室里，有自晋到北宋佛教最盛时代的佛经古写本，现在这些古写本，世界上有三个地方保存着；一部分在北平图书馆，一部分在巴黎图书馆，一部分在伦敦博物馆。在北平图书馆的，都是不重要的东西，是人家不要的东西；重要的东西还是在伦敦和巴黎两处。从前的人，对于材料的搜集，都不注意，这是第三个缺点。

我研究禅宗，不能说完全没有上述的缺点；不过民国十五年（1926）我到巴黎，即存心搜集材料，我在那里发现了一些新的东西，从晋到北宋这一部分材料都曾经找到，非日本和中国的图书馆所能及。回国后七八年，我所找到的材料，只有一部分整理出版。当时日本研究禅学的，对于搜集材料，也很注意，也走上了这条道路；近几年来，日本也发现许多材料。所以现在研究禅学，比较便利多了。

这个禅宗问题，我曾在北大及燕大讲过，不过都不是有系统的讲演。将中国禅学的发展，作整个的系统的讲演，这还是第一次。

从前许多大师，对于禅宗的材料，都爱作假。所以经我揭穿之后，有许多人不高兴。不过我不是宗教家，我只能拿历史的眼光，用研究学术的态度，来讲老实话。

中国禅学的发展，是个总题目，我打算就分作四次来讲：一、印度禅；二、中国禅宗的起来；三、中国禅学的发展与演变；四、中国禅学的方法。

第一讲　印度禅

我何以要讲印度禅呢？禅学来自印度，虽然中国禅与印度禅不同，不过要懂得中国禅，须懂得印度禅。所以先讲印度禅，做一个引论。

关于研究印度禅的书籍，有以前香港大学校长 Sir Charles Eliot 所著的 *Hinduism and Buddhism*（Vol.I pp.302—324），但是不幸书还没有完成，他就死了。我几年前也有一篇文章，篇名《从译本里研究佛教的禅法》，收在《胡适文存》三集中（pp.423—448）

在禅宗未起以前，印度便有"瑜伽"，梵文为 yoga。此字是印度文与日耳曼文的混合语，在英文中为牛轭，引伸起来，是管束的意思。即如何才能管束我们的心，训练我们的心，使心完全向某一方向走，而能于身体上、精神上，和知识上发生好的结果。

在印度未有佛教以前，即二千五百年前，已有许多人做这种"瑜伽"。释迦牟尼想到名山去学道的时候，遣人出外寻道者二人，即为瑜伽师。古代"瑜伽"的方法，在印度很流行；佛家苦修，即用"瑜伽"的方法。后来佛教走上新的道路——"智"的道路，于是"瑜伽"遂变成了佛教的一部分。但无论任何修行的人，都免不了要用"瑜伽"的方法。后来佛家给以名字，便是"禅"。

"禅"字起源很早，在小乘、大乘经中以及各种小说里，都有"禅"字。我记得幼年看《水浒》，看见花和尚鲁智深打了一根八十二斤的禅杖，把"禅"字读作"单"，后来才知道是读错了，其实并没有错，因为"禅"字的原文拼音是 Dhyana，音近"单"（按：中国"禅"纽字古音多读入"定"纽）。

佛教有三大法门：（一）戒，（二）定，（三）慧。"戒"是守戒，最高限度为十戒（按：根本五戒，沙弥加五为十戒），后又有和尚戒（比丘僧具足二百五十戒），尼姑戒（三百五十戒），居士戒（即菩萨戒，重十，轻四十八），从戒生律，于是成为律宗。次为"定"，就是禅，也就是古代"瑜伽"传下来的方法，使我们心能定住不向外跑。第三部分为"慧"，所谓"慧"，就是了解，用知识上的了解，帮助我们去定。从表面上看，禅在第二，其实不然，禅实在能包括"定""慧"两部分。如说禅是打坐，那种禅很浅，用不着多说。因为要用"慧"来帮助"定""定"来帮助"慧"，所以有人合称"慧定"。在中国禅宗，"慧"包括"定""慧"的成分多，并且还包括"戒"；在印度，则"定"包括"慧""定"的成分多。

现在讲印度禅，先讲方法，后讲目的。

关于印度禅的方法，计有五种：第一个方法最浅显，便是"调息"，佛书中叫做"安般"法门。"安"（ana）是"入息""般"（Pana）是"出息"。"安般"的意思，就是用一定的方式——手和脚都有一定的方式，如盘膝打坐使人坐着舒服，以调和呼吸。这种调息的方法，又可分为四项：（一）"数"，就是从一到十来回的数着自己的呼吸，以避免四围环境的扰乱，使心能够专一。（二）"随"，便是心随鼻息跑，所谓念与息俱，使心不乱。（三）"止"，就是看鼻息停止在什么地方；中国道家向有所谓"视息丹田"，即此。（四）"观"，就是客观一点，把自己的元神提出来，看看自己到底怎样，比方牛在吃草，牧童却站在旁边看；又好像一个人站在门口，对于过路的人，某是张先生，某是李小姐，都能认识。总括一句，以上都是"安般"法门，其方法有"数""随""止""观"。

如果一天到晚，老是打坐，容易出乱子。譬如在打坐的时候，忽然涉想某人欠我的债，或恋爱的事情，或可恶的人与可恶的事，心更不定了。在这时候，非数息所能为力，所以还要旁的方法来帮助，即靠"慧"——知识——来帮助。所以第二个方法叫做"不净观"。所谓"不净观"，就是用智慧想到一切都不干净。譬如当我们涉想某某漂亮的小姐的时候，我们就要想到他身上是如何的不洁净，鼻子里都是鼻涕，嘴里都是唾沫，肚子里都是腥血等不洁之物；并且到她死后，桃色的脸庞也瘦成白皮夹腮了，乌云般的头发也干枯了，水汪汪的眼睛也陷落了；到了尸体烂了之后，更是怎样的腐臭，怎样的变成骷髅。如此，我们也就不想她了。漂亮的小姐，金钱，地位，都作如是观，自然这些念头都会消除净尽。

第三个方法叫做"慈心观"。所谓"慈心观"，便是训练你自己，不但要爱朋友，还要爱仇敌；不但爱人还要爱一切物。如当不安定的时候——生气的时候，一作"慈心观"，便会不生气了。但有时还不能制止，所以又有第四个方法。

第四个方法就是"思维观"，就是凭我们理智的了解力来解决一切。常言道"无常一到，万事皆休"，由此，我们可以知道，任何物件，都是不能永久存在的，都不过是九十几种元素所凑成，将来都要还为元素的。比方有人骂我是反动派，反革命，走狗，当我们听到，自然很生气，非要和他拼命不可。要是拿我们的思维力来一分析：骂，到底是什么呢？不过是由空气传来的一种音浪；对于音浪，自然用不着生气。至于骂我的人呢？依着化学的分析，也不过是几分之几的氢气氧气……等等的化合物；而被骂的我呢？也是和骂我的人一样，几种元素的化合物而已。等到死后，大家都物归原所。如此，则所有骂詈，不过是一种气体的流动，两个机关打无线电而已，有什么了不得？到此地步，就无人无我，四大皆空了。

以上均就智识略高的人说，至于智识太低的人，怎么办呢？就有一种"念佛法"，即第五个方法。所谓"念佛法"，就是想到佛的三十二种庄严相。"念"便是"想"，后来又念出声来，变成念书的"念"，从心中想而到口头上念。

从最低的数息，到最高的无常哲学，都是方法。一大部分属于"慧"，用"慧"帮助"定"，用"定"帮助"慧"，便是"瑜伽"。

上述五种，都是禅学的方法。现在讲印度禅的目的，即禅学的境界。此种境界，由各人自己去认识，其实都不一样；至于印度禅的究竟，谁也没有做到。

记得清初有一个大学者，颜习斋（元），他是保定府人，最初当蒙馆先生，学做圣人。他有一篇《柳下坐记》，叙述他自己在柳下打坐的情形。三百年前的圣人，在保定府打坐，到底到了什么境界呢？他说，在一个夏天，我坐在柳树之下，看着那柳叶，直变成了美丽的"绿罗"；太阳光从这绿罗似的柳叶透过来，都成了一颗一颗的珍珠；他听到苍蝇嗡嗡的声音，就好像听到尧舜时代所奏的九韶之乐一样，像他这样，可算到了他自己的理想境界了。却是到不了印度禅的究竟境界。

印度禅的境界到底怎样呢？计算起来，有好几种的说法，现在略述其重要的：

第一是"四禅"，也叫做"四禅定"。即：最初用种种法门帮助你消除种种烦恼欲望，到无忧无欲的境界，便是初禅。但初禅还有思想，还要用脑，再把一切觉、观都除去，自然得到一种"欢喜"（joy），便是第二禅。但第二禅还有欢喜，连欢喜也不要，只有一种心平气和、舒舒服服的"乐"的境界，便是第三禅。到了连这种舒舒服服的"乐"都没有了，即得"不动处"，只是一种"调"，即安稳调适，便到第四禅。

初禅还用思想，第二禅还要高兴，第三禅还觉舒服，第四禅则只有调和，要如何便如何，驾驭我们的心，好像马师之御良马，随所指挥，无不调适。

其次，四禅之外，还有四种境界，即"四念处"。此四处：

（一）"空无边"，就是想到空处。如眼是空的，鼻是空的，一一的想，想到只有空，譬如藕，只想其孔，越想越大，全不见白的藕了。想到全世界，也作如是观。

（二）"识无边""空无边"还有想，便是一种印象；想到末了，不但是空，连这空的印象都没有了，便到"识无边"处。

（三）"无所有"，一切都没有了，便到"无所有"处。

（四）"非想非非想"，既到"无所有"处，你也没有了，我也没有了，连想都没有了，连"没有想"也没有了，此名为"非想非非想"处。常言说，"想入非非"，不是想，也不是非想，此理难说，只可意会，不可言传。

四禅是一种说法，四念处又是一种说法，并不是先经四禅，而后到四念处。

又其次便是"五神通"。所谓四禅和四念处，都是解放人的心灵，以便得到神通。神通计有五种，合称"五神通"：

（一）天耳通，就是顺风耳。比方现在南京开的五中全会，我们在这里就可以听到，可不是用无线电。

（二）天眼通，就是千里眼。上观三十三天，下观一十八层地狱，一切都可看见。想到哪里就看到哪里。

（三）如意通，就是想变什么就变什么，好像孙悟空的七十二变一样。

（四）他心通，就是他人心里所想的，我都可以知道。

（五）宿命通，不但知道现在和未来，而且知道过去无量劫前生的事。

总起来说，印度的禅，不过如此。此是粗浅的说法。从数息到"空无边"处，都是"入定"，都是用一种催眠方法达到"入定"。

再讲两个故事。

印度相传有一个很有趣的故事，在西历纪元三世纪（晋朝），即已有人译成中文。这个故事的目的，在教人专心致志做一件事情。故事是这样的：

某时代，有一个国王，想找一个宰相。后来找到一个可以当宰相的人，先说要杀他，经人解说，于是要他用一个盘子，盛上满盘子油，从东城捧到西城，不准滴出一滴，否则杀头。这个条件，很不容易做到。他走到路上，有他的父母妻子哭他，他没有看见。有顶美的女人，从他身边走过，看的人不知有多少，他没有看见。后来忽然又来了一个疯象，吓得满街的人乱跑乱跳，可是他一心一意在盘子上，仍然没有看见。不久又遇到皇宫失火，一时救火抢火，闹得纷乱不堪，并且在殿梁上的一巢马蜂，被火烧出，到处飞着螫人，这人虽然被螫了几下，可是始终没有感觉到，仍然专心致志的捧着油盘往前走。最后，他竟达到了目的地，一滴油也没有滴下来。于是国王便拜他做宰相，以为一个人做事，能够这样专心，便是喜马拉雅山，也可以平下来，何况其他！

在十一世纪时，中国的法演和尚，也曾经讲了一个故事。其目的在教人自己找办法。故事是这样的：

五祖寺中有一个和尚，人问他禅是什么，他说："有两个贼；一个老贼，一个小贼。老贼年纪老了，有一天，他的儿子问他：'爸爸！您老了，告诉我找饭吃的法子吧！'老贼不好推却，便答应了。一到晚上老贼就把小贼带到一富人家，挖了一个洞，进到屋里。用百宝囊的钥匙，将一个大柜子的锁开开，打开柜门，叫他儿子进到里边。等他儿子进去之后，他又把柜子锁了，并且大喊：'有贼！有贼！'他便走了。富人家听说有贼，赶急起来搜查，搜查结果，东西没丢，贼也没有看见，仍然睡去。这时锁在柜子里的小贼，不晓得他父亲什么用意，只想怎样才能逃出去。于是就学老鼠咬衣裳的声音，一会儿，里边太太听到，就叫丫环掌灯来看衣服。刚一开开柜子，这小贼一跃而出，一掌把丫环打倒，把灯吹灭，竟逃走了。富人家发觉后，又派人直追。追到河边，这小贼情急智生，把一块大石头抛在河里，自己绕着道儿回去了。到得家里，看见他父亲正在喝酒，就埋怨他父亲为什么把他锁在柜子里。他父亲只问他怎样出来的。他把经过说了之后，老贼便掀髯微笑道：'你此后不愁没有饭吃了！'像这小贼能从无办法中想出办法，便是禅了。"

上面两个故事，一个是印度的，一个是中国的。从这两个故事，可以看出印度禅与中国禅的区别。因为印度禅是要专心，不受外界任何影响；中国禅是要运用智慧，从无办法中想出办法来，打破障碍，超脱一切。印度禅重在"定"；中国禅重在"慧"。

第二讲　中国禅宗的起来

往往一个故事，有两个不同的说法。从前有一个裁缝，辛辛苦苦地省下钱来，送他儿子去念书，他自己仍旧做工，有一次，儿子寄信回家要钱，裁缝不认识字，请隔壁一个杀猪的看信。那个杀猪的屠户也只认得几个字，便念道："爸爸！要钱！赶快拿钱来！"裁缝听了很生气，以为儿子从小学念到中学，从中学念到大学，还不知道一点儿礼貌。后来有一位牧师来了，问裁缝为甚生气。裁缝把原委告诉他，牧师说："拿信给我看看！"牧师看了信，便说道："你错了！这信上明明写着：'父亲大人膝下：我知大人辛苦，老是不敢多用钱。不过近来有几种必不可少的书籍和物件要买，我的鞋子也破了，我的袜子也穿了，希望大人能寄给我半磅钱，我很感激；假若能寄一磅的话，那更感激不尽！'"裁缝听了，很高兴，并且向牧师说道："信上真的是这样写的吗？如果是这样，我立刻就寄两磅钱去。"这便是一个故事的两种不同的说法：一种是杀猪的说法，一种是牧师的说法。

现在讲中国禅宗的起来，也有两种说法：

（一）旧说，也可以说是杀猪的说法。相传灵山会上，释迦拈花，只有大迦叶微笑，于是释迦将"正法眼藏"传给大迦叶。从大迦叶以后，一代传一代，传到二十八代，便是菩提达摩。达摩在梁武帝时（西元520或526年）到广东。从广东到金陵（南京），见过梁武帝。因为武帝不懂"正法眼藏"，于是达摩渡江而去，并且有"一苇渡江"的传说。渡江后，至北魏，住河南嵩山面壁九年。当时他有两个弟子：一个叫慧可，达摩很赏识他，于是将法传与他。从达摩起，为东土的第一代，慧可为第二代，再传僧璨为第三代，道信为第四代，至第五代为弘忍。五祖弘忍在湖北黄梅县修行，他门下有两大弟子：一个有学问，叫做神秀；一个没有学问，是广东人，叫做慧能。当时一般门徒，以为传老师衣钵的，一定是班长神秀，对于外来的广东佬，很瞧不起，只叫他做劈柴挑水的工作。一天，弘忍欲传法，召集门徒，令各作一偈，谁作得好，便传衣钵。当时大家都毫无疑义地以为是班长，但神秀也不敢直接交卷，只题一偈于墙上，偈曰：

> 身是菩提树，心如明镜台，
>
> 时时勤拂拭，莫使惹尘埃。

五祖看了，觉得也还不错，以为一个人能够这样修行，也可以了。当时交白卷的门徒，个个都把神秀所做的偈，念来念去，被厨房里的慧能听见了，也作一偈，请人题在壁上。偈曰：

> 菩提本无树，明镜亦非台，
>
> 本来无一物，何处惹尘埃？

五祖看见了，说："不行！"用鞋将偈擦去。但到半夜，五祖竟亲至厨房，将法传与慧能，令他即速逃走，躲过几年，方可传道。

慧能走了之后，大家知道五祖已将法传与广东佬慧能，都很惊讶，就去追他，不过追不到了。

慧能到了广东，躲了许多年，才公然传道。但那时神秀已在北方自称六祖了。慧能只能在南方传道，正好像孙中山先生当时只能在广东一带宣传国民革命一样。

慧能后有二大弟子：一为怀让，一为行思。怀让后又传马祖（道一），行思后又传石头（希迁）。马祖、石头以后，宗派更多。总之，从如来拈花，到南能北秀，南派五宗，这是旧说。

（二）新说也可以说是牧师的说法。所谓牧师的说法，以为前二十八祖的传说，拈花微笑的故事，都是假的。这些考证，说来很长，我只讲一点儿。

二十八祖之前二十三祖，还有一点根据，因见于《付法藏因缘传》（按：此书六卷，元魏吉迦夜等撰）。这书乃是述说印度北方罽宾国一个学派的传授，和禅宗并没什么关系。而且印度人对于历史很不重视，印度向来没有历史，所以印度人向来就没有历史的眼光，缺乏时代的观念；后来西洋人用希腊的材料（如亚力山大东征等事），和中国的材料，才勉强凑成一部印度史。因此，《付法藏传》所说的，也不见得可靠。即就该书记载而言，到了二十三代师子和尚，因为国王反对佛教，他被国王杀了，罽宾国的佛法在那时也就绝了。后来讲佛法传授的，因为讲不过去，不得不捏造几代，以便传到达摩；当中加了四代，至达摩便是二十八代。此二十八代，就有两种说法，现在所传的与从前的不同。我上次说过：保存古代禅学史料的，一为唐代敦煌的材料，一为日本的材料。从这两种材料，足以证明现在所传的二十八代，实始于北宋杭州契嵩和尚的伪造（按：契嵩始作《传法正宗定祖图》，定西天之二十八祖，谓《付法藏传》可焚云）。即将原有之二十四、五、七代改易，将二十六代升上去，并捏造两代。此种说法，曾经宋仁宗明令规定（按：嘉祐七年，即 1062，奉旨把《定祖图》收入《藏经》内）。从《传灯录》一直传到现在。由此可见佛家连老祖宗都可以做假。

我们现在拿敦煌本一看，还可以看出当时禅宗争法统的激烈。大家都知道中国只有六代；至于印度，究有多少代呢？有的说八代，但释迦与孔子同时，到梁武帝时约千余年，八代总不够吧！于是有二十八代说。但师子杀头了，于是有二十三代说，二十四、二十五、二十九代说，甚且有五十一代说。优胜劣败，折衷起来，于是采取了二十八代说。

关于二十八代说法的变迁，既有敦煌的本子及日本的材料可证，我曾在《记北宋本〈六祖坛经〉》那篇文章里（见国立山东大学《文史丛刊》第一期），列了一个关于二十八代传法世系的传说异同对照表，可以参看。

以上所说，佛家对于老祖宗都可以做假，其他自可想而知。常言以为达摩未来以前，中国没有禅学，也是错误。关于古代禅宗的历史，有两部可靠的书。一是梁慧皎作的《高僧传》（止于西元519年）。一为唐道宣作的《续高僧传》（《自序》说："始距梁之始运，终唐贞观十有九年"，即止于645年）。在慧皎著书的时候，达摩还没有来，传中已有二十一个学禅的，可见梁代以前便有这些学禅的了。至《续高僧传》中，有一百三十三个学禅的，到唐初止。这都有史可考。并且自后汉末至三国，已有许多书谈到学禅的方法，可见中国从二世纪就有了禅学的萌芽。到了晋代（二世纪的晚年），敦煌有名安世高的，译出《道地经》《大安般经》等书，有支曜译出《小道地经》；三世纪的晚年（西元284年），有竺法护又译出一本大的《修行道地经》；到了晋末，大约是四百零四年，长安有一位大师鸠摩罗什，译出大批佛书。这是就北方说；至于南方，当四百一十年，庐山也有一位印度和尚名佛驮跋陀罗的，翻译了一本《达摩多罗禅经》，当时慧远还请了许多印度和尚帮助他。顶好笑的，刚才我不是说过菩提达摩吗？《达摩多罗禅经》是410年就译出来的（按：达摩多罗亦古梵僧名，有四人）。菩提达摩是于500年以后才到中国；乃后来讲禅宗传授的，竟把两个人混作一个，或竟称为"菩提达摩多罗"！在梵文中，菩提达摩是Bodhi dharma，达摩多罗是Dharmatrata，明是两字，岂可混为一谈？总之，我们要知道在达摩以前，中国便有人学禅了；说达摩未到时中国没有禅学，那完全是错误的。

上次说过，修了安般法门，可以得到五通神，即天耳通，天眼通，如意通，他心通，宿命通等。当这种调和呼吸，修练神通的法门盛行的时候，正是魏晋士大夫崇拜老庄，谈论虚无，梦想神仙的时候。因为佛教最高的境界是涅槃，是四大皆空，和道家的虚无相似，又有各种方法可以学到顺风耳，千里眼，种种神通，也近于神仙之术，所以佛道两教，在当时很能发生关系。三世纪时，中国最著名的和尚道安便把禅法看作"升仙之奥室"，他曾说过，从一数到十，从十数到一，无非期于"无为"和"无欲"，以得到最高的"寂"而显神通。例如他《序安般经注》上说：

> 安般寄息以成守，四禅寓骸以成定；寄息故有六阶之差，寓骸故有四级之别。阶差者，损之又损之，以至于无为；级别者，忘之又忘之，以至于无欲。既"无为"，又"无欲"，便可到最高的"寂"。到"寂"以后，便神通广大：举足而大千震，挥手而日月扪，疾吹而铁围飞，微嘘而须弥舞。

后来慧皎也曾说到禅的最高境界，在得神通，仿佛与神仙相似。例如论"习禅"，他说：

> 禅用为显，属在神通。故使三千宅乎毛孔，四海结为凝酥，过石壁而无壅，擎大众而弗遗。

当三世纪到四世纪间，时人已有主张整理佛教的了。中国固有的宗教，向无天堂地狱之说，也没有灵魂轮回之说，不过鬼是有的，但鬼也可以饿死。印度方面，则上有三十三天，下有一十八层地狱。所以自印度佛教传入中国以后，中国好像"小巫见大巫"，惊叹佛教的伟大，五体投地的佩服，于是大批翻译佛教经典。但经典渐渐的太多了，教义太伟大了，又觉得不能完全吞下，于是又想把佛教"简化"（Simplify）起来。上次说过，佛教要义在"慧定""慧"帮助"定""定"帮助"慧"，互相为用。当时人觉得印度禅太繁琐，像什么数息啦，什么四禅定啦，什么四念处啦，……因此，江西庐山有一位慧远大师（按：道安的高足弟子），自创一宗，就是"净土宗"；并结一社——一个俱乐部，叫做莲社。他以为佛门的精义，惟在"禅智"二字。他尝说：

> 三业之兴，以禅智为宗。……禅非智无以穷其寂，智非禅无以深其照。然则禅智之要，照寂之谓。

不过从前的禅，既觉得过于繁琐，自有简化的必要。当时从印度传入一种《阿弥陀经》，很简单（按：只一千八百余言，人称为"小经"）；上次所说的印度禅，有五种安般法门，其中的念佛观便是"净土宗"的法门，《阿弥陀经》便是念佛观的经典。此经外，尚有《无量寿经》等。经中说西方有一净土，叫做极乐国。那里有无量福，无量寿，无量光；有阿弥陀佛（按：梵语Amita，即无量之义）；有四时不谢之花，八节长春之草，花鸟都能念经，满地尽是琉璃。欲至其地惟有念"南无阿弥陀佛""南无"两字，梵音读作"哪嘛"（Namo 或 Namah），是敬礼的意思。只有一心念"南无阿弥陀佛"，便可到极乐世界，何等简单！这是当时佛教简单化的运动。

到五世纪前半期，慧远有一个弟子，同时并是鸠摩罗什的弟子，叫做道生（殁于434年），现在苏州虎丘还有一个生公说法台，就是相传"生公说法，顽石点头"的地方。道生很聪明，得南北两派之真传，以为佛教还要简单化。他相信庄子所说的得鱼可以忘筌，得意可以忘象，以为只要得到真的意思，只要抓住佛教的要点，则几千万卷半通不通的翻译经典，都可以丢掉。把印度佛教变成中国佛教，印度禅变成中国禅，非达摩亦非慧能，乃是道生！他创了几种很重要的教义，如"顿悟成佛""善不受报""佛无净土"等。"善不受报"是反对那买卖式的功德说;"佛无净土"是推翻他老师慧远所提倡的净土教;至于"顿悟"说,更是他极重要的主张。与顿悟相反的为渐修。佛家从数息到四禅定,从四禅定到四念处,都是渐修。只抓着一个要点,"放下屠刀,立地成佛",便是顿悟。"放下屠刀,立地成佛",这句话我们听惯了,不觉得甚么,其实在当时是一句大逆不道的话。因为如此则十二部大经典完全无用;所有一切仪式,如礼拜、忏悔、念经、念佛,以及寺观、佛像、僧侣、戒律都成废物;佛教起了大的革命。主顿悟的,叫做顿宗,主渐修的,叫做渐宗。那时涅槃经从印度输入,尚不完全,仅译成了一半;生公以为涅槃经中,说过"一阐提人(icchan-tika,即不信佛教的)皆具佛性",更为极端的顿悟说。因此,旧日僧徒便说他"背经邪说,独见忤众",把他驱逐出去。他当临走时,于四众之中,正容起誓道:

> 若我所说,反于经义者,请于现身,即表厉疾。若与实相不相违背者,愿舍身之时,据狮子座。

后来《大般涅槃经》传入中国,全部译出,果然与生公之说相合。于是生公仍返江南。后来讲经于庐山,踞狮子座而逝,很光荣。刘宋太祖文帝对于顿悟说,也很赞叹提倡,从此顿宗渐盛。可是禅宗之顿悟说,实始于四世纪后的生公。

现在要讲到菩提达摩的故事了。

在五世纪(470年左右)刘宋将亡之时,广州来了一位印度和尚,叫做菩提达摩。因达摩由南天竺出发,所以从海道。宋亡于479年,他到宋,宋尚未亡(旧说520年始到,不确。按:520年为梁武帝普通元年)。他到过洛阳,曾瞻礼永宁寺,事见杨衒之的《洛阳伽蓝记》,因这书中尝说"达摩到永宁寺(510

年造，520 年毁），自称百五十岁"。他来中国是 470 年左右，到永宁寺大约在 520 年左右，所以他在中国住了五十年。当时一个年少的印度和尚到中国来，道不易行，所以自称百五十岁，大概由于印度是热带，人多早熟，早生胡须，故自称百五十岁，以便受人尊敬吧？他到中国后，将中国话学好，四处传道，计在中国五十年，其道大行，尤其是北方。

达摩的教义有两条路：一是"理入"，一是"行入"。"理入"就是"深信含生同一真理；客尘障故，令舍伪归真，凝住壁观，无自无他，凡圣等。"因人的本性相近，差别无多，只须面壁修行，所以"理入"又叫做"壁观"。所谓"壁观"，并非专门打坐，乃面壁之后，悟出一种道理来。至于"行入"，就是从实行入的，内中又分四项：

第一，报怨行——就是"修行苦至，是我宿作，甘心受之。"意思是说，一切苦痛，都是过去积聚的，必须要"忍"，才算苦修。

第二，随缘行——就是"苦乐随缘，得失随缘"。

第三，无所求行——就是一切不求，只有苦修。因为"有求皆苦，无求乃乐"。

第四，称法行——即性净之理。

达摩一派，实为虚无宗派，因为他以为一切经论都靠不住，靠得住的只有一部《大乘入楞伽经》，读此一经，即已具定。

达摩一派，主张苦修；凡受教的，只准带两针一钵，修种种苦行，传种种苦行的教义。

达摩一派，后来就成为楞伽宗，也叫做南天竺一乘宗（见《续高僧传》中的《法冲传》）；因为楞伽就是锡兰岛，《楞伽经》所代表的便是印度的南宗。（参见唐僧净觉的《楞伽师资记》，民国二十年北平校刻敦煌写本。）

达摩一派，既为一苦修的秘密宗派，故当时很少有人知道；但为什么后来竟成为一大禅宗呢？说来话长，且听下回分解。

第三讲　中国禅学的发展与演变

我们已经讲了两次：第一次讲的是印度禅；第二次讲的是中国禅宗的起来。这两种禅法的区别，简单说，印度禅法是渐修，中国禅法重顿悟。二者恰恰相反：前者是从静坐、调息，以至于四禅定、五神通，最合魏晋时清谈虚无而梦想走到神仙境界的心理；后者不然，是"放下屠刀，立地成佛"的办法，这是中国的佛学者力求简单化的结果。

原来在三世纪到四世纪时，中国佛学者对印度禅法已表示不满；到五世纪前半，出了道生这个革命和尚。上次讲过：他是慧远的弟子，又曾从罗什受业，肯作深思，把当时输入的佛教思想，综合之，且加以考校。他有几句重要的宣言：

> 夫象以尽意，得意则象忘；言以诠理，入理则言息。自经典东流，译人重阻，多守滞文，鲜见圆义。若忘筌取鱼，始可与言道矣。

这就是说，到这时候我们中国人可以跳过这个拘滞的文字，可以自己出来创造了。经论文字，不过是一些达意的符号（象）；意义既已得到，那些符号便可扔到茅坑里去了。道生于是创造"顿悟成佛论"，说"善不受报""佛无净土""一阐提人皆具佛性"。这是革命的教义。一切布施，修功德，念佛求生净土，坐禅入定求得六神通，都禁不起"顿悟"二字的威风。这么一来，当时的旧派遂起而攻击道生的邪说，把他赶出建业，于是他只得退居苏州虎丘山。后来大本《涅槃经》全部到了，果然说"一阐提人皆有佛性"，因此，生公的"顿悟成佛论"得着凭证而惹人信赖了。生公这种思想，是反抗印度禅的第一声，后来遂开南方"顿宗"的革命宗派。

当宋齐之际，从南印度来了一个和尚菩提达摩，先到广州，后又转到北方，在中国约有四五十年。上次也讲过：他受空宗的影响很大，所以抛弃一切经典，只用一部南印度的小经典《楞伽经》四卷来教人。这是一个苦修的宗派，主张别人打我骂我，我都不要怨恨，所谓"逆来顺受"，认为自己前生造下了冤孽。他的禅法也很简单，谓一切有情都有佛性，只为客尘所障，故须面壁坐禅，"认得凡圣等一"，便是得道。故他们在行为方面是"忍"；在理智方面是"悟"。这就是楞伽宗，又名南天竺一乘宗，是印度传来的叫化子教他们过着极刻苦的生活，如达摩弟子慧可所传的满禅师，"唯服一衣，一钵，一食"。再传的满禅师，"一衣，一食，但蓄二针，冬则乞补，夏便通舍，覆赤而已。往无再宿，到寺则破柴，造覆，常行乞食"。在贞观十六年（西元642年），满禅师于洛州南会善寺倒宿墓中，遇雪深三尺，有请宿斋者，告曰："天下无人，方受尔请。"这个苦行的宗派，不求人知，不出风头，所以不惹人注意，知道的很少，道宣在他的《续高僧传》里对这派曾这样说过："人非世远，碑记罕闻，微言不传，清德谁序？深为痛矣！"但当七世纪时，此宗风气渐变，刻苦独行的人不多，渐趋于讲诵注疏之学，故道宣又说他们"诵话难穷，励精盖少"。他们为一部《楞伽经》作疏或钞（钞即疏的注解）。共有十二家，七十卷之多（也见道宣的《法冲传》）。可见这时的楞伽宗，已非往昔苦行头陀的风味了。

到八世纪初，正当慧能在南方独唱顿悟教义的时候，湖北荆州府玉泉寺有个神秀老禅师，声誉甚隆。武后派人请他到长安（约701年），既来之后，便往来于两京（长安和洛阳）之间，备受朝野尊崇，号称"两京法王，三帝（按：谓则天帝，中宗，睿宗）国师。"他自称为菩提达摩建立的楞伽宗的嫡派。他死在纪元706年（武后死的次年），谥大通禅师，当代人手笔张燕公（说）为之作碑。今日我们知道他的传法世系是：

达摩——慧可——僧璨——道信——弘忍——神秀

第一次便发现于这个碑文里。但与道宣在《法冲传》内所记的不同，不过因为神秀地位极高，人都信此法系是正确的了。神秀的二大弟子义福和普寂，也被朝廷尊为国师，气焰熏天。义福死于736年（玄宗开元二十四年），谥大智禅师；普寂死于739年（开元二十七年），谥大照禅师。严挺之作《大智禅师碑》，李邕作《大照禅师碑》，都用了上列的传法世系。所以从701到739，这四十年中可以说是楞伽宗神秀一派势力全盛时代。

据最可靠的材料，神秀并未著书；现在伦敦及巴黎所藏敦煌发现的写本中，有《五方便》一种；但非神秀作，乃是神秀一派人所作。其教义仍接近印度禅的渐修。如玄颐《楞伽人法志》上说："禅灯默照，言语道断，心行处灭，不出文记。"神秀临死时的遗嘱是"屈，曲，直"三字。又如张说所作碑文上说："其开法大略，则慧念以息想，极力以摄心；其人也品均凡圣，其到也行无后。趣定之前，万缘尽闭；发慧之后，一切皆如。持奉楞伽，递为心要。"这可证明他的禅法仍是近于印度禅。普寂的禅法，据《神会语录》及《坛经》上说："凝神入定（止），往往心净（观）；起心外照，摄心内证。"也可证明神秀教义之一部。

当普寂、义福的气焰方张的时候，开元二十二年（734）河南滑台（即今滑县）的大云寺来了一个神会和尚，他居然大声疾呼的要打倒伪法统；在大会上宣言，弘忍并不曾传法与神秀，真正的第六代祖师是他的老师岭南慧能。

原来在七世纪末八世纪初，中国另发生一个浪漫的大运动，使中国佛教又起一个大革命，革命的首领就是一个不识字的广东佬，神会口中所说的慧能和尚。自从七世纪晚年，弘忍死后，他的两大弟子，神秀就称为北宗的大师，慧能也成为南宗的大师。慧能是广东新州人（现在新兴县，在高要的西南），他住过广州，后来住在韶州的曹溪山，故后人皆称为"曹溪派"；又因为他在最南方，就称为"南宗"。他所提倡的一种革命的教义也就是"顿悟"，他是个不识字的人，靠着砍柴过日子，他的成功全靠自己大胆的努力。他死于713年（开元元年），留传下来的只有《坛经》一书。这书也经过了许多变迁：民国十五年（1926）我在伦敦看见的敦煌唐写本，约一万二千字，可说是最早的一个本子；去年（1933）在日本看见的北宋初（970年，宋太祖开宝间）的《坛经》，分两卷，已加多了二千字；明本又加多了九千字，共计约二万四千字。但这部法宝《六祖坛经》，除"忏悔品"外，其余的恐就是神会所造的赝鼎（按：可参看《神会和尚遗集》卷首的《神会传》）。慧能的教义可分几点说：

（一）自性三身佛　他说：向来劝你皈依佛，皈依法，皈依僧；我劝你归依自性三宝。三宝都在你心里：归依觉（佛），归依正（法），归依净（僧）。这是自性的三宝。他又说：向来人说三身佛；我今告诉你，三身佛都在你自己色身中：见自性净，即是清净法身佛；一念思量，化生万法，即是自性千万亿化身佛；念念善，即是自性圆满报身佛。他又说：我本性元来清涉，识心见性，自成佛道。——慧能教人，大旨如此。后人所谓"直指人心，见性成佛"，即是此义。此义还是源于"凡圣等一"，故人人都可以顿悟成佛的。

（二）四弘誓愿　众生无边誓愿度——自性自度；烦恼无边誓愿断——自心除；法门无边誓愿学——自心学无上正法；无上佛道誓愿成——自悟即佛道成。

（三）无相忏悔　永断不作，名为忏悔。

（四）摩诃般若波罗蜜法　"摩诃"之意即是大，所谓"性含万法是大"，心量广大，犹如虚空；"般若"之意即智慧，所谓"一切时中，念念不忘，常行智慧"；"波罗蜜"之意是到彼岸，所谓"离境无生灭，如水永长流，即名到彼岸"。

（五）反对坐禅　他说：不用求净土，净土只在你心中；不用坐禅，见你本性即是禅；不用修功德，见性是功，平等是德。他说"一行三昧"，就是"于一切时中，行住坐卧，常行一直心"；"于一切法上无有执着，名一行三昧"。"若坐不动是禅，维摩诘不合诃舍利弗宴坐林中。"（这是《维摩诘经》的影响）。

神会，襄阳人，约710年（睿宗景云元年）到曹溪见慧能。在慧能死后二十一年，即734年（开元二十二年），他才到河南滑台传道；到现在1934年我们来讲他，恰好是他整整的一千二百年纪念。那时他在大云寺大会上当众宣述南宗的宗旨，说当时公认的传法正统是假的，大胆指斥普寂"妄竖神秀为第六代"；他说当初菩提达摩，以一领袈裟为传代法信，授给慧可，慧可传僧璨，僧璨传道信，道信传弘忍，弘忍传慧能，所以我们才是正统，有传法袈裟在韶州为证。他自己称说这次在河南"设无遮大会兼庄严道场，不为功德，是为天下学道者定宗旨，为天下学道者辨是非"；现在普寂妄称自己为第七代，把神秀称为第六代，他要誓死反对！或曰：普寂禅师名望盖世，天下知闻，如此排斥，恐与身命有关。他说："我自料简是非，定其宗旨，岂惜身命？"他更进一步说，神秀在世时，因袈裟在韶州慧能处，所以不敢自认是第六代；乃普寂竟让同学广济于景龙三年（709）十一月到韶州去偷此法衣。当时普寂尚在，但也没有人出来否认，可是神会也闹了一个大笑话：有人问他：菩提达摩以前，西国又经几代？他可没有预备，信口答出"八代"，并且还把菩提达摩与达摩多罗误作一人（见前讲）。至天宝四年（745），神会到了东京（洛阳），在荷泽寺继续"定南宗宗旨"，继续攻击神秀、普寂一派的"北宗"为伪法统，定慧能一派的"南宗"为菩提达摩的正统。他提倡顿悟，立"如来禅"，破北宗渐教的"清净禅"，其实，平心而论，真正的顿悟是不通的。如姜太公钓鱼，被文王任为宰相；传说举于版筑之间（按：此两事，《神会语录》中常举作"顿悟不思议"的比喻）。乃至李白之斗酒诗百篇，莫不是积了数十年许多零碎的经验，蕴蓄既久，一旦发挥出来，所以"顿悟"云云，往往也须经过"渐修"；不过因他是年过八十的老头儿，状貌奇特，侃侃而谈，就轰动了不少的听众。其时义福、普寂都已死了，在生时似乎是不理他，死后他们的徒子徒孙，眼见他声名日大，而且绘出图像来宣传他所造作的楞伽宗法统史，公开地攻击北宗法统，说来动听感人，于是普寂一派人只好利用政治势力来压迫神会。天宝十二年（753），遂有御史卢奕上奏，弹劾神会，说他"聚徒，疑萌不利"；朝廷就把他赶出东京，黜居弋阳（在今江西），又徙武当（在今湖北均县），又移襄州（在今襄阳），又移荆州开元寺，苦煞了这个八十五六岁的老头儿！

神会被贬逐的第三年（755，天宝十四年），安禄山造反，两京陷落，明皇出奔，太子即位；至757年（肃宗至德二年），郭子仪等始收复两京，神会也回到东京来了。那时大乱之后，军饷无着；于是右仆射裴冕提出一个救济经济的政策，"大府各置戒坛度僧"。"纳钱百缗，请牒剃落，亦赐明经出身。"这就是作和尚先得买执照。本来唐朝作和尚的，须购度牒，有了度牒，就算出家，可以免除租、庸、调诸税。但残破乱离之际，这种公债无法推销，非请一位善于宣传的出来负责发卖不可，于是大家都同意把神会请出来承办劝导度僧，推销度牒，筹助军饷的事。他以九十高年，搭棚设坛，大肆鼓吹，听者感动，男女剃度者极多，这种军用公债果然倾销起来，一百吊钱一张，而当时施主也不少，于是为政府增加了大宗的收入，功劳甚大。肃宗皇帝下诏叫他入内供养，并且替他盖造禅院于荷泽寺中。到760（上元元年），神会死，享年九十有三，赐谥真宗大师，建塔洛阳，塔号般若。他死后三十六年，即796（德宗贞元十二年），在内殿召集诸禅师，由皇太子主席，详定传法旁正，于是朝廷下敕立荷泽大师神会为第七祖。于是神会的北伐成功，慧能的南宗遂成为禅宗的正统了。

关于神会的思想，我不打算细讲；其教义可得而言者，约有五点：

（一）顿悟　这就是神会的革命旗帜。他说："十信初发心，一念相应，便成正觉，于理相应，有何可怪？"以明"顿悟不思议"。简言之，仍是"放下屠刀，立地成佛"之意。

（二）定慧平等　他说："念不起，空无所有，名正定；能见念不起空无所有，名正慧。"即是以"慧"摄"定"；最后"戒""定"都可以不管，只要"慧"，归到理智主义去。

（三）无念　他的禅法以无念为宗。"不作意即是无念""所作意住心，取空取净，乃至起心求证菩提涅槃，并属虚妄"。"应无所住而生其心。"

（四）知　他说："知之一字，众妙之门。"所以中国禅宗，侧重知解，终身行脚，求善知识。且此语实开中国思想界"良知"一派的先河。

（五）自然　他说："修习即是有为诸法。生灭本无，何假修习？"只是自然，只是无为，与中国道家思想相合。

总之，神会倡言为天下学道者定宗旨，为天下学道者辨是非，所以他对于神秀一系的旧法统极力诋斥，建立起自己的新法统来。民国十五年我在巴黎发现了神会的许多材料，后来在日本又发现了一些。因知八世纪的前期，普寂盛行的时候，僧人都附于楞伽宗派，所谓"东山法门"；等到八世纪的后期，神会兴起，以至九世纪以来，又都成了南宗门下的信徒了。

"杀猪的"底说法（即旧说）就没有神会的地位；因其门下无特出的人物，而继续努力的人也非同门，所以他的功劳渐渐埋没，过了几百年就完全被人忘记了。

八世纪中，神会北伐成功，当时全国的禅师，也都自称出于菩提达摩。牛头山一派自称出于第四代道信。西蜀资州智诜派下的净众寺一派和保唐寺派，也都自称得着弘忍的传法袈裟。人人依草附木，自称正统。

（一）成都净众寺派，其法统为：

弘忍——智诜——处寂——无相

所以又称无相派。此派为宗密所分叙的第二家，与北宗接近，以"无忆，无念，莫忘"为宗。就是说，勿追忆已往；勿预念将来；"常与此志相应，不昏不错，名莫忘"。此宗仍要"息念坐禅"。

（二）成都保唐寺派，宗密记此派的世系如下：

```
              老安——陈楚章
弘忍 ┤                      ├ 无住
              智诜——处寂——无相
```

无住把净众寺一派的三句改为"无忆，无念，莫妄"："忘"字改成"妄"字，宗旨就大大的不同。无住主张"起心即妄，不起即真"，似乎受了神会的影响。且此派更有革命左派的意味："释门事相，一切不行礼忏，转读，画佛，写经，一切毁之。所住之院，不置佛事。但贵无心，而为妙极。"此派也想争法统，说慧能的传法袈裟被武则天迎入宫中，转赐与智诜，又递到无住手里。

但是忽然在江西跳出一个和尚来，名叫道一，又称马祖。他说慧能的传法袈裟又到了他那里，其实这些都是假的。他本是四川人，落发于资中，进具于巴西，是由北宗改入南宗的。他是无相（净众寺派）的弟子，后离蜀赴湖南衡岳跟六祖嫡传怀让修行，才入"顿门"，故史家称为慧能的再传，其实他也属于智诜一派。道一这派的宗旨有八个字："触类是道，任心为修。"他说："所作所为，皆是佛性：贪嗔烦恼，并是佛性；扬眉动睛，笑欠声咳，或动摇等，皆是佛事。"这叫"触类是道"，既是凡碰到的都是道，就是随时皆为道，随心皆为修行。这个本来就是佛；所以不起心造恶，修善，也不修道，"不断不修，任运自在，名为解脱，无法可拘，无佛可作"。他只教人"息业养神""息神养道"。这叫"任心为修"。他殁于786年（唐德宗贞元二年）。

马祖门下有一个大弟子，名叫怀海，就是百丈禅师（殁于

814，即唐宪宗元和九年），建立了禅院组织法，世称"百丈清规"。凡有高超见解的和尚，称为长老，自居一室；其余僧众，同居僧堂。禅居的特点，是不立佛殿，惟立法堂佛教寺院，到此为一大革命。并且他们提倡作工；"一日不作，一日不食"，是百丈和尚的格言。以后的禅门，大都是从马祖、百丈传下来的。自八世纪以下，禅学替代了佛教，禅院替代了律居。佛教差不多完全变成禅学了。

第四讲　中国禅学的方法

今天是最后一次讲演，黎先生刚才对我说今天功德圆满，其实不过是我的一笔旧债还清了。

这次讲的是中国禅学的方法。上次本来想把中国禅宗的历史讲得更详细一点，但因限于时间，只能将普通书所没有的禅宗的来历，说了一个大概；马祖以后的宗派，简直就没有工夫来讲。但不讲也不大要紧，因为那些宗派的立场跟方法，大抵差不多，看不出什么显著的区别，所以也不必在分析宗派时多讲方法，现在只讲禅宗整个的方法。

中国的禅学，从七世纪到十一世纪，就是从唐玄宗起至宋徽宗时止，这四百年，是极盛的黄金时代。诸位是学教育的，这一派人的方法于教学方面多少有点启示，所以有大家一听的必要。

南宗的慧能同神会提倡一种革命思想——"顿悟"，不用那些"渐修"的繁琐方法，只从智慧方面，求其大彻大悟，放下屠刀，立地成佛。在当时因为旧的方式过于复杂，所以这种单刀直入的简单理论，感动了不少的人，终于使南宗顿教成为禅宗的正统，而禅宗又成为佛教的正统。这是他们在破坏方面一大成功。可是慧能同神会都没有方法，对于怎样教人得到顿悟，还是讲不出来。到九世纪初，神会的第四代弟子宗密（殁于 841，即唐武宗会昌元年），方把"顿悟"分成四种：

（一）顿悟顿修　顿悟如同把许多乱丝，一刀斩断；顿修如同把一团白丝，一下子丢到染缸里去，红即红，黑即黑。

（二）顿悟渐修　如婴儿坠地，六根四体顿具，男女即分，这叫顿悟；但他须慢慢发育长大，且受教育，成为完人，这叫渐修。故顿悟之后必继以渐修。

（三）渐修顿悟　这好比砍树，砍了一千斧头，树还是矗立不动，这叫渐修；到一千零一斧头，树忽然倒下来了，这叫顿悟。这并非此最后一斧之力，乃是那一千斧积渐推动之功。故渐修之后自可成顿悟。

（四）渐修渐悟　如同磨镜，古时候，镜子是铜制的，先由粗糙的铜，慢慢的磨，直至平滑发亮，可以照见人影，整理衣冠。又如射箭，起初百无一中，渐渐百可中十，终于百发百中。

这四种中间，第一种"顿悟顿修"，是不用方法的，讲不通的，所以后来禅宗也有"树上那有天生的木杓？"的话。第二种"顿悟渐修"，却是可能的。第三种"渐修顿悟"，尤其可能。这两种"放下屠刀，立地成佛"的例子，在西洋也有很多：如圣奥古斯丁，起初是一个放荡不羁，狂嫖滥赌的人，说重一点就是流氓地痞，一天在街上听了一位教师的讲演，忽然省悟，立志苦修，竟成为中古时代的宗教领袖。这就是"顿悟渐修"；却也是"渐修顿悟"，因为他早已有种种烦闷，逐渐在变化，一旦下决心罢了。又如三四百年前科学大师格里略（意大利人），生而有艺术的天才，但他的父亲是个数学家，送他到大学去习医，他的兴趣不倾向于这方面，而于音乐绘画等倒是弄得不错；有一天，国王请了一位数学家来讲几何学，他听了一小时，忽然大彻大悟，就把一切抛开，专发挥他从遗传中得来的数学天才，后来便成了几何学物理学的老祖师。再举一个日常例：我们有时为了一个算学或其他的难题，想了几天，总想不出，忽然间梦里想出来了。这也是慢慢的集了许多经验，一旦于无意间就豁然贯通。第四种"渐修渐悟"，更是可能，用不着来说了。

总之，"顿悟渐修""渐修顿悟"都是可能的，都是需要教学方法的；"渐修渐悟"更是普通的方法；只有"顿悟顿修"是没有教学方法的。

禅门中许多奇怪的教学方法，都是从马祖（殁于786）来的。马祖道一，本是北派，又受了南派的影响，所以他所创立的方法，是先承认了渐修，然后叫你怎么样渐修顿悟，顿悟而又渐修。他的宗旨是"触类是道，任心为修"；如扬眉，动目，笑笑，哈哈，咳嗽，想想，皆是佛事。此种方法实出于《楞伽经》。《楞伽经》云：

> 非一切佛国土言语说法。何以故？以诸言说，唯有人心，分别说故。是故有佛国土，直视不瞬，口无言语，名为说法；有佛国土，直尔示相，名为说法；有佛国土，但动眉相，名为说法；有佛国土，唯动眼相，名为说法；有佛国土，笑，名说法；有佛国土，欠呿，名说法；有佛国土，咳，名说法；有佛国土，念，名说法；有佛国土，身，名说法。

又云：

> 如来亦见诸世界中，一切微虫蚊蝇等众生之类，不说言语，共作自事，而得成功。

所以他那"触类是道，任心为修"的方法，是不靠语言文字来解说来传授的，只用许多奇特古怪的动作。例如：有一个和尚问他如何是西来意，他便打；问他为什么要打，他说："我若不打汝，诸方笑我也。"又如法会问如何是西来意，他说，"低声，近前来！"于是就给他一个耳光。此外如扬眉、动睛以及竖拂、喝、踢，种种没有理性的举动，都是他的教学方法。这种举动，也并不是叫对方知道是什么意思，连作的人也没有什么意义，就是这样给你一个谜中谜，叫你去渐修而顿悟，或顿悟而渐修。马祖以后，方法更多了，如把鼻，吐舌，大笑掀床，画圈（圆相），拍手，竖指，举拳，翘足，作卧势，敲柱，棒打，推倒等等花样，都是"禅机"；此外来一两句似通非通的话，就是"话头"。总之，以不说法为说法，走上不用语言文字的道路，这就是他们的方法。

马祖是江西派，其方法在八世纪到九世纪初传遍了全国。本来禅学到了唐朝，已走上语言文字之途，楞伽宗也从事于繁琐的注疏；但是那顿悟派依然顿悟，不用语言文字，教人去想，以求彻悟。马祖以下又用了这些方法，打一下，咳一声，你不知道是什么意思，我也不知道是什么意思，这种发疯，正是方法，但既无语言文字作根据，其末流就有些是假的，有些是捏造的，而大部分是骗人的。

马祖不靠语言文字说法，他的方法是对的，是真的；但是后来那些模仿的，就有些要算作末流了。这里且讲一个故事：有一书生，衣服褴褛，走到禅寺，老和尚不理他。后来小和尚报告知府大老爷到了，老和尚便穿上袈裟，走出山门，恭敬迎接，招待殷勤。书生看了，一声不响，等到知府大老爷走了，书生说："佛法一切平等，为什么你不睬我，而这样地招待他？"老和尚说："我们禅家，招待是不招待，不招待便是招待。"书生听了，就给他一个嘴巴。老和尚问他为什么打人？书生答道："打便是不打，不打便是打。"所以末流模仿这种方式的表示，有一些是靠不住的。

在九世纪中年〔叶〕，出了两大和尚：南方的德山宣鉴（殁于865，唐懿宗咸通六年）和北方的临济义玄（殁于866，同上七年）。他们的语录，都是很好的白话文学；他们不但痛骂以前的禅宗，连经连佛一齐骂；什么释伽牟尼，什么菩提达摩，都是一些老骚胡；十二大部经也是一堆揩粪纸。德山自谓别无一法，只是教人做一个吃饭、睡觉、拉尿的平常人。义玄教人"莫受人惑！向里向外，逢着便杀：逢佛杀佛，逢祖杀祖，逢罗汉杀罗汉，……始得解脱。"后来的禅门，总不大懂得这两大和尚第二次革命的禅机——呵佛骂祖禅。

平心而论，禅宗的方法，就是教人"自得之"，教人知道佛性本自具足，莫向外驰求，故不须用嘴来宣说什么大道理。因此，这个闷葫芦最易作假，最易拿来欺骗人，因为是纯粹主观的，真假也无法证实。现存的五部《传灯录》，其中所载禅门机锋，百分之七十怕都是无知妄人所捏造的；后来越弄越没有意义了。不过，我们也不能一笔抹杀。当时的大和尚中，的确也有几个了不得的；他们的奇怪的方法，并非没有意义的。如我第一次所讲贼的故事，爸爸把儿子锁在柜子里，让他自己想法逃出；等他用模仿鼠叫之法逃回家了，爸爸说：你不怕没有饭吃了。这个故事，就可比喻禅学的方法，所谓"置之死地而后生"，就教育上说，很类似现代的设计教学法。看来很像发疯，但西谚云："发疯就是方法"（madness is method 按：西文两词音近，中语四字也都是双声）。禅宗经过四百年的黄金时代，若非真有方法，只可以骗人一时，也不能骗到四百年之久。

禅学的方法，可归纳为五种：

（一）不说破　禅学既是教人知道佛性本自具足，莫向外驰求，意思就是说，人人都有佛性，已身便是佛，不必向外人问；要人知道无佛可作，无法可求，无涅槃菩提可证。这种意思，一经说破，便成了"口头禅"；本来真理是最简单的，故说破不值半文钱。所以禅宗大师从不肯轻易替学人去解说，只教学人自己去体会。有两句香艳诗，可以拿来说明这个方法，就是："鸳鸯绣取从（随）君看，莫把金针度与人。"且讲他们三个故事来作例子。其一：沩山和尚的弟子洞山去看他，并求其说法。沩山说："父母所生口，终不为子说。"其二：香严和尚请沩山解说"父母未生时"一句。沩山说："我若说似（与）汝，汝以后骂我去。我说底是我底，终不干汝事。"香严辞去，行脚四方，一日芟除草木，偶尔抛一块瓦砾，碰竹作响，忽然省悟，即焚香沐浴，遥礼沩山，祝云："和尚大慈，恩逾父母！当时若为我说破，何有今日之事？"其三：洞山和尚是云岩和尚的弟子，每逢云岩忌日，洞山必设斋礼拜。或问他于云岩得何指示？他说："虽在彼处，不蒙指示。"又问："和尚发迹南泉，为何却与云岩设斋？"他说："我不重先师道德佛法，只重他不为我说破。"大家听了三个故事，便知"不说破"是禅学的第一个方法。因为早经说破，便成口头禅，并未了解，不再追求，哪能有自得之乐？

（二）疑。其用意在使人自己去想，去体会。例如洞山和尚敬重云岩，如前所说，于是有人问洞山："你肯先师也无？"意思是说你赞成云岩的话吗？洞山说："半肯半不肯。"又问："为何不全肯？"洞山说："若全肯，即辜负先师也。"他这半信半不信，就是表示学者要会疑，因为怀疑才自己去思索——想若完全赞成，便不容怀疑，无疑即不想了。又：有僧问沩山和尚："如何是道？"沩山说："无心是道。"僧说："某甲不会。"就是说我不懂。沩山就告诉他：不懂才好。你去认识不懂的，这才是你的佛，你的心。（按：沩山原答为："会取不会底好。"僧云："如何是不会底？"师云："只汝是，不是别人。……今时人但直下体取不会底，正是汝心，正是汝佛；若向外得一知半解，将为禅道，且没交涉，名运粪入，不名运粪出，污汝心田。"）所以"疑"就是禅宗的第二个方法。

（三）禅机。普通以为禅机含有神秘性，其实，真正的禅机，不过给你一点暗示。因为不说破，又要叫人疑，叫人自己去想，所以道一以下诸禅师又想出种种奇怪方法来，如前面所举的打，笑，拍手，把鼻……等等；又有所答非所问，驴唇不对马嘴的话头。这种方法，名曰"禅机"，往往含有深意，就是对于某种因缘，给一点暗示出来，让你慢慢地觉悟。试举几条为例。其一：李勃问智常："一部《大藏经》说的是什么？"智常举拳头，问道："还会么？"李答："不会。"智常说："这个措大，拳头也不识！"其二：有老宿见日影透窗，问惟政大师："是窗就日，是日就窗？"惟政道："长老！您房里有客，回去吧！"其三：僧问总印："如何是三宝（佛，法，僧）？"总印答："禾，麦，豆。"僧说："学人不会。"师说："大众欣然奉持。"其四：仰山和尚问沩山："什么是祖师西来意？"沩山指灯笼说："大好灯笼呵！"其五：僧问巴陵鉴和尚："祖师教义，是同是异？"鉴说："鸡寒上树；鸭寒下水。"法演和尚论之曰："巴陵只道得一半，老僧却不然，掬水月在手；弄花香满衣。"其六：僧问云门和尚："如何是超佛越祖之谈？"云门答："糊饼。"法演说："破草鞋。"这些禅机，都是于有意无意之间，给人一点暗示。

前十余年，罗素（Bertrand Russell）来中国，北京有一般〔班〕学生组织了一个"罗素学术研究会"，请罗素莅会指导。但罗素回来对我说："今天很失望！"问何以故？他说："一般青年问我许多问题，如'George Elior 是什么？''真理是什么？（What is truth？）'叫我如何回答？只好拿几句话作可能的应付。"我说：假如您听过我讲禅学，您便可以立刻赏他一个耳光，以作回答。罗素先生颇以为然。

（四）行脚　学人不懂得，只好再问，问了还是不懂，有时挨一顿棒，有时候挨一个嘴巴；过了一些时，老师父打发他下山去游方行脚，往别个丛林去碰碰机缘。所以行脚等于学校的旅行，也就等于学生的转学。穿一双草鞋，拿着一个钵遍走名山大川，好像师大学生，转到清华，再转到中央大学，直到大觉大悟而后已。汾阳一禅师活到七十多岁，行脚数十年，走遍了七十多个山头，据上堂云："以前行脚，因一个缘因未明，饮食不安，睡卧不宁，火急决择，不为游山玩水，看州府奢华，片衣口食；只因圣心未通，所以驰驱行脚，决择深奥，传鸿敷扬，博问先知，亲近高德。"儒门的理学大师朱子也曾说过："树上那有天生的木杓？要学僧家行脚，交结四方贤士，观察山川形势，考测古今治乱之迹，经风霜雨露之苦，于学问必能得益。"行脚僧当然苦不堪言，一衣一履，一杖一钵，逢着僧寺就可进去住宿，替人家做点佛事，挣碗饭吃；要是找不着庙宇，只能向民家讨点饭吃，夜间就露宿在人家的屋檐下。从前有名的大和尚，大都经过这一番飘泊生涯。行脚僧饱尝风尘，识见日广，经验日深，忽然一天听见树上鸟叫，或闻瓶中花香，或听人念一句诗，或听老太婆说一句话，或看见苹果落地，……他忽然大彻大悟了，"桶底脱了！"到这时候，他才相信：拳头原来不过是拳头，三宝原来真是禾麦豆！这就叫做"踏破铁鞋无觅处，得来全不费工夫"。

（五）悟　从"不说破"起，到"桶底脱了"，完全觉悟贯通。如圆悟和尚行脚未悟，一日见法演和尚与客谈天，法演念了两句艳体诗："频呼小玉元无事，为要檀郎认此声。"全不相干，圆悟听了就忽然大悟了。又：有个五台山和尚行脚到庐山归宗寺，一夜巡堂，忽然大叫："我大悟也！"次日，方丈问他见到什么道理。他说："尼姑原来是女人做的！"又：沩山一天在法堂打坐，库头击木鱼，里面一个火头（烧火的和尚）掷去火柴，拊掌哈哈大笑。沩山唤他前来，问道："你作么生？"火头说："某甲不吃稀饭，肚子饥饿，所以欢喜。"沩山点头说："你明白了。"我前次所述的奥古斯丁，平日狂嫖阔赌，忽然听人一句话而顿改前非，也是和这些一样的悟。《孟子》上说："欲其自得之也。自得之，则居之安；居之安，则资之深；资之深，则取之左右逢其源。"自得才是悟，悟就是自得。

以上所讲禅学的方法，彻头彻尾就是一个自得。

总结起来，这种禅学运动，是革命的，是反印度禅、打倒印度佛教的一种革命。自从把印度看成西天，介绍，崇拜，研究，选择，以致"得意忘象，得鱼忘筌"；最后，悟到释迦牟尼是妖怪，菩提达摩是骗子，十二部经也只能拿来做揩粪纸；解放，改造，创立了自家的禅宗。所以这四百年间禅学运动的历史是很光荣的。不过，这革命还是不彻底。刻苦行脚，走遍天下，弄来弄去，为着甚么？是为着要解决一个问题。什么问题？就是"腊月二十五"，甚么叫做"腊月二十五"呢？这是说怕腊月三十日来到，生死关头，一时手忙脚乱，应付不及。这个生死大问题，只有智慧能够解决，只有智慧能够超度自己，脱离生死，所以火急求悟。求悟的目的也就不过是用智慧来解决一件生死大事，找寻归宿。这不还是印度宗教的色彩么？这不还是一个和尚么？所以说这种革命还是不彻底。从禅学过渡到宋代的理学，才更见有两大进步：一、以客观的格物替代了主观的"心理"，如程朱的今日格一物，明日格一物，今日穷一理，明日穷一理，辨明事物的是非真伪，到后来，便可有豁然贯通的一旦。这是禅学方法转变到理学的进步。二、目标也转移了。德山和尚教人做一个吃饭、睡觉、拉尿的平常人；一般禅学家都是为着自己的"腊月二十五"，始终只做个和尚。理学则不然。宋仁宗时，范仲淹说了"先天下之忧而忧，后天下之乐而乐"；以后理学家无不是从诚意、正心、修身做起，以至于齐家、治国、平天下。超度个人，不是最终的目的，要以个人为出发点，做到超度社会。这个目标的转变，其进步更伟大了。这两点是值得我们大书特书的。总之，宋明理学的昌明，正是禅学的改进，也可说是中国中古时代宗教的余波。

二十三年十二月在北平师范大学讲

这是我二十年前（1934）在北平师大的四次讲演，黎劭西印在师大的一个刊物里。

去年 Mr. Aemartino 寻出这四篇讲演，用作他的论文材料的一部分。今年他要影钞（Photostat）份，我托他多影钞一份，共费了十元美金。

胡适　1954，5，1

（本文为 1934 年 12 月胡适在北京师范大学的演讲，吴奔星等笔记）

中国再生时期

几年以前，广西大学校长马君武——我的师长，曾经函嘱南来讲学；抱歉得很！当时因为个人在北方事务纷繁，一时未易分离，现在得一个机会到此，并且承马先生命讲题，就是"中国再生时期"，在今天得和诸位谈谈。

什么叫做"再生时期"呢？我们知道，人类的个体生命历程，是从少壮而衰老而死亡，人类的个体生命到了"衰老"的时期，必然达于"死亡"；决没有"返老还童"，所谓"再生"时期的到临。那走江湖的人和报纸上的广告，竟有什么"返老还童药"发卖，那是欺人之谈，没有科学根据的诞言。但是人类集团的生活和国家民族的文化之演进，虽也是由少壮而衰老而死亡；但是在衰老时期如果注射了"返老还童"针，使获得了新的血脉，那么一朝焕发新的精神，从老态龙钟转变而振作有为，于是，国族的各方面都表现了新的活动，这个时期，历史家称为"再生时期"。

我们一读西欧的近代史，就知道西欧在中古时代曾经有过八百年到一千年的黑暗时代（Dark Age）。那时，欧洲一切的文物［明］俱已荒废，民族达于"衰老"的极度；但是到了黑暗时代的末期，因为获得了新的刺激，灌输了新的血液，于是老大颓衰的欧洲民族，到了十四、十五世纪便发生新的运动，返老还童，死里复活，成为欧西近几百年一切文物［明］发扬光大的基础，这便是"文艺复兴"（Renaissance）时代。我国向来翻译为"文艺复兴"，实在有些欠当，应该是叫做复苏或再生时期，十四十五世纪是欧洲的再生时期，那么何时是中国的再生时期？试观近三四十年来——尤其是最近的二十年来，我国的一切文物［明］无论是社会制度，政治体系，经济组织，学术思想……皆掀起了极大的变革，所以我相信，将来的历史家就要目这个时代为中国的"再生时期"。因为我国具有几千年的文化，然而，历史演进到了现在，已经表现中华民族的老大衰颓。过去中国的历史上，发生了多次的再生运动，交织起伏，希望促老大的中国返老还童；但是新的刺激奄弱，新的血液贫乏，终于未能成功。可是从历史的观点，我们知道现在中国"再生时期"的到临。

我国在中古时代，为宗教的迷信势力，和社会遗留的法制所蒙蔽，但知尊重个人的生命，不理解做人的意义；《孝经》所云："身体发肤，受诸父母，不可毁伤"，当时一般的人们，不但是尊重自己的身体，并且求所以扬名显亲，光宗耀祖，最低限度也要做到"无辱"的地步，使自身和父母在社会上有尊荣的地位，要不是，生不如死！到战国的时候，社会上表现了武士道的精神，许多人不但尊重人生的名誉，并且形成社会的侠义风尚和爱国牺牲的精神！民族渐渐有了复活的趋向。

但是不多久，受佛教和道教的影响，侠义牺牲的精神，潜灭于无形，民族日渐衰老，怕死，念佛，求仙，遍寻返老还童药丹以期长生不死，为着将来自身得入浮图，不惜以指头或手臂扎布浸油，在佛前燃烧作佛灯，表示信佛的虔诚，于是群起仿行，甚至竟以身殉，有的将整个身体缠布涂油，并且张贴布告："兹于某月某日在某某地方某某大和尚献身佛前"云云，使得万人空巷，争往观看；大和尚一面焚身，一面念佛，一面行礼，于是大家异口同声赞美，因为大和尚从此已经成佛升天，达到人生最高的目的。这种个体的牺牲，为想达到个人入浮图的梦想，与民族，国家，和人群没有丝毫的关系；和墨子"摩顶放踵利天下为之"的人生观大相违背，到了这个时候，民族复回到了衰老时期。一直中国给这种黑暗的潮流荡漾了好几百年！

到了唐代，渐渐地萌发了一点生机，爬出了这个黑暗的圈子，一般不再幻想升天成佛。首先在文学上，我们看到有了良好的改革，许多诗人如杜甫，白居易等不再从事去赞美自然，吟风弄月，开始描写社会的疾苦，出现了新的文学，达到了一个解放的时代。不但唐诗为我国历代最著名的，柳公权，颜真卿的书法，皆甚有名；就是散文方面也发生了很大的变革。在唐朝以前，六朝的文献形成，一般人作起文章，讲求对偶，造成四六句的骈体文，走上了荒谬的文学道，当时的文学已经失掉了作用，而表达吾人的感情，感觉和思想，遂不完全。直到唐朝的韩退之、柳宗元出来，才将这种不合文法的骈文废弃，主用"散文"，当时的"散文"，这就是现在我们所谓的"古文"。其结果，唐朝成为诗文最盛的一个时代，此外，在宗教方面，唐代也有相当的改革，如前所述，独善其身的佛教，渐进而成禅宗，从印度的佛教转变而为中国的禅宗，不立文字，不再打坐念经，见性成佛。所以唐代是中国一个再生的时期。但是，毕竟因为这时所遭受的刺激太小，新血液的灌输不足，过后，又回到了衰老的时期。

到了宋时，离现在九百余年，中国又渐渐表露复活的趋势，无论是在文学上，思想上，政治上等各方面宋朝都充分表现新兴的气象。文学方面继续出现了几个新人物，如欧阳修、苏洵、苏轼、苏辙、曾巩、王安石，他们继起对于文字的努力，亦有了新的收获，造成文学革命，"古文"的格式于是形成，后人合唐之韩愈、柳宗元称为唐宋八大家，其中宋代占了六位，所以宋时在文学上又是一个再生时期。同时，在思想方面也有了极大的改变，从前的人生观为拜神求佛，但望个人延年益寿，避祸得福。在北宋时出了一个伟大的人物范仲淹氏。提出了一个新人生观，尝言："士当先天下之忧而忧，后天下之乐而乐。"于是思想上表现了一个新时代，由个人主义走到利他主义的道上，要在人人还未曾有忧虑的时候，而自己去忧虑；但是快乐就是要到个个都享受了然后才到自己，这是宋代思想界一大革新。不到三十年，熙宁年间，王安石出来实行政治的大改革，但是恶势力强固，改革没有成功，继有程灏，程颐，朱熹一般人出来，主敬存诚穷理为本，另成了一个学派，他们不再希望做道士和尚，而且要在世界上堂堂正正地做一个"人"，于是确立了一种理想的人生观，如《大学》首章所谓"格物，致知，正心，诚意，修身"，但是这里的"修身"和中古时候所希望为神仙成佛祖的一种自私的，出世的观念不同，而是积极的，为社会的人生观，所以"修身"的后面，就是"齐家""治国"，和"平天下"，这一种新人生观的焕发，于是代替了中古时代宗教迷信的人生观。从目的上说，由期望个人的超度推广而期望社会的改进，因此在思想方面宋朝的理学派不愧是我国历史上的一个再生时期。

然而，毕竟因为社会传统的旧势力膨胀，而新加入的血液不足，"治国""平天下"，又是那样的艰深难行；不久，中国又回到了过去的时代，踏上从前的老路，文字方面从此跑上一个"做八股"的形式道上，体裁更坏。在思想方面，又回到静坐，拜佛，欲成神仙的圈里。一向积极的活动的人生观，转变而消极的死样的人生观，无所为而为；因着要做圣贤便要做到"格物致知"和"治国平天下"，小民何敢奢望？"格物致知"的意义，原来正与近代的科学家理想相符，"物"的范围既然是这样广泛，包罗万有，单是要"格物"，以穷究天地万物的道理，在那个时候，既没有客观的环境，生活上并没有感觉到切肤的需要，而科学研究上的设备，好像显微镜，望远镜等等都一样也没有的；而大家既不了解科学实验的方法，一般读书人但知朗朗念书，文质彬彬，长袍大袖又不用手足，那里说得科学的学习，因了这个缘故，"格物致知"，只是讲讲而没有方法去实行。到明朝，王守仁主张"知行合一"，但是"格物致知"做不到，于是想从自身下手，由静坐而提倡"良知"。初时，王阳明对于"格物穷理"等宋哲所提倡的思想，也愿笃信力行，只是行而不知其法。为着"格物"，王阳明和他的门弟，先试"格"庭前"竹"，解索"竹子为什么中空？"的道理，他的门徒坐守三天三夜，仍旧不获其理；王阳明不相信，自己亲身去守望沉思，也弄了七天七夜，仍旧，"竹子为什么中空？"的道理没有"穷"了出来，反弄得病体支离，于是认为"格物致知"，那是干不通的；就改而提倡"良知良能"，以个人的知觉为做学问的出发点，我们晓得，思想方面这又回到了沉没错误的途上，宋哲所提倡那积极的人生观和"格物穷理"的道理，为了历史上从来没有研究的遗风，和科学的背景设备等，于是昙花一现，思想上又返到了过去的时代！

每个时代都有一个再生时期，不在这方面或者就在那方面具有返老还童的趋势。古文改革到了明朝，一方面，文学是走到形式的死路上；一方面是在蕴蓄着蓬勃的生机。在明朝以前的元代，已经有了白话戏曲，明朝以来，白话的词曲，虽然仍旧存在，可是明代在文学上最伟大的杰作，是用白话写的小说，好像

《三国志［演义]》《西厢［游］记》《水浒传》等都是历史上白话文长篇小说中不可多得的佳本，迄清时，又有《红楼梦》《儒林外史》等小说出现，因此，这五百年来，文学上可以说是由古典的文学到了市民文学，为文学历史上一个新的阶段。但是，在这个时候，文学就分成了两个部位，像《三国志［演义]》《水浒》这一类的文学作品，在当时目为低级文学，为社会中一般下层阶级的民众，像卖豆腐的，拉车的，缝纫的作为茶余饭后的读物；而一般士大夫阶级，仍旧在跑其"求功名"的道路，大做典试的八股文章。

总括来说，在历史我国是发生了好几次的再生运动，从各方面表露复苏的精神，唐代可谓是我国文学上的大改革，民族也表现一些生机；但是一会儿又转到了衰老时期。迄宋朝，文学又焕发了新生，并且思想上表露复活的气象，但是因为旧势力雄厚，新刺激，新血液贫乏，不久又朝八股文学的路儿跑。明代以后，白话文的兴勃，文学上又表现了一种生机；然而一般士大夫阶级仍在做古典应试的文学。所以我国历史上虽然有了好几次的"再生时期"交迭起伏，然而返老还童的目的，仍是没有达到。不过，历史演进到了现在，试观最近三十年中国各方面的活跃，我们觉得中国并没有死亡，过去的"再生运动"也不是完全失败，并且［还］依旧在继续的进行。我们从历史的观点来作一个比较，更证明现在中国所感应的刺激，所增加的新血液之强大，为历来所未有，这种新刺激新血液，有促中国复活的趋向，所以现在是中国的再生时期，恐怕也就是最末一次的再生运动。因为现在关于政治改革已经大功告成，而在文学改革，社会改革，学术改革诸端也就如狂风怒潮逐波而来，在在都充满了新的希望。现在分别说来：

一，政治改革：前昔我国历史上的各种改革不容易求得实现，这原因思想，文学，宗教的改革不敌政治上的压抑，往往思想和文学的改革，在政治上稍稍加以压力，即将一笔勾销，好像三十年前，光绪二十四年（即1898年）广东一般领袖如梁启超、康有为所领导戊戌维新运动，全国震动，思想为之一新，那时恭亲王亦立意变法，并颁布了关于政治，军事，教育等等数百件改革案，但是，还不够三个月，顽固的慈禧太后复垂帘听政，不赞成变法，于是，将皇帝幽禁，一般维新的党人，捉的捉，杀的杀，如火如荼的改革运动，就给这一位老太太轻轻地一笔勾销，这是给一般人的一个大教训，皇帝或一般谋臣想图改革，尚且还没有成功的希望，在个人方面或是没有地位的人更因着畏缩而消灭了改革的念头，倘若一不小心，给御史探悉，那么自己的身家性命，立刻不能保障；想在文学方面努力改革运动，更是没有办法，政治上的压力，立刻将加以取缔，或封报馆或停办书店，历史以来的文字狱，都是言论被钳制的结果。所以，政治的改革在再生时期，实在占着重要的地位，但自辛亥革命成功，中华民国成立，扫荡了几千年专制政治的积污，使中国开放新生的时代，而一切的革新运动，无论是在文学上，思想上，学术上的，才能够发荣滋长。因此，若果没有了辛亥的政治改革，那么中国一切再生运动都不能成立。所以中国政体的改革，实在是一切改革的惟一条件。

其次为文学改革：大概稍能涉猎西洋文学的，必能理解我国的文字，尚不足以应付生活上的需要，我国的古文为两千年前所形成的文字，这种文字到现在来如果要读通，最少要花费一个极长的时间，倘若要能够写作，那么需要更长期的训练，可是做的文章和讲的说话，毕竟又是两件事体，念着文章，普通一般人们听不懂，所以这种文字实在是一种"死的语言"，如果是用来教育儿童，或是用来宣传大众，那是毫无用处的工具，尚在专制时代，早已经有人感觉到改革的需要，可是这种改革并没有成功。

何以在过去这种文字的改革不能成功？最大的原因是当时社会环境还实行科举制度，将社会划分了两个阶级，一方面是上层阶级，有智识的，做官的；而又一方面是下层阶级的民众，拉车的，卖豆腐的，缝纫的……。这种"我"和"他"的界限划分以后，于是形成彼此的观念。但是环境是这样，如果要做人上人，你得学做八股文章，写端正的小楷，读古文；至于白话文虽然和普通言语音义相同，写语体文是一种实用的文学；可是上层阶级的智识分子，大家目为那是下等社会人们的读物，要想阅报，做官，丝毫没有帮助，因此改革的结果，遂遭失败。白话文虽然提倡，但是做八股的还是做八股。又因为，白话文为一般看不起，所以连下层阶级的劳苦民众，如果自己有了儿孙，还是要送去学做八股的文章，而白话文的改革，其结局，没有方法不归于失败的。

近十余年来，白话文的提倡，所以先从这一点下手，打破"我们"和"他们"的区分，彼此合一。我们觉得中国须有"新文学"，我们觉得白话文是"活的语言"，我们为要打破社会的歧视，所以无论是诗歌，小说，戏剧，传记，……都用白话文来写，而过去有价值的白话作品，更使在社会有机会发扬光大，无论社会的上下层，大家都对白话文发生好感，并且在生活上去应用，是这样，文学才可以改革。而近十余年以来，我们都在从事这种工作。

白话文的"白话"，和在两粤通俗所谓"白话"的意义，颇有不同，在两广说到"白话"，意思就是指"广话"而言，这里面也有一个来源的；因为从前表演粤戏的时候，舞台上表演的人，一方面是"唱"，一方面是"白"，所谓"白"就是"道白""道白"都是用"广话"，这在大众听起来，"唱"的有时不会懂得，却是"道白"的，往往听得清清白白，所以"广话"又叫做"白话"，但是在白话文所谓的"白话"，其意合"普通话"（或叫官话）相同，我国全国为同一的民族，是应该有同一的语言，这就是所谓"国语"。至于凡是可称做"国语文"的，必须具有两种条件：第一是全国流行最广，大家最容易懂得的方言，第二，要有写作的形式之标准，使大众易学易教。这几乎是全世界相同的道理，好像从前欧洲西部多用拉丁文字，但到现在，意大利就用意大利的语言文字，法兰西有法语法文，英国和德国也有其国语国文。但是意大利、法兰西、英、德等国，其国语的成立，也不外上述这两个条件，即要在全国流行最广和有其写作的形式。

在中国，语言方面流行最广的就是"白话"或叫"官话"，又叫"普通话"，我们试一看丁文江和翁文灏所制的《中国语言分布图》，我们就知道"普通话"在中国流行范围的广大，从北到俄边哈尔滨，由东三省而万里长城，长江一带，南到与安南毗连的云、贵；从东边南京起到西边的四川止，我们统观中国东南西北这一个大区域，那么包括了东三省，黄河流域，长江流域（江苏一部），云南，贵州和广西的一部，所以"普通话"流行的地方，在我国本部占百分之九十以上，各处流行的"普通话"，虽然未尝没有多少出入，但是大同小异，都可以说是"普通话"，因此用"普通话"求做"国语"的标准，已经具备了第一个资格，至于第二个资格，也就颇有把握，近五百年以来，民间流行的有唱戏的戏本或说书的曲谱，都是由"普通话"而变成写作的形式，里面有浅显的人人可懂的［文字］，好像父母子女的欢态，爱情的，诉苦的描写；有歌唱有骂语，……的表述，这些在古典的文学里是找不着，恋爱的诗歌，听了以后令到个个会动情，倘若是要用古典的文学来表达，那么值得要先下一番苦功，专心研究了二十年以后才谈得到。

至于我国的方言，口中所讲的语言，能够表现写作形式的，共有三种：一是广东话即粤语，在文艺上有相当价值的写作，就是"粤讴"，二是苏州话即吴语，吴人常将口中的言语记载而成戏曲，说白，和小说；三是北方官话，这种语言所产生的文学作品很多，好像《红楼梦》《三国志》《西厢记》《封神》等。是从三四百年以前［一］直流传到现在，为我国社会上最通俗的小说，几乎个个都读，一提起来个个都知道，所以在写作的形式来讲当然也以普通话为最佳。

在广话和吴话的写作形式，因为有许多地方并不流行，而且在写作形式中有许多文字缺乏，不敷生活上的应用，后来自行创定，音声使与方言一致，好像"没有"粤语写作"乜""这么"粤语写作"咁"，这样自制的新字，在粤语中很多很多，不下百十个，同时在吴语也是陷于同一的情状，为使"语"与文一致，也创制了好些新字，好像"不要"吴语写作"覅""不曾"，吴语写作"朆"，诸如此类的不少，在官话中，从前"这个"的"这"字是没有的。初时大家想用"之乎者也"的"者"字来表示，觉得不大好，后来又想用"遮太阳"的"遮"字来表示，也觉得麻烦，唐宋以后，用"赵"字来表示，到最近才演进而为"这"字。又好像，"你看好不好呢"的"呢"字，从前也没有的，唐宋时代，以"聻"字代表，好不费力，后来有些人用"呢"来表示，较为轻便易写，于是就成立，沿用至今。从上所述，就可见到一字的创成，实在也不容易，而一种语言的成为国语，自然也并不是偶然的。官话的演进到了现在，所以能够流行很广，其功效也颇得力于《三国志［演义］》《西厢［游］记》《红楼梦》……几种著名的小说，在数百年长时期深入民间的宣传。

文字的改革能够彻底，非做到全国普遍的流行，和文学的内容充实不可，现在想要全国一致的以"语体文"为文学上惟一的工具，大家运用它来表达内心所蕴藏的思想、智识……，感情，除了在学校里教科书要采用它外，并且在课外方面的读物，一切文学上的材料，都用"语体文"来做标准，用它去代替了古典文学的地位，能够这样地做到了这些工作使"白话文"成为全国最通行的语言和文字。而且这些语言文字才属诸大家所有；并且成为全国最良好的宣传和教育工具，这些应是文学革命的理论所在，文学革命的历史，在此不赘；但是，从民国十一年到现在，这十二年当中，全国刻刻在施行"国语教育"，成绩也颇有可观，这次我在香港，广州各处演讲不用翻译，这便是一个例证。我们希望"国语文"成为全国的教育和宣传的工具，同时它也就是统一全国应该着手的初步工作，记得当我们提倡"白话文"的时候，曾引起了社会上许多的人士反对，但是一种思想、言论、主张，固然恐怕没有人们赞同，更怕没有人家反对，最怕人家不声不响地放到字纸篓去。新的文学，活的语言，在这个时代已经是非常地需要着它，所以从民国八年以来，越是反对和宣传，就是像广告一般地越是传播，唤起了全国的注意，而反时代的旧文学日渐没落，新文学的内容日渐充实，利用日增，造成了中国文学历史上的再生时期，给予社会各方面以一种复活的影响。

三为社会改革：全国在这个时期，旧社会各方面都发生了动摇，而趋向大改革的途径。最明显的因新思想的介绍，而产生了思想上的改新，一方面有十九世纪欧美的民主立宪思想，一方面有社会主义，和共产主义的思想，又一方面输入了最近欧洲的独裁政治思想。在二十世纪世界思潮，从最左倾的如共产主义到最右倾的独裁政治思想，中国无不应有尽有。非独思想方面如此，在经济组织方面，在社会积习方面也引起了莫大的革新，社会改革的范围很广，别的且不多讲，就是个人的容仪方面也掀起了极大的变动，由剪发，衣服改革，直到裸体运动，五花八门都像雨后春笋般的勃发，在妇女方面，如女子现在也在社会有相当的地位，可以参政，男女可以同学，有受同等教育的机会，回想提倡男女平权，男女同学到现在已经有十余年，而这种风习到现在，普及了全国。在民国十六七年的时候，全国大学男女同学的仍是很少，但到现在，全国高等教育的机关，男女分校的却是寥若晨星，如今试统计全国女子大学不过是有两处，从男女授受不亲转变到现在的情状，所以实在是社会上一种极大的变革，其他，在民法和刑法上也有了改革，现在女子也可以和男子一样，有享受承继财产的权利，在婚姻方面也有了改变，结婚离婚都比较从前容易，此外，一切在社会上足以妨碍进步、不合人生的要求，违反公众福利的制度和习惯，都渐渐淘汰了许多，而现在中国社会的改革，依旧还在迈步进行着。

四为学术改革：我国在历史上，每一个朝代都有一次再生运动。试观由唐到宋，由宋到明便是很好的例证；但是每次的再生运动，都不能使中国返老还童，达到再生的时代。而欧洲十五十六世纪的再生运动能够做到了使欧洲衰老的民族复活，因为西洋再生时期，除了政治，文学，宗教，社会，……的积极改革外，还加上了一种重要的返老还童底药针，这就是新科学的提倡和发扬。在宗教方面有德国的马丁·路德和法国的加尔文等创行新教，在科学研究方面就有哥白尼，伽利略和英国的牛顿相继的研究和发明，因为欧洲有了新科学的研究，然后其再生运动不仅限于复古，恢复从前希腊罗马时代的文物［明］，而运用这个的新的工具，更进而谋创造新的文明，所以到了十八世纪以来，新科学倡明，生产方法改良，新工业得以加速进展，发出了世界新的光芒，造成了社会组织的新基础，而欧洲的再生运动，才得到开花结果。

学术上的改革，新科学的提倡，这实在是返老还童最强而最有效力的药针，它能加强和充实新生命的血液，可是它不容易使人得以窥见，在政治，文学，社会上的改革，往往有形式的表现，但是学术上的是潜在的，假如我们不是加以注意，那就不容易觉得！可是，在二十三年以前，我国没有一个自行研究科学的机关，也没有一间纯粹研究科学的大学，但是，到现在来，情形就是不同，各省大学及关于学术研究的机关，纷纷成立，并且从科学智识的接受更进而作创造的研究，过去我国历史上也曾有过科学的再生时期，一般读书人致力于"格物穷理"，但是因为没有科学的背景，行而不通，于是却步不前，达于学术的没落时代；但是现在的环境已经不同，我国受到了这个新刺激，一般人们已深深地明了科学的真价值，社会正需要这种新工具，大家正在努力于科学的设备和其方法的应用，所以学术上的发展，得以一日千里。在这二十余年来，我国在科学最有成绩的就是地质学，世界上如欧西各国研究地质学有了两百年的历史，我国现在以二十年的努力，竟获与世界地质学的知识并驾齐驱。在生物学方面，国内一般生物学者的拼命努力，亦已上了正轨，此外在物理，化学，医药等，我国皆有长足的进步，自然科学以外好像历史学，音韵学，语言学，考古学皆表现很好的成绩，虽然为时较暂，尚不如欧西的进步，但是为中国数千年来所仅见的现象。

我们看到近二三十年，中国无论政治，文学，社会，学术各方面积极改革，我们知道中国已是再生时期的到临。这个复活时代，而现在正在开始萌发，因为外在的新刺激强大，而内在的潜力膨胀，所以这个再生时期为历来所未有，最少，其前途的进展，可与欧洲的再生时期的洪流相比。

中国的再生时期，而现在是开始，将来其创造与改革，必将随洪涛而继涨增高；而我们一般中年人所能效力的时间已很短促，兹次再生运动是失败或成功，是在一般青年们如何的努力和前进！

记者附志：因学校举行学期试验，一时匆忙万分，演讲稿至未暇整理，迟至今日始获整理清楚，十分抱歉！且此稿未获胡博士校阅，倘有错漏，应由记者负责。

（本文为 1935 年 1 月 12 日胡适在广西梧州市中山纪念堂的演讲，
梁明政笔记）

中国与日本的现代化运动

文化冲突的比较研究

近年来我曾刊印数篇讨论中国和日本现代化运动的文章。今日我仅是将我这些年来对这个烦人的问题所写的思考作一简括的重述。

一

最先我们要对这个问题所特别引起我们好奇的两方面来研究，一般说来，这问题最烦人的第一方面为什么在日本现代化运动很成功，而为什么在中国却不成功呢？

但是近年来这一方面的问题却大有变化。经过一世纪的犹豫和抗拒后，中国终于成为一个现代的国家，在物质方面，中国诚然不够西化，但是对于人生观和人生意识却完全是现代化了。换句话说，日本七十年的迅速现代化之后，却突然发现其国民生活的基本方面并没有改变。最同情日本的艾伦（G. C. Allen）教授和《转变中的日本》一书的作者艾弥儿李特勒教授和爱蜜李特勒塞特勒（Pro. Emil Lederer and Emy Lederer-Seidler）均指出日本虽在物质方面有长足的进步，可是却仍保留其传统的精神和习惯，又说那是因为日本古老传统已达到一成不变完善的形式。

总而言之，最近所产生的问题和前述的问题恰巧相反。问题变成为中国为什么终于推翻其古老的文化和达成中国的文化复兴，而日本在七十年现代化后却仍无法抛弃其古老习俗的坚实的核心。这是上述问题的第二方面。

这个问题的第一方面的解答有赖于第二方面的解释，反之亦然。

二

这一个问题的第一方面疑难之点是为什么日本的现代化成功了，而中国却失败了。于1933年我曾想法解答这个疑难之点。当时我提供的解释，中日文化界对于现代化的反应截然不同。我描写日本的现代化是在一个中央集权的控制下实施的，特别是由于一个统治日本封建的军国主义阶级所促成的。从这个阶级产生了几个维新的领袖。他们不但决定要改变什么，决定不改变什么，而且还拥有实现该等决定的政治权力。我又在另一方面指出中国缺少这样的一个统治阶级，而且中国社会组织系完全民主化的，所以在现代化的过程中只能够走一条又缓慢又费力的路。中国走这条文化变化的路是经由思想和实际的逐渐普及渗透和逐渐同化而达到的。首先往往是几个人发动，慢慢赢得信从的人，最后大家相信这些新东西是合理的、方便的或有效的，终而普及和同化的。

日本式的现代化运动之优点是有秩序的、经济的、继续的、安定和有效的。但是我也看出其不利之点来。日本为保护其传统的精神和对人民控制的严密，所以采用军事外壳来防止新文化侵入到日本传统的中古文化里面去。固然日本所保存的传统文化有很美丽的地方，有些地方还具有永恒的价值；但是也有一些原始的和孕育着火山爆发性的危险所在。

中国式的逐渐普及和同化的文化变化不利之点很多，因为这种变化是缓慢的、零落的，并且往往是浪费精力的。

但是中国式的变化也有其不可否认的优点。因为从口红到文学革命，从鞋子到推翻帝制都是自愿的。广义的说，都是经过"推理"的结果。中国并不需要特别保守什么以免为西方文化所侵入。也没有一个人或者一个阶级坚主保守什么制度以免为外来文化所感染。简而言之，这种缓慢长久的文化变化过程往往有基本和永久改变的结果的。

三

上述的理论能解释上述疑难问题的四个方面吗？可以解释日本何以迅速西化却仍保存中古的传统吗？可以解释中国西化的失败，其后又渐成功？我不但认为可以，而且认为这是唯一可以满意解答这些看起来似乎是矛盾的四方面问题。

按照我的理论，早期和迅速的明治维新是一个统治阶级有效的领导和有力的控制所促成的，这个统治阶级恰巧就是最渴望采用西方战术和军械的军国主义阶级。李德勒教授曾指出说："在这个早期阶级简直预料不到第一个步骤会不可避免的引至第二个步骤。"他又说："既然一个现代国家需要变成为工业化之后才能成为一个具有军备的国家，所以日本必须要朝那方向发展。但是工业与其他各种生产又有经济上的相互关系，所以工业也意味着其他与进行战争并无重大关系的工业部门的发展。与军国主义一样无法仅限于其本身发展的是工业的工艺系统，此种工艺系统也深远的牵连到社会制度。"日本的西化也就是李德勒教授所称为"军国主义的工业制度"。

所有欧洲以外的国家学习欧洲文化中的军事方面最成功的是日本，并且日本是在其他非欧国家学习这方面的文化失败时单独成功的一国。主要的解释是其他非欧的国家不像日本有一个统治全国达一千四百年之久的军国主义阶级来主其事。

但是这个军国主义的阶级却并非是一个开明和智识阶级。其领袖勇敢、实际、爱国，有时还表现出一点政治家的风度，但是他们对远景和新文化的了解很有限。他们如小泉八云所说的是认为西方军械力量可构成一道防线保护日本德川时代的传统价值免于受到损害和改变。

对日本和全世界都是不幸的是日本对俄国和中国的军事胜利正是这些短视的领袖所表现出来的这种精神。结果这个不断在改变的世界所产生的新思想与实际情形无法打进日本中古时代的传统文化里去。利用现代严格控制的教育、宣传和新闻检查，和利用特殊属于日本对天皇崇拜的教育，加强了统治和孤立日本两百五十年德川幕府中古文化的坚实不破。使日本工业化和军事化，并且使日本传统更加坚固的，就是这个中央集权的领导和控制。

同样的理论也可以用来解释中国现代化的历史。中国西化的失败，就是由于中国缺少使日本西化成功的因素。中国领袖也像日本一样希望采用西方的坚兵利炮和工业系统。他的口号是"富强"。但是中国既没有军国主义的传统，也没有一个有效的执政阶级来领导这个庞大的事业。中国在二十一个世纪以前就脱离了封建制度；社会制度变成完全民主化。所有政府的政策、宗教、哲学、文学和社会的习俗，全都反对黩武主义，并轻视武人。所以在1880年至1899年的中国新海陆军就注定失败的命运。1894年至1895年的海军全灭后，一切用以支持海军的新工业，如船坞、商船和政府经营的钢铁工业都逐渐变成毫无发展。1898年维新运动和1900年的拳乱，使满清政府和朝代失去人民的信任。从那个时候起，中国主要的努力摧毁那个无知和反动的中心——帝制和其他附属制度——并建立一个政治权力和领导的新中心。

因此日本在其封建军国主义阶级领导下的西化运动最先成功时，中国却需花费三四十年，来推翻帝制，然后来击败新兴起的军国主义者。大家认为要使中国走上现代化的道路，其先决条件就是达成政治革命。

在1911年至1912年的革命终于推翻帝制，驱走满清。这个政治革命从任何一方面来看都可说是社会和文化的解放。在一个没有统治阶级的国家，推翻帝制等于毁坏了社会与文化改变由中央集权化统筹办理的可能性。但是也创造了一种自由接触、自由批判、自由评价、自由主张和志愿接受的气氛。

所谓中国的文艺复兴就是这种自由气氛的自然结果，这种气氛也促成了各种文化改革的实现。结果中国达成了社会、政治、文化和宗教等生活的现代化。比所谓"现代日本"在这些方面达成更深远的改革。

时间只准许我引述一个重大和基本的事实为例来说明。那就是中国文化改革的性质。前面所述的自由和不必畏惧的批判精神，是中国领袖所用以研究和审查其自己的政治、历史和宗教制度的精神。最近四十年许多懂得以批评的眼光来了解中国传统的东西，并且勇敢和无情的批评中国弱点的人，如梁启超、蔡元培、吴敬恒、陈独秀等具有很大的影响力，并不是一件偶然的事。中国的传统并不是神圣的全不可加以移易或批评的东西，甚至孔子、老子、佛教、朱熹、帝制、家庭、宗教都不是不能置评的东西。就是以这种准许批评和不畏刑责的态度和精神来说，中国之现代化已经超过日本。

四

假如这篇讲辞有什么值得向在座博学之士贡献的寓意，那就是接触和选择乃是文化改革和传播的最主要的条件。凡是两个文化相接触之后，人民自然的倾向（自然律）乃是向对方学习自己所缺少和不如人的地方。

如果这种自由被剥夺了，如果人为的把整个文化或者某一个特别宝贵的那几方面加以孤立和予以特别保护，那这个文化就成为古老习俗坚实的核心，缺乏辩证和充沛精力的现象。这就是现代日本的现象。

所以日本一直保持其古老传统并不是一件神秘的事。但是假如说日本文化能够达成完善形式所以一直一成不变也是不对的。譬如说男女衣帽的式样比较起来，男的总不像女的变化之快。我们能说男人的衣帽已达到完善的形式吗？又譬如说席地而坐，在中国废弃已久，以至于历史家至今还难以断定中国最先使用桌椅的时间，而日本至今还是席地而坐，我们可以说这个习俗已达到完善的地步而无法改变吗？

可是假如说日本人的了解力是天生笨拙和其对生活是保守的，所以学不到现代文化的精神也仍然是不对的。缺乏了解力绝不会阻止一个民族接受新流行的东西。日本接受佛教时，或许很不了解佛教教派的学说（当然中国在佛教之传入时仍然是不懂其教义）。而且一个民族总可以学习，欧洲某观察家曾说日本在十七世纪根本不懂数学，尤其是艰深的部分。但是我们知道有些日本人可以成为很好的数学家。

至于日本人的保守性，我们看他们从前和朝鲜、中国和欧洲接触时的摹仿可以证明日本人是相反的，绝不是保守的。他们向外国学到一切东西，甚至社会、政治和宗教制度都不例外。山森在提到耶稣会在日本传教成功时说：

> 虽然有些人热烈且不畏艰险的真正皈依天主，可是吾人不得不有个想法：一般信教者之皈依天主仅是因为想摹仿外人的一切习俗，包括宗教在内是当时日本全国时尚的现象。吾人所获悉的是日本许多非基督徒也买念珠和十字架，甚至丰臣秀吉本人也买的，穿外国衣服和念几句拉丁祷告辞，当时也成为一件时尚的事。

所以我不得不下这样一个结论说自由的因素有一天会像打破中国传统一样的打破日本古老习俗坚实的核心。

（本文为 1939 年 12 月 29 日胡适在美国历史协会的演讲）

中国思想史纲要

为了方便起见，中国思想史的历史，可以分为三个主要时期。耶稣纪元前的一千年为上古时期。伟大的中古佛教及道教时代，以及一直通过了纪元后一千年的全部时间，都为中古时期。而近世这一时期，则为中国理智复兴期；这一时期，远从第十世纪大规模的刊印书籍，以及第十一世纪、第十二世纪新孔子学派起来的时代起，一直延长到我们这个时代。每一时期，都占了将近千年的光景。

中国思想史的上古时期，可说是古典时代。从那时传下了一些前于孔子的古典作品，诗歌的，历史的，关于行为轨范的，关于宗教崇拜的；此外当然还有许多大哲学家的作品，如老子及孔子、墨翟，一直到孟子、庄子及韩非——这可称之为中国学术的"旧约全书"时代。这个上古时期，不独为所有后来各时代的中国思想史确定了一个主要的模型，而且也提供了许多灵感和智慧的工具，使中国中古及近世思想家们，可以用来做凭藉，去为哲学及文化的复兴而努力工作。简单说来，古典中国的理智遗产，共有三个方面：它的人文主义，它的合理主义，以及它的自由精神。

其所以成为人文主义的，是为了它始终而且明显地注意人类的生活，人类的行为，以及人类的社会。举例来说，当孔子被人问应当如何事鬼神时，他就说："未能事人，焉能事鬼？"他又被问关于死的意见时，他就说："未知生，焉知死？"这种对于人生的执着，就成了一个特点，使中国古代思想与印度、波斯甚至伊色列（Israel）的古代思想，截然不同了。中国古典时期的思想家，主要的是道德哲学家、教育哲学家、社会哲学家以及政治哲学家。古代中国曾建立一个伟大的文明，而且又产生了许多关于人性，关于道德行为，关于法律及政治组织的，种种成熟的学说，但对含有"乐园"意义的"天堂"，看作"末日裁判"地方的"地狱"，则一无所知，并且对于生死问题，也从来没有耽于玄思默想过。

其次，中国古典思想之所以成为合理，成为唯理智主义的原因，是由于他对于智识、学问和思想的重视。孔子说："学而不思则罔，思而不学则殆。"当时，中国思想的派别很多，从孔子的明显的唯理智主义的态度（孔子曾明白承认过："吾尝终日不食，终夜不寝，以思，无益，不如学也。"）一直到老子更明确的、唯理智主义者的（Ra-tionalistic），但却几乎是反理智主义者的（Anti-intellectualistic）态度。老子这么吟咏过：

> 不出户，知天下；
> 不窥牖，见天道。

在这两极端之间，可以寻到那时中国思想上一些其他的伟大学派。他们的不同之处，是在于对那比较吃力的学习及研究过程的注重程度，各有不同。这一类的差别，在两种不同的性情之间，本是些很自然的差别。这两种性情，威廉詹姆斯氏曾把一个称之为"软心肠的性情"，把另一个称之为"硬心肠的性情"。中国思想从未诉之于超自然的或神秘的事物，以作为思想或推埋的基础。从这一点看，一般说来，中国思想是始终唯理的。而且，它的所有正统学派，对于知识和考察，都十分重视。再从这一方面看，它确是偏重于唯理智主义者的态度。

人文主义者的兴趣，与合理及唯理主义者的方法论结合起来，这一结合，就给予古代中国思想以自由的精神。而且对于真理的追求，又使中国思想本身得以自由。孔子说："君子不忧不惧"，又说："内省不疚，夫何忧何惧！"讲到他自己时，他又说："饭疏食，饮水，曲肱而枕之，乐亦在其中矣。不义而富且贵，于我如浮云。"在中国道德与理智力量仅次于孔子的孟子，也曾经更有力的表示过这个自由的精神。他说："富贵不能淫，贫贱不能移，威武不能屈，此之谓大丈夫。"

这种人文的、合理的及自由的精神，就是古典时代对于后代理智生活留传下来的，最大的遗产。也就是因为这个精神，所以方能使得那个时代多样的伦理、社会及政治作品，现在读起来，还是和我们现代的作品一样。

这里就是孔子和他自己国家统治者的谈话：

> 鲁定公问："一言可以兴邦，有诸？"
>
> 孔子对曰："言不可以若是其几也。人之言曰：'为君难，为臣不易。'如知为君之难也，不几乎一言而兴邦乎？"
>
> 定公又问："一言而丧邦，有诸？"
>
> 孔子对曰："言不可以若是其几也。人之言曰：'予无乐乎为君，唯其善而莫予违也。'知其善而莫之违也，不亦善乎？如不善而莫之违也，不几乎一言而丧邦乎？"

从这样一个人道的、合理的、客气的，然而在精神上又是这么坚定的、这么自由的回答里，我们可以了解二十五个世纪以来，孔子对于中国人的控制力量的所自来了。

下面是孟子和梁惠王的一段问答：

> "杀人以梃与刃，有以异乎？"孟子问。
>
> "无以异也。"梁惠王答。
>
> "以刃与政有以异乎？"
>
> 王曰："无以异也。"
>
> 庖有肥肉，厩有肥马，民有饥色，野有饿莩，此率兽而食人也。兽相食，人且恶之，为民父母行政，不免于率兽而食人，恶在其为民父母也？

下面又是孟子告诉齐宣王的一段话：

> 君之视臣如手足，则臣视君如腹心。君之视臣如犬马，则臣视君如国人。君之视臣如土芥，则臣视君如寇雠。

从这类的讨论中，我们不禁要觉察到人文主义的精神、合理的精神以及自由政治批判的精神。这种精神，就使孟子成为人类史上民主政治的最早也许是最大的哲学家。

这个古典时代三重性质的遗产，就成为后来中国各时代文化与理智生活的基础。他供给了种子，由那里就生出了后来的成长与发展。它又尽了肥沃土壤一样的使命，在那里面，许多种类的外国思想与信仰都种了下去，而且成长、开花、结果了。它给中国一个理智的标准，可以用来判断及估计一切外国输入的理想与制度。而一遇到中国思想变得太迷信，太停滞，或太不人道时，这一个富于创造性的理智遗产，总归是出来救了它。

虽然当中曾经有过一千年的时光，一般人都集体改信佛教，也还并没有能够根除这个遗产。曾经有过一个时期，好像中国的合理性及人文主义,已经被一个中古时代思想的洪流所淹没了。这个中古思想,就是由印度及印度化思想信仰统治下所产生的。成千成万的男人女人,都出了家去当和尚或尼姑。宗教热就像浪潮一样的冲进了中国。作为对于佛教神圣献祭的最高形式,一个虔诚的和尚,可以欣然烧掉一个手指,一条膀臂,或者甚至他的整个身体。上千万的信男信女,有时甚至是宫庭中的人物,也都蜂涌到山上去,目击而且悲泣一个高僧的自焚。

正是为了这样的出世态度,和这样非人道的狂热,才又把中国震动得恢复了知觉,恢复了理性,恢复了人性。在历史上那几次政府迫害佛教举动的背后,永远的有中国文明对于要使中国"蛮化"的这潮流的一种反抗态度存在着。

举例来说,公元845年对佛教大迫害时,上谕里的主要意思是说:"中国政府不能把中国人民弃之于对一个外国舍生宗教的崇奉了。"这就是中国人道主义对于使中国思想文明印度化的一个革命。

中国反抗佛教的最大代表,及大声疾呼得最厉害的领袖,是韩愈。他指出过,中国思想的最高理想,是说一切的个人道德及理智培养,必须有一个社会的目的,而这个目的呢,就是齐家,治国,平天下。所有一切志在由苦行及逃世以自救的个人教育,都是反社会的,因之也是非中国的。

韩愈为这个反抗提出了著名的冲锋呐喊,所谓:"人其人!"那就是说,使和尚尼姑们一律恢复人性和人的生活!他对于佛教的严厉批评,特别是他对于皇家底庇护佛教的攻击,就使他在819年遭到了贬斥。然而,在精神上,他却是第十一、第十二世纪中新哲学运动的创造者。这个运动,后来就产生了"唯理哲学"(理学)的复兴与形成。

这次现世的及创造性的哲学运动的复兴，就为中国思想的第三或近世时期开了先河。那是中国哲学的一个复兴时代。在近世中国哲学前九百年的发展当中，古典时代的人文主义唯理主义，以及自由精神，又重新像花一样的放开了来。

"唯理哲学"的最初阶段，道院的苦行及学术性的冥想，仍然继续存在。这些是从中古宗教时期接受过来的。不过就一般而论，理智自由精神已经产生了许多敌对的思想派别，而其中有几派，曾经较为彻底地脱去了中古势力的牢笼。推想已变为有条理得多，科学化得多；道德教训也变得更人道些，更合理些。

十二世纪中，朱熹学派曾特别注重对于知识采取唯理主义的态度。这一派的口号是："致知在格物"。主张"今日格一物，明日格一物""主于用力之久，而一旦豁然贯通焉，则众物之表里精粗无不到，而吾心之全体大用无不明矣"。

这种严格唯理主义者的精神及方法论，在中国思想里，就产生新的唯理主义。可是因为没有对于自然本身实验及处理的传统和技术，终至于，这种科学的思想，并没有能够产生一种自然科学，可是它的精神，却渐渐在历史及哲学的研究中被觉察出来了。过去三百年来，它曾经在对于古典著作的研究方面，产生了一个科学的方法论。它曾经展开了对于书本的批评，"高级"的批评，以及对于古代著述的哲学态度。那些图谋推翻传统注疏的学者们，现在却选了一个新的工具，这就是一个新的方法论。这样，他们可以凭借历史的证据及演绎的推理法，去扫除一切主观的解释，和传统的权威。固有的唯理主义，现在变成科学性的了。而理智自由的精神，也就寻到了一个有力的武器。

我将再叙述两个轶事，以结束这个简略的中国思想史叙述。中国现存的最老哲学家吴敬恒，曾经告诉我一个故事。他早年的时候，去见江阴南菁书院的山长黄以周。当他走进山长室时，他看见墙上挂着山长自己用大字泼笔写着的对联。那对联上八个字说："实事求是，莫作调人。"

数年前，当我浏览我父亲未刊行的著作时，我寻到七十年前他在上海龙门书院所做的许多卷札记。每页顶上都用红字印着一段格言。其中一部分说："学生研究任何题目时，都必须有先用怀疑的精神。"

以怀疑态度研究一切：实事求是，莫作调人。这就是那些中国思想家的精神，他们曾使中国理智自由的火炬，永远不熄。也就是这个精神，方使中国的思想家们，在这个新世界上，新时代中，还觉应完全的自如与合适。

（英文稿原载 1942 年 10 月《亚细亚杂志》第 42 卷第 10 期）

曹魏外官的"任子"制

　　曹操、曹丕用欺诈建国，用"校事"官来侦察吏民，用"任子"制来牵制外郡疆吏。这种政制的中心是一种猜疑的态度。曹操虽多猜忌，还有时故意做出大度的行为。曹丕的气度更狭窄，他对他自己的弟兄都绝不信任，用种种刻薄的手段来制裁监视他们。所以他对外人，更多猜忌，更用监视牵制的手段。"校事"之制，在黄初初年"举吏民奸罪以万数"（见《高柔传》），其监察侦探之严刻可想。

　　此外，又有重要州郡外官必须留儿子在京师，作为押质，名为"任子"。汉朝所谓"任子"，是二千石以上官的一种权利，"吏二千石以上视事满三年者，得任同产若子一人为郎"。《汉书》颜师古注云，"任者，保也"。保是保举。曹魏的"任子"是外官送儿子去作押品，这"任"字是一种责任，一种担负。读史者不明曹魏"任子"的特殊意义，故不注意这制度的残酷性质。《魏志》说此制最明白的是《王观传》（卷二十四）：

　　　　文帝践阼，（观）……出为南阳，涿郡太守。……明帝即位。下诏书使郡县条为"剧""中平"。主者欲言郡为"中平"。观教曰："此郡（涿郡）滨近外虏，数有寇害，云何不为'剧'郡？"主者曰，"若郡为'外剧'，恐于明府有任子。"观曰,"夫君者,所以为民也。今郡在'外剧',则于役条当有降差。岂可为太守之私而负一郡之民乎?"遂言为"外剧"郡。后送"任子"诣邺。时观但有一子,而又幼弱。其公心如此。

试看《魏志》第二十八卷里造反的诸大将,无不有任子在邺都或洛阳的,王凌要起兵,先遣舍人到洛阳通告他的儿子王广。毋丘俭要起兵,先通知在京师的儿子毋丘甸,甸带了家属私逃到新安灵山上,后来也被捉来杀了。邓艾死时,"余子在洛阳者悉诛"。最可注意的是钟会。钟会没有儿子,他养"兄子毅"为子,留在京师为任子,后来也被杀了。《会传》云:

> 初文王(司马昭)欲遣会伐蜀,西曹属邵悌求见,曰,"今遣钟会率十余万众伐蜀。愚谓会单身无重任,不若使余人行"。
>
> 文王笑曰:"我宁当复不知此邪?……灭蜀之后,……若作恶,只自灭族耳。卿不须忧。此慎莫使人闻也。"

钟会"单身无重任",就是说他没有亲生的儿子,没有重要的担保物。若不明"任子"之制,此语就不可懂了。

三十二,六,二十三

曹操创立的"校事"制

曹操创立"校事"之官，最近于后世所谓"特务政治侦探"。故略考其制度。

鱼豢《魏略》云：

> 抚军都尉，秩比二千石。本校事官。始太祖欲广耳目，使卢洪赵达二人主刺举，多所陷入。故于时军中为之语曰：
>
> 不畏曹公，但畏卢洪。
>
> 卢洪尚可，赵达杀我。

后达竟为人迫死。（《御览》二四一引《魏略》）

《魏志》（十四）《高柔传》云：

> （柔）复还为法曹掾。时置校事卢洪赵达等，使察群下。柔谏曰："设官分职，各有所司。今置'校事'，既非居上信下之旨，又达等数以憎爱擅作威福，宜检治之。"
>
> 太祖曰，"卿知达等恐不如吾也。要能刺举而办众事。使贤人君子为之，则不能也。昔叔孙通用群盗，良有以也。"
>
> 达等后奸利发，太祖杀之，以谢于柔。

但"校事"的制度还是继续存在的。《高柔传》又说：

文帝践阼，以柔为治书侍御史，赐爵关内侯，转加治书执法。……

校事刘慈等，自黄初初（220—222）数年之间，举吏民奸罪以万数。柔皆请惩（征？）虚实。其余小小挂法者，不过罚金。

同传又说：

明帝即位（227）。……时猎法甚峻。宜阳典农刘龟窃于禁内射兔，其功曹张京诣校事言之。帝匿京名，收龟付狱。柔表请告者名。帝大怒曰，"……吾岂妄收龟耶？"柔曰，"廷尉，天下之平也。安得以至尊喜怒而毁法乎？"重复为奏。……帝意寤，乃下京名。即还讯，各当其罪。

鱼豢《魏略》也说：

沐并，……丞相召署军谋掾。黄初中，为成皋令。校事刘肇出过县，遣人呼县吏，求索藁谷。是时蝗旱，官无有见；未办之间，肇人从入并之阁下，呴呼骂吏。并怒，因蹋履提刀而出，多从吏。并欲收肇。肇觉知驱走，具以状闻。有诏："肇为牧司爪牙吏，而并欲收缚，无所忌惮。自恃清名邪？"遂收，欲杀之。（《魏志》二十三注引）

以上各条，可见文帝明帝时"校事"官的存在，又可见他们的威风可怕。

校事官直到曹氏的大势已崩溃的时候，直到司马懿杀了曹爽一班大臣之后，才因程晓的奏疏，决定废除。《程晓（程昱的孙子）传》中说：

晓，嘉平中（249—253）为黄门侍郎。时校事放横。晓上疏曰："……远览前志，近观秦汉，虽官名改易，职司不同，至于崇上抑下，显明分例，其致一也。初无校事之官干与庶政者也。昔武皇帝大业草创，众官未备，而军旅勤苦，民心不安，乃有小罪，不可不察，故置'校事'，取其一切耳。然检御有方，不至纵恣也。此霸世之权宜，非帝王之正典。其后渐蒙见任，复为疾病，转相因仍，莫正其本，遂令上察宗庙，下摄众司，官无局业，职无分限，随意任情，唯心所适。法造于笔端，不依科诏；狱成于门下，不顾覆讯。其选官属，以谨慎为粗疏，以谄词为贤能。其治事，以刻暴为公严，以循理为怯弱。外则托天威以为声势，内则聚群奸以为腹心。大臣耻与分势，含忍而不言；小人畏其锋芒，郁结而无告。至使尹摸（此事不见《魏志》。参看《晋书·何曾传》。摸《晋书》作模。）公于目下肆其奸慝。罪恶之著，行路皆知。纤恶之过，积年不闻。……今外有公卿将校总统诸署，内有侍中尚书综理万机，司隶校尉督察京辇，御史中丞董摄宫殿：皆高选贤才，以充其职；申明科诏，以督其违。若此诸贤尤不足任，校事小吏益不足信。若此诸贤各思尽忠，校事区区亦复无益。若更高选国士，以为校事，则是中丞司隶重增一官耳。若如旧选，尹摸之奸今复发矣，进退推算，无所用之。……若使政治得失必感天地，臣恐水旱之灾未必非校事之由也。曹共公远君子，近小人，国风托以为刺。卫献公舍大臣，与小臣谋，定姜谓之有罪。纵令校事有益，以礼义言之，尚伤大臣之心。况奸回暴露而复不罢，是衮阙不补，迷而不返也。"

于是遂罢校事官。（《魏志》十四，《程昱附传》）

　　总计"校事"官的存在约有五十年的历史。曹操曹丕用这制度来侦察反动，剪除异己。但后来校事官虽然仍旧存在，仍旧"放横"，然而司马氏早已抓住大权了，早已得着人心了，曹氏的帝室大权早已倾移了。校事官废除之后，不过十年魏朝就完全倒了。

三十二年六月二十二日

　　《资治通鉴》于吴国校事吕壹一案，记载颇详细（卷七十四）。但《通鉴》不提及魏国的校事制。

三十二年七月一日

孙吴的"校事"制

我曾指出曹魏的"校事"是一种特别政治侦探机关。此制创于曹操。孙权在江南也曾效行，后来废止了；到孙皓时代，又恢复"校事"制。《吴志》里有许多关于"校事"制的材料，我钞在这里。

《陆凯传》（《吴志》十六）有陆凯谏孙皓二十事，其第十八事云：

> 夫校事吏，民之仇也。先帝末年虽有吕壹钱钦，寻皆诛夷，以谢百姓。今复张立校曹，纵吏言事。是不遵先帝，十八也。

孙皓时代的"校事"制，《吴》书记载不详，仅有此条明说孙皓恢复孙权的校事制，又明说"校事吏，民之仇也"。故先列此条为孙吴"校事"制的总纲。此条说孙权时代的"校事"有吕壹钱钦两人。钱钦事似无可考。《吴志》记"校事"各条，都是吕壹的事。《顾雍传》又提及秦博，也无可考。

《孙权传》（《吴志》二）于赤乌元年（238）记着：

> 初权信任"校事"吕壹。壹性苛惨，用法深刻。太子登数谏，权不纳。大臣由是莫敢言。后壹奸罪发露，伏诛。权引咎责躬，乃使中书郎袁礼告谢诸大将，因问时事所当损

益。礼还，复有诏责数诸葛瑾，步骘，朱然，吕岱等，曰：

> 袁礼还，云与子瑜（瑾）子山（骘）义封（然）定公相见，并以时事当有所先后，各自以不掌民事，不肯便有所陈，悉推之伯言（陆逊）承明（潘浚）。伯言承明见礼，泣涕恳恻，辞旨辛苦，至乃怀执危怖，有不自安之心。闻此怅然，深自刻怪。何者？夫惟圣人能无过行，明者能自见耳。人之举厝，何能悉中？独当己有以伤拒众意，忽不自觉，故诸君有嫌难耳。不尔，何缘乃至于此乎？自孤兴军五十年，所赋役，凡百皆出于民。天下未定，孽类犹存；士民勤苦，诚所贯知。然劳百姓不得已耳。与诸君从事，自少至长，发有二色，以谓表里足以明露，公私分计足用相保，尽言直谏，所望诸君。拾遗补阙，孤亦望之。……诸君与孤从事，虽君臣义存，犹谓骨肉不复是过。荣福喜戚相与共之。忠不匿情，智无遗计。事统是非，诸君岂得从容而已哉？同船济水，将谁与易？齐桓，诸侯之霸者耳，有善，管子未尝不叹，有过，未尝不谏。谏而不得，终谏不止。今孤自省无桓公之德，而诸君谏诤未出于口，仍执嫌难。以此言之，孤于齐桓良优，未知诸君于管子何如耳！

> 久不相见，因事当笑，共定大业，整齐天下，当复有谁？凡百事要，所当损益，乐闻异计，匡所不逮。

此段文字可以使我们想像当日"吕壹事件"的严重。吕壹已死，孙权派袁礼去访问各大将，征求他们的意见，而各大将还不敢说话，都向兼掌民事的两位大臣（陆逊、潘浚）身上推托。孙权自己也感觉这情形的可虑，所以写这道恳切悔过的手诏给各大将。孙权肯这样自责，究竟不失为一个豪杰。

孙权手诏自责一件事，陆逊、潘浚、诸葛瑾三人传中都提及，也可见其重要性。今杂采各传所记"校事"吕壹的事迹，记在这里：

吕壹的本官是中书，"校事"是他的兼职。中书是君主的秘书。东汉自光武以后不设丞相，三公的地位虽高，而实权在尚书。曹操作丞相魏公魏王时，置秘书令丞，典尚书奏事，就把汉廷的尚书的实权拿过来，放在丞相之下了。曹丕做了皇帝，改秘书为中书，以刘放为中书监，孙资为中书令。从此以后，中书遂成了要官。孙权虽有丞相，政权也在中书，这也是模仿魏制的一点。中书是君主的秘书省，当然对外面的将相有疑忌的态度。"校事"之制，是采取曹魏的"校事"官，而附属在中书。故《顾雍传》（《吴志》七）说：

> 吕壹秦博为中书，典校诸官府及州部文书。

《步骘传》（《志》七）也说：

> 中书吕壹典校文书，多所纠举。

《陆逊传》（《志》十三）也说：

> 中书典校吕壹窃弄权柄，擅作威福。

《是仪传》（《志》十七）称

> 典校郎吕壹。

但"校事"本是钞袭魏国的旧制，故吴人也往往省称此官为"校事"。故《孙权传》与《陆凯传》都称"校事"，《潘浚传》（《志》十六）也称校事吕壹操弄权柄。

总合以上各传看来，这个官的全名大概叫做"中书典校郎"，或称"典校诸官府及州部文书事"。省称为"校事"。

《诸葛恪传》（《志》十九）说：

孙权死后（252），太子亮即位，恪更拜太傅。于是罢视听，息校官，原逋责，除关税，事崇恩泽，众莫不悦。

"校官"即是典校事的官。"视听"即是"校事"的工作，即是现代话的"侦探"。《资治通鉴》卷七十五记此事，"罢视听，息校官"下，胡三省注云：

吴主权置校官，典校诸官府及州郡文书，专任以为耳目。今"息校官"，即所谓"罢视听"也。

胡注是不错的。

《顾雍传》说：

雍代孙邵为丞相。……久之，吕壹秦博为中书，典校诸官府及州部文书。壹等因此渐作威福，遂造作榷酤障管之利，举罪纠奸，纤介必闻。重以深案丑诋，毁短大臣，排陷无辜。雍等皆见举白，用被谴让。

《潘浚传》（《志》十六）说：

时校事吕壹操弄威柄，奏按丞相顾雍，左将军朱据等，皆见禁止。

朱据"尚公主"，是孙权的女婿。吕壹可以攀倒顾雍朱据，可见他的威风真是无比的了。

顾雍一案的下落，详见《潘浚传》：

> 黄门侍郎谢厷语次问壹："顾公事何如？"壹答："不能佳。"厷又问："若此公免退，谁当代之？"壹未答厷，厷曰："得无潘太常得之乎？"（吴制，丞相之下即为太常。顾雍亦是由太常为丞相。）壹良久曰："君语近之也。"厷谓曰："潘太常常切齿于君，但道远无因耳（浚驻武昌）。今日代顾公，恐明日便击君矣。"壹大惧，遂解散雍事。

顾雍是文官作丞相，所以吕壹不怕他。潘浚有兵权，所以吕壹不愿意他来作丞相。浚传又说：

> 浚求朝，诣建业，欲尽辞极谏，至，闻太子登已数言之，而不见从。浚乃大请百寮，欲因会手刃杀壹，以身当之，为国除患。壹密闻知，称疾不行。浚乃进见，无不陈壹之奸也。由此壹宠渐衰，后遂诛戮。权引咎责躬，因诮让大臣，语在权传。

《陆逊传》（《志》十三）说：

> 时中书典校吕壹窃弄权柄，擅作威福。逊与太常潘浚同心忧之，言至流涕。后权诛壹，深以自责，语在权传。

这两个握兵权的大将都无法对付吕壹，只能"言至流涕"！

《是仪传》（《志》十七）记刁嘉一案：

> 典校郎吕壹诬白故江夏太守刁嘉谤讪国政。权怒，收嘉系狱，悉验问时同坐人。皆怖畏壹，并言闻之。仪独云无闻。于是见穷结累日，诏旨转厉，群臣为之屏息。仪对

曰，"今刀锯已在臣颈，臣何敢为嘉隐讳，自取夷灭？……
顾以闻知当有本末，据实答问。"辞不倾移。权遂舍之，嘉
亦得免。

"谤讪国政"正是特别政治侦探的主要目标。

《是仪传》又说：

> 吕壹白将相大臣，或一人以罪闻者数四，独无以白仪。

这可见"校事"的工作是报告将相大臣的罪过。

《步骘传》（《志》七）说：

> 中书吕壹典校文书，多所纠举。骘（时为骠骑将军，都
> 督西陵）上疏曰："伏闻诸典校挢抚细微，吹毛求瑕，重案
> 深诬，趋欲陷人，以成威福。无罪无辜，横受大刑。使民跼
> 天蹐地，谁不战慄？……"又曰："天子父天母地，故宫室百
> 官动法列宿。若施政令钦顺时节，官得其人，则阴阳和平，
> 七曜循度。至于今日，官寮多阙，虽有大臣，复不信任。如
> 此，天地焉得无变？故频年枯旱，亢阳之应也。又嘉禾五年
> （236）五月十四日，赤乌二年（239）正月一日及二十七日，
> 地皆震动。地，阴类，臣之象。阴气盛，故动，臣下专政之
> 故也。夫天地见异，所以警悟人主，可不深思其意哉？"

> 又曰："丞相顾雍，上大将军陆逊，太常潘浚，忧深责
> 重，志在竭诚，夙夜兢兢，寝食不宁，念欲安国利民，建长
> 久之计。……宜各委任，不使他官监其所司，责其成效，课
> 其负殿。此二臣者，思虑不到则已，岂敢专擅威福欺负所天
> 乎？"又曰："县赏以显善，设刑以威奸，任贤而使能：审

明于法术，则何功而不成？何事而不办？何听而不闻？何
视而不睹哉？若今郡守百里皆各得其人，共相经纬，如是，
庶政岂不康哉？窃闻诸县，并有备吏，吏多民烦，俗以之
弊。但小人因缘衔命，不务奉公，而作威福，无益视听，更
为民害。愚以为可一切罢去。"权亦觉悟，遂诛吕壹。

步骘的奏疏使我们知道"校事"之制起于不信任将相大臣，所以
要派"他官监其所司，责其成效，课其负殿"。内则丞相顾雍，
外则陆逊潘浚，都受这种监视。此疏又可使我们知道"校事"的
专员分布在各郡县，故说"诸县并有备吏，……无益视听，更为
民害"。"视听"就是"包打听"。

《孙权传》记吕壹被诛杀及孙权的责己手诏，都在赤乌元年
（238），故《资治通鉴》（卷七十四）记此两事也系在此年（即
魏景初二年）但步骘疏中提到赤乌二年正月的两次地震，可见
吕壹之死决不在赤乌元年，至早要移在赤乌二年正月以后。孙
权诏中有"自孤兴军五十年"的话，孙权生于汉灵帝光和五年
（182）孙坚起兵讨董卓，那时孙权只九岁（190）。孙策平定江
东时，他十五岁（196），作阳羡长；后来作奉义都尉，从孙策
征刘勋，征黄祖，那时他十八岁（199）。次年，孙策死了，他接
他的事，那时他十九岁（200）。就从他十五岁（196）计算起，
到赤乌二年（239），也只有四十三年。（那时他五十八岁）。大
概他从他父亲孙坚起兵时算起，才有"五十年"的约数。责己诏
中提及潘浚，浚死在赤乌二年。故孙权杀吕壹，下诏自责，都在
赤乌二年的下半。《孙权传》与《资治通鉴》都错了一年。

吕壹的倒败被杀，是由于朱据一案。《朱据传》（《志》
十二）说：

黄龙元年（229）权迁都建业，征据尚公主，拜左将军，封云阳侯。……嘉禾中，始铸大钱，一当五百。后据部曲应受三万缗。工王遂诈而受之。典校吕壹疑据实取，考问主者，死于杖下。据哀其无辜，具棺敛之。壹又表据吏为据隐，故厚其殡。权数责问据，据无以自明，藉草待罪。数月，典军吏刘助觉言王遂所取。权大感寤，曰，"朱据（他的女婿）见枉，况吏民乎？"乃穷治壹罪。赏助百万。

《顾雍传》记吕壹的下场情形如下：

后壹奸罪发露，收系廷尉。雍往断狱，壹以囚见。雍和颜色，问其辞状。临出。又谓壹曰，"君意得无欲有所道？"壹叩头无言。

时尚书郎怀叙面詈辱壹。雍责叙曰，"官有正法，何至于此？"（顾雍死在赤乌六年十一月。）

《阚泽传》（《志》八）说：

初以吕壹奸罪发闻，有司穷治，奏以大辟。或以为宜加焚裂，用彰元恶。权以访泽，泽曰，"盛明之世不宜复有此刑。"权从之。

吕壹死在赤乌二年（239）。此后十多年中，"校事"制还继续存在。直到孙权死后（252），诸葛恪当政，才"罢视听，息校官"。废止十二年之后，孙皓即位（264），又恢复"校事"制。

三十二，七，一——二

读陈垣《史讳举例》论汉讳诸条

我写了《两汉人临文不讳考》，寄给王重民先生，请他用国会图书馆中藏书，代我一校；并请他把陈垣先生的《史讳举例》寄给我重读一遍。昨天收到《史讳举例》，翻读一遍，写这篇札记。

此书第一章《避讳改字例》有足助证我说的材料甚多。如云：

> 张迁碑"诗云旧国，其命维新"。开母庙石阙以开为启。则避讳改字之见于见存汉碑者。然《隶释》引汉石经《尚书》残碑，保字志字仍不避，其它东汉碑中之邦、盈、恒、启等字尤数见。犹可谓建武以前亲尽不讳也。今将建武以后诸讳字之见于见存诸碑者列下：
>
> A 建宁四年孔霆碑"睿其玄秀"。光和四年逄盛碑"苗而不秀"。中平五年张纳功德叙"旌甄秀异"。是不避秀。
>
> B 和平元年严䜣碑"兆自楚莊"。延熹三年孙叔敖碑"莊王置酒以为乐"。中平元年郭究碑"严莊可畏"。是不避莊。
>
> C 延熹六年薛君碑"我君肇祖"。建安十年樊敏碑"肇祖宓戏"。是不避肇。
>
> D 元嘉元年丁鲂碑"隆平"。永寿二年韩勑碑"袁隆"。光和二年华山亭碑"大华优隆"。是不避隆。

E 建宁二年史晨奏铭"玄德焕炳"。是不避炳。

F 熹平四年帝尧碑"缵尧之绪"。熹平六年尹宙碑"克缵祖业"。中平三年张迁碑"缵戎鸿绪"。是不避缵。

G 建宁四年刘修碑"志曒拔葵"。熹平三年娄寿碑"岐嶷有志"。中平二年曹全碑"先意承志"。是不避志。

H 建宁元年衡方碑"揽英接秀""肇先盖尧之苗""□隆宽懔""保障二城"。于秀、肇、隆、保四字皆不避。

则汉时避讳之法亦疏。六朝而后,始渐趋严密耳。

马衡曰,"闻母庙阙,亦庙名因避讳而改,后人因之,非书碑者避讳改字也"。然则张迁碑之"诗云旧国"亦所据传本如此,非书碑时避讳所改。

陈垣先生依据这些汉碑材料,也应该可以得到"两汉人临文不讳"的结论。有些时候,陈先生的结论与此甚相近,如云:

> 然《史记》《汉书》于诸帝讳,有避有不避。其不避固有由后人校改,然以见存东汉诸碑例之,则实有不尽避者。大约上书言事不得触犯庙讳,当为通例;至若临文不讳,诗书不讳,礼有明训,汉时近古,宜尚自由,不能以后世之例绳之。(卷八页八三)

又云:

> 汉宣帝元康二年诏曰:"闻古天子之名难知而易讳也。今百姓多上书触讳以犯罪者,朕甚怜之。其更讳'询',诸触讳在令前者,赦之"。此上书不得触讳之说也。灵帝时诸碑,远不避光武讳,近不避桓帝讳。此临文不讳之说也。(同上)

在这几条里，陈先生的结论很近于我的结论。他用灵帝时诸碑作证，可与我用蔡邕碑文的诸例互相印证。他不完全主张汉人临文不讳，但他承认"临文不讳，诗书不讳，礼有明训，汉时近古，宜尚自由，不能以后世之例绳之"。

陈先生深知古今避讳有宽严之别，故他主张"不得因有避讳字而遽下断语"（页八十）。例如洪迈《容斋随笔》疑扬雄《方言》为伪书，其言曰："雄答刘歆书，称庄君平为严君平，汉讳'莊'，故改曰严。《法言》于'莊'不讳，此何独讳"？陈先生引戴震《方言疏证》的话说："洪迈不知本书不讳，而后人改之者多矣，此书下文'蜀人有杨莊者'，不改莊字，独习熟于严君平之称而妄改之"（页八十），陈先生又引《四库全书》《汉隶字原》考证，因武梁祠堂画像有题"鲁莊公"的，遂疑"此祠乃武梁先世，非武梁也"（武梁碑立于桓帝元嘉元年，四库馆臣疑祠画像作于明帝以前）。陈先生说：

> 东汉碑不避"莊"字者多矣，因碑有"莊"字而疑为明帝以前所立，甚不稳也。（页八一）

他这种结论，我完全赞同。

顾炎武《日知录》（二十三）说：

> 李陵诗，"独有盈尊酒"，枚乘《柳赋》，"盈玉缥之清酒"，又诗，"盈盈一水间"。二人皆在武昭之世，而不避讳，又可知其为后人之拟作，而不出于西京矣。

陈垣先生评此条云：

> 然以汉碑临文不讳之例例之，不能遽断为伪撰。（页七七）

这也是我赞同的态度。

但陈垣先生不肯坚决的主张汉人临文不讳的结论,故全书中对此点颇多矛盾的见解。例如他说:

> 六朝以前,避讳之例尚疏,故马班之于汉讳,陈寿之于晋讳,有避有不避。然其间亦有后人回改者。

> 《史记·周本纪》"邦内甸服,邦外侯服",《封禅书》"五岳皆在天子之邦",犯高帝讳。《殷本纪》"盈巨桥之粟",《乐书》"盈而不持则倾",犯惠帝讳。《封禅书》"北岳,恒山也",《田齐世家》"以为非恒人",犯文帝讳。《夏本纪》及《殷本纪》《孝文本纪》《燕世家》等皆有启字,犯景帝讳。此非避讳未尽,即后人以意改易者也。(页五六)

他又说:

> 《史记·高祖纪》于孝惠不书名。《文帝纪》于景帝不书名。乃文帝名再见于高帝纪,一见于吕后纪。此必后人所加。《景帝纪》"四年立皇子彻为胶东王""七年立胶东王为皇太子,名彻"。亦后人所加。(页六九)

他提出的三项解释,——①避讳未尽,②后人所加,③后人以意改易,——都得先假定司马迁的《史记》确是有意避讳。但我们并不能成立司马迁避讳的通则。陈先生举的两个例子,一为《高祖纪》称孝惠而不书名,一为《文帝纪》于景帝不书名。试检原文,《高祖纪》说:

> 吕公女乃吕后也,生孝惠,鲁元公主。

下文说:

> 令（老父）相两子。见孝惠曰，"夫人所以贵者，乃此男也"。相鲁元，亦皆贵。

下文说：

> 汉王……使人求家室，家室亦亡，不相得，败后乃独得孝惠。六月，立为太子。

这些地方，文字上没有单举"子盈"，而不并举鲁元公主的名字的可能。史家既不知公主之名，故不能不并举男女两人的谥法了。这是文法上的需要，不是有意避讳。第二个例也不能证《文帝纪》是有意避景帝之名。原文是：

> 正月，有司言……请立太子。上曰，……是重吾不德也。谓天下何？其安之。有司曰，豫建太子所以重宗庙社稷，不忘天下也。上曰，……楚王，季父也。……吴王于朕兄也。……淮南王，弟也。……今选举焉，而曰必子，人其以朕为忘贤有德者而专于子，非所以忧天下也。朕甚不取也。有司皆固请曰，……立嗣必子，所从来远矣。……更议不宜。子某最长，纯厚慈仁，请建以为太子。上乃许之。

这是全载当时朝廷大臣的建议和文帝的答辞，所以我们不能依据"子某最长"一句直接引语，遂以为有意避讳。

前汉文字中不避帝讳的例子太多了。《史记》里不避邦字，盈字，恒字，启字的例子也太多了，我们不能不承认《史记》"临文不讳"是通则。

陈先生又举了《汉书》犯帝讳的许多例子（页五六）。其中关于不避前汉帝讳诸例，陈先生自己也曾说过"建武以前，亲尽不讳"（页一）；段玉裁也有这样的说法，我们可以不必再讨论了。《汉书》中不避东汉诸帝讳诸例，陈先生举出这些：

> 《楚元王传》，"歆以建平元年改名秀"，犯光武讳。《高帝纪》有莊贾，项莊；《地理志》"莊公破西戎"，《艺文志》有莊子、莊夫子、莊助、莊安、莊忽奇；《郑当时传》莊字三见；《南粤传》莊字一见；《西南夷传》莊字三见；《叙传》莊字一见，犯明帝讳。非后人改易，即元文避讳有未尽。（页五六，参看页四十）

陈先生在别处（页四十）也说：

> 盖莊为汉讳，故列传改作严助、严安，严忽奇、严奇，志之或莊或严，则录自《七略》，避改有未尽，或后人回改也。

陈先生又指出：

> 《汉书·叙传》称莊子为严子，又称"老严之术"，盖避汉明帝讳。（页二四）

我们看《汉书》列传把莊助改作严助，莊安改作严安；又看《叙传》里称"严子""老严之术"；又看《王莽传》始终称刘歆，而不称刘秀。这都可表示班固作《汉书》时确曾有意避东汉的帝讳。这是《汉书》与《史记》不同之处。但《汉书》避讳与不避讳的诸例也正可以证明当时"临文不讳"的自由：他们可以自由避讳，也可以自由不避讳。例如《楚王传》尾说刘歆改名刘秀，此处非直用"秀"字不可，故有意不避讳。《王莽传》记西门君惠一案，其关键正在"刘秀作天子"的谶记，但传文记君惠的话，只说"刘氏当复兴，国师公姓名是也"。前者是有意不避讳，后者是有意避讳。《汉书·郑当时传》更可以证明这一点。郑当时字莊。《汉书》此传全钞《史记》文，大可以全删"莊"字。然而《史记》此传用"莊"字十六次，其中十三处，班固都改了"当时"，为什么他偏偏留下三处"莊"字不改呢？这三个"莊"字不是"避讳有未尽"，也不是"后人改易"，都是有意的不改：

> 郑当时，字莊。
>
> 诸公以此翕然称郑莊。
>
> 上曰，"吾闻'郑莊行千里不赍粮'。治行者何也？"

诸公敬重他，故称他的字"郑莊"；甚至于皇帝也知道外边有"郑莊行千里不赍粮"的口号（莊粮为韵）。这两处都根据于他"字莊"一点。故《汉书》改了《史记》此传的十三个"莊"字，却不能不留这三个"莊"字。这是有意的避讳，也正是有意的不避讳，更可注意的是《汉书·叙传》上文明明改莊子为严子，改老莊为老严，而下文叙《郑当时传》，又说：

> 莊之推贤，于兹为德。

莊子改严子是有意的避讳，而叙郑当时仍称"莊"，又是有意的不避讳。

我们必须明白，这些有意不避讳的地方正是当时文人史家可以"临文不讳"的铁证。这些例子都以使我们明白当时临文不讳的自由的性质。因为临文不讳，故有意的避讳只是特别表示敬意，而有意的不避讳才是实行这不讳的自由。故陈先生列举的三项解释都不够说明这些例子。

关于两汉文献的避讳问题，我们可以确定的，有这几点：

① 两汉人确能"临文不讳，诗书不讳"。

② 两汉人确能"不讳嫌名"。

③ 所谓不讳，谓"不讳见在之庙"。

④ 所谓不讳，并包见在的君主。

但"言事不讳"一项，似乎有前汉与后汉不同的制度，宣帝元康二年诏曰："今百姓多上书触讳以犯罪者，朕甚怜之。其更讳询（宣帝原名病已，是两个最普通的字，故改名。大概当时不行"二名不偏讳"之说，故多触讳犯罪的）。诸触讳在令前者，赦之。"陈先生因此说："大约上书言事不得触犯庙讳，当为通例。"（适按，宣帝诏书似指他本人之名，似不当解作"庙讳"。否则自己改名并不足解除困难。）总之，那时曾有上书不得触讳的禁令，并且曾有上书触讳而犯罪的许多人，这是无可疑的。那么，王肃何以敢说"案汉氏不名讳，常曰，臣妾不得以为名字，其言事不讳"呢？王肃和他父亲王朗都是经学大师，他自己更是礼学专家。他生在汉献帝初年，死在魏甘露元年（西历256），去汉亡（220）不过三十多年。他的《讳议》作于魏明帝景初三年（239），去汉亡不过二十年。他说汉朝的制度，够得上做一个当时的证人，应该比较可信。况且他说的"诗书临文庙中不讳"，我们研究《史记》《汉书》，西汉韦孟的诗，东汉王充的《论衡》，许慎的《说文》，汉灵帝时的许多碑文，都已得着无疑的证明了。所以我疑心王肃说的"汉氏不名讳（这是说，不用讳字为名），常曰，臣妾不得以为名字，其言事不讳"，大概真是叙述后汉的法令，不过我们现在没有别种文献可以依据，只能承认王肃的话是一个"当时证人"的话，相当可以信任的了。

王肃的话如果可以代表后汉的法令，那么"言事不讳"一项也就不算是和宣帝元康二年的诏书相冲突了。那么后汉的书卷碑版里那样完全不避讳的自由，我们也更可以充分了解了。

　　陈先生这书里论汉讳的各节，还有几个小点，似乎可以修正。

　　① 他接受段玉裁的说法，说《说文》于光武，明帝，章帝，和帝，安帝五个名字，皆"注曰上讳，空其字不注"（页二），这一点我曾说过，是不可通的。《说文》原文并不是"空其字"，只是单举篆文，称"上讳"而已。最有力的反证是《说文》禾部艸部各字用的许多"秀"字，这些"秀"字决没有"空其字"的道理。

　　② 他据《隶释》所引汉石经残碑的《论语》《尚书》的邦字多改为国，说是避汉讳（页十三）。石经成于熹平时，其时无仍避高祖名讳的风气，这是《汉书》《说文》和现存汉碑都能证明的。石经的改邦为国，正如《张迁碑》的"诗云旧国"，正是陈先生说的"亦所据传本如此，非书碑时避讳所改"（页二）。陈先生批评顾炎武论"前代讳"一条，也曾说：

> 　　今考蜀石经《毛诗》残本，……皆仍开成石经元文，未及改正，不足为"忠厚"之证。善于王肃之言曰，"汉元后父名禁，改禁中为省中，至今遂以省中为称，非能为元后讳，徒以名遂行故也"。今俗书玄弘宁贮等字，犹多缺笔，岂为清讳？因仍习惯，视为固然，忘其起于避讳矣。（页五一——五二）

蜀石经如此，熹平石经也是如此。经文改邦为国，其始固起于避讳，后来因袭为固然，并非蔡邕诸人在东汉之末仍避高祖讳也。

　　③ 陈先生曾指出（页十八）《史记·李斯传》有韩谈，《滑

稽传》有"谈言微中",《司马相如传》有"因斯以谈",皆不讳"谈"字。但他仍信旧说,说太史公父名谈,故《史记·赵世家》改张孟谈为张孟同,《佞幸传》改赵谈为赵同(页十七)。其实前者正足以证明后者是后人妄说,谈之作同,正如《莊子·天下》篇的桓团在《列子·仲尼》篇成了韩檀,不足为司马迁避家讳之证。汉代文人并无临文避讳的风气。班固《叙传》直称班彪,正是明证。

④ 最后,陈先生论"非避讳而以为避讳"一章,引沈兼士先生说云:

> 考两汉诸帝避讳所改之字,皆为同义互训,而无一音近相转者,《古今注》谓殇帝讳隆之字曰盛,是也,《汉书·地理志》,隆卢,应劭注,避殇帝改名林虑。疑非事实。盖隆虑之作林虑,亦犹《毛诗》隆衡之作临衡,皆是双声转语,恐无关于避讳也。(页六五)

沈先生之说,如果是确的,也可以助证上条"谈"改为"同"不是避讳。但沈先生论林虑一条似不确,他只检《地理志》,而未检《后汉书·郡国志》。《郡国志》明说,"林虑,故隆虑,殇帝改"。《郡国志》的底本是顺帝时的官书,故户口数以顺帝永和五年的户口为准,而郡国县邑的分置,也仅"至于孝顺"。其时去殇帝时甚近,似是可信。应劭注前书,似是依据当时官书也。

卅二,七,卅一夜

两汉人临文不讳考

今人避讳，更急于古。（《颜氏家训》）

两汉的君主名字究竟是如何讳避的？当时尊重的《礼经》里说的"诗书不讳，临文不讳"，究竟能不能实行？后世的严格避讳的标准，究竟能不能适用到两汉文献的研究？近世学者曾试用避讳来考订汉人作品的年代，这方法究竟有几分可靠性？

许慎《说文解字》示部的第一个字是这样的：

祜　上讳

徐锴说：

臣锴按此字后汉安帝名。臣不可议君父之名，故言"上讳"。又按前汉诸庙讳，慎皆议而不阙。此盖彼时之制，臣所不能测知。

徐锴的话最为谨慎有分寸。《说文》称"上讳"的字只有五个：禾部的秀（光武帝名），艸部的莊（明帝名），火部的炟（章帝名），戈部的肈（和帝名），示部的祜，都是后汉最早五帝之名。而前汉诸帝之名，如邦字，盈字，恒字，启字，彻字，骜字，欣字，衎字等，《说文》"皆议而不阙"。所以徐锴归纳起来说，许慎于后汉诸帝之名，其字皆"不解说而最在前"（此莊字下锴

308

说。最在前，如祜字在示部最前，莊字在艸部最前）；但前汉诸帝名，则"皆议而不阙"。

段玉裁就不能这样谨慎了。他在"祜"字下注云：

> 言"上讳"者五……秀，莊，炟，肇，祜。……殇帝（和帝之后，安帝之前）名隆，不与焉。伏侯《古今注》曰，"隆之字曰盛"，亦当言"上讳"，明矣。而《五经异议》云，"汉幼小诸帝皆不庙祭，而祭于陵"。既不庙祭矣，则不讳可知。此许冲奏上时于隆字不曰"上讳"所由也（许慎病时，其子许冲奏上《说文》，在建光元年，西历121）。讳止于世祖者？《记》曰："既卒哭，宰夫执木铎以徇于宫曰：'舍故而讳新'。""故"谓高祖之父当迁者。杜预亦言，"自父至高祖，皆不敢斥言"。计许君卒于恭宗（安帝）已后，自恭宗至世祖适五世。世祖已上，虽高帝不讳。盖汉制也。

段玉裁归纳到"讳尽于五世"的一条"汉制"，又说"世祖已上，虽高帝不讳"。后一条，《说文》可证。前一条则还不能确定。因为安帝到世祖恰恰止有五世，我们不知第六世顺帝时是否就不讳"秀"字了。故我们至多可以说，依《说文》称"上讳"之例，后汉人避讳似乎"止于世祖"，世祖以上，"虽高帝不讳"。

避讳的方法是怎样的呢？

徐锴说，许慎于后汉诸帝讳皆"不解说而最在前"。段玉裁说："此书之例，当是不书其字，但书'上讳'二字。书其字则非讳也。今本有篆文者，后人补之。不书，故其话训形声俱不言"。

但许氏在"莊"字下云：

> 莊，上讳。㽵，古文莊。

309

段氏武断的说：

> 莊字篆文本不书。今书之者，后人补也。然则录古文，
> 注之曰"古文莊"，亦恐后人之所加。

段氏之说不免是用后世避讳之例来推测《说文》。其说在情理上
实在讲不通。例如禾部有：

> 秀，上讳。
>
> 稼，禾之秀实为稼。
>
> 采，禾成秀，从禾，爪声（此依徐锴。段本改作"采，
> 禾成秀，人所收者也。从爪禾"）。穗，俗从禾，惠声。

又艸部有：

> 莠，禾粟下扬生莠也，从艸，秀声。
>
> 菋，茅秀也。
>
> 蒹，萑之未秀者。

若依段玉裁之说，这些"秀"字在许慎原文难道都是"不书其字"
吗？何则？"书其字则非讳也"！所以我说段说是说不通的。

我们看上举"秀"字各条，不能不推想后汉学者著书作文大
概能实行"诗书不讳，临文不讳"的礼文。如《说文》原文必
是"祜，上讳"；"肈，上讳"，决无"不书其字"之理，又如
"莊，上讳，奘，古文莊"，亦必是原文如此，正如禾部艸部诸
字《说文》中屡用"秀"字，连段玉裁也不敢坚持"不书其字"
或用代字（如用茂字代秀字）的臆说了。

伏无忌死在桓帝时，他的《古今注》举后汉九帝的名讳和代
字如下：

秀（光武帝名）之字曰茂。

莊（明帝名）之字曰严。

炟（章帝名）之字曰著。

肇（和帝名）之字曰始。

隆（殇帝名）之字曰盛。

祜（安帝名）之字曰福。

保（顺帝名）之字曰守。

炳（冲帝名）之字曰明。

缵（质帝名）之字曰继。

伏侯记此表，亦必守"临文不讳"之礼，直书无讳，决不能"不书其字"。

许慎在安帝时著书可以直书秀，莊，炟，肇，祜等字；伏无忌在桓帝时著书可以直书"保之字曰守，炳之字曰明，缵之字曰继"。这都是"诗书不讳，临文不讳"的明证。

许慎的《说文》，全不避前汉帝讳，这是徐锴、段玉裁都承认的。其实前汉人也都守"诗书不讳，临文不讳"的礼文。司马迁的《史记》的《高祖本纪》在高祖十一年明写着：

分赵山北，立子恒，以为代王。

他在《吕后本纪》也明写着：

高祖八子，……薄夫人子恒为代王。

《高纪》之末，又明写着：

高帝八男……次代王恒……薄太后子。

是他临文不讳文帝之名。《史记·孔子世家》引孔子的话：

> 不愤不启，举一隅不以三隅反，则弗复也。
>
> 弗乎，弗乎？君子病殁世而名不称焉。

启是景帝之名，弗是昭帝之名。司马迁生于景帝中五年（西历前145，此据王国维的考证），昭帝立时，他不过六十岁，也许还生存（王鸣盛说）。即使他不及见昭帝之立，他不讳景帝之名，是无疑的。又《景帝纪》：

> 四年夏，立太子。立皇子彻为胶东王。七年冬，废栗太子为临江王。四月乙巳，立胶东王太后为皇后，丁巳，立胶东王为太子，名彻。

是他不讳武帝之名。以上各例可证司马迁的"临文不讳"。

《汉书·韦贤传》有他的先人韦孟的谏诗，中有"实绝我邦"句，与荒，商，光，同，为韵。又有"我邦既绝""邦事是废"二句。韦孟又有《在邹诗》，有"于异他邦"句，与恭为韵；又有"寤其外邦"句。韦孟为楚元王傅，历事元王子夷王，及孙王戊。戊死在景帝三年（前154）。这可见前汉人"诗书不讳，临文不讳"，故韦孟作诗不讳刘邦之名。

汉人避讳，多依据《曲礼》及《檀弓》论讳的两条经文。《曲礼》说的最详细：

> 卒哭乃讳（郑玄注："生者不相避名。卫侯名恶，大夫有名恶，君臣同名，《春秋》不非"）。礼不讳嫌名。二名不偏讳。逮事父母，则讳王父母：不逮事父母，则不讳王父母。君所，无私讳；大夫之所，有公讳。诗书不讳。临文不讳（郑注："为其失事正"）。庙中不讳。……

《檀弓》说的，可以补充《曲礼》说的：

> 既卒哭，宰夫执木铎以命于宫，曰："舍故而讳新。"
> （郑注："故为高祖之父，当迁者也"。）

《檀弓》又说：

> 二名不偏讳，夫子之母名征在，言在不称征，言征不称在。

这几条都是两汉遵行的避讳的礼文。"不讳嫌名"，故和帝名肇，而不改京兆郡名。故灵帝名宏，而弘农郡名不改，他的儿子少帝被董卓为弘农王。灵帝末年还有司空刘弘。"诗书不讳，临文不讳"，故《史记》不讳高祖以下各帝名，故韦贤作诗不讳"邦"字，故许慎《说文》不讳"秀""莊"等字。

汉朝皇室的宗庙有"亲尽迭毁"之利，故学者又有"舍故而讳新"之说。但"故"到几代以上，则似乎没有定论。《曲礼》明说：

> 逮事父母，则讳王父母；不逮事父母，则不讳王父母。

这明说避讳至多到祖父母为止了。但郑玄注云：

> 此谓庶人。适士以上庙事祖，虽不逮事父母，犹讳祖。

这已是扩充到"庙事"的祖宗了（郑说明是曲说，因为《礼经》《礼记》都是士礼，不是庶人礼）。郑玄注《檀弓》"舍故而讳新"一句，又说：

> 故为高祖之父，当迁者也。

这就是说讳止于高祖，又推上去两代了！

魏王肃有《讳议》，保存在《通典》（一百四）里，其论古代避讳制度，甚有见地。他说：

> 《礼》曰，诗书，临文，庙中皆不讳，此乃谓不讳见在之庙，不谓已毁者也。文王名昌，武王名发。成王时《颂》曰，"克昌厥后""骏发尔私"。箕子为武王陈《洪范》曰，"而邦其昌"。厉王名胡，其子宣王时诗曰，"胡不相畏，先祖于摧！"其孙幽王时诗曰，"哀今之人，胡为虺蜴！"此则诗书不讳明验也。
>
> 案汉氏不名讳，常曰，"臣妾不得以为名字，其言事不讳"，盖取诸此也。
>
> 然则《周礼》，其不讳时，则非唯诗书，临文，庙中，其余皆不讳矣。

王肃建议：

> 今可太祖（曹操）以上，去壝（即是迁庙之祖）乃不讳，讳三祖以下尽亲，如《礼》。唯诗书，临文，庙中，不讳。自此以后，虽百代，如汉故事，臣妾不得以为名字，其言事不讳。……（严可均《全三国文》）

王肃的议论，虽然是说明古制，也可以表示他想正式规定一种宽大的避讳制度。避讳之制，若限于未迁庙的五代，并且见在之庙（五代）也只限于"臣妾不得以为名字"，此外则诗书不讳，临文不讳，庙中不讳，又加上言事不讳，这岂不是差不多等于没有避讳了吗？

以上考证两汉避讳的制度。王肃说的"言事不讳"，其实是

"临文不讳"的一方面。我想更寻一些汉人"临文不讳,诗书不讳"的绝对无可疑的证据。我想到了蔡邕的碑版文字,材料既多,作者的年代又无可疑,并且有几篇还有石刻拓本存在,大可以用来研究这避讳问题,使我们知道汉朝学者是否实行"诗书不讳,临文不讳"的条例,蔡邕生于顺帝阳嘉二年(西历133),死于献帝初平三年(192)。他的碑版文字绝大部分都作于灵帝一朝(168—189)。我现今把蔡邕的碑文中用后汉诸帝名字的文句列为一表如下(用的是严可均《全后汉文·蔡邕集》本):

碑 题	碑文大致年代	引 句	后汉帝讳
周勰碑	桓帝延熹二	亶所谓天民之秀	光武帝名
蔡朗碑	似在桓帝时	栖迟不易其志	桓帝名
又		正于阿保	顺帝名
崔君夫人诔	延熹四	训以柔和,董又严刚。恕不伤爱,喜不乱莊。	明帝名
又		既隆且昌	殇帝名
郭秦碑	灵帝建宁二	保此清妙	顺帝名
东鼎铭	建宁三	保又帝家	顺帝名
胡广夫人灵表	建宁三	失延年之报祜	安帝名
济阳宫碑	无年月	保之无疆	顺帝名
警枕铭	无年月	潜德保灵	又
胡广碑一	熹平元	蹈明德以保身	又
胡广碑二		保兹旧门	又
又		保身遗则	又
又		彪炳其文	冲帝名

（续表）

碑　题	碑文大致年代	引　句	后汉帝讳
又		勋格皇天，泽洽后土。封建南蕃，受兹介祜。	安帝名
胡广碑三		在盈思冲，升隆以顺。	殇帝名
胡广祠堂碑铭		保赖亶叙	顺帝名
又		保公之谟	又
李咸碑	熹平四	名莫隆于不朽	殇帝名
陈球碑	光和二	树□为志	桓帝名
又		休休之志	又
又		秉心之隆	殇帝名
乔玄碑一	光和七	其性莊，疾华尚朴。	明帝名
乔玄碑阴		于其隆指	殇帝名
又		视民如保赤子	顺帝名
刘宽碑	中平二	皆不绌志	桓帝名
范丹碑	中平二	志高行洁	又
杨赐碑一	光和四	居高而志降	又
杨赐碑二		在栋伊隆	殇帝名
杨赐碑三		德宜师保	顺帝名
杨赐碑四		宜建师保	又
又		保又帝家	又
又		先志载言，罔不攸该。	桓帝名
房桢碑	无年月	功隆名显	殇帝名
翟先生碑	无年月	既不降志，亦不辱身。	桓帝名
桓彬碑	无年月	辞隆从窳	殇帝名

以上共计三十六个例子，共计

不避"秀"字　　一例

不避"莊"字　　二例

不避"隆"字　　八例

不避"祐"字　　二例

不避"保"字　　十四例

不避"炳"字　　一例

不避"志"字　　八例

这不够明白无疑的证明两汉的文人、史家，确曾享受"临文不讳"的自由吗？这三十六例之中，如《崔君夫人诔》的"莊"字，与良、方、刚、臧、光为韵；如《胡广》第二碑的"祐"字，与土、载、扈、祖为韵，更可证原文没有用避讳的代字。这些灵帝时代的碑文，完全不讳安帝顺帝冲帝桓帝之名，这都是王肃所谓"不讳见在之庙"的明证。

我作这篇两汉人避讳制度的考证，有两层用意。第一，我要人知道避讳制度和它种社会制度一样，也曾经过长时期的演变，在那长期的历程上，有时变宽，有时变严，有时颇倾向合理化，有时又变的更不近人情。殷商人完全没有避讳制度。避讳起于周人，正和谥法起于周人一样，汉朝沿袭避讳的旧俗，但治礼的学者还能抬出古礼"不讳嫌名，二名不偏讳，舍故而讳新，诗书不讳，临文不讳，庙中不讳"等等消极的规定。所以汉人的避讳，虽然在历史上留下了不少的遗迹——如恒娥变成了嫦娥（文帝名恒），"禁中"改省了"省中"（元帝王后的父亲名王禁，省中之名起于其时宫内的避讳。王肃说："至今遂以省中为称，非能为元后讳，徒以其名遂行故也"）。"秀才"改成了"茂才"之类，——究竟是很宽阔的，很大度的。尤其是"诗书不讳，临文不讳"的实行，就几乎完全打消了避讳的束缚了。我们明白了两汉四百年的避讳的宽大，才可以明了三国两晋以后避讳制度的逐渐变紧，变严，变专制，变野蛮，都只是"变本加厉"的历史现象。看郑玄注《礼记》论讳各条，看王肃议讳的文字，何等宽大！何等近人情！再看王肃同时的吴帝孙休为他四个儿子取名字的诏书（《三国志·吴志·孙休传》裴松之注引《吴录》），就可知道江东的暴发户也要行古礼，竟不知不觉的开始走上"变本加厉"的路上去了。从此以后，江左南朝的士族就做出了许多避讳的丑态。——如梁朝名士谢举"闻讳必哭"；臧逢世父名严，得吏民书启有称"严寒"的，他就"对之流涕"（二事均见《颜氏家训·风操篇》）。——颜之推（六世纪之末）曾说，"今人避讳，更急于古"。这是最有历史见识的判断。从两汉人的"临文不讳"，一直到满清时代的行文避讳之严厉，这一个制度的古今之变，岂不是值得历史家研究解释的吗？

第二，我要人知道汉人真能做到"临文不讳，诗书不讳"，要人知避讳有古今宽严的大不同，所以我们不能轻易采用后世的严格避讳标准来做考订古代文献的方法。凡做历史考据的人，必须彻底明了事物制度有沿革变迁，必须极力避免崔述所谓"以今度古"的错误方法。例如古人席地而坐，后世始有胡床，始有倚子（椅子），始有桌子，我们不能用后世桌椅时代的生活习惯来推测未有桌椅的古人的起居习惯。又如丧礼，也有古今的演变。我们不能用后世官吏奔丧"丁忧"的制度来判断汉朝官吏遇父母丧"既葬三十六日除服，起视事"的制度：更不能用后世的丧礼习惯来判断《孟子》里滕国父兄百官说的三年之丧"吾宗国鲁先君莫之行，吾先君亦莫之行"的话。避讳是古代丧礼的一个部分，也曾经过长时期的演变。不幸有些没有历史见解的学者，往往滥用后世的避讳标准来评量古代文书的时代先后，就好像他们看见一本宋版书某字题着"御讳"，某字阙笔，某字不阙，就断定此书刻在某帝之前某帝之后一样！这些学者何尝不知道这种刻书避讳的制度，在元明两朝也就经过了绝大的变化？他们何尝不知道宋元明清四朝的避讳制度就有了绝大的不同？懂得版本之学的，就都知道他们绝不能用宋版书避讳的情形来考订元刻明刻的年代。然而有些学者居然想用清朝避讳的标准来考定汉朝文书的年代！这岂不是最错误的方法吗？

我且举一个极端的例子。在一百年前左右，有一班学者忽然注意到《易林》的作者问题。山东栖霞的牟庭主张《易林》的作者是王莽时代的崔篆；赞成他的主张最热心的是山东东莱的翟云升，他刻有一部《易林校略》（道光十二年），也主张《易林》是王莽时代的崔篆作的。南方的学者如山阳的丁晏，如仪征的刘毓崧，如新阳的汪之昌，都极力主张《易林》的作者是前汉昭帝宣帝时人焦延寿，所以他们都极力反对牟庭，翟云升的主张。丁晏的《易林释文》（成于咸丰四年）有刘毓崧的几千字的长跋，全篇用汉帝名讳做标准，来证明《易林》决非崔篆作的，又用同样的标准来证明书是焦延寿作的，而成书在昭帝之时。刘毓崧的跋文太长，我摘钞他用避讳标准的部分如下：

①明帝讳庄，而《易林》不避"莊"字（坤之观，泰之豫，否之既济，豫之家人），则非作于明帝时可知。

②崔篆之《易林》作于光武帝建武初年，光武帝讳秀，而《易林》不避"秀"字（需之艮，晋之比，夬之晋），断不出自篆手，则非作于光武时可知。

③ 更始讳玄，而《易林》不避"玄"字（屯之大畜），则非作于更始时可知。

④ 王莽未篡立之时已改"禁中"为"省中"，以避其祖讳，而《易林》不避"禁"字（坤之否），则非作于莽时可知。

⑤《易林》不避"婴"字（屯之未济，小畜之井），且以"子婴"连言（谦之蒙，中孚之姤），则非作于孺子婴时可知。

⑥ 平帝旧讳箕子（平帝元始二年诏曰，"皇帝二名通于器物，今更名，合于古制"。箕子即播箕，故云"适于器物"。改名为衎。）而易林不避"箕"字（大畜），且以"箕子"二字连言（泰之剥，大莊之小过），则非作于平帝时可知。

⑦ 哀帝讳欣，而《易林》不避"欣"字（屯之蹇，否之履，复之损），则非作于哀帝时可知。

⑧ 成帝讳骜，其嫌名为"獒"，而《易林》不避"獒"字（鼎之震），则非作于成帝时可知。

⑨ 元帝讳奭，而《易林》不避"奭"字（大畜之小畜，益之谦，颐之渐，艮之咸），则非作于元帝时可知。

⑩ 宣帝讳询，其嫌名为"荀"，而《易林》不避"询"字（大畜之家人，明夷之临，归妹之泰），亦不避"荀"字（蛊之归妹），则非作于宣帝时可知。

⑪ 今反复研究，知其作于昭帝之时。……昭帝名弗，荀悦曰，讳弗之字曰不。《易林》六十四卦，四千九十六变，其中用"不"字者层见叠出，奚啻千余？而无一"弗"字。则作于昭帝即位以后，无疑。

⑫ 高祖讳邦，惠帝讳盈，文帝讳恒，景帝讳启，武帝讳彻。《易林》乾之坤云"害我邦国"。蒙之坤云"常盈不亡"。此之坎云"恒山浦寿"。需之兑云"牡飞门启"。大莊之临去

"禄位彻天"。不避诸帝之讳者，西汉时法制尚为疏阔，惟时主之名避讳甚严。若先代之名，有因已祧不讳，有因临文不讳，可以随时变通，故或讳或不讳，非若后世拘于一定之例。此《易林》所以止避昭帝之名而不避先代之讳也。

以上十二条，其十条用避讳证明《易林》非作于某帝时代。其第十一条因《易林》不见"弗"字，遂证明《易林》"作于昭帝即位以后无疑"。其第十二条本是一条注文，说明昭帝以上的五世先帝之名又何以不讳之故。

其实我们把这条注文来比较前面的十一条，就够发现刘毓崧方法上的自相矛盾了。《易林》不避高祖至武帝五帝之名，他说是"有因已祧不讳，有因临文不讳，可以随时变通"。那么，《易林》不讳宣、成、哀、平、光武、孝明诸帝之名，我何以不能说这也是"有因已祧不讳，有因临文不讳，可以随时变通"呢？同是不避讳，何以前一组"可以随时变通"，而后一组则可以用来考证时代了呢？况且"时主之名避讳甚严"一条规定见于何经何史呢？（"已祧不讳"一句话更是荒谬。刘毓崧难道不知"亲尽迭毁"的制度起于元帝时的贡禹，行于韦玄成，都远在昭帝以后吗？他难道不知昭帝是高帝的玄孙，还不到"亲尽"吗？）

刘毓崧的根本毛病是先有了《焦氏易林》的成见，故必须证明此书不作于昭帝之前，也不在昭帝之后，才合于焦延寿的时代。《易林》四千九十六首韵语里没有一个"弗"字，刘毓崧就说这是有意避"时主之名"，但《易林》四千九十六首里也没有一个"莽"字，刘毓崧又不承认这是有意避"时主之名"了，因为那岂不正合崔篆的时代了吗？那岂不是反替反对党添一个佐证了吗？（《诗》三百篇用"我"字至五百多次，但从不曾有一

次用"吾"字作代名字。难道那几百个无名诗人，时代不同，
国土不同，也都有意避讳"吾"字吗？"弗"字是复合代字；是
"不之"两字缩成的复合字，必须用在外动字，又必须省略动词
下的"止词"。例如"求水火无弗与者"，等于"无不与之者"。
详见丁声树先生的"弗"字解？"弗"与"不"文法不同，这当
然不是刘毓崧能了解的。）

我们没有这种成见，所以只能说：刘毓崧辛辛苦苦的列举
《易林》不避汉讳的证据，使我们更相信汉人避讳的"法制尚疏
阔"，故能实行"临文不讳"的古礼。因此，我们更相信，我们
决不可用后世的严格避讳的标准来考证汉朝文献的年代。

1943，7，22 夜写成

附记　《论衡》不避汉讳

《论衡》的作者王先生于光武帝建武三年（西历 27），他
的书里称章帝为"今上"，又提到章帝建初四年（79）到章和
二年（88）的事。他那时代的帝讳不过是"秀"字，"莊"字，
"炟"字。炟字（章帝名）是不会用在文字里的。所以我今天去
翻《论衡》全书，用通津草堂本，专查《论衡》里有没有"秀"
字和"莊"字。我查了一点钟，没有找到一个"秀"字，只寻出
了《论衡》不避"莊"字至少有十六次之多。这十六个"莊"
字，《率性》篇见二次（莊岳）；《艺增》篇与《说日》篇各一
次（春秋莊公七年）；《谴告》篇见一次（楚莊王）；《死伪》
篇见八次（莊子义），《订鬼》篇见三次（亦是莊子义）。这也是
"临文不讳"的明证。

1943，8，8 夜，胡适。

后 记

援庵先生此书"意欲为避讳作一总结束，而使考史者多一门路，一锁钥也"。这书的第八卷详述"历朝讳例"，使人知道避讳的制度是"渐臻严密"的，其间有宋人的最严制度，又有元朝的完全不避制度，又有明朝的由最轻进到天启崇祯的稍严，又有满清一朝由顺治时不讳变成乾隆时的"以讳杀戮多人"。这个历史的沿革，是避讳学的最有趣又最有用的方面，必须严格的了解这古今的不同，避讳学才可以成史学的一种有用的"补助科学"。此第八卷乃是避讳学的历史，又是它的骨干。其第五、六、七诸卷，都是依靠这历史的骨干，讨论避讳学的功用和流弊。陈先生此书，一面是结避讳制度的总账，一面又是把避讳学做成史学的一个新工具，它的重要贡献，是我十分了解的，十分佩服的。

我的《两汉人临文不讳考》和这篇书后，都不过是在避讳学的一个小方面作一点小小的修正，目的在于限制避讳学在考据学上的滥用。涓涓的细流，至多可以替大海添万万分之一的积量罢了。

援庵先生旧居米粮库一号，我旧居米粮库四号。我们作了多年的邻居。享受了多年的论文切磋之益，他的《元典章校补》，我曾替他写两万字的长序。现在我们相隔几万里，不知何时才得重有聚首论文之乐。所以我很诚恳的把这两篇论避讳的文字奉献给我的老朋友，老邻居，陈援庵先生！

胡适　时寓居纽约

八股的起原

我常指出"律赋"是八股的娘家。八股文最重"破题""破题"之名亦起于"律赋"。律赋的起句必须扣住题目，故名曰"破题"。试举律赋中最有名的"破题"为例：

王安石

首善自京师赋　　　　　王化下究，人文内崇。繁京师首善
　　　　　　　　　　　之教，自太学亲民之功。……

苏颂

历者天地之大纪赋　　　昔圣王建官司地，图象知天，推历
　　　　　　　　　　　用明于大纪，考星咸自于初躔。

郑獬

圆丘象天赋　　　　　　礼大必简，丘圆自然，盖推尊于上
　　　　　　　　　　　帝，遂拟象于高天。

苏轼

浊醪有妙理赋　　　　　酒勿嫌浊，人当取醇，失忧心于昨
　　　　　　　　　　　梦，信妙理之凝神。

林希

佚道使民赋　　　　　　古者善政，陶乎庶民，上安行于佚
　　　　　　　　　　　道，下无惮于劳身。

以上各例，均见《宋文鉴》卷十一。唐人集中"律赋"甚多，如白居易、元稹，都有律赋，亦各有"破题"的警句。

不但"破题"是律赋与八股同有的。承题以下分股开讲，其形式都与赋体最相近。

以上是我的旧说。

今天看明刻丛书"百陵学山"，其中有《黎子杂释》一卷，是"未斋黎久之大"著作的。其中有"黎近授徒都市"一条，述黎近教弟子的话：

> 经义（八股）之破题，即律诗之起句也。承题即其第二句也。小大讲，即中二联也。结题即末二句也。

此论与我的见解大致相同。"律诗"与"律赋"大致同出于一个时代。他们的结构很相同。但普通的律诗比较更自由一点。只有"试帖诗"，完全与律赋的格律相同。试举白居易《宣州试"窗中列远岫"诗》为例：

> 天静秋心好，窗开晓翠通。
> 遥怜峰窈窕，不隔竹蒙笼。
> 万点窗虚室，千重叠远空。
> 列檐攒秀气，缘隙助清空。
> 碧爱新晴后，明宜返照中。
> 宣城郡斋在，望与古时同。

又举元稹的《赋得"雨后花"》作例。

> 红芳怜静色，深与雨相宜。
> 余滴下纤蕊，残珠堕细枝。

浣花江上思，啼粉镜中窥。

念此徘徊久，风光幸一吹。

这些律诗的第一二句即是"破题"。黎说，律诗起句是破题，第二句是承题。我嫌他说的太拘太窄。如杜甫的"剑外忽传收蓟北"可说是破题，"初闻涕泪满衣裳"可说是承题。但在绝大多数的律诗里，破题实不限于第一句。即此两句杜诗，第二句写个"喜"字，仍可说是"破题"的一部分。

总之，律诗（严格的试帖的律诗）与律赋是八股文的来源，绝无可疑。律诗的局面太窄，不够发挥经义；而律赋的体裁原来就有"破题"一类的"术语"，其分段转韵的篇幅格局尽够作敷演经义之用。故八股的形式最近于律赋。故我们可以说律赋是八股的生母。

世传王安石是八股的老祖宗，这是因为荆公始改科举制度，用经义替代辞赋。当时的文人都是受过律赋的训练的他们若试作经义当然不知不觉的采用或套取"律赋"的法门。经义时文出于律诗律赋，是历史上自然的趋势。

卅二，八，十八

补记曹魏的"校事"

赵　达

《魏志》二七，《徐邈传》云：

> 魏国初建（邈）为尚书郎。时科禁酒，而邈私饮，至于沉醉。校事赵达问以曹事，邈曰，"中圣人。"达白之太祖。太祖甚怒。度辽将军鲜于辅进曰，"平日醉客谓酒清者为圣人，浊者为贤人。邈性修慎，偶醉言耳"。竟坐得免刑。

校事报告官吏私饮沉醉，正如后世的校事报告某人跳舞，某人打牌，这也是他们的职务，所谓"视听"也。

卫臻论校事

《魏志》二二，《卫臻传》云：

> 明帝即位，臻……转为右仆射，典选举如前。加侍中。……是时帝方隆意于殿舍，臻数切谏。及殿中监擅收兰台令史，臻奏案之。诏曰，"殿舍不成，吾所留心。卿推之

何?"臻上疏曰:"古制侵官之法,非恶其勤事也,诚以所益者小,所隳者大也。臣每察校事,类皆如此。惧群司将遂越职,以至陵迟矣。"

卫臻虑校事侵官,将使群司越职。其实这种监视制度的结果必使群司都不敢负责办事,正与他所虑的相反。下文杜恕所论,比较近于事实。

杜恕论廉昭

《魏志》十六,《杜恕传》云:

乐安廉昭以才能拔擢,颇好言事。恕上书极谏曰:伏见尚书郎廉昭奏左丞曹璠,以罚当关不依诏,坐判问:又云,"诸当坐者别奏。"尚书今陈矫自奏,不敢辞罚,亦不敢以处重为恭。意至恳恻,臣窃愍然为朝廷惜之。……(此奏文甚长,今删存其一小部分。)陛下忧劳万机,或亲灯火,而庶事不康,罚禁日弛。岂非股肱不称之明效欤?原其所由,非独臣有不尽忠,亦主有不能使。……骑都尉王才幸乐人孟思,所为不法,振动京师,而其罪状发于小吏,公卿大臣初无一言。自陛下践阼以来,司隶校尉,御史中丞,宁有举纲维以督奸宄,使朝廷肃然者邪?今之所谓贤者,尽有大官而享厚禄矣。然而奉上之节未立,向公之心不一者,委任之责不专,而俗多忌讳,故也。……陛下……反使如廉昭者扰乱其间,臣惧大臣遂将容身保位,坐观得失,为来世戒也。……夫纠摘奸宄,忠事也。然世憎小人行之者,以其不

顾道理而苟求究进也。若陛下不复考其终始,必以违众近世
为奉公,密行白人为尽节,焉有通人大才而更不能为此耶?
诚顾道理而弗为耳。使天下皆背道而趋利,则人主之所最病
者,陛下将何乐焉?胡不绝其萌乎?……

杜恕是杜预的父亲,他有《体论》八篇,是一个思想家。他论廉
昭事,虽不明说他也是"校事"系统的一个人,他的议论似是针
对那个"纠擿奸宄""密行白人"的校事制度的。

尹 模

《程晓传》的程晓奏罢校事制的长疏中提到一件尹模大案
子,说:

室于尹模公于目下肆其奸慝。罚恶之著,行路皆知。纤
恶之过,积年不闻。

尹模的事,《魏志》别处没有记载,裴松之也没有注解。后来我
读《晋志》三十三,《何曾传》,才发现这一条:

嘉平中,(曾)为司隶校尉。抚军校事尹模凭宠作威,
奸利盈积。朝野畏惮,莫敢言者。曾奏劾之,朝廷称焉。

嘉平元年,司马懿废杀曹爽,从此以后,大权都在司马氏的手里
了。嘉平三年,司马懿死,司马师为抚军大将军,录尚书事。四
年,司马师为大将军。六年九月,司马师废魏帝曹芳为齐王。这
个时代的"校事",有什么事可"校"?有什么"宠"可凭?还

不是至多做点小"奸利"罢了。校事制度本是为了保卫曹家政权，铲除反对势力的机关。几十年来，这个机关竟丝毫无补于曹家的政权。曹家政权完了，只消一个文官的一纸弹章，五十年的特务政治侦探机关也就无声息的销灭了。

1943，8，31 一夜

中国人思想中的不朽观念

一

在今天的演讲中，我预备把中国的宗教史和哲学史上各阶段有关不朽或人类死后依存概念的发展情况提供一个历史性的叙述。

这是一个冗长概括三千年的故事，但它的主要纲领却是大致还算明确的。中国人的信仰与思想史可以方便地分成两个主要时期：

（1）中国固有的文明时期（1300B. C.—200A. D.）。

（2）中国思想与文化的印度化时期，也就是，佛教和印度人的思想开始影响中国人的生活和制度以来的那一时期（约200A.D.—19 世纪）。

为了研究中国宗教与思想史（the religious and intellectual history）的学者的方便，中国固有的先佛学时期（Pre-Buddhistic age）可再约略地分成两个主要时代：

（1）原始的中国主义时代（The Era of Primitive Siniticism），也就是商周民族的宗教信仰与习俗（Practices）的时代，对于这个时代，这里拟用了"华夏主义"（Siniticism）或"华夏宗教"（the Sinitic Reli-gion）一词（1300—700B. C.）。

（2）思想与哲学的成熟时代（700B.C—200A.D.），包括老子、孔子（551—479B.C.）迄于王充（29—100A.D.）以来的正统派哲学家。

为了特别有关中国人思想中的不朽概念的讨论，我们要问：

（1）关于早期华夏信仰有关人类死后存在的观念，我们究竟知道些什么？

（2）中国正统哲学家对于不朽的概念究竟有什么贡献？

（3）我们要怎样描述在长期印度文化影响下中国人的人类死后存在的观念？

二

史学界最重大的事件之一就是晚近的偶然发现，以及后来在安阳对千万片刻有卜辞的牛肩胛骨和龟甲有计划的发掘。安阳是商朝最后一个都邑的遗址，依照传统的纪年，商朝传国年代是1783—1123B.C.（或据另种推算是1751—1123B.C.）。这些考古学的发现物是安阳（译者按：这是指小屯村商代遗址）作为商代都城的大约260年间（即1385—1123B.C.）的真实遗物。

近几十年来成千万片刻有卜辞的甲骨已经被收集、研究和考释。实际所见这些骨质"文件"都是在每次占卜以后，由熟练博学的祭司负责保存下来的占卜记录。这些记录里载有日期[①]，负责卜问的贞人，卜问的事情，以及在解读了因钻灼而显出的卜兆而得到的答案。

---

① 译者按：此处恐系干支纪日。

大部分的卜问都是有关一年对于先公先王的定期祭祀，这一类的祖先祭典是非常频繁而有规律的，因此中央研究院的董作宾先生，1928 年第一次指导安阳考古发掘且曾参加了后来历次发掘，已能编成了商代末期三个帝王在位期间计为 1273—1241，1209—1175，以及 1174—1123B. C.——总计 120 年中的祭祀日谱。[①] 每一年中的定期祭祀多至三百六十次。所以商人称一年为一"祀"，一个祭祀的周期，实在是不足为怪的了！

其他卜问的事项包括战事、巡行、狩猎、收获、气候、疾病和每一旬中的吉运等事项。

1928—1937 年间科学的发掘结果掘出了几百座商代古墓葬，其中至少有四处是皇室大墓。除了成千成万片刻有卜辞的甲骨以外还发现了极多铸造精美的青铜礼器，生动的石质和象牙的雕刻，大量的家庭用器、武器和头盔，以及上千具的人体骨骸，此外，并发现有埋葬的狗、猪、羊、牛、马一类的家畜和其他多种动物。这些动物是为了奉献给死者而殉葬的。在一个坑穴中曾发现了三十八具马骨，全部都配戴着缀有许多带饰纹的小圆铜泡的缰辔；这些铜泡都还原封未动的摆着，而显出了组成辔头的皮条的痕迹（见 H. G. Greel 所著 The Birth of China 第 150 页）。

很多清楚的证据证明墓葬中有许多尸体是为了奉献给死者而埋葬的。1934—1935 年间所发掘的多座墓葬中曾发现了千余具无头的人体骨骸。这些骨骸十具一组的分别埋在各个坑穴中。体骨埋在长方坑穴中……而头骨则埋在附近的方坑中。在一个方坑里埋有十个人头骨；头顶朝上，排列成行，全部面向北。跟人体

---

① 译者按：此系指《殷历谱》下编卷九《日谱》，依彦堂师商纣王帝辛纪年应为1174—1111B. C.。

骨骸一起发现的……有小铜刀、斧头以及砺石等三种器物。每坑总是各埋十件，明显地是每人一件（见 Greel 前书212—213页）。

这些就是考古学所发掘出来的文献的和物质上的证据，借以使我们了解远古历史的华夏宗教（Siniticism）时期中有关祖先崇拜的信仰。

这是第一次使我们从商代王朝和官方所表现的这种祖先崇拜的宗教的形式上认识了它的非凡的和奢侈的性质。传统历史曾记载商人是崇拜祖先的灵魂的。但是直到近年来我们才了然定期献祭的几乎令人难以置信的频繁，以及珍贵的殉葬的物品，特别是殉葬的人牲的惊人数量。

无疑的，这类祖先祭祀的周期频数和定期性证明着一种信仰，即死去的祖先一如活人似的也有情、欲和需求，而且这些情、欲和需求是必须借着经常的祭献而得到满足的。大批的殉葬器皿、武器、动物、奴隶和卫士即指示着同样的结论。

中国古代的文献把华夏宗教（Sinitic Religion）时代的人殉品分为两类：第一类，即祭坛上所谓的"用人祭"。在这类人殉仪式中，显然只是用的战俘。另外一类，有一个专用名词，即"殉"，可以释为"死者的侍从"或"伴着死者被埋葬的人"。"殉"字据郑玄（死于200A. D.）的解说是"杀人殉葬以充死者卫士"。这就是说死者需要他自己的卫士保护他，也需要他的宠妾娈童（play boy）陪他作伴。因此被杀殉葬的就是死者曾经指命或愿意"陪伴"他而去的那些人了。

就后来有关"殉"的史证而论，这种杀人殉葬的风俗最初很可能是得于一种"献爱"（Love offering）的风俗，因此将死的人自然会挑选他自己所喜爱的死后伙伴。但是这种风俗竟发展成为一种仪式，于是大批的武装士兵被杀死殉葬以充死者的"卫士"。商代墓葬中所发现的与伟大的死者同葬的人体遗骸无疑是为了充任王者的卫队的。其中很可能有的是选定随着王而殉葬的爱妃，但是他们的遗体却无法确认了。在甲骨卜辞上即有祭祖时献人俘的记载。

依照着一种规律的计划和数字的顺序来埋葬这些人牲的有条不紊的情形，显示了一种根深蒂固的礼仪曾长久地麻痹着人类的自然意识而使得这类惨绝人寰的事件成为常典。当王朝和政府正忙于日常繁复的祖祭的时候，博学的祭司便负起每天的祭礼、占卜、释兆和刻卜辞的职务——在这种情况下，那几乎不可能期望有任何重大的思想和宗教上的觉醒，以有助于宗教制度的变更和改造。这样的觉醒直到倾覆商代的一次大战灭亡了这个帝国以后，甚至在新的征服者的统治之下历经了几百年的种族和文化的冲突以后才告开始的。

三

商朝和商帝国是被周民族征服了的。最初周民族住在遥远的西方，逐渐向东移动，直到军力和政治经过百余年持续不断的发展，终在公元前十二世纪的最后几十年才将商人的军队和盟军压服。

在周朝创建者的一些诰誓中，征服者列举了商代政府及王廷的罪状。对于商代王廷的主要控罪是耽于享乐，罔顾人民，特别是纵酒。但是对于献祭举行的频繁、奢纵、残忍却未加以控诉或谴责。这一事实显示着新的征服者并不认为商代宗教有什么不寻常的残忍或是不当的地方。

但是周征服者似乎原有他们自己的宗教，虽然它包括了一些祖先崇拜的特征，却并没有加以强调，也没有制定过任何繁复的礼仪。另一方面，有许多证据说明这一西方民族是一个最高神，就是他们所谓"帝"或"上帝"的崇拜者。

安阳甲骨卜辞使许多学者推断"帝"甚或"上帝"的观念对商人是并不陌生的。商人有一种奉少数祖先为神明，也就是说赠以"帝"号的风俗，这似乎是很确实的。另一件事，也似乎是很可能的，就是商人随着时间的演进而发展出来"上帝"最高神，也就是他们的始祖。那是一个部族神。时常，一位在战争及和平时有丰功伟绩的伟大祖先会被提升到神的阶级，并且成为最高神的陪享者。对于神或祖神的祭献也叫作"禘"。傅斯年先生在所著《性命古训辨证》中列举了用有"帝"字的 63 条甲骨卜辞。在这些条卜辞中，有 17 次用"帝"字来指称对于神圣祖先的祭祀；6 次用为祖神的尊称；26 次用为"神"的尊称而没有附加其他形容字。在最后一类里，帝（god）据说能"致雨""止雨""降饥谨"等等。这无疑的暗示着一种一个有意识有权力的神的观念——一种有神论的观念，这种观念似乎曾经由于更具优势的祖先崇拜的祭祀而在发展上受到抑制与阻碍。

周民族在与商文化的长时期接触中逐渐接受了商民族的部族神作为他们自己的神，并且认成是自己的始祖。由于其他种族或部落的借用，商人的神逐渐失去了他的部族属性，而终于变成了遍在的神和最高的主宰。

周人的宗教赞颂诗和政治上的诰誓显示出一种非常深挚的宗教热诚。他们似乎深信，神不满于商代统治者的昏庸无道，因此把它的宠命①转赐给周人。他们在战场上的口号是：

---

① 译者按：就是所谓周武王受命年之命。

上帝临女，无贰尔心。

（译者按：见《诗》：《大雅·大明》）

他们对于自己伟大的王的赞辞是：

穆穆文王，於缉熙敬止，假哉天命。

（译者按：见《大雅·文王》）

早期周人似乎发展出来一种含混的观念，以为上帝住在天上，他们有几位伟大的王也会到那里去，且与上帝同在。一首关于文王的颂诗曾这样说：

文王在上，……文王陟降，在帝左右。

（译者按：见《大雅·文王》）

又在另一首诗里：

下武维周！
世有哲王，
三后在天。

（译者按：见《大雅·下武》）

这几节诗似乎指出，周人对于上帝和少数先王所居住的天的观念是有限度的。这几位先王由于特殊的德能勋业而被允许和上帝同在。

这样具有独占性的天堂，平民是不能分享的；平民大多数是商人，他们受着新的统治阶级的封建诸侯的统治。有些诸侯是从周王朝获得他们原来的采邑的。这些商人继续信奉他们的崇拜祖先的宗教。

但是这种奢纵的皇家祖先崇拜宗教的伟大时代已经永远的消逝了。伟大的每年周而复始的日祀——周祭也消逝了。大规模的人殉也消逝了。博学的皇家祭祀阶级也贬降为职业的巫史阶级（profes-sional class of scribes and priests），而靠着在大多数平民和少数统治贵族的家庭中表演和协助殡葬和祭祀讨生活。国家的灾患和个人的贫困已经深深地给他们灌输了谦逊温顺的教训。因此这一巫史阶级便获得了"儒"的统称，意思就是温顺和懦弱。他们仍然传授和表演殡丧和祖先崇拜的传统仪式。

在周代和后来独立相伐的战国时期（1100—250B.C.），统治阶级信神论的宗教（theistic religion）和平民更占优势的祖先崇拜宗教似乎已经相互影响而渐渐地融合成为一个可以恰当的称为"华夏宗教"（the Sinitic Religion）的宗教，一种很简化了的祖先崇拜，跟有神论的特性共存，像普遍承认和崇拜着一位高踞于其它小神之上的"天"或"上帝"。主要不同的一点就是长久的居丧期——为父母居丧三年——这原是商人一般奉行的，却长久遭受到周朝统治阶级的反对。这在300B.C.孟子的时代也仍是如此。直到公元二世纪以后，二年之丧才渐渐法定为政府官员的应遵守的礼法。

四

关于中国人最早对于人类死后遗存的观念，我们究能知道些什么呢？

首先让我们来观察一下古代在一个人死去的时候举行的"招魂"仪式。这种仪式见于最早的仪典，而且似乎曾普遍的奉行于华夏宗教的早期，就是所谓"复"的仪式。

当一个人被发现已经死去的时候，他的家属立刻拿着死者的一套衣服，登升屋顶，面向正北，挥动死者衣服而号告："皋、某、复！"三呼而反，抛下衣服，再从屋上下来，拾起衣报，覆于死者身上，然后奉食于死者。[1]

这一古老的仪式暗示着一种观念，即一个人死了以后，有些什么东西从他的身体内出来，且似曾升到天上。因此需在屋顶上举行招复的仪式。

这种招魂的仪式也许暗示着借企望召回逃离的一些东西而使死者复生，奉献食物这一点也似乎暗示着一种信仰，就是某些东西确实被召回来了，虽然这不能使死者复生，却认为是居留在家里，且接受祭献。

那么人死后从他身上出来的究是一些什么东西呢？那就是人的"光"或"魂"。在最早的文献上，是即所谓"魄"，就语源学上说，意思就是白色和亮光。值得注意的就是同一个名字"魄"在古代铜器铭文和记载上是用来指称新月增长中的光。新月以后的增长光亮时期即所谓"既生魄"；而满月后的末期，则称之为"既死魄"。原始的中国人似曾认为月有盈亏就是"魄"，即它的"白光"或"魄"的周期性的生和死。

依次类推，早期的中国人也就认为死是人的魄，即"光"或"魄"的离去。这种类推可能起源于"Will-o'-the-Wisp"，即中国人现在所说的"鬼火"。在古代"魄"认为是赋予人生命、

---

[1] 译者按：此段包括《仪礼》及《礼记》两段记载内容。《仪礼·士丧礼》："死于适室……复者一人，以爵弁服簪裳于衣左……升自前东荣中屋！北而招以衣曰：皋、某、复！三，降底于前……升自阼阶以衣尸……奠脯醢醴酒"，《礼记·礼运》："……及其死也，升屋而号告曰：皋、某、复。然后，饭腥而苴熟。"

知识和智慧的。人死，则魄离人体而变成或认为"鬼"，一种是幽灵或魔鬼。但是灵魄脱离人体也许是缓慢的随着生活力的衰退，魄就那么一点一点脱离身体了。迟至元前第六和第七世纪，学者和政治家在谈到一个人的智慧衰退情形时，就说是"天夺其魄"——意思是说，他将不久于人世了（见《左传》宣十五年，襄二十九年）。

不过后来，魄的观念却慢慢地为新的灵魂观念所取代了；认为灵魂是行动灵活飘然而无形、无色的东西。它很像是从活人口里出来的气息。这就是所谓"魂"。渐渐地，原来"魄"字便不再用来表示赋予生命和光亮的灵魂的意思，而衍变为意指体躯和体力了。

"魂"字，就语源学来说，跟"云"字一样，都意指"云"。云，飘浮，比盈亏之月的皎白部分也似乎更为自由轻灵。"魂"的概念可能是源于南方民族，因为他们把"复"（召呼死者）的仪式叫做"招魂"。

当哲学家们把重要的阴阳观念视为宇宙间的主动和被动的两大力量的时候，他们是当然也尝试要协调不同民族的信仰，而且认为人的灵魂包含着一种静止而不活动的"魄"和一种更活动而为云状的"魂"。

公元前六世纪以后，人们便渐渐地习于把人的灵魂称为"魂"或"魂魄"。在讨论到由于八年前一位曾有权势的政治家被谋杀的鬼魂出现而引起的普遍骚动的时候，名政治家子产（死于公元前522年），当时最聪明的人之一曾说，一个死于非命的强人会变成危害人类的幽灵的。他的解释是这样："人生始生曰魄，既生魄，阳曰魂。用物精多，则魂魄强。是以有精爽，至于神明。匹夫匹妇强死，其魂魄犹能凭依于人以为淫厉，况良霄（被杀的政治家，他的出现已传遍全城），我先君穆公之胄，子良之孙，子耳之子，数世之卿，从政三世矣……其用物也弘矣，其取精也多矣……而强死，做为鬼，不亦宜乎？"（《左传》昭公七年）

另外一个故事，叙述当时南方吴国另外的一个聪明人季札。他（约在公元前515年）负着外交使命而在北方旅行，旅途中他的爱子死去了。孔子由于这位习于礼的伟大哲学家季札的盛名的感召曾往而观葬。既封墓，季子左袒绕墓三呼道："骨肉归复于土，命也。若魂气，则无不之也，无不之也。"仪式既毕，季札便继续登程了。

这两个常被引述的故事或可指出：一些贤智之士意在从矛盾纷纭的流行信仰基础上抽出一些有关人类"残存"永生（survival）的一般观念。这种一般性的理论，为方便计可援用下列的几句经文加以简赅的说明："体魄则降，知气在上。"（《礼运》）又"魂迷归于天；形魄归于地"（《郊特牲》）。显然的，简赅的陈述，跟季札在他儿子葬礼中所谓："骨肉归复于土。若魂气，则无不之也"的话是大致符合的。

正统派哲学家关于魂魄仅讨论到这里为止；他们不再臆测魂气离开人体而飘扬于空中以后究如何演变。他们以自称一无所知尽力的避免讨论。有的哲学家，如下文所知，实际上甚至否认鬼神的存在。

但是，一般人民却并不为这种犹豫所困扰。他们认为灵魂是一种事实，是一种真实的事物。他们确信灵魂或游动于地下甚或人世之间，通常是看不见的，但在必要时也可以显现。他们确信：正由于有灵魂，才有鬼神；灵魂本来的居处虽是在坟墓内或地下——"黄泉"——却可以且愿意探亲家里族人；鬼魂能够而且真的享用祭献的食物。同样的他们相信，如果不供献食物，鬼会饿，并且可以"饿死"。因为一个古老的信仰说："神不歆非类"（《左传》），正是肇端于这种古老的祖先崇拜宗教信仰，也正由于这才使得人而无后成了一大罪愆。

此外，另一个有关的信仰认为鬼魂如无处可去和享用应得的祭献，就会作祟害人。而这种信仰使得死后没有子嗣的人可以指定和收继子嗣的那种制度合理化了。

但是，甚至在最早的历史时期，中国人的祖先崇拜已对于要崇拜的祖先的数目却上了一项限制。就没有官阶的平民来说，祭献只限于去世的父母和祖父母，甚至在大家族内，祭祀也仅限于三四代。远祖由于每一新的世代（的死亡）而被跻升成为迁祧不祀的阶级。关于例常的迁祧的制度，儒家已有详细的考订，且用于皇朝和帝室的祖先。

那么迁祧的祖先灵魂将会怎样呢？他们不会饿死吗？答案曾是这样，即灵魂渐渐地缩小而最后完全消失。一种流行的信仰认为"新鬼大，故鬼小"。①就基于这类信仰。在古老的字典上"死"字便被界说为"澌灭"（《说文》）。这项定义综括了中国平民的常识和知识阶级的怀疑主义（skepticism）和理性主义（rationalism）。总之，早期中国人的华夏宗教含有着一些有关人类死后遗存的观念的，不过赋予生体以生命和知识的人体灵魂，虽视其强弱而做一个短时期的鬼神，却仍渐渐地衰萎而终至

---

① 陈槃谨案文二年《左传》："大事与大庙，跻僖公，逆祀也（杜解：僖是闵兄，不得为父子。尝为臣，位应在下。令居闵上，故曰逆祀）。于是夏父弗忌为宗伯，尊僖公，且明见曰：吾见新鬼大，故鬼小。先大后小，顺也（解：新鬼，僖公，既为兄，死时年又长。故鬼，闵公，死时年少。弗忌明言其所见）"。依旧说，则僖公于闵公为兄，故其死也为鬼大。闵公为弟，故其死也为鬼小。亦即鬼之大小视其人之长少，不关新故。此说胡先生所不取，然读者详焉可也。

完全消散，它不是不灭的。

五

现在，纵是这样中庸的一种有关人类死后遗存的观念也受到哲学家们怀疑和警惕的批评。甚至是出身于巫史阶级的"儒"，且经训练而专司丧祖先祭祀种种仪礼的人正统派哲学家们，也为了祭献和殉葬品的奢侈，以及在某些有权势的阶层中仍残余的原始人殉习俗而感到困扰。

在《左传》（722—468B. C.）这编年史里有六条关于"殉"即杀人殉葬的记载（分见文公六年，宣公十五年，成公二年、十年，昭公十三年，定公二年），其中只有一例（宣公十五年）记载着有意违背了即将死去的父亲的愿望而没有用他的宠妾殉葬。另外的五例则连累了许多人牺牲在王室的墓葬中。其中两例（昭公十三年及定公二年）正当孔子生时（公元前551—479年）昭公十三年，楚王在内战流亡途中死于芋尹申亥氏。申亥曾以他的两个女儿殉葬。

《檀弓》（《礼记》卷二，其中包括很多关于孔子和他的第一二两代弟子以及同时代人的故事）曾显然带有赞许意味地举出两条委婉拒绝以人殉葬的例子。而这两个例子都似乎属于孔子死后不久的时代。

此外，《左传》还记载了七条（见宣公十五年、三十年，成公三年，昭公五年、九年、十年，定公三年）有关另一型人殉的例子即献俘于祭坛。其中三例，都是用战俘的血衅鼓的奇异风俗——不过牺牲者都被赦免了。定公七年一例，有一个战败"夷狄"之族的王子在战役中被俘，而活生生的送到祭坛作了牺牲，不过祭仪以后却饶了他的命。这条例证是当孔夫子约五十岁时发生在他的故乡鲁国。

这些史例虽限于王朝贵族中国家的活动，但无疑的说明了以人当已死祖先的牺牲—持久而普遍的风俗。不过由于文明的一般发展早已经达到一个相当高度的人文主义和理性主义的水准，所以大部分这类不人道的习俗的记载都附有史家的严厉非议。纵是这样，这一类的事件在号为文明国度里却仍然被可敬重的人们在奉行着。因此，当时的思想家为促成这种不人道习俗的宗教观念所困恼就无可惊异了。

孔子一派的哲学家似乎获得这样的结论：即促成人殉和厚葬的基本观念就是相信人在死后仍保有他的知识和感觉。孔子的一位弟子曾说过："夏后氏用明器，示民无知也。殷人用祭器，示民有知也。周人兼用之，示民疑也"（见《礼记·檀弓上》）。这段说明坦率的指出明器殉葬和人死后有知的信仰间的历史关联。

孔子自己也持同样的看法。他说："为明器者知丧道矣。……哀哉死者而用生者之器也，不殆用殉乎哉！……涂车刍灵自古有之，明器之道也。……为俑者不仁，殆于用人乎哉？"（《礼记·檀弓下》和《孟子》卷一第四章）

显然的，孔子和他的一些弟子公开反对以真实的用器殉葬，因为这会暗示人类死后仍然有知的信仰。但是，他们是不是就那样公开地承认且宣扬死者是无知的呢？

孔子和他同派的学者偏于采取一种不轻加臆断的立场，而把这个问题加以保留。孔子说："之死，而致死之，不仁，而不可为也；之死，而致生之，不知，而不可为也"（见《礼记·檀弓上》）。那么正确的态度就是"我们无所知"。

这种事在《论语》中表现的更为明显。当一位弟子问如何事奉鬼神的时候[①]，孔子说："未能事人，焉能事鬼？"于是这位弟子又说："敢问死？"孔子说："未知生，焉知死？"（见《论语·先进》）又某次，孔子问弟子："由，诲汝知之乎？知之为知之，不知为不知，是知也。"（见《论语·为政》）

就孔子某些弟子来说，只要从不知论的立场再走一步，就会坦白地否认人死后有知，从而否认一切有关鬼神上帝的存在和真实性。公元前五世纪到四世纪时，儒家曾受到敌对的墨教学者的驳斥，认为他们实际是否定鬼神存在的。

墨教是公元前五世纪最伟大的宗教领袖墨翟倡导的。他竭诚奋力地想与人民的神道宗教辩护和改造，因此颇惹起一阵骚动。他信仰一种人格神（a personal god），而神是希望人该兼爱无私的。他坚决相信鬼神的存在的真实性。在《墨子》一书内，较长的一篇文章就是《明鬼》（卷三十一）。在这篇文章内，墨翟试图以三类论据辩证鬼的存在：（1）许多人确曾见过鬼或听到过鬼的声音，（2）鬼的存在，明白地记载或暗示于许多古籍中，（3）承认鬼神存在有助于人类的道德行为和国家的安谧。

墨翟复兴了并且建立了一个具有伟大力量的宗教。他是中国历史上最伟大最可敬爱的人物之一。但是他却没有"证明"鬼神的存在。

稍后，正统派的中国思想家或不仔细思索而直接地接受了传统的崇拜和祭祀，或是以孔子不轻加臆断的口实而承认他们不知道人在死后究否有知。为了更确定孔子的立场，晚期的儒家捏造了一个故事，作者不明，故事本身初见于公元前一世纪继而以增

---

① 译者按：此弟子是子路。

改的形式而流行于纪元三世纪。故事是这样的，一位弟子（译者按，即指子贡）问孔子死者是否可知，孔子说："吾欲言死者之有知，将恐孝子顺孙妨生以送死。吾欲言死之无知，将恐不孝之子弃不葬。赐欲知死者有知与无知非今之急，死后自知之。"（见刘向《说苑》卷十八；孔子《家语》卷二）

但是有些中国思想家却坦白地采取一种无神论的立场。中国最伟大的哲学家之一王充（27—大约100A.D.）写过几篇论文（见《论衡》卷六十一，六十三，六十五）以证明："人死后并不变为鬼，死后无知同时并不能伤害人类。"他直认：当血液在一个人的脉管中停止循环，他的呼吸与灵魂随即分散，尸体腐烂或为泥土，并没有鬼。他的最出名的证明无鬼的推论之一是如此的：如果真的鬼系由死人灵魂所形成，那末，人们所见到的鬼应该是裸体的，确实应该没有穿衣裳。实在的，衣服与带子腐烂后不会有灵魂存在，如何能见到穿着衣裳的鬼？

就我所知，这项论证从来还没有被成功地驳倒过。

六

几乎就在王充致力于他的伟大《论衡》的时候，伟大的佛教侵入了中国，且已经在群众和有权势的阶层中收到了教徒。在短短的两三个世纪内，中国就被这个印度宗教征服了；中国人的思想和信仰，宗教和艺术，甚至生活的各方面，都逐渐地印度化了。这种印度化的过程持续了近乎两千年。

严格地说，原来的佛教是一种无神论的哲学，主张万物包括"自己"，都是原素（elements）的偶然组合，且终将分散而复成为原素。没有什么是永恒的，也无所谓持续和稳定（continuity and stability）。无我，无相，无性（no self, no ego, no soul）。

但是中国人民对于这类形而上的理论却并不感兴趣。在一般人心目中，佛教所以是一个伟大的宗教，因为它首先就告诉中国有很多重天和很多层地狱；首先告诉中国以新奇的轮回观念和同样新奇有关前生、今世和来世的善恶报应观念。

这些新奇的观念急切地为千百万的中国男女接受了，因为这正是古老华夏宗教所缺少的。在漫长的岁月里，这一切观念都变成了中国宗教思想和信仰的一部分。它们也变成了复兴的华夏教，即现在盛行的所谓道教的一部分。天堂现已采用了中国名称，地狱也由中国的帝王和审判官来监理。天国的喜悦，地狱的恐怖，天路旅程的逍遥，地狱苦海的沉痛——所有这些观念不仅颂之于歌，笔之于奇幻的故事，并且在到处的庙院里绘成了巨幅生动的壁画，以作为人们日常的启迪和戒惧。

在这种情形下，古老的华夏信仰因愈变得丰富，革新而加强起来了。同样，华夏文化也因此而印度化了。同样，关于灵魂和灵魂永存的古老概念也就逐渐完全改观。灵魂虽仍叫魂，但是现在却认为它能够周历轮回而永生的，且无论是好或坏，完全依着善恶报应的绝对因果关系。只有"魂"才进入兜率天，或受无量寿和永明的阿弥陀佛支配的极乐世界。但作恶者的灵魂却要下地狱，遭受下油锅、慢慢地凿、捣、研磨、大卸八块（分尸）一类的酷刑。

中古时代的中国遭受的这种佛教的征服势锐不可当，因此许多的中国学者都被震吓住了。他们面对新宗教夸张的象喻和暧昧的形而上学，而感到耳目眩迷，甚至为之俘获。但是随着时期的演进，中国的人道主义、自然主义和怀疑主义却又渐渐地恢复起来了。

大约在公元510年，也就是佛教征服的高潮时期，一位经学家范缜开始攻击这一新的宗教，而坦白否认灵魂的存在。他撰写了一篇《神灭论》，内中指称："神即形也，形即神也，是以形存则神存，形谢则神灭也。"下面则是他最精辟的一段辩论："形者神之质，神者形之用……神之于质，犹利之于刀……舍利无刀，舍刀无利，未闻刀没而利存，岂容形亡而神在。"①

范缜的论文包括三十一项问题和解答。他在文末指出，文旨在从虚伪自私的佛教的统治下解放出可悯的中国。

范缜论文的发表大大的触怒了虔信佛教的梁武帝（502—549A.D.），和尚和尼姑都骚动起来。皇帝发布了一项驳斥范缜论文的命令，提醒他们举凡三大宗教——儒教、道教、佛教——都一致主张灵魂的不灭性，而且不学无术心胸狭隘的范缜至少应该晓然儒家的经典对于这一课题曾是如何解说的。这项皇帝的敕命曾被一位伟大的佛教方丈热忱地加以翻印，并分送给六十二位王族朝廷大臣和当时有名的学者以资征询意见。这六十二位名士在复函里都由衷地赞颂皇帝的驳斥。

但是史家告诉我们：虽然整个朝廷和全国因范缜的理论而骚动，没有一个人在反驳他的辩论上获得成功。

范文所称灵魂只是身体功能的表现，并不能在身体死后独存的论见对于后世中国思想有重大的影响。如哲学家兼史学家的司马光（公元1019—1086A.D.）在驳斥流行的天堂地狱信仰时就抱持类似的理论。他说："甚至假如有地狱和凿焚捣研等

---

① 译者按：见《梁书》卷四十二《范缜传·神灭论》。

刑法，当尸体已腐烂，灵魂也已分散时，还遗留有什么东西来承受这些酷刑？"这真是范缜理论的一项注解了。

七

因此我们考证的实在结果应可分为两方面：（1）流行的中国固有宗教甚至即在一些显然有识者的努力以求其系统化合理化以后，也仍含有一种关于人类灵魂及其死后永存的书丛单纯观念。而且正是这种中国的灵魂观念，才由于印度佛教的新思想，而为之加强和革新。（2）中国重要的智识界领袖对于这个问题似乎没有积极的兴趣，果然他们有些什么兴趣的话，他们的讨论也常常要不是终于不可臆断，即是公然否定灵魂和它的不灭。

这使我们要提出两个问题：（1）中国思想家对于灵魂和它的不灭问题为什么不感兴趣？（2）在知识阶级的宗教或精神生活中有没有什么可以认为是代替人类不朽概念的？

第一个问题的答案是中国文化和哲学的传统由于素来偏重人道主义和理性主义，所以哲学家便不大认真关心于死后生活和神鬼的问题。孔子说："未能事人，焉能事鬼？""未知生，焉知死？"这几句话可作为这方面的说明。

另外一次，孔子说："君子不忧不惧，内省不疚，夫何忧何惧"（《论语·颜渊》篇）。在这个人类世界上，道德的生活本身已足够是一个目的，固不需忧虑事后未来或畏惧鬼神。

孔门伟大弟子之一的曾子也给我们留下了一个楷模。他说："士不可以不弘毅，任重而道远。仁以为己任，不亦重乎！死而后已，不亦远乎！"（《论语·泰伯》篇）一个中国君子，如果没有深受印度思想和信仰的影响，对于"死而后已"的想法是不会感到痛苦和后悔的。

现在谈到第二个问题：就中国知识分子来说，究竟有没有什么中国人的概念或信仰可以取代其他宗教人类不朽观念呢？

当然有的，据《左传》记载，公元前549年——即孔子不过是两岁大的孩子的时候——鲁国的一个聪明人叔孙豹曾说过几句名言，即所谓有三个不朽："太上有立德；其次有立功；其次有立言。虽久不废，此之谓不朽。"同时，他举了一个例："鲁有先大夫曰臧文仲，既没，其言立。"[①] 这段话两千五百年来一直是最常被援引的句子，而且一直有着重大的影响。这就是一般所谓的"三不朽"，我常常试译为"三 w"，即德（worth）、业（work）、言（words）的不朽。

三不朽论的影响和效果是深厚宏达而不可估计的，而且它本身就是"言"之不朽的最佳的证明。

公元1508年，伟大的哲学家王守仁（1528年逝世）的学生问他炼丹术究否可以延年益寿。他答说："我们孔夫子的学派也有我们不朽的见解，例如孔夫子最嘉爱的弟子颜回三十二岁去世，但他今天仍然活着，你能相信吗？"

我在写这篇论文的时候，我的记忆使我回想到五十多年前，回想到安徽南部山中我第一次进入的那个乡村学校。每天从高凳上，我可以看见北墙上悬挂的一幅长轴，上面有公元八世纪时政治家和大书法家颜真卿写的一段书札的印本。当我初认草书时，我认出来这张书札开头引用的就是立德、立功、立言的三不朽论。五十年匆匆地过去了，但是我第一次发现这些不朽的话的深

---

① 译者按：见《左传》襄二十四年。

刻印象却一直没有毁灭。

这古老的三不朽论,两千五百年来曾使许多的中国学者感到满足。它已经取代了人类死后不朽的观念,它赋与了中国士大夫以一种安全感,纵然死了,但是他个人的德能、功业、思想和语言却在他死后将永垂不朽。

我们不必认为仅有伟大的德能、功业和教言才是不朽的。就我们现代人来说,我们应十分可能且合理的把这种古老的观念重加阐释,民主化或社会化。这样,则所谓德也许才可以意味着我们所以为人的一切,才可以意味着我们所为的一切,才可以意味着我们所想的和所说的一切。这种学说可以得到一种现代的和科学的意义,就是在这个世界上的任何一个人,不论他怎样的鄙陋低微而不足道,总都会留下一些东西,或善或恶,或好或坏。由于不只是好的才能留下来,所以古语说得好:“遗臭万年”。对于恶善贤愚不肖都可以贻人的影响的这种了解,而使我们对自己所以不朽的行为思想和言语道义,深深地怀有一种道义的责任感。举凡我们的为人、行事和言谈在这个世界上的某些地方,都会发生影响,而那种影响在别的地方又会发生另外的影响,如此而至于无穷的时间和空间。我们不能全然了解一切,但是一切都存在那里,而至于无穷尽。

总之,就像猫狗会死一样,个人也会死的,但是他却依然存在所谓人类或社会的“大我”之中,而大我是不朽的。大我的继续存在,成为无量数小我个人成功与失败的永存纪念物。“人类的现状固源于我们若祖若父的贤愚,但是我们终将扮演成何等角色,则须从我们未来的情势去加以判断”。

(本文为1945年胡适接受哈佛大学 Ingersoll Lecture 的邀请发表的演讲)

《易林》断归崔篆的判决书

考证学方法论举例

《易林》这部书，本来只是一部卜卦的繇辞，等于后世的神庙签诗。他本身并没有思想史料的价值。但这部书有两点容易引起读者的注意。第一，这些繇辞往往有很美的句子，读起来颇像民间的歌谣，朴素里流露着自然的俏丽。明朝的文艺批评家，如钟惺，早就如此说过。钟惺说《易林》：

> 其语似谶似谣，似诨似隐，似寓似脱，异想幽情，深文急响。

又说：

> 其笔力之高，语法之妙，有数十百言所不能尽，而藏裹回翔于一字一句之中，宽然有余者。其锻炼精简，未可谓无意为之也。

这种赞美的话不能说是过分。这四千多首繇辞里，至少有一百多首可以当作清新俏丽的小诗读，其文学的趣味比司马相如、冯衍、班固、崔骃的长赋要高明的多多。

第二，这是一部很古的韵文。古代流传下来的整部书籍太少了；这部书因为许多人常用来卜卦，又因为他有一种内部组织（六十四卦，每卦六十四课，繇辞重复的，一一注明某卦某繇与某卦某繇相同），所以不但保存的很久，还保存了整部的原来面目，不像有后人增添改窜的痕迹。四千多首有韵的文字，虽然不免传写的错误，但没有经后人有意的改窜，这当然在文学史上，声韵学上，都是很难得的材料了。

因为这两种原因，《易林》的作者问题，年代问题，内容问题，都曾引起近三四百年来学者的讨论，可惜他们的结论往往有很重大的不同，叫初学的人不知道如何选择判断。单是《易林》的作者问题，就有四种说法：

（一）作者是焦延寿　（为前汉昭帝宣帝时人）。

（二）作者是崔篆　（王莽时人，东汉光武帝时还在）。

（三）作者是许峻　（东汉后期人）。

（四）作者是"东汉以后人"　（顾炎武如此说）。

从焦延寿到东汉以后，这中间有三百年的隔离。所以作者的问题也就牵连到这书的年代的问题了。究竟这书是西历纪元前一世纪的焦延寿的书呢？还是纪元后第一世纪崔篆的书呢？还是纪元后第二世纪的许峻的书呢？还是"东汉以后"——第三世纪以后——的人假托于焦延寿的书呢？这些大不同的说法，我们究竟如何抉择呢？

我把前代学者考据《易林》的议论，综合起来研究，不能不承认他们的考据方法大部分不精细，所以他们的结论有那么大的差异。最不幸的是《易林》这部书自从六朝以来，大家都咬定"焦氏易林"的题名，都相信焦延寿是作者。这一千多年的成见真是根深蒂固的，若没有精密的方法和明白无疑的证据，我们决不能动摇旧说，建立新说，使人心悦诚服。

我现在提议，把《易林》一案提出复审，把所有一切人证物证完全调来重付侦查，侦查之后，根据那些重新整理过的证据，提出一个新的判决。证据差不多还是向来学者都知道的证据，只是排比解释的方法不同。判决主文也不完全是新的——不过在那四种可能的判断之中，决定一种——只是这新判决书是建立在一种比较细密的论证方法之上，所以比较的应该可以叫人心服，也许可以免掉再上诉的麻烦了吧？

本案是一部书的著作权的争执案。争这部《易林》的著作权的，前后共有四批人。我现在先把这批人的脚色履历，开列如下：

第一批，焦延寿。他的履历见于《汉书》卷七十五的《京房传》：

> 京房……治《易》，事梁人焦延寿。延寿字赣，赣贫贱，以好学得事梁王。（顾炎武《日知录》十八说，此是梁敬王定国以昭帝始元二年〔纪元前85〕嗣，在位四十年薨，当元帝之初元三年〔前46〕。但余嘉锡先生在《四库提要辨证》子部三，叶卅六，据《太平御览》二六八引《陈留风俗传》云，"昭帝时，蒙人焦贡为小黄令"。余先生因此推断此梁王是贞王勿伤，以武帝太始元年〔前96〕嗣，在位十年薨，死时当昭帝始元二年）。王供其资用，令极意学，既成，为郡史，察举补小黄令。以候司先知奸邪，盗贼不得发。爱养吏民，化行县中，举最，当迁。三老官属上书愿留赣。有诏许增秩留，卒于小黄。赣常曰，"得我道以亡身者必京生也"。其说长于灾变，分六十四卦，更直日用事，以风雨寒温为候，各有占验。房用之尤精。（焦延寿死在京房之前，京房死在元帝建昭二年〔前37〕。余嘉锡先生〔同书叶卅七〕推断焦延寿生当武帝中叶，当元帝初年已死在小黄了。）

《汉书》记焦延寿有两处，一在《京房传》，一在《儒林传》，两处都不提起他著有一部《易林》。《汉书·艺文志》，依据刘向、刘歆的《七略》，都不著录焦延寿的《易林》。

直到五六百年后梁朝的学者编纂书目，方才著录有焦赣的《易林》十六卷，又一本三十二卷。依据旧目的《隋书·经籍志》就也记着：

> 《易林》十六卷，焦赣撰，梁又本三十二卷。
>
> 《易林变占》十六卷，焦赣撰。

从此以后，焦延寿就享有了《易林》的著作权，至一千几百年之久，后来这部书就叫做"焦氏易林"了。

第二批，崔篆，他的脚色履历附见于他的孙子崔骃的传里（《后汉书》列传第四十二）：

> 崔篆，王莽时为郡文学，以明经征诣公车，太保甄丰举为步兵校尉。……投劾归。……时篆兄发以佞巧幸于莽，位至大司空。（看《汉书·王莽传》）母师氏，能通经学百家之言，莽宠以殊礼，赐号义成夫人，金印紫绶，文轩丹毂，显于新世。后以篆为建信大尹，篆不得已，……单车到官，称疾不视事，三年不行县。门下掾倪敞谏，篆乃强起班春。……平理"县狱"，所出二千余人。……遂称疾去。建武初，朝廷多荐言之者，幽州刺史又举篆贤良。篆自以宗门受莽伪宠，惭愧汉朝，遂辞归不仕。客居荥阳，闭户潜思，著《周易林》六十四篇，用决吉凶，多所占验。……篆生毅，以疾隐身不仕。毅生骃。

崔篆的事迹又见于《后汉书·儒林传》的《孔僖传》：

孔僖，……曾祖父子建，少游长安，与崔篆友善。及篆仕王莽，为建新大尹，尝劝子建仕。（子建）归终于家。僖与崔篆孙驷复相友善，同游太学，习《春秋》。……元和二年（西历纪元 85）……冬（僖）拜临晋令。崔驷以家林筮之，谓为不吉。（《孔丛子》的《连丛子》下卷作"其友崔驷以其家《卦林》占之谓为不吉"。《连丛子》的孔僖一部分是根据《后汉书》的《孔僖传》假造的。此可见《后汉书》原文大概也作"其家卦林"后来写者误省为"家林"，就不可通了。章怀太子注《孔僖传》云："崔篆所作《易林》也"。也许唐人所见《后汉书》还没有错。）

我们看崔篆的履历，明明记着他曾"著《周易林》六十四篇，用决吉凶，多所占验"，又明记着他的孙子崔驷曾用"其家卦林"来替孔僖占卦。现在流行的《易林》十六卷六十四篇正是一部占卦的繇辞，也许这就是崔篆的《周易林》吧？也许这部《焦氏易林》本来就是"崔氏易林"吧？

《旧唐书·经籍志》五行类有：

《焦氏周易林》十六卷，焦赣撰。
《崔氏周易林》十六卷（原文不注作者）。

《唐书》作于五代时，《经籍志》的目录只是"录开元盛时四部诸书"。这可见开元时代有一部十六卷的古写本，分明题作"崔氏周易林"。到了北宋欧阳修宋祁等人重修《唐书》的时候这种古写本还存在，不但题为"崔氏周易林"，并且明明白白的题为崔篆所作。所以《新唐书》的《艺文志》有：

> 《焦氏易林》十六卷（原注，焦赣）
>
> 《崔氏周易林》十六卷（原注，崔篆）

这是崔氏焦氏争《易林》著作权的开始。但宋朝的学者好像都不肯抛弃《焦氏易林》的旧说；《崔氏周易林》的写本，不久就被那《焦氏易林》的刻本（季沧苇宋版书目，《焦氏易林》十六卷八本）完全压倒了，埋没了。所以元代撰修的《宋史·艺文志》只有

> 焦赣《易林传》十六卷（在著龟类）

就没有提起《崔氏周易林》了。直到清代嘉庆时，才有学者牟庭出来替崔篆做辩护人，提出新诉状，要替崔篆收回《易林》的著作权。（详见下）

第三批，许峻。他的事迹见于他的孙子许曼的传里（《后汉书·方术传》）：

> 许曼者，汝南平舆人也。祖父峻，字秀山，善卜占之术，多有显验。时人方之前世京房。自云，少尝笃病，三年不愈，乃诣泰山请命。行遇道士张巨君，授以方术。所著《易林》，至今行于世。

许峻的外孙董彦兴和应劭相熟，应劭曾于桓帝延熹八年（西历165）介绍董彦兴去给桥玄占卜，事见《风俗通义·怪神篇》，应劭也是汝南人，认识许峻一门，所以《风俗通义》又记着许峻为鲁相臧仲英家中怪异占卜的故事，又记着许峻的孙子许宁方（即许曼）为车骑将车冯绲占卜赤蛇的故事。可见许峻是东汉中期的人，死在第二世纪的前半，又可见他的一家和外孙都是"善占卜

之术"的道士。他著有《易林》《后汉书》说"至今行于世"。范晔死在刘宋文帝元嘉二十二年（西历445）许峻的《易林》不但当范晔时还存，《隋书·经籍志》也记录：

> 《易新林》一卷，后汉方士许峻等撰，梁十卷。
>
> 《易灾条》二卷，许峻撰。
>
> 《易决》一卷，许峻撰。梁有《易杂占》七卷，许峻撰，又《易要决》三卷，亡。

《旧唐书》同《新唐书》也都记录：

> 《许氏周易杂占》七卷，许峻撰。

《宋史·艺文志》五行类有

> 许季山《易诀》一卷，
>
> 《易林》三卷，
>
> 《诸家易林》一卷，
>
> 《易新林》一卷。

大概许峻的《新易林》只有一卷，梁代目录的十卷本是包括这些"诸家《易林》"的，所以《隋志》注"后汉方士许峻等撰"，其中也许有许曼董彦兴诸人占卜的书。

但是许峻的《易新林》后来就失传了。所以后世就有人疑心现行的《易林》也许是许峻做的。何焯的《读书记》说：

> 今世所传《焦氏易林》，疑即许峻所著，焦氏不闻有书也。

黄汝成《日知录集释》引同时（道光时）人泾县左暄说：

崔篆《易林》不可考。许峻所著《易林》，范氏以为"至今行于世"则后世所传《易林》当即峻书，而人误以为焦延寿也。

第四批，"东汉以后人"。这一批人，没有姓名籍贯，无从传唤到案，只好看他们的辩护人顾炎武的诉状如何说法：

《易林》疑是东汉以后人撰，而托之焦延寿者。延寿在昭宣之世，其时《左氏》未立学官，今《易林》引《左氏》语甚多。又往往用《汉书》中事，如曰：

彭离胶东，迁之上庸（适按，此条在"升之夫"。黄丕烈刻的校宋本《易林》，"迁之"作"迁废"）。

事在武帝元鼎元年。曰：

长城既立，四夷宾服。交和结好，昭君是福（适按此条在"萃之益"）。

事在元帝竟宁元年。曰：

火入井口，阳芒生角，犯历天门，窥见太微，登上玉床（适按，此条在"大有之复"，又"鼎之临"）。

似用《李寻传》语。曰：

新作初陵，逾踏难登（适按，此条在"明夷之咸"）。

似用成帝起昌陵事。又曰：

刘季发怒，命（黄本作禽）灭子婴（适按，此条在"蛊之贲"）。

又曰：

> 大蛇当路，使季畏惧（适按，此条在"屯之升"，又
> "损之比"）。

则又非汉人所宜言也。（《日知录》卷十八）

顾炎武提出的理由总共有四组：（1）《易林》引《左传》的语句甚多，不像是《左氏传》未立于学官的昭宣时代的作品。（2）《易林》往往用《汉书》里的故事，不像班固以前的书。（3）《易林》用元帝、成帝的故事，焦延寿不会知道。（4）《易林》往往称汉高祖为"刘季"似乎不是汉代人应该说的，所以好像是"东汉以后人"做的书。

以上总检查《易林》著作权争执人四批的履历资格。

现在我要开审这案子了。

我的审判方法，分做三个步骤：第一步，要先证明现在流传的《易林》确确是东汉初期已经存在并且已经被人用来占卦的《周易卦林》。证明了这一点，我们就可以把第三批的许峻和第四批的"东汉以后人"都驱逐出法庭，把他们的诉状驳斥不理了。第二步，要证明焦延寿决不能著作这部《易林》。第三步，要证明王莽时做建新大尹的崔篆最合于《易林》著作人的资格，所以"焦氏易林"应该归还原主。改题为"崔氏周易林"。

先说第一步的审判。

《东观汉记》有这一段最有趣味的故事：

> 永平五年秋（西历纪元 62）京师少雨。上（明帝）御

云台，召尚席取卦具，自卦，以《周易卦林》占之。其繇曰："蚁封穴户，大雨将集。"明日大雨。上即以诏书问"沛王"辅曰："道岂有是耶"？辅上书曰："按《易卦》（适按，此处'易卦'似当作'易卦林'）震之蹇，'蚁封穴户，大雨将集'。蹇，艮下，坎上。艮为山，坎为水。山出云为雨。蚁穴居而知雨，将云雨，蚁封穴。故以蚁为兴文"。诏报曰："善哉王次序之"！（《文选》卷六十，任昉《齐竟陵文宣王行状》的李善注引《东观记》，参看聚珍版《东汉记》）。惠栋《后汉书补注》《沛王辅传》注引《东观记》此条，文字稍不同，不知他根据何本。）

今本《易林》（黄丕烈本，潮阳郑氏翻黄本）卷十三震之蹇，果然有"蚁封穴户，大雨将集"两句繇辞。《四库全书》的《易林》提要也引了这段《东观记》，但是《四库提要》的作者完全不懂得这一件重要证据的意义。《提要》的结论是：

> 今书蹇繇实在震林，则书出焦氏，足为明证。

这就大错了！《东观汉记》的"蚁封穴户"的故事并不曾说汉明帝沛王辅用的是"焦氏易林"，只说他们用了一部"周易卦林"，所以这个故事丝毫不能证明"书出焦氏"。然而这个故事两次提到的两句繇辞恰恰是今本《易林》的"震之蹇"的繇辞，所以能够证明今本《易林》确是一千八百多年前汉明帝沛王辅用来占卜的"周易卦林"。这是最难得的铁证。（牟庭也引《东观记》此条，但他也不曾明白这种证据的作用。他因明帝有"善哉王次序之"之语，就说，"以是知沛献王辅尝受诏次序《易林》矣"。其实明帝诏报六个字，当做一句读，谓"善哉王之次序之也！"）

这一条最可靠的证据使我们深信汉明帝永平五年确已有了这部《易林》了。从这一个判断上，我们可以得到几个自然的引申结论：

第一，许峻决不配争《易林》的著作权。许峻的孙子和外孙都和应劭同时，他的著书年代远在永平以后。他的占卦的书，范晔叫做《易林》《隋书》叫做《易新林》，大概只有一卷，和那十六卷六十四篇的《易林》不同。所以我们可以判决许峻不是今本《易林》的作者。

第二，顾炎武提出的"东汉以后人"更不成问题了。顾氏说汉朝人不应该称"刘季"，所以《易林》应该是东汉以后的作品。左暄曾驳他说：

《史记·高祖本纪》言"刘季"者非一，则固汉人所常言也。（《日知录集释》十八）

这样用避讳作考证的方法，根本就不能用来考证两汉文献的时代，因为我们现在可以无疑的证明两汉文人史家都有"临文不讳，诗书不讳"的自由。《史记·周本纪》有"邦内甸服，邦外侯服"，《封禅书》有"五岳皆在天子之邦"。《汉书·韦贤传》有韦孟的谏诗，中有"实绝我邦"与荒，商，光，同，协韵；又有在邹诗，中有"于异他邦"，与恭协韵。此皆可证西汉不讳"邦"字，何况"季"字？《史记》又不讳"盈"字（惠帝名），"恒"字（文帝名），"启"字（景帝名）。（看陈垣《史讳举例》，页五六。）《汉书》也屡用"恒"字，"启"字，"彻"字（武帝名）。《汉书》不但不讳前汉帝名，并且不避"秀"字（光武帝名）"庄"字（明帝名）。（看陈垣同上书。）王充与班固同时代，《论衡》里屡称"庄岳""庄公""楚庄王""庄子义"，是不避明帝讳。许慎《说文解字》也不避后汉帝讳。陈垣先生曾指出见存东汉诸碑均不避东汉帝讳。（看《史讳举例》，页一至二，又胡适《两汉人临文不讳考》。）

顾炎武不曾详考汉人临文不讳的风气，所以他要把《易林》看作"东汉以后人撰"。我们现在驳斥这种证据，认为不能成立。我们并驳斥一切根据后世避讳制度来考证两汉文献著作年代的方法，认为都不能成立。

我们现在既已断定《易林》是东汉明帝初年已被人用来占卜的古书，那么，凡是代表明帝以后的人争《易林》著作权的诉状和证物，都应该一律驳斥不理了。

现在我要开始第二步审判了。

第二步审判的主要目标是要审问那死在京房以前的焦延寿（西历纪元前一世纪的前期人）能不能著作这部《易林》。

明朝的郑晓，明末清初的顾炎武，都曾提出证据，证明《易林》用的历史事实有一些决不是焦延寿能知道的，所以他们不承认焦氏作《易林》的旧说。现在我们要研究他们提出的这些证据是不是正确的。

（1）郑晓指出《易林》"节之解"繇辞"皇母多恩，字养孝孙，脱于襁褓，成就为君"，似乎是指定陶傅太后抚养汉哀帝（即位在西历前6年）的事，是焦延寿不会知道的（郑晓《古言》，引见《四库全书》《易林》的《提要》）。

（2）郑晓和顾炎武指出"明夷之咸"繇辞"新作初陵，逾蹎难登"，似是指成帝起昌陵的事，是焦延寿决不会知道的。（成帝建始二年〔西历前31〕以渭城延陵亭部为初陵。到了鸿嘉元年〔西历前20〕又以新丰戏乡为昌陵。永始元年〔西历前16〕诏曰，"昌陵作治五年，天下虚耗，百姓罢劳，客土疏恶，终不可成，其罢昌陵，反故陵。"《刘向传》有《谏造陵疏》，述昌陵工程最详。)

（3）顾炎武指出《易林》"大有之复"（"蛊之临"同）繇辞的文字颇像是用《汉书·李寻传》的语句。李寻的政治活动在成帝晚年；他和夏贺良等同谋要造成一个大政变，是在哀帝建平二年（西历前5年）。这都是焦延寿不会知道的。

《四库提要》替《焦氏易林》辩护，说：

> 二家所云，某林似指某事者，皆揣摩其词。

这就是说，这几条繇辞都不够明白清楚，不够作证据。《提要》的批评，也有一部分的道理。例如李寻一条，实在有点"揣摩其词"不能有证据的作用。又如定陶王欣立为皇太子时，已是十七岁了，他做皇帝，已是十八岁了：这都不合于"脱于襁褓，成就为君"的话。所以这一条也不够明白无疑。只有"初陵"的工程是成帝一朝的一件大事，《易林》又明明说"初陵"的名称，这一条可以算是一件证据。焦延寿决不会知道成帝起初陵的事。

（4）顾炎武又指出"升之夬"繇辞"彭离济东，迁废上庸"一条。这一条的文字是最明白清楚的了。梁孝王的一个儿子彭离，封为济东王，后来因为他擅杀人，已发觉被他杀了的有一百多人，所以武帝把他废为庶人，徙居上庸。（看《汉书》卷四十七文《三王传》）但这一件大案子出在武帝元鼎元年（西历纪元前116）是焦延寿可以知道的，焦延寿做小黄令是在昭帝时，他是梁国人，又是梁王提拔的人，当然可以知道梁王家门里这件大案子。所以这一条的文字虽然十分明白，在本案里没有做证据的价值。

（5）顾炎武又指出《易林》用了许多《左传》的典故和语句，《左传》在昭帝宣帝时还未曾得政府的承认，不曾立博士。因此，顾炎武疑心《易林》不是前汉人的著作。

《四库提要》答复这一条说：

> 《左传》虽西汉未立学官，而张苍等已久相述说。延寿引用《传》语，亦不足致疑。

《史记》用了无数的《左传》材料，我们不能因此就疑心这些材料全是后人加进去的。（狭陋的"今文"学者，如崔适的《史记探源》，真有这种说法！）大概《左传》或《左氏春秋》是一部很古的史书，这是无可疑的。西汉经师所争的只是左氏"不传《春秋》"的一个问题。司马迁作的是历史，《易林》用的是典故，都不关左氏不传《春秋经》的问题。所以这一大组的《左传》典故都不够做本案的证据。

（6）顾炎武指出"交和结好，昭君是福"一件史事是在元帝竟宁元年（西历前33），是焦延寿不会知道的。

王嫱，字昭君，出嫁匈奴呼韩邪单于，是在京房死后第五年，那时焦延寿早已死了。所以《四库提要》也不能不承认这一条是"名字炳然，显然为延寿以后语"了。

我们还可以帮顾炎武添一条同类的证据：

（7）《易林》"萃之临"

> 昭君死国，诸夏蒙德。异类既同，宗我王室。

昭君在匈奴，先嫁呼韩邪单于，生一男；后来呼韩邪死了（西历前31），她又配了复株絫单于，生两女。昭君之死，大概在前汉末年，当然更不是焦延寿能知道的了。

以上七条之中，除了四条不够作证据之外，我们可以承认"新作初陵"一条，"昭君"两条，都是明白清楚的证据。根据第三条证据，就尽够判断焦延寿决不是《易林》的作者了。

在一百年前，山东翟云升刻《易林校略》十六卷。他赞成牟庭的主张，说《易林》不是焦延寿做的，是崔篆做的。他提出了一条最重要的新证据，是郑晓，顾炎武都忽略了的。翟云升说：

（8）"同人之豫""鼎之节"云：

"安民呼池"。

考《汉书·平帝纪》，元始二年罢安定呼池苑，以为安民县。孝平正崔氏时，在焦氏后，皆是崔非焦之证也。

这是王莽的一件大德政，《平帝纪》有详细的记载：

元始二年（西历纪元 2 年）……罢安定呼池苑，以为安民县。起官寺市里，募徙贫民，县次给食；至徙所，赐田宅什器，假与犁牛种食。（安定，颜师古说是中山王国的安定，池音沱。《水经注》于《渭水》下，叙略阳川水，述来歙攻隗嚣时自安民县，之杨城至略阳，并引"元始二年罢安定罅沱苑以为安民县，起官寺市里。"故沈钦韩谓"安民县属安定郡无疑"，全祖望曰："案曰呼沱，则是中山，非关中，况平帝由中山王为天子，故首加恩于潜藩。"适按，全说是也。）

《易林》"鼎之节"云：

安民呼池，玉杯大按，泉如白蜜，一色获愿（一色当是一邑之误）。

"同人之豫"云：

> 按民呼池，玉杯文案，鱼如白云，一国获愿。

这件事有年月可考，最明白无可疑。这决不是焦延寿能够知道的。此证还不够证明《易林》作者"是崔"（说详下），但尽够证明"非焦"了。主张《焦氏易林》的辩护人，如丁晏，如刘毓崧，也都明白这两条新证据的重要，所以他们恐慌了，就决心要用掩眼法来抹煞这两条文字！丁晏说：

> 按毛本"同人之豫"曰"按民湖池"，黄本作"按民呼池"，翟本又改"安民"，臆改迁就，不可从也。（丁晏《书翟氏牟氏易林校略后》）

这是大考据家摆出大架子来抹煞证据的掩眼法。黄本"同人之豫"作"按民呼池"，丁晏看见了，指出了。但"鼎之节"一条，黄本和一切本子都明白的作"安民呼池"，丁晏大律师何以假装不看见了呢？这样存心抹煞证据，是自欺欺人的行为，是可耻的。丁晏的徒弟刘毓崧公然称赞丁晏这条驳论为"驳正详审，洵足以释翟氏之疑"。刘毓崧党同伐异，也未免存心抹煞证据了。

这第二部分的审判，可以这样判决：

> 审得《易林》十六卷，自萧梁以来，相传为前汉昭宣时代人焦延寿的著作；现由反对各方提出本书的内容为证，证明《易林》内提及①成帝时的初陵，②昭君的"交和结好"，事在元帝竟宁元年，③昭君之死，事在前汉末年，④安民呼池一事，在平帝元始二年：这四件史事，都远在焦延寿死后，都可以证明焦延寿不是本书的作者。焦延寿的代理人始终不能提出有力的证据或反证。故本法庭判决：焦延寿此后不得再享受《易林》十六卷的著作权。以后本书不

得再题作"焦氏易林"。

现在本案的诉讼人，只剩下崔篆一个人没有判决了。我们还得开第三步审判，要判断崔篆是不是《易林》的作者。

我们先请崔篆的第一个辩护人山东栖霞牟庭（字陌人，号默人，乾隆乙卯〔六十年，西历1795〕的优贡生，做过观城县的训导，著有《雪泥屋遗书》五十一种）出庭宣读他的诉状——他的《校正崔氏易林序》。这篇文章是嘉庆二十一年（西历1816）写定的，因为知道此文的人太少，所以我们请他摘读其中最扼要的一部分：

> 今世所传《易林》本有"汉时"旧序，曰："《六十四卦变占》者，王莽时建信天水焦延寿之所撰也。"余每观此而甚惑焉。据《汉书·儒林传》《京房传》，焦延寿是昭宣时人，何为乃言"王莽时"？焦延寿，梁人也，何故而言"建信天水"？王莽时改千乘郡曰建信，改天水郡曰填戎（适按，填与镇同）。则莽时有建信而无天水。且二郡不相属（适按，建信属青州，在极东；天水属凉州，在极西），"建信天水"非可兼称也。又其序假名费直，费直生于宣元间，岂知天下有王莽其人哉？

这是说这篇序的错误太不近情理了，倒引起了他的疑心，使他去研究为什么这个作序的人会荒谬到这个地步。牟庭接着说他如何解答这些疑问：

> 一日，检《后汉书·儒林传》，"孔僖拜临晋令，崔骃以'家林'筮之"。又检《崔骃传》云，"骃祖篆，王莽时为建新大尹，称疾去。建武初，客居荥阳，闭户潜思，著

《周易卦林》六十四篇"。

余于是执卷惝恍，忽而笑曰，"余乃知之矣！《易林》者，王莽时建新大尹焦延寿之所撰也！新，信，声同。大尹形误为天水。崔形误为焦。崔篆盖字延寿，与焦赣名偶同。写者知有焦延寿，不知有崔延寿，因复改篆为赣，下文称'赣'者再，本皆当作'篆'写者妄改之。……"

余既以两《汉书》订正旧序，的知《易林》非焦赣书，文假当归，改题曰"崔氏易林"。

我们现在秉公判断牟庭的诉状，先得指出他的推论，粗看去很像是根据薄弱，其实是值得我们平心研究的。他的最重要的贡献是从那号称《焦氏易林》的伪序里，寻出一点线索，使他恍然明白所谓《焦氏易林》原来就是那《后汉书·崔骃传》和《孔僖传》里说的崔篆的《周易卦林》。那一点线索就是那伪序里"王莽时建信天水"几个字。

《后汉书》明说王莽时做过建新大尹的崔篆曾著《周易卦林》六十四篇。两部《唐书》也都明明记录着《焦氏易林》之外另有《崔氏易林》十六卷。但一千多年来，从没有人提出诉状，明明指出焦氏《易林》就是崔氏《易林》，并且应该正式改题作"崔氏易林"。牟庭研究那篇伪序，抓住了一个大破绽：焦延寿的年代事迹，明明记在《汉书》的《京房传》和《儒林传》里，为什么这篇伪序偏偏要特别大书"王莽时建信天水焦延寿"呢？牟庭大胆的提出一个假设：《易林》原本必是题着"王莽时建新大尹焦延寿"，后来在传写的过程上，被妄人误写误改，竟成了"王莽时建信天水焦延寿"。牟庭从这一点线索上，就提出一个很大胆的结论，说《易林》是崔篆作的，应该改称为"崔氏易林"。

牟庭的推论程序，我们替他分析起来，是这样的：

（1）作伪序的人分明全不知道崔篆这个人，更不知道崔篆做过王莽时代的建信大尹。

（2）那么，他为什么要在《易林》作者的姓名上面加上"王莽时建信天水"等字呢？

（3）凡错误必有引起错误的原故。这一行荒谬绝伦的题字，只有一个可能的解释，就是《易林》原本（古写本）必是题着"王莽时建信大尹崔某"，后来姓崔的错成姓焦了，"大尹"也错成"天水"了，但是那上半截"王莽时建信"等字还不曾磨灭，还留下线索，证明《易林》作者正是那做过王莽时建信大尹的崔篆。

（4）伪序全文足够证明作序的人决不是有意的装上"王莽时建信天水"等字，故不是有心作伪，只是无意之中留下了这一点痕迹。因为不是有心作伪，故这几个字有证据作用，有证据价值。

（5）因为"王莽时建信天水"这几字保留在一部所谓《焦氏易林》的旧序里，所以牟庭推断《焦氏易林》原来就是崔篆的《易林》。

这种推理方法，本来是很危险的，只有很精密的考据学者，十分严格的使用，才可以避免错误。牟庭的推论，照我们的分析，可算是大致不错。他自己也曾很得意的说：

> 崔篆之书，嫁名焦赣，遥遥千余年，遂无觉者。幸而误序犹存，俾余得寻迹所由，复睹其真。校书得此，旷然有发蒙之乐矣！古人遗迹，信不可忽，虽讹谬犹足宝贵若此！使余向者视为驳文，而弃置不思，何由得此乐哉？又使当时妄

者稍知时地，将复改王莽为宣帝，改"建信天水"为"小黄令"，或为"梁国"，则余今日亦茫然失据，无以证明：而主人失书，终不复还，岂不惜哉？赖其人不甚知书，乃留此误证，以待余之寻究也，此天幸也！

这一段自述，是深知历史考据的老手说的话。"古人遗迹，信不可忽，虽讹谬犹足宝贵若此！"这句话真是考据学的名言。牟庭的大功劳正在他能够从这一篇伪序的几个残字里寻出破绽，来替崔篆做第一篇伸冤状子。

但是我们平心审查牟庭的诉状，虽然佩服他"读书得间"，究竟不能指出：第一，他的推论本身也有点小错误，必须修正；第二，他提出的证据，无论如何聪明可喜，究竟还不够叫人心服。

牟庭的错误有两点：（1）他说，崔篆作王莽的建新大尹，而伪序作"建信"，是因为"新信声同"。这是他偶然失检。《孔僖传》章怀太子注："莽改千乘国曰建信，又改曰建新。"朱一新说："建新当是莽初改之名，后改建信，如十一公之改新为信也。"东汉初期沿用建信之名，到和帝时才改为乐安，这可证建新是初改，建信是后改。《后汉书》崔骃孔僖两传皆作"建新"而《易林》原书自作"建信"，都和"新信声同"无关。（2）牟庭猜想崔篆"盖字延寿"，绝无证据，并且不必要。大概古本原文题着崔篆，故两《唐书》均著录《崔氏易林》十六卷。自汉至唐，崔是中原名族，崔家始终认定《易林》是崔家卦林，但一般人都不知道那位曾做王莽大官的崔篆，故钞本有误题作"崔赣"的，后来又有通人强作解事，改作"焦赣"，故自梁至隋唐，目录皆称"焦赣"要不称焦延寿。（知道崔篆的人太少，故崔篆的姓名最多错误，《连丛子》两处提到崔篆，都误作"崔义"，

《连丛子》旧注又强作解事，说"义当作毅"！张怀瓘《书断》云，"崔瑗曾祖蒙"，篆又错成"蒙"了！数年后，我得见余嘉锡先生的《四库提要辨证》，他在子部三，叶三十一，引《鸣沙石室古佚书》内《修文御览》残卷引《易林·谦之泰》"白鹤衔珠"一条，作"崔赣易林"。《太平御览》九一六引此条则已改为焦赣了，余先生又引日本人所撰类书名《秘府略》者，其中卷八六八引《易林·谦之大过》"被锦夜行"一条，亦题作"崔赣"。余先生说，"此必原作《崔氏易林》，后人妄改氏为赣，而忘改崔字，遂致以崔篆之姓，冠延寿之名。"大概古写本必有把"崔篆"错到不可想像的地步的。第一个通人才改成崔赣，第二个通人又改成焦赣，第三个通人知道赣是字而延寿是名，故改为焦延寿了。）

牟庭的推论，虽然修正了，还不过是一个聪明可喜的大胆假设，不能叫反对的人认为充分证据。主张《焦氏易林》的人如丁晏刘毓崧都不肯接受牟庭的推论。丁晏有《书翟氏牟氏易林校略后》长文，其中驳牟庭原序，有几个要点：

（1）牟氏"既知旧序之伪，犹据以为莽时"。

（2）牟氏"且谓崔篆盖字延寿。盖者，疑辞。遍检书传，篆无延寿之字。臆说纷腾，疑误后学，夫何取焉"！

（3）《后汉·儒林传》，孔僖拜临晋令，崔骃以家林筮之。晏案，李贤此注，"崔篆所作《易林》也"……《张衡传》李贤注又引《焦氏易林》。（适按，《张衡传》"应间"篇有"鼋鸣而鳖应也"李贤注《焦赣易林》曰，鼋鸣岐野，鳖应于泉。《易林·乾之井》云："鸳鸣岐山，龟应幽渊。"王谟本作"鼋鸣岐山，鳖应山渊"。王谟本此条最近李贤所见本。渊改为泉，是避唐讳。）明焦氏与崔氏各自为书，章怀之注甚晰。

（4）《唐书·艺文志》《焦氏周易林》十六卷，注云焦赣。《崔氏易林》（适按，当作《崔氏周易林》）十六卷，注云崔篆。焦崔《志》别为二，未尝溷为一也。

丁晏指出的几点，第二点说遍检书传，崔篆无延寿之字，我们也说过了，这是小疵，不足讨论。其余三点，都是颇有力量的反驳。第一点说牟庭明知旧序是伪作的，岂可用作根据？我们在上文曾指出：这篇序虽是假托的，但其中"王莽时建信天水"等字必是因为古写本有"王莽时建信大尹"的题署；作序者不知崔篆的事实，故这几个字不是有意作伪，而是无意中保存证据。但这个说法，只有熟悉考据方法的人才能了解，一般人决不能赏识，而有成见的学者如丁晏也决不肯承认。反对的人尽可以说：这伪序可以题"东莱费直字长翁"，这明明是假的；为什么不可以胡乱再加上"王莽时建信天水"等等字呢？我们无论怎样替牟庭辩护，终不能叫反对的人心悦诚服。况且丁晏提出第三、第四两点都是重要的论点，我们若不能把这两点解答了，牟庭的推论只能供少数考据学者的赏玩，终不能恢复《崔氏易林》的著作权。

丁晏的最后两点其实只是一点：就是说，唐人明明著录一部《崔氏周易林》和另一部《焦氏周易林》；章怀太子李贤注《后汉书》，后来史家编《唐书·艺文志》，都把焦崔两家的书分别为二，"未尝溷为一也"。刘毓崧《跋丁氏易林释文》也说：

新旧《唐志》著录，以《崔氏易林》与《焦氏易林》并列：判然为二。焉得以崔氏之书既失，遂移焦氏之书补之？

本来牟庭的推理是说，正因为焦氏《易林》的伪序里保留着"王莽时建信天水"等字，所以我们可以推知那所谓《焦氏易林》正是王莽时建信大尹崔篆的《易林》。于今反对方不承认牟庭提出的证据，说他不应该把这一篇伪序里的几个误字提作证据，那么，崔篆的辩护人就不能不另寻更有力的新证据了。

新证据从那儿去寻呢？要怎样的证据才能够证明崔篆是《易林》的作者呢？

这种证据可以有两类。一类是本书的"内证"，如昭君的和亲，如昭君之死，如安民呼池之事，都可以用来证明焦延寿决不会知道这些事，而崔篆生当前汉末年，做过王莽的官，这些事正合他的时代。这一类的"内证"，本法庭认为不够用。因为和崔篆同时代的人至少有好几千万，崔篆可以知道这些史事，刘歆、扬雄也可以知道这些史事。故这些本书内容的史事，只够证明焦延寿决不会作《易林》，而不够证明崔篆曾作这部《易林》。例如翟云升提到"安民呼池"，一条年代最明白的史事，说"孝平正崔氏时，在焦氏后，皆是崔非焦之证也"。这可见翟氏不完全懂得这一类史事内证的性质，此事"在焦氏后"，故可证《易林》"非焦"。但此事"正崔氏时"，却不够证《易林》"是崔"，因为崔氏同时人皆可知此事，我们不能证明只有崔篆一个人独知此事。

所以我们现在需要的是另一类的证据，是本书以外的历史材料，可以用来证《易林》的作者的。上次我们用《东观汉记》的汉明帝永平五年用《周易卦林》占得"蚁封穴户，大雨将集"一条记载，来证明今本《易林》确是一千八百多年前汉明帝用来占卦的古书。我们现在要寻的也正是像这一类的证据。

本法庭检查本案各方提出的证据之中，有三件是合格的：

（1）《旧唐书·经籍志》著录

《焦氏周易林》十六卷（原注，焦赣）

《崔氏周易林》十六卷（原文无注）

《旧唐书·经籍志》只是"录开元盛时四部诸书"，故这条记载只能证明开元盛时的公家藏本之中有两部同是十六卷的《周易林》，一部明题"崔氏"，一部明题"焦赣"。我们不知道这两部书的内容是一样，还是两样。

（2）《新唐书·艺文志》著录

《焦氏周易林》十六卷（原注，焦赣）

《崔氏周易林》十六卷（原注，崔篆）

《新唐书》修于北宋极盛时代（成于嘉祐五年，1060，修书共费十七年），《艺文志》著录的书，包括唐朝三百年的著作，比《旧唐书·经籍志》完备的多了（《经籍志》全抄开元时的书目，故集部仅到刘子玄卢藏用为止，天宝以下的大文豪如杜甫、李白，都不著录。《新唐书·艺文志》则著录李唐一代的著作）。《旧唐书》虽收"崔氏周易林"，而不注作者。《新唐书》明注崔篆，可证北宋盛时的"秘府之藏"有两部同是十六卷的《周易林》，一部明题焦赣，一部明题崔篆。但我们从这条记载上，还不能知道这两部《周易林》的内容是同是异。

（3）赵璘《因话录》卷六，有这一条：

> 崔相国群之镇徐州，尝以《崔氏易林》自筮，遇乾之大畜，其繇曰：
>
> 典策法书，藏在兰台，虽遭乱溃，独不遇灾。
>
> 及经王智兴之变，果除秘书监也。

崔群是韩柳元白同时的文人，他拜相在元和十二年（817），罢相在十四年（819）他出镇徐州在穆宗即位之年（820）。王智兴兵变，驱逐崔群，在长庆二年三月（822）。崔群因失守徐州，贬为秘书监，当也在此年。他死在大和六年（832）（以上参用《旧唐书》一五九《崔群传》，及《穆宗本纪》）。赵璘是宰相赵宗儒（大和六年死）的从孙，是开成年间（836至840）的进士。赵璘记崔群的故事，可算是同时人的记载。

这个故事说崔群在元和十五年（820）曾用《崔氏易林》自筮，筮得乾之大畜。今检"典策法书，藏在兰台"一条繇辞正是今本《易林》的"坤之大畜"的繇辞。赵璘误记为"乾之大畜"，繇辞全文与今本相同。这条证据最可以证明两《唐书》著录的"崔氏周易林"，不但卷数相同，并且内容相同。这条记载最可以解答丁晏刘毓崧（《因话录》一条最早是刘毓崧提出的，但他全不了解这一条记载的证据作用）的疑问，无疑的证明《唐书》两志著录的两部十六卷本《周易林》原来只是一部同样的书。不过梁隋以来有题为"焦氏易林"的写本，故两《唐书》的史官都不敢完全抹煞此另本的旧名。现今我们既然（1）证明了焦赣决不会作《易林》，又（2）证明了"开元盛时"有些《易林》写本明题着"崔氏周易林"；又（3）证明了北宋盛时还有些《易林》写本不但题着《崔氏周易林》，还注明作者是崔篆；又（4）证明了这部《崔氏易林》的内容和今本所谓《焦氏易林》相同，那么我们现在可以正式判断：古写本《易林》十六卷，内容相同，而题名有两种：那题作焦赣的，或焦氏的，实在是误题；那题作崔氏的，或崔篆的，是古写本的原题名，是不错的。

我们现在可以说：

（1）汉明帝在永平五年（62）用的是崔篆的《周易卦林》，即是今本《易林》。

（2）汉章帝元和二年（85）崔骃用的"其家卦林"即是今本《易林》。

（3）梁隋两代著录的十六卷本和三十二卷本《易林》，和那十六卷本书《易林变占》，也都是崔篆的《易林》，都是今本《易林》。

（4）开元盛时著录的两部十六卷本《周易林》都是崔篆的《易林》，都是今本《易林》。

（5）唐元和十五年（820）崔群用来自筮的《崔氏易林》是崔篆的《易林》，也就是今本的《易林》。

（6）北宋嘉祐五年编成的《新唐书·艺文志》著录的两部十六卷的《周易林》都是崔篆的《易林》。

（7）宋以后流行各种本子的《焦氏易林》都是崔篆的《易林》。

（8）嘉庆二十一年（1816）牟庭从《易林》的伪序的"王莽时建信天水"几个误字上看出线索，大胆的提出"《易林》是王莽时建新大尹崔篆所撰"的结论，现在完全证明为最大胆而不错误的结论。

我们在上面曾说过，《易林》本书内的历史事实，如昭君两条，如"安民呼池"一条，都只有反证作用和助证作用，但都不够用来证明《易林》作者是谁。这些史事，可以考证本书的年代，而不一定可以考证本书的作者。因为他们可以考证年代，故有反证作用，可以证明死在这些史事之前的某人决不会著作这部书。又正因为他们可以考证年代，故这些史事又有助证作用，可以用来试验作者的年代是否适合于本书的内容，又还可以用来帮助考定作者著书的年代。

现在我们已考定崔篆是《易林》的作者了。我们可以回到郑晓、顾炎武、翟云升等人指出的《易林》内容的各项史事，看看：（1）这些史事是否适合于崔篆的时代？（2）这些史事是否还可以帮助我们考定崔篆作《易林》的年代？（3）崔篆的《易林》著作权的恢复；是不是可以解决郑晓、顾炎武诸人指出的种种历史困难了吗？

崔篆的哥哥崔发在王莽早年就"以材能幸于莽"，后来封说符侯。地皇四年（23）崔发做大司空；同年，王莽被杀之后，他投降了申屠建，后来终于被申屠建杀了。崔篆到光武帝时还活着。他的孙子崔骃死在永元四年（92）。我们可以推算崔篆死在建武中期，约当建武十六年（40）。《易林》里的史事没有王莽以后的事，所以我们可以说《易林》的内容很合于崔篆的时代。

《崔骃传》说崔篆在东汉初年"客居荥阳，闭户潜思，著《周易林》六十四篇"。《易林》全书总共有四千多首有韵的繇辞，也许不是一个短时期里写成的。但其中有些繇辞，颇使我们疑心是王莽时代写的。例如"节之睽"和"小畜之噬嗑"：

> 方啄广口，圣智仁厚。释解倒悬，唐国大安。

这不是恭维王莽吗？（看《王莽传》描写他"侈口蹶顄"当时有人说他"鸱目虎吻"。）

又如"明夷之蒙"：

> 讽复诵功，美周盛隆，旦辅成周，光济冲人。

这也很像王莽在篡国以前"四十八万七千五百七十二人"上书歌颂他的功德一类的事，这又在崔篆的壮年时了。这一类的话，虽然不曾明说王莽，似乎不会是东汉革命成功之后写的。所以我颇疑心这部书的著作不在东汉初年，而在西汉末年王莽专政还没有做皇帝的时期，——就是汉平帝和孺子婴的时期，——约在西历纪元最初八九年之间。到了王莽被杀，光武帝中兴之时，这部书早已流传在人间，被人"用决吉凶"，所以其中颂美王莽的几条也就无法删改了。从前郑晓指出"皇母多恩，字养孝孙，脱于襁褓，成就为君"一条，说是指定陶傅太后抚养哀帝的事。我曾指出哀帝即位时已有十八岁，不能说是"脱于襁褓，成就为君"。如果我们考证崔篆作《易林》的年代大致不错，那么，这一条也许是指王太后（元后）和王莽同谋迎立汉平帝的事，或是指王莽假托王太后的意旨选立孺子婴的事。平帝立为皇帝时，年已九岁，也不是说是"脱于襁褓"。孺子婴立时才有两岁，最合于"襁褓"之句。这等颂谀的话最合于崔发崔篆一家人的口气。翟云升指出的"安民呼池……一国获愿"一条，是平帝元始二年的新政。崔篆决不会到了东汉初年还歌颂王莽在平帝时的德政。我们把这几条合起来看，可以推想《易林》写成的时代是王莽声誉最高的时代。《易林》里好像没有王莽建国以后的史事，王莽始建国元年是西历纪元9年，所以我推想，《易林》成书在西历纪元最初八九年。到了王莽"新室"时代（西历9至23），这书渐渐流行，所以汉明帝和沛王辅在永平五年（西历62）都用此书占卜了。

《易林》里的"昭君"两条，也可以帮助我们证明《易林》成书的年代：

（1）长城既立，四夷宾服。交和结好，昭君是福。

（2）昭君死国，诸夏蒙德。异类既同，宗我王室。

这两条都歌颂昭君和亲的成绩，都可见那时期正是匈奴最恭顺，北边最太平，和亲政策最有效的时期。《汉书·匈奴传》说：

> 北边自宣帝以来，数世不见烽火之警，人民炽盛，牛马布野。及莽挠乱匈奴，与之构难，边民死亡系获；又十二部兵久屯而不出，吏士罢弊。数年之间，北边虚空，野有暴骨矣。

匈奴呼韩邪单于于宣帝甘露三年（西历前 51）第一次来朝，明年又来朝。元帝竟宁元年（西历前 33）呼韩邪又来朝，自言愿做汉朝的女婿，元帝把后宫良家子王嫱赐给单于，呼韩邪号王昭君为"宁胡阏氏"。从宣帝甘露初年到王莽初年（西历 11）匈奴大入塞寇盗，其间共有六十多年的和平。昭君在匈奴几十年，在中国民间的心理，她竟成了这和亲政策的象征。《匈奴传》说：

> 汉平帝幼，太皇太后称制，新都侯王莽秉政（王莽号安汉公，在平帝元年。此事当指前一年九月以后，当西历前 1 年），欲说太后以威德至盛，异于前，乃讽单于（乌珠留单于），令遣王昭君女须卜居次云入侍。太后所以赏赐甚厚。

《匈奴传》里又屡次提到昭君的两个侄儿王歙、王飒。平帝初年，王歙和韩隆、王昌等同出使匈奴。王莽建国的第一年，王飒和王骏等同出使匈奴。王莽后来封王歙为"和亲侯"，王飒为"展德侯"。天凤元年（西历 14）王莽派王歙、王飒出使匈奴。这时候昭君的女婿右骨都侯须卜当正当权，他的权力能推翻匈奴的传位习惯，超越过匈奴诸王嗣立的名次，特别选立乌累单于。所以王莽特派昭君的两个侄儿出使匈奴。后来王莽又封须卜当为后安公，须卜当的儿子奢（昭君的外孙）为后安侯。天凤五年（西历 18）王莽把须卜当父子和昭君的少女的儿子醯椟王都

骗到长安，莽拜须卜当为须卜单于，又把他的庶出女儿睦逮任
（莽改公主为"任"）嫁给昭君的外孙奢。但这些交欢的手段都
不能恢复王莽以前"数世不见烽火之警"的和平关系了。

以上所引关于昭君一家的事，可以表现两点：第一，昭君的
时代正当匈奴"宾服"，中国北边"数世无烽火之警"的时期。
《易林》里说到昭君的两条都是那和平时期的情形，都不是王莽
建国三年以后匈奴侵边，北境空虚的景况。第二，那个时代是昭
君的故事最流行的时代。昭君的儿子女婿在匈奴当大权，他的两
个侄儿在中国出使封侯，这是"昭君"故事所以成为《易林》题
材的历史背景。

所以我们可以说，《易林》两次用昭君故事的繇辞，也可以
使我们推想崔篆作《易林》是在王莽篡国前的几年，匈奴和好未
破裂，昭君新死，而昭君和亲的故事流传最盛的时候。

顾炎武指出《易林》引用《左传》典故甚多，这一点也可以
帮助证明《易林》的年代。《汉书·刘歆传》说：

> 哀帝初即位，大司马王莽举歆宗室有材行，为侍中，大
> 中大夫，迁骑都尉，奉车光禄大夫。贵幸，复领五经，卒父
> 〔向〕前业……〔先是〕歆校秘书，见古文《春秋左传》，
> 歆大好之。……及歆亲近，欲建立《左氏春秋》及《毛诗》
> 《逸礼》《古文尚书》，皆列于学官（前汉十四博士，《春
> 秋》有《公羊传》，分严氏，颜氏二家。宣帝时立《穀梁
> 传》博士，不在十四博士之数。但《左氏》不曾立博士）。
> 哀帝令歆与五经博士讲论其义，诸博士或不肯置对。歆因移
> 书太帝博士，责让之。（原书载本传）……其言甚切，诸儒
> 皆怨恨。是时名儒光禄大夫龚胜以歆移书，上疏深自罪责，

> 愿乞骸骨罢。及儒者师丹为大司空，亦大怒，奏歆改乱旧
> 章，非毁先帝所立。……歆由是忤执政大臣，为众儒所讪，
> 惧诛，求出补吏，为河内太守。

这是经学史上第一次"今古文"的大争论。刘歆虽然暂时失败
了。但哀帝不久就死了（西历前1年），王莽和王太皇太后迎立了
平帝。在王莽专政之下，刘歆的主张都实行了；所以《汉书·儒
林传》之末，班固赞说：

> 平帝时（西历纪元1至5）又立《左氏春秋》《毛诗》，
> 逸《礼》《古文尚书》。

到王莽地皇二年（西历21）故左将军公孙禄在大臣会议席上发
言，弹劾当时最有权势的大臣，其中有一段说：

> ……国师嘉信公〔刘歆〕颠倒五经，毁师法，令学士疑
> 惑。……宜诛此数子，以慰天下。

公孙禄的话可以证明刘歆当时确曾利用政治的势力来建立《左氏
春秋》等书，列于学官。（王莽倒后，《左传》又被废了。故建
武四年，又有韩歆，范升等的大争论。）

　　崔篆作《易林》，正当《左传》最时髦的时代，所以《易
林》引用了无数《左传》典故，是毫不足奇怪的。

　　此外，济东王彭离的大案子，是崔篆出世以前的事；他家祖
父崔朝在昭帝时做官，他父亲崔舒做过四郡太守，崔篆记得这件
大案子，当然不足奇怪。至于成帝起初陵和昌陵的绝大工程，
是当时一件最荒谬，最引起天下人民怨恨的大事，有成帝永始
元年（西历前16）和二年（西历前15）的两次悔过诏书（《汉

书·成帝纪》）和刘向《谏造陵疏》（《汉书》卷三十六）为证。假定崔篆死在建武中期（西历纪元 40 左右）年约七十岁左右，那么成帝起初陵，又造昌陵，又回到延陵（初陵），的十多年的大工程，正当崔篆少年时代，在他著《易林》之前不过二十年光景；他记得这件大工程，用在《易林》里，更不足奇怪了。

所以前人从《易林》内容引起的种种历史困难，一经承认了王莽时建信大尹崔篆是作者，都可以完全解决了。

我们复审《易林》著作权的案子，现在可以判决了。判决书主文是：

审得今本《易林》确是一千九百多年前的古书；其著作人可以确定为曾做王莽新朝的建信大尹的崔篆；其著作年代，据《后汉书·崔骃传》，是在东汉建武初期（西历 25 至 35）；但据本书内容推断，此书的著作大概经过颇长的时期，而成书的时代大概在平帝元始二年（西历 2）之后，王莽建国初期匈奴大入塞寇掠（西历 11）之前。书中有歌颂王莽德政的话，不会是东汉初期写定的书，一千多年来这书被人加上"焦氏易林"的题名，认前汉焦延寿为作者；现在审判明白，《易林》断归原著作人崔篆，应该改题《崔氏易林》，或题《崔氏周易卦林》。又前人或认《易林》为东汉许峻作的，或认为"东汉以后人"作的，这些争执，都绝无充分证据，一概驳斥不理。

民国卅二年二月廿八日改稿
卅二年九月十五夜半后重写定
卅七年一月四夜又修改几处

中国文化里的自由传统

各位朋友，同乡朋友：

今天我看见这么多朋友来听我说话，觉得非常感动，无论什么人，见到这样多人的欢迎，都一定会非常感动的。我应该向诸位抱歉。我本来应该早一个月来，因为有点小病，到今天才能来，并且很抱歉这次不能去台南、台东看看五十年前我住过的地方，只有希望等下次来时再去。今天因为黄先生、游先生要我事先确定一个题目"中国文化里的自由传统"。这个题目也可改做"中国文化传统的自由主义"。"自由"这个意义，这个理想，"自由"这个名词，并不是外面来的，不是洋货，是中国古代就有的。

"自由"可说是一个倒转语法，可把它倒转回来为"由自"，就是"由于自己"，就是"由自己作主"，不受外来压迫的意思。宋朝王安石有首白话诗：

> 风吹屋顶瓦，
> 正打破我头。
> 我终不恨瓦，
> 此瓦不自由。

这可表示古代人对于自由的意义，就是"自己作主"的意思。

二千多年有记载的历史，与三千多年所记载的历史，对于自由这种权力，自由这种意义，也可说明中国人对于自由的崇拜，与这种意义的推动。世界的自由主义运动也是爱自由，争取自由，崇拜自由。世界的历史中，对这一运动的努力与贡献，有早有晚，有多有少，但对此运动都有所贡献。中国对于言论自由、宗教自由、批评政府的自由，在历史上都有记载。

中国从古代以来都有信仰、思想、宗教等自由，但是坐监牢而牺牲生命以争取这些自由的人，也不知有多多少少。在中国古代有一种很奇怪的制度，就是谏官制度，相当于现在的监察院。这种谏官制度，成立在中国政治思想、哲学思想之前。这种谏官为的是要监督政府，批评政府，都是冒了很大的危险，甚至坐监，牺牲生命。古时还有人借宗教来批评君主。在《孝经》中就有一章《谏诤章》，要人为"争臣""争子"。《孝经》本是教人以服从孝顺，但是君王父亲有错时，作臣子的不得不力争。古代这种谏官制度，可以说是自由主义的一种传统，就是批评政治的自由。此外，在中国古代还有一种史官，就是记载君王的行动，记载君王所行所为以留给千千万万年后的人知道。古代齐国有一个史官，为了记载事实写下"崔杼弑其君"，连父母均被君主所杀，但到了晋国，事实真像依然为史官写出，留传后世。所以古代的史官，正如现在的记者，批评政治，使为政者有所畏惧，这却充分表示言论的自由。

以上所说的一种谏官御史，与史官制度，都可以说明在中国政治思想与哲学思想尚未成立时，就非常尊重批评自由，与思想自由。

中国思想的先锋老子与孔子，也可以说是自由主义者。老子说："民不畏死，奈何以死惧之？"孔子说："三军可夺帅也，匹夫不可夺志也"。老子所代表的"无为政治"，有人说这就是无政府主义，反对政府干涉人民，让人民自然发展，这与孔子所代表的思想都是自由主义者。孔子所说的中庸之道，实在是一个中间偏左的态度，这可从孔子批评当时为政的人的态度而知道。孔子当时提出："有教无类"，可解释为"有了教育就没有阶级，没有界限"。这与后来的科举制度，都能说明"教育的平等"。这种意见，都可以说是一种自由主义者的思想。

孟子说："民为贵，君为轻"，在二三千年前，这种思想能被提出，实在是一个重要的自由主义者的传统。孟子说："富贵不能淫，贫贱不能移，威武不能屈"。这是孟子给读书人一种宝贵的自由主义的精神。

在春秋时代，因为国家多，"自由"的思想与精神比较发达。秦朝统一以后，思想一尊，因为自由受到限制，追求自由的人，处于这"无所逃于天地之间"的环境中，要想自由实在困难，而依然有人在万难中不断追求。在东汉时，王充著过一部《论衡》，共八十篇，主要的用意可以一句说明"疾虚妄"。全书都以说老实话的态度，对当时儒教"灾异"迷信，予以严格的批评，对孔子与孟子都有所批评，可说是从帝国时代中开辟了自由批评的传统。再举一个例：在东汉到南北朝佛教极盛的时候，其中的一位君王梁武帝也迷信佛教。当时有个范缜，他著述几篇重要文章，其中一篇《神灭论》，就是驳斥当时盛行的灵魂不灭，认为"身体"与"灵魂"，有如"刀"之与"利"。假如刀不存在，则无所谓利不利。当时君王命七十位大学士反驳，君王自己也有反驳，他都不屈服，可说是一种思想自由的一个表现。再如唐朝的韩愈，他反抗当时疯狂的迷信。写了一篇《谏迎佛骨表》，痛骂当时举国为佛骨而疯狂的事，而被充军到东南边区。后又作《原道》，依然是反对佛教。在当时佛教如此极盛，他依然敢反对，这正是自由主义的精神。再以后如王阳明的批评《朱熹》，批评政治，而受到很多苦痛。清朝有"颜李学派"，反对当时皇帝提倡的"朱子学派"，都可以说明在一种极不自由的时代，而争取思想自由的例子。

在中国这二千多年的政治思想史、哲学思想史、宗教思想史中，都可以说明中国自由思想的传统。

今天已经到了一个危险的时代,已经到了"自由"与"不自由"的斗争，"容忍"与"不容忍"的斗争，今天我就中国三千多年的历史，我们老祖宗为了争政治自由、思想自由、宗教自由、批评自由的传统，介绍给各位，今后我们应该如何的为这自由传统而努力。现在竟还有人说风凉话，说"自由"是有产阶级的奢侈品，人民并不需要自由。假如有一天我们都失去了"自由"，到那时候每个人才真正会觉得自由不是奢侈品，而是必需品。

（本文为 1949 年 3 月 27 日胡适在台北中山堂演讲，黄谷辛记录）

搜集史料重于修史

台湾省文献委员会欢迎会上讲词

　　我非常感谢台湾省文献委员会及台北市、基隆市、台北县、桃园县、新竹县、宜兰县等文献委员会的各位先生给我参加这样一个盛大的聚会。不过说到欢迎，我实在不敢当。刚才黄（纯青）先生要我对修志问题表示意见，台湾省文献委员会等七个机构却是做征文考献工作的，他们在台湾省各地保留资料，搜集资料，整理资料，以编修台湾省通志及各县市的方志，这是一件大工作，要我表示意见实在不敢当。况且在座的有台湾大学，中央研究院历史语言研究所以及师范学院的许多位文史先生，他们对于黄先生所提出的问题，无论在知识，学术见解，以及这几年来他们参加襄助各地搜集材料的工作，都比我知道得多，在这许多文史界权威学者面前，更不敢说话了。

　　不过黄先生说我是台湾人，的确台湾是我的第二故乡，幼年时我曾在台湾住过一年又十个月。这次我到台南、台东等地，曾种了一株榕树，两株樟树，据说这两种树都有很长的寿命，将来长大了，也许有一个小小掌故的地位，也可以说替将来的台湾文献捏造一些掌故。

　　我还要特别感谢文献会的黄先生，将先君在台湾留下的一点纪录，一个是私人日记，一个是向他长官所作的报告，予以刊行。

关于黄先生所提的修志大问题，我刚才已经说过，我是不配提出有价值的意见的，不过大家知道我从前作过一部《章实斋（学诚）的年谱》，因为编这一部书，对于方志问题略曾注意，章实斋是一个史学家，是很有历史的眼光的学者，他的书中，一部分有关文史，一部分有关方志，特别对于方志部分还有许多意见。因为我编章实斋的年谱，所以引起我对方志的兴趣。平时我自己也搜集一些材料，但个人所搜集的材料当然有限，而且不免多是与个人有关的。但是我在国外，看到搜集方志最全的是美国国会图书馆，它搜集了全中国的方志，这实在是很了不得的，从前朱先生曾编有一个美国国会图书馆所藏中国方志的书目，可以作为参考。在国内除了北大图书馆和上海的涵芬楼以外，很少有一个地方像美国国会图书馆搜集得那样完备，而美国除了国会图书馆以外，尚有哈佛大学，哥伦比亚大学，普林斯敦大学的收藏亦甚丰富。因此，我有一个小小的意见，今天向七个专门考献的团体的先生以及文史专家面前提出。

我觉得文献委员会这几年来所做的搜集史料刊印史料的工作，也许比将来修志的工作还格外重要，这一句话并不是说对诸位修省通志或地方志的工作不领会，我的意思是说搜集资料，保藏原料，发表原料这些工作，比整理编志的工作更重要，有了原料，将它收集保藏起来，随时随地的继续搜集，随时出版，有一种材料就印一种，这个工作比修志编志书重要得多。为什么原因呢？因为志书经过一番制造整理，是一种制造品，台大前校长傅斯年先生曾说过，人家以为二十四史中《宋史》最多最麻烦，其实在二十四史中《宋史》的价值最高，这个见解我是很赞成的。因为《宋史》所保藏的原料最多，经过整理删除的最少，有人以为《宋史》不好，要重新写过一部，我却以为幸而《宋史》替我们保留了许多材料。再说大家都知道唐书有两部，一部《新唐书》，一部《旧唐书》，《新唐书》是宋时人作的，经过了一番整理，以做文章的方法来写历史，将材料改了很多，文章固然很谨严，一般做文章的人也许很恭维《新唐书》，但以历史的眼光看，《新唐书》是远不如《旧唐书》的，清朝学者王若虚就曾经写过《新唐书》不好，我们可以说《新唐书》不但文章不通，而且原始的材料都掉了，《旧唐书》就是因为材料较多，所以篇幅也较多，差不多比《新唐书》多了一倍。这是它的好处。

今天在座的七个团体，都是从事征文考献的工作，给台湾的历史保藏史料，原料越是保藏得多，搜集得多，比起将原料整理删除编整的工作，都远为重要。因为无论以什么方式编志，新方法也好，旧方法也好，都不免经过整理，许多材料不免受编志总纂主观的取舍。甚至毁去一部分材料，或隐藏一部分材料；经过这一阶段，往往将有价值的原料去掉，所以整理出来的东西就成为制造品，我们以现代新的眼光来看，与其编志不如做搜集材料发表材料，继续搜集材料，随时发表材料的工作。譬如说，"二二八"事变是一个很不愉快的事，现在距离的时间很短，在台湾是一件很重要的问题，在这个时候不能不讨论这个问题，但讨论时不免有许多主观的见解，而关于这件事，就有许多材料不能用、不敢用，或者不便用。在这样的情形下，与其写一部志书，在方志中很简单的将二二八事件叙述几遍，远不如不去谈它，不去写书，而注重在保藏史料这一方面。使真实的材料不至毁灭，而可以发表的就把它发表。这是举一个很极端的例子，来说明原料比制造品重要，说明过早提出结论，不如多保留各方面的材料，到可以发表的时候当作原料发表，不加以论断。不要使原料毁灭，我以为这个工作比编志更重要。希望各地文献委员会对于搜集资料保存资料的工作能够继续，而且要特别的看重。不要存一种搜集资料就要编志的观念。

还有今天我在台大参观人类考古学系，看到有关高山族的考据，这是很了不得的，把高山族分成七个大类，这个工作现在刚刚开始，只是在开始搜集材料，还没有到搜集齐全的时期，有关民族、语言、方音等等的调查纪录，就我所知目前还是不够，尚待继续搜集，再以新的方式整理。在开始搜集的时候，很不容易有一个结论。征文考献亦复如此，应多搜集原料，研究原料，不必在几年中将各地通志都写起来。至少在我这个半个台湾人看来是不必如此的，而应扩大搜集材料的范围，请台大、师院及历史语言研究所各位先生就民族学、语言学、人类学各方面以新的方法来搜集新的材料。

这是我这半个台湾人回到第二故乡，向各位负征文考献责任的先生们，以我外行的一点小意见贡献给大家，我想许多文史专家一定有更好的意见，黄先生可以请他们多多发表，我只是以我粗浅的意见供大家的参考，作为一种抛砖引玉的意见。

（本文为 1953 年 1 月 6 日胡适在台湾文献委员会欢迎会上的演讲）

中国古代政治思想史的一个看法

我很感觉到不安。在大陆上的时候，我也常常替找我演讲的机构、团体增加许多麻烦；不是打碎玻璃窗，便是挤破桌椅。所以后来差不多二三十年当中，我总避免演讲。像在北平，我从来没有公开演讲过；只有过一次，也损坏了人家的椅窗。在上海有一次在八仙桥青年会大礼堂公开演讲，结果也增加他们不少损害。所以以后我只要能够避免公开演讲，就尽量避免。今天在台湾大学因为预先约定是几个学会邀约的学术演讲，相信不会太拥挤。但今天的情形——主席沈先生已向各位道歉——我觉得很不安。我希望今天不会讲得太长，而使诸位感觉得太不舒服。

那天台湾大学三个学会问我讲什么题目，当时我就说讲"中国古代政治思想史的一个看法"，而报纸上把下面的"一个看法"丢掉了。如果要我讲"中国古代政治思想史"，这个范围似嫌太大，所以我今天还只能讲"中国古代政治思想史的一个看法"。

今年是我的母校哥伦比亚大学创立二百周年纪念。他们在去年准备时，就决定要举行二百周年纪念的典礼。典礼节目中的一部分，有十三个讲演。这十三个讲演广播到全美洲；同时将广播录音送到全世界，凡是有哥伦比亚大学毕业生的地方都要广播。所以这十三个广播演讲，在去年十一二月间就已录音；全部总题目叫做"人类求知的权利"。这里边又分作好几个部分：第一部分（第一至第四个演讲）是讲"人类对于人的见解"；第二部分（第五至第八个演讲）是讲"人类对于政治社会的见解"；第三部分（第九至第十三个演讲）是讲"近代自由制度的演变"。他们要我担任第六个演讲，也就是第五至第八个演讲"人类对于政治社会的见解"中的一部分。我担任的题目是"亚洲古代威权与自由的冲突"。所谓亚洲古代，当然要把巴比伦、波斯、印度古代同中国古代都包括在内。但限定每个演讲只有二十五分钟录音。这样大的题目，只限定二十五分钟的演讲，使我得到一个很大的经验与教训。因为这个题目，要从亚洲西部到东部，讲好几百年甚至一二千年古代亚洲的政治思想史，讲起来是很费时的。因此我先把这些国家约略地研究了一下；但研究结果，认为限定二十五分钟时间，无论如何是不够的。我觉得限定二十五分钟时间的演讲，只能限于中国；同时对于这些亚洲西部古代国家关系政治、宗教、社会、哲学等方面的文献甚少；所以最后我自己只选择了中国古代，并且对于"中国古代政治思想史"这个题目又不能不加以限制。同时我因为这是一个很难得很重要的机会，所以把中国古代政治思想的几种观念——威权与自由冲突的观念——特别提出四点（也可说是四件大事）来讲。结果就成为二十五分钟的演讲。那四件大事呢？

第一，是无政府的抗议，以老子为代表。这是对于太多的政府，太多的忌讳，太多的管理，太多的统治的一种抗议。这种中国古代的政治思想，能在世界上占有一个很独立的、比较有创见的地位。这一次强迫我花了四十多天时间，来预备一个二十五分钟的演讲；经我仔细地加以研究，感到中国政治思想在世界上有一个最大的、最有创见的贡献，恐怕就是我们的第一位政治思想家——老子——的主张无政府主义。他对政府抗议，认为政府应该学"天道"。"天道"是什么呢？"天道"就是无为而无不为。这可说是一个很重要的观念。他认为用不着政府；如其有政府，最好是无为、放任、不干涉，这是一种无政府主义的政治理想：有政府等于没有政府；如果非要有政府不可，就是无为而治。所以第一件大事，就是中国政治思想史上第一个放大炮的——老子——的无政府主义。他的哲学学说，可说是无政府的抗议。

第二件大事，是孔子、孟子一班人提倡的一种自由主义的教育哲学。孔子与孟子首先揭橥这种运动。后世所谓"道家"（其实中国古代并没有"道家"的名词；此是后话，不在此论例），也可以说是这个自由主义运动的一部分。后来的庄子、杨朱，都是承袭这种学说的。这种所谓个人主义、自由主义的教育哲学和个人主义的起来，是由于他们把人看得特别重，认为个人有个人的尊严。《论语》中的"不降其志，不辱其身"，就是这个道理。个人主义、自由主义的教育哲学，教育人参加政治，参加社会；这种人要有一种人格的尊严，要自己感觉到自己有一种使命，不能随便忽略他自己。这个个人主义、自由主义的教育哲学，是第二件值得我们纪念的大事。

第三件大事，可算是中国古代极权政治的起来，也就是集体主义（极权主义）的起来。在这个期间，墨子"上同"的思想，（这个"上"字，平常是用高尚的"尚"字，其实是上下的"上"字。）就是下面一切要上同，所谓"上同而不下比者"，——就是一种极权主义。以现在的新名词说，就叫"民主集权"。墨子的这种理论，影响到纪元前四世纪出来了一个怪人——商鞅。他在西方的秦国，实行这种"极权政治"；后来商鞅被清算死了，但这种极权制度还是存在，而且在一百年之内，把当时所谓天下居然打平，用武力来统一中国，建立所谓"秦帝国"。帝国成立以后，极权制度仍继续存在，焚书坑儒，毁灭文献，禁止私家教育。这就是第三件大事。所谓极权主义的哲学思想：极权国家不但起来了，而且是大成功。

第四件大事是，这个极权国家的打倒，无为政治的试行。秦王政统一天下之后，称他自己为秦始皇，以后他的儿子为二世，孙子为三世，以至于十世、百世、千世、万世、无穷世。殊不知非特没有到万世、千世、百世，所谓"秦帝国"，只到了二世就完了。这一个以最可怕的武力打成功的极权国家，不但十五年就倒下去了。第一个"秦帝国"没有安定，第二个帝国的汉朝却安定了。什么力量使他安定的呢？在我个人的看法，就要回到我说的第一件大事。我以为这是那个无政府主义、无为的政治哲学思想来使他安定的。秦始皇的帝国只有十五年；汉朝的帝国有四百二十年：为什么那个帝国站不住而这个帝国能安定呢？最大的原因，就是汉朝的开国领袖能运用几百年以前老子的无为的政治哲学。汉朝头上七十年工夫，就是采用了这种无为而治的哲学。秦是以有为极权而亡；而汉朝以有意的、自觉的实行无为政治，大汉帝国居然能安定四百二十年之久。不但安定了四百二十年，可说二千年来到现在。今天我们自己称"汉人"，这个"汉"字就是汉朝统治四百二十年后留给我们的。在汉朝以前，只称齐人、楚人、卫人，没有"中国人"这个名词。汉朝的四百二十年，可说是规定了以后二千多年政治的规模，就是无为而治这个观念。这可说是两千多年前祖先留下来的无穷恩惠。这个大帝国，没有军备，没有治安警察，也没有特务，租税很轻（讲到这里，使我想起我在小时，曾从安徽南部经过浙江到上海。到了杭州，第一天才看到警察；以前走了七天七夜并没有看到一个警察或士兵，路上一样很太平）。所以第四件大事，可说是打倒极权帝国而建立一个比较安定的国家；拿以前提倡了而没有实行的无为而治的政治哲学，来安定四百二十年大汉帝国，安定几千年来中国的政治。

现在我就这四点来姑妄言之，诸位姑妄听之。

第一件大事是老子的无为主义。最近几十年来，我的许多朋友，从梁任公先生到钱穆、顾颉刚、冯友兰诸先生，都说老子这个人恐怕靠不住，《老子》这部书也恐怕靠不住。他们主张要把《老子》这部书挪后二三百年。关于这个问题，我也发表过一篇文章，批评这几位先生考定老子年代的方法。我指出他们提出来的证据都站不住（现在台湾版《胡适文存》第四集第二篇，就是讨论考证老子这个人的年代，和《老子》这本书的年代的）。但这二三十年来中国学者的提倡，居然影响到外国学者。外国学者也在对老子年代发生怀疑。你看西洋最近出版的几种书，差不多老子的名字都不提了。在我个人的看法，这个问题很复杂；如果将来有机会，可再和各位详细的讨论。今天简单的说，我觉得老子这个人的年代和《老子》这本书的年代，照现在的材料与根据来说，还是不必更动。老子这个人恐怕要比孔子大二三十岁；他是孔子的先生。所谓"孔子问礼于老聃"是大家所不否认的；同时在《礼记·曾子问》中有明白的记载。那时孔子做老子的学徒，在我那篇很长的文章《说儒》里，老子是"儒"，孔子也是"儒"。"儒"的职业是替人家主持丧礼、葬礼、祭礼的。有人认为"儒"是到孔子时才有的，这是错误的观念。我为了一个"儒"字，写了五万多字的文章；我的看法，凡是"儒"，根据《檀弓》里所说，就是替人家主持婚丧祭祀的赞礼的。现在大家似乎都看不起这种赞礼。其实你要是看看基督教和回教，如基督教的牧师，回教的阿洪，他们也是替人家主持婚丧祭祀的。在古代二千五百年时，"儒"也是一种职业。在《礼记·曾子问》中都讲到孔子的大弟子和孔子的老师都是替人家"相"丧的。《礼记·曾子问》中记：孔子自说有一天跟着老子替人家主持丧礼，出丧到半路上，遇到日蚀；老子就发命令，要大家把棺材停在路旁，等到日蚀过去后再往前抬。下面老子又解释为什么送丧时遇到日蚀应该等到太阳恢复后再往前抬。各位先生想一想：送丧碰到日蚀，这是很少见的事；而孔子跟着老子为人家主持丧礼，在路上遇见日蚀，也是一件很少见的事，记载的人把这话记载下来，我相信这是不致于会假的。从前阎百诗考据老子到周去问礼到底是那一年，就是根据这段史实来断定的。同时《檀弓》并不是一本侮蔑孔子的书；这是一本儒家的书。孔子的学生如曾子等，都是替人家送丧的。替人家送丧是当时的一种吃饭工具，是一种正当的职业。至于《老子》这部书，约有五千字左右，里边有四五个真正有创造的基本思想；后来也没有人能有这样透辟的观念。这部只有五千字左右的书，在我个人看起来，从文字上来看，我们也没有理由把他放得太晚。在思想上他的好几个观念，可说是影响了孔子。譬如老子说"无为"，孔子受其影响甚大。如《论语》中的"无为而治者，其舜也欤！""为政以德，譬如北辰，居其所而众星拱之！"这些话都是受了老子"无为而治"的影响的。还有孔子说，我话说得太多，我要"无言"。这也是老子的思想。孔子说："天何言哉？四时行焉；百物生焉；天何言哉？"这就是自然主义的哲学。我们考证一部书的真假，从一个人的著作中考据另一个人，并不是我一个人的办法。譬如希腊古代在哲学方面有许多著作，后来的人考据那几部著作是真的，那几部著作是假的，用什么标准呢？文字当然是一种标准；但是重要的，就是如果要辨别柏拉图著作的真伪，须看柏拉图的学生亚利斯多德是否曾经引过他老师的话，或者看亚利斯多德是否曾提到柏拉图某一部书里的话。这是考据的一种方法。我们再看孔子说的"以德报怨"。这完全是根据老子所说的"报怨以德"。诸如此类的话多得很；如"以能问于不能，以多问于寡，有若无，实若虚，犯而不校。"等都可以说是老子的基本观念；尤其"犯而不校"，就是老子提倡的一个很基本的观念，所谓"不争主义"，亦即是"不抵抗主义"（我就是犯了这个毛病：说不考据，现在又谈考据了。不过我现在说这些话，只是替老子伸伸冤而已）。

老子的主张，所谓无政府的抗议，是中国政治思想史上第一件大事。他的抗议很多。大家总以为老子是一位拱起手来不说话的好好先生，绝对不像个革命党、无政府党。我们不能太污蔑他。你只要看他的书，就知道老子不是好好先生。他在那里抗议，对于当时的政治和社会抗议。他说："民之饥，以其上食税之多，是以饥。民之难治，以其上之有为，是以难治。民之轻死，以其求生之厚，是以轻死。""民不畏死，奈何以死惧之。""天下多忌讳，而民弥贫。民多利器，国家滋昏。人多伎巧，奇物滋起。法令滋彰，盗贼多有。"这就是提倡无政府主义的老祖宗对于当时政治和社会管制太多、统制太多、政府太多的一个抗议。所以大家不要以为老子是一位什么事都不管的好好先生，太上老君；他是一位对于政治和社会不满而要提出抗议的革命党。而且他仅仅抗议还不够；他还提出一种政治基本哲学。就是说，在世界政治思想史上，自由中国在二千五百年以前产生了一种放任主义的政治哲学，无为而治的政治哲学，不干涉主义的政治哲学。在西方恐怕因为直接间接的受了中国这种政治思想的影响，到了十八世纪才有不干涉政治思想哲学的起来。近代的民主政治，最初的一炮都是对于政府的一个抗议：不要政府，要把政府的力量减轻到最低，最好做到无为而治。我想全世界人士不会否认：在全世界的政治思想史上，中国提出无为而治的思想、不干涉主义，这个政治哲学，比任何一个国家要早二千三百年。这是很重要的一件大事。老子说：我们不要自己靠自己的聪明；我们要学学天，学学大自然。"自然"这两个字怎样解释呢？"然"是如此，"自然"就是自己如此。天地间的万物，都不是人造出来的，也不是由玉皇大帝造一个男的再造一个女的，而都是无为，都是自己如此。一切的花，不管红黄蓝白各种颜色的花，决不是一个万能的上帝涂上了各种颜色才这样的，都是自己如此。也就是老子的所谓"天道"，孔子所谓"天何言哉？四时行焉，百物生焉，天何言哉？""天道"就是无为，无为而无不为。老子说："故圣人云：我无为而民自化；我好静而民自正；我无事而民自富；我无欲而民自朴。"这就是无为的政治。而老子最有名的一句话，就是"太上，下知有之。"就是说：最高的政府，使下面的人仅仅知道这个政府。另外一个本子把这句话多加了一个字，作"太上下不知有之"。就是说：上面有个政府，下面的人民还不知道有政府的存在。下面又说："其次，亲之誉之；其次，畏之；其次，侮之。"就是，比较次一等的政府，人民亲近他，称誉他；第三等政府，人民畏惧他；第四等政府，人民看不起他。所以第一句"太上，下知有之"六个字是很了不得的，是人类政治思想史上最早有这个观念。这种政治思想，比世界上任何一个有思想文化的民族都还要早；同时，由这个观念而影响到我们后来的思想。所以我们中国在政治思想上舍不得把

《老子》这部书抹煞掉，我们历史上第一个政治思想家，就是提倡无政府主义、不干涉主义的老子。同时，我颇疑心十八世纪的欧洲哲学家已经有老子的书的拉丁文翻译本：因为那时他们似乎已经受到老子学说的影响。

第二件大事是孔子以下的自由思想，个人主义。孔子与老子不同。孔子是教育家，而老子反对文化，认为五音、五色、五味的文化是太复杂了，最好连车船等机器都不用，文字也不必要。这种反文化的观念，在欧洲十八世纪时的卢梭，十九世纪时的托尔斯泰也曾提出；而老子的反文化观念要比任何世界上有文化的民族为早。老子不但反文化，而且反教育，认为文明是代表人民的堕落。而孔子恰恰相反。他是一个教育家、历史家。虽然做老子的学生，受无为思想的影响，孔子在政治思想上的成就比较平凡，并没有什么创造的见解。但是孔子是一个了不得的教育家。他提出的教育哲学可以说是民主自由的教育哲学，将人看作是平等的。《论语》中有"性相近也，习相远也，唯上智与下愚不移。"就是说，除了绝顶聪明与绝顶笨的人没有法教育以外，其他都是平等的；可教育的能力一样。孔子提出四个字，可以说是中国的民主主义教育哲学，就是："有教无类"。"类"是种类，是阶级。若是看了墨子讲的"类"和荀子讲的"类"然后再来解释孔子的"有教无类"，可以知道此处的"类"就是种类，就是阶级。有了教育就没有种类，就没有阶级。后世的考试制度，可以说是根据这种教育哲学为背景的。

孔子的教育哲学是"有教无类"，但他的教育"教"什么呢？孔子提出一个很重要的字，就是"仁"字。孔子的着重"仁"字，可以说前无古人后无来者。这是了不得的地方。这个"仁"就是人的人格，人的人性，人的尊严。孔子说："修己以敬。"

孔子的学生问"这就够了吗?"孔子又说:"修己以安人。"孔子的学生又问:"这就够了吗?"孔子又说:"修己以安百姓。"这句话就是说教育并不是要你去做和尚,去打坐念经那一套。"修己"是做教育自己的工作;但是还有一个社会目标,就是"安人"。"安人"是给人类以和平、快乐。这一个教育观念是新的。教育并不是为自己,不是为使自己成为菩萨、罗汉、神仙。修己是为了教育自己,为的社会目标。所以后来儒家的书《大学》里的"格物、致知、诚意、正心、修身",是修身的工作;而后面的"齐家、治国、平天下",都是社会的目标。所以孔子时代的这种"修己以安人""修己以安百姓"的观念就是将教育个人与社会贯连起来。教育的目标不是为自己自私自利,不是为升官发财,而是为"安人""安百姓",为齐家、治国、平天下。因为有这个使命,就感觉到"仁"——受教育的"人",尤其是士大夫阶级,格外有一种尊严。人本来有人的尊严,到了做到自己感觉有"修己以安人""修己以安百姓"的使命时,就格外感觉到有一种责任。所以《论语》中说:"志士仁人,无求生以害仁,有杀身以成仁。"就是说,遇必要时,宁可杀身以完成人格。这就是《论语》中的"不降其志,不辱其身"。孔子的大弟子曾子说:"士不可以不弘毅,任重而道远。仁以为己任,不亦重乎!死而后已,不亦远乎!"就是说受教育的人要有大气魄,要有毅力。为什么呢?因为"任重而道远"。"任"就是担子。把"仁"拿来做担子,担子自然很重;到死才算是完了,这个路程还不远吗?这一个观念,是我们所谓有孔孟学派的精神的:就是将个人人格看得很重,要自己挑起担子来,"修己以安人""修己以安百姓"。孟子常说:"自任以天下之重。"曾子说:"仁以为己任。"以整个人类视为我们的担子,这是两千五百年以来的一个了不得的传统。后来宋朝范仲淹也说："先天下之忧而忧，后天下之乐而乐。"这就是因为"修己以安人"而感觉到"任重而道远"的缘故。明末顾亭林以为："天下兴亡，匹夫有责"，也是这个道理。

所以自由民主的教育哲学产生了健全的个人主义。个人主义就是将自己看作一个有担子的人，不要忘了自己有使命，有责任。不但孔子如此，孟子也讲得很清楚："富贵不能淫，贫贱不能移，威武不能屈：此之谓大丈夫。"就是说大丈夫的人格要自己感觉到自己有"修己以安人"的使命。再讲到杨、朱、庄子所提倡的个人主义，也不过是个人人格的尊严。庄子主要的是说："举世誉之而不加劝；举世非之而不加沮。"这就是最健全的个人主义。老子、庄子都是如此。到了汉朝才有人勉强将他们跟孔、孟分了家，称为道家。秦以前的古书中都没有"道家"这个名字（那一位先生能在先秦古书里找到"道家"这个名字的，我愿意罚钱）。所以韩非子在秦末年时说："天下显学二，儒、墨而已。"他只讲到儒、墨，没有提及道家。杨、朱的学说也是个人主义。这个个人主义的趋势是一个了不得的趋势；以健全的民主自由教育哲学作基础，要做到"不降其志，不辱其身"；提倡人格，要挑得起人类的担子，挑得起天下的担子。宁可"杀身以成仁"，不可"求生以害仁"。这个健全的个人主义，是第二个重要的运动。

第三件大事发生在纪元前五世纪以后，在孔子以后，自四世纪起到三世纪时，正是战国时代。原来春秋时代有一个大国——晋。晋国文化很高，但在西历纪元前 403 年即被权臣分裂为韩、赵、魏三国。这一年历史家算作战国的第一年。那时南方的楚也很强大。因为晋国三分，亦便没有可畏的强邻了。

当时的秦孝公是一个英主，用了一个大政治家商鞅。两人合作而造成了一个极权国家。不过极权主义的思想原则远在商鞅之前就已发生；在《墨子》的《上同》篇中已有这个思想。关于中国古代思想的三个大老——老子、孔子、墨子，我在《中国哲学史》上卷，提倡百家平等；认为他们受了委屈，为被压迫了几千年的学派打抱不平。现在想想，未免矫枉过正。当时认为墨家是反儒家的；儒家是守旧的右派，而墨家是革新的左派。但这几十年来——三十五年来的时间很长，头发也白了几根，当然思想也有点进步——我看墨子的运动是替民间的宗教辩护，认为鬼是有的，神是有的。这种替民间宗教辩护的思想，在当时我认为颇倾向于左；但现在看他，可以算是一个极右的右派——反动派。尤其是讲宗教政治的部分，所说的话是右派的话。在政治思想上，只要看他的《上同》篇。《上同》篇中说：

> 古者民始生未有政长之时，盖其语人异义。是以一人则一义，二人则二义，十人则十义。其人兹众，其所谓义者亦兹众。是以人是其义以非人之义，故交相非也。……天下之乱，若禽兽然。

义就是对的；一个人认为自己是对的，十个人认为他们各是对的，结果互相吵起来而"交相非也"。拿我的"义"打人家的"义"，结果天下大乱而"若禽兽然"。有了政府时，政府中，上面是天子，有三公、诸侯——乡长、里长，政府成立了。然后由天子发布命令给天下百姓，说你们凡是听见好的或不好的事都要报告到上面来，这是民主集权制。《上同》篇中说：

> 夫明乎天下之所以乱者生以无政长，是故选天下之贤

可者立以为天子。天子立，以其力为未足，又选择天下之贤可者置立之以为三公。……政长既已具，天子发政于天下之百姓，言曰，闻善而不善（王引之读"而"为"与"），皆以告其上。上之所是，必皆是之；所非，必皆非之。……上同而不下比者，此上之所赏而下之所誉也。……

只要上面说是对的，下面的人都要承认是对的：这就是"上同""上同而不下比"。

里长发政里之百姓，言曰，闻善而不善，必以告其乡长。乡长之所是，必皆是之；乡长之所非，必皆非之。……乡长唯能壹同乡之义，是以乡治也。……乡长发政乡之百姓，言曰，闻善而不善者，必以告国君。国君之所是，必皆是之；国君之所非，必皆非之。……国君唯能壹同国之义，是以国治也。

天子的功用就是能够壹同天下之义。但是这还不够；天子上面还有上帝。所以

国君发政国之百姓，言曰，闻善而不善，必以告天子。天子之所是，皆是之；天子之所非，皆非之。……天子唯能壹同天下之义，是以天下治也。……天下之百姓，皆上同于天子，而不上同于天，则灾犹未去也。……

这才算是真正的上同。但是怎样才能达到上同呢？拿现代的名词讲，就是用"特务制度"，也就是要组织起来。这样才能够收到在数千里外有人做好事坏事，他的妻子邻人都不知道，而天子已经知道。《上同》篇中有一段说：

> 古者圣王唯能审以尚同以为政长，是故上下情通（依毕
> 王诸家校）。上有隐事遗利，下得而利之；下有蓄怨积害，上
> 得而除之。是以数千万里之外，有为善者，其室人未遍知，
> 乡里未遍闻，天子得而赏之。数千万里之外，有为不善者，
> 其室人未遍知，乡人未遍闻，天子得而罚之。是以举天下之
> 人皆恐惧振动，惕慄不敢为淫暴，曰，"天子之视听也神！"

就是说天子的看与听都是神。然后又说：

> 非神也，夫唯能使人之耳目助己视听，使人之〔唇〕吻
> 助己言谈，使人之心思助己思虑，使人之股肱助己动作。助
> 之视听者众，则其德音之所抚循者博矣；助之思虑者众，则
> 其举事速成矣。故古者圣人之所以济事成功垂名于后世者，
> 无他故异物焉，曰唯能以上同为政者也。

这就是一种最高的民主集权制度。这种思想真正讲起来也可以说
是一种神权政治，也是极权政治的一种哲学。所以我们从政治方
面讲，老子是站在左派，而墨子是站在极右派。不过后来墨子并
没有机会实行他的政治哲学。

秦孝公的西方国家本来是一个贫苦的国家，但是经过商君变
法，提倡"农""战"，这是一种政治上、经济上、军事制度上
的大改革、大革新。这个革新有两大原则：一是提倡"农"，生
产粮食；一是提倡"战"。有许多古代的哲学，古代的书籍，因
为离开我们太久远了，我们对它的看法有时看不大懂。在三十五
年前我写《中国哲学史大纲》时，就很不注意《商君书》和韩非
子的书。这种书因为在那时候，没有能看得懂，觉得有许多东西
好像靠不住。等到这几十年来，世界上有几个大的极权政府，有

几个已经倒了，有的还没有倒。因为这个缘故，我们再回头看墨子、商君的书，懂了。这是经过三十多年的变化而生的转移。举例来说：譬如关于"战"，关于极权政治，在《商君书》第十七章里有一节："圣人之为国也，一赏、一刑、一教。一赏则民无敌；一刑则令行；一教则下听。"这个"一赏、一刑、一教"，真正是极权的国家主义。最重要的是一教。一教之义，就是无论什么学问，无论什么行为，都比不了富贵；而富贵的得来，并不靠你的知识，也不靠你的行为，也不是因为名誉；靠什么呢？靠战争。"所谓一教者，博闻辩慧，信廉礼乐，修行群党，任誉清浊，不可以富贵。……富贵之门，要存战而已矣。"能够作战的才能践富贵之门；因为这个缘故，父兄、子弟、朋友、婚姻的谈话中最重要的事是战争。"彼能战者，践富贵之门。……是父兄昆弟知识婚姻合同者，皆曰，务之所加，存战而已矣。故当壮者务于战，老弱者务于守。死者不悔，生者务劝。此……所谓一教也。""民之欲富贵也，共阖棺而后出。而富贵之门必出于兵。是故民间战而相贺也。起居饮食所歌谣者，战也。……圣人治国也，审一而已矣。"像这样使人认为战争是可贺的，在家中在外面所唱的歌都是战争；这样才能做到使百姓听到战争的名字，看到战争，有如饿狼看见了肉。这样老百姓才可以用了。"民之见战也，如饿狼之见肉，则民用矣。凡战者，民之所恶也。能使民乐战者，王。"这些书籍，我们在当时看不懂；到了最近几十年来，回头看一看《史记》《商君书》，才都懂了。那时的改革政治是怎样呢？就是将人民组织起来，分为什伍的组织，要彼此相纠发。《史记·商君列传》：

> 令民为什伍，而相收司（相纠发）连坐（一家有罪而九

家连举发。若不纠举，则十家连坐）。不告奸者腰斩。告奸者，与斩敌首同赏。匿奸者与降敌同罚。……有军功者，各以率受上爵。……大小修力本业耕织；致粟帛多者，复其身。事末利及怠而贫者，举以为收孥。

这是西方的秦建设了一个警察国家，一个极权的国家，而且成绩特别好。在不到一百年之内，居然用武力统一了当时的所谓天下。始皇二十六年统一天下；过了八年后又发生了问题。就是当时还有许多人保留了言论自由。于是三十四年丞相李斯议曰："……古者天下散乱，莫之能一，是以诸侯并作，语皆道古以害今，饰虚言以乱实。人善其私学，以非上之所建立。"就是百姓以批评来反对政府所建立的政策。接着又说：

> 今皇帝并有天下，别黑白而定一尊，私学而（乃）相与非法教。人闻令下，则各以其所学议之。入则心非，出则巷议。夸主以为名，异取以为高，率群下以造谤。如此弗禁，则主势降乎上，党羽成乎下。禁之便。

主张还是禁止言论自由为对。于是就具体建议："臣请史官非秦纪皆烧之；非博士官所职，天下敢有藏诗书百家语者，悉诣守尉杂烧之。"将书烧了以后，如果还有人敢批评政府的就杀头。"有敢偶语诗书，弃市。""吏见知不举者与同罪"。"所不去者，医药卜筮种树之书。……"这是秦始皇三十四年的大烧书。

总而言之，第三件大事就是秦朝创立一个很可怕的极权国家，而且大成功，用武力统一了全中国，建立了统一的帝国。

第四件大事就是极权国家的打倒，与无为政治的试行。汉高祖是百姓出身，项燕、项羽与张耳一班人都是贵族。汉高祖是一个地地道道的百姓，知道民间的疾苦，所以当他率领的革命军到达咸阳时，就召集父老开大会，将所有秦代所定的法律都去掉，只留约法三章。其实只有两章："杀人者死；伤人及盗抵罪。"汉朝的几个大领袖都能继续汉高祖的这种政策。当时的曹参是战功最高的，比韩信的战功还高。汉高祖将项羽打倒后，立私生子做齐王，派曹参去做相国。曹参当时就说，我是军人，而齐国的文化程度最高，经济程度也高。情形很复杂，我干不了；还是请一班读书人去吧！于是大家告诉他，山东有一个人叫盖公，可以请他指导。于是曹参就去请教盖公。盖公说：我相信老子的哲学。要治理齐国很容易；只要"无为"就可以治好齐国。于是曹参就实行"无为之治"。在齐国做了九年宰相，实行无为的结果，齐国大治，政治成绩为全国第一。所以在萧何死后，朝廷又请曹参回到中央政府做宰相。曹参到了中央任丞相以后，也还是喝酒不管国事。当时的惠帝就遣曹参的儿子去问曹参。曹参打了儿子一顿。及曹参上朝，惠帝向他说，你为什么打你的儿子？是我叫他问的。曹参便脱帽谢罪，向惠帝说："陛下比高皇帝何如？"惠帝说："我哪可以比高皇帝！"参又问："陛下看我比萧何那个能干？"惠帝说："君似乎不及萧何。"参曰："陛下说得是。既然陛下比不上高祖，我比不上萧何，我们谨守他们的成规，无为而治岂不好？"惠帝就说"很好"。不但如此，以后吕后闹了一个小政变，结果一班大臣请高祖的一个小儿子代王恒来做皇帝，这就是汉文帝。文帝的太太窦后是一个了不得的皇后。文帝死后，景帝登位，窦后是皇太后。景帝死后，武帝登位，窦后是太皇太后。前后三度，当权四十五年。窦太后最相信老子的哲学，他命令刘家、窦家全家大小都以老子的书作必修教科书。所以汉朝在这四十五年中实行无为而治的政治。对外方面，北对匈奴，南对南越，都是避免战争。对内是减轻租税，减轻刑罚；废止肉刑，废止什伍连坐罪；租税减轻至三十分之一，这是从古以来没有的，以后也没有的。人民经过战国时代的多少战争，又经过楚汉的革命战争，在汉高祖以后，七十年的无为政治使人民得了休息的机会。无为而治的政治使老百姓觉得统一的帝国有好处而没有害处。为什么有好处呢？这样大的一个帝国，没有战事，没有常备军队，没有警察，租税又轻：这自然是老百姓第一次觉得这个政策是值得维持、值得保存的。

由于汉朝这七十年的有意实行的无为而治，才造成了四百年的汉帝国，才留下无为而治的规模，使我们中国两千多年来的政治思想，政治制度，政治行为都受了这"无为而治"的恩典。这是值得我们想想的。这是我对于中国古代政治思想的一个看法。

今天因为广播公司控制得不严格，所以超过了时间，要向诸位道歉。

（本文为 1954 年 3 月 12 日胡适在台湾大学的演讲）

历史科学的方法

今天本人能参加这次中国地质学会年会，甚感荣幸。同时看到内容丰富的会刊，更觉高兴。本人对地质是外行，没有什么可讲；但因我和地质界许多位老前辈们都有深交，所以对过去地质学会的工作情形，特别清楚，本人尤其赞佩地质学会在国际上的崇高地位，对贵会前途寄予无限的期望。

地质学，古生物学皆属于历史科学，本人特在此提出 1880年赫胥黎（Thomas Henry Huxley）关于研究古生物的一篇有名的讲词"柴狄的方法"（On the Method of Zadig）的故事来谈谈。

赫氏所讲故事里的"柴狄"是法国一位大哲人伏尔泰（Voltaire）做的小说里的主人翁，在这书中柴狄是一位巴比伦的哲学家，他喜欢仔细观察事物。有一天他在森林中散步，恰巧王后的小狗走失了，仆人正在找寻，问柴狄曾否看到。柴狄当时说那只狗是一只小母狗，刚生了小狗，并且一只脚微跛。仆人以为那只狗一定被他偷藏了，就要逮捕他。这时又有一群人来找寻国王失了的马，柴狄又说出那马是一匹头等快跑的马，身高五尺，尾长三尺半，马蹄上带着银套，嘴衔勒上有二十三"开"金子的饰品。于是他就以偷窃王家的狗和马的嫌疑被捕了。在法庭上柴狄为自己辩护，他指出，他根据沙上的痕迹就可以判断那狗是刚生小狗的母狗，左后足是跛的；又根据路旁树叶脱落的情形，可以判断马的高度，根据路的宽度和两旁树叶破碎的情形，可以判断马尾的长度；马嘴曾碰石头，那石头上的划痕，可以推知马衔勒是二十三开金制成；根据马的足迹，可以判断这是一匹头等快跑的马。随后狗和马都在别处找到了，柴狄无罪被释。赫胥黎说，古生物学的方法其实就是"柴狄的方法"。

历史学家、考古学家、古生物学家、地质学家以及天文学家所用的研究方法，就是这种观察推断的方法，地质学和古生物学都是"历史的科学"，同样根据一些事实来推断造成这些事实的原因。

历史的科学和实验的科学方法有什么分别呢？实验的科学可以由种种事实归纳出一个通则。历史的科学如地质学等也可以说是同样用这种方法。但是实验科学归纳得通则之后，还可以用演绎法，依照那通则来做实验，看看某些原因具备之后是否一定发生某种预期的结果。实验就是用人工造出某种原因来试验是否可以发生某种结果。这是实验科学和历史科学最不同的一个要点。地质学和其他历史的科学，虽然也都依据因果律，从某些结果推知当时产生这些结果的原因，但历史科学的证据大部分是只能搜求，只能发现，而无法再造出来反复实验的（天文学的历史部分可以上推千万年的日月蚀，也可以下推千万年的日月蚀，也还可以推知某一个彗星大约在某年可以重出现。但那些可以推算出来的天文现象也不是用人工制造出来的。但我曾看见一位欧洲考古学家用两块石头相劈，削成"原始石器"的形状）。

正因为历史科学上的证据绝大部分是不能再造出来做实验的，所以我们做这几门学问的人，全靠用最勤劳的工夫去搜求材料，用最精细的工夫去研究材料，用最谨严的方法去批评审查材料。

这种工夫，这种方法，赫胥黎在八十年前曾指出，还不过是"柴狄的方法"。柴狄的方法，其实就是我们人类用常识来判断推测的方法。赫胥黎说："游牧的民族走到了一个地方，看见了折断了的树枝，踏碎了的树叶，搅乱了的石子，不分明的脚印，从这些痕迹上，他们不但可以推断有一队人曾打这里经过，还可以估计那一队的人数有多少，有多少马匹，从什么方向来，从什么方向去，过去了几天了。"

历史科学的方法不过是人类常识的方法，加上更严格的训练，加上更谨严的纪律而已。

（本文为1958年4月26日胡适在中国地质学会年会的演讲）

说 "史"

《论语》十五，有这一段话：

> 子曰：吾犹及史之阙文也，有马者借人乘之。今亡矣夫！

《何晏集解》引包氏曰：

> 古之史于书字有疑，则阙之，以待知者。有马不能调良，则借人使习之。孔子自谓及见其人如此，至今无有矣。言此者，以俗多穿凿也（此据日本古卷子本）。邢昺正义本"古之史"作"古之良史"，又"借人使习之"作"借人乘习之"。邢疏说："史是掌书之官也。文、字也。古之良史于书字有疑，则阙之，以待能者，不敢穿凿。孔子言我尚及见此古史阙疑之文。有马者借人乘之者，此举喻也。喻己有马不能调良，当借人乘习之也。……"

又《论语》六，有这一段话：

> 子曰：质胜文则野，文胜质则史。文质彬彬，然后君子。

《集解》引包氏曰：

> 野如野人，言鄙略也。史者，文多而质少也。彬彬，文

质相半之貌。（邢昺《疏》："……'文胜质则史'者，言文多，胜于质，则如史官也。……"）

文与质的讨论又见于《论语》十二：

> 棘子成曰："君子质而已矣，何以文为？"子贡曰："惜乎，夫子之说君子也，驷不及舌。文犹质也？质犹文也？虎豹之鞟犹犬羊之鞟也？"（适按，末三"也"字作"耶"字读，就不用解说了。皇侃本，高丽本，日本古卷子本，都有最末"也"字。）

《集解》引孔安国说：

> 皮去毛曰鞟。虎豹与犬羊别者，正以毛文异耳。今使文质同者，何以别虎豹与犬羊耶？

以上三条，可以互相发明。我以为"史之阙文"一句的"文"字，也应该作"文采""文饰"解。"吾犹及史之阙文也"，是说，"我还看见过那没有文藻涂饰的史文。现在大概没有了吧？"这就是说，"现在流行的'史'，都是那华文多过于实事的故事小说了。"

当孔子的时代，东起齐鲁，西至晋秦，南至荆楚，中间包括宋郑诸国，民间都流行许多新起的历史故事，都叫做"史"，其实是讲史的平话小说。最好的例子是晋国献公的几个儿子的大故事，——特别是太子申生的故事，公子重耳出亡十九年（僖公五年至二十四年）才归国重兴国家的故事。这个大故事在《国语》里占四大卷（《晋语》一至四），约有一万八千字；在《左传》里也有五六千字（旧说《左传》出于《国语》，是不确的。

试比较《国语》《左传》两书里的晋献公诸子的大故事，可知两个故事都从同一个来源出来，那个来源就是民间流行的史话，而选择稍有不同，《国语》详于重耳复国以前的故事，《左传》详于重耳复国以后的故事）。这个大故事，从晋献公"卜伐骊戎"起，到晋文公死了，还不曾完，文公的棺材还"有声如牛"，卜人预言明年的殽之战的大捷。这故事里，有美人，有妖梦，有大战，有孝子，有忠臣，有落难十九年的公子，有痛快满意的报恩报仇；凡是讲史平话最动人的条件，无一不有；凡是讲史平话的技术，如人物的描写，对话的有声有色，情节的细腻，也无一不有。这种"史话"就是孔子说的"文胜质则史"。

又如鲁国当时就流行着许多史的故事，如季氏一族的大故事，从季友将生时卜楚丘之父的卜辞起，到鲁昭公失国出奔，——从前八世纪的末年直到前六世纪的晚年，一个二百年的大故事。试读"昭公出奔"的一"回"（昭公二十五年），从季公鸟的寡妇如何挑拨起季氏的内讧说起，次说到季平子与郈昭伯两家斗鸡引起仇恨，次说到平子如何得罪了臧孙氏一族，次说到这些不满意的分子如何耸动昭公决心要消灭季氏的政权，次说到阴谋的实行，公徒攻入季氏门，季氏的危机，次说到叔孙氏的家徒如何用武力去救援季孙氏，次说到孟孙氏如何犹豫，如何转变过来援助季氏，合力打败公徒，最后才说到昭公的去国出奔。这是很有小说意味的"史话"。

此外，郑国有郑庄公的故事，有子产的故事，卫国有卫宣姜的故事，有卫懿公亡国的故事，鲁国有"圣人"臧文仲的故事，晋国有叔向的故事，还有那赵氏从赵盾到赵武的大故事。在《左传》结集的时候，那个赵氏史话里还没有程婴公孙杵臼的成分，然而已很够热闹了。后来《史记·赵世家》里采取了那后起的程婴、公孙杵臼大故事，于是那个后起的史话也就成了正"史"的一部分了。

我们必须明白在孔子时代各国都有那些很流行，很动人的"文胜质"的"史话"，方才可以明白孔子说的"吾犹及史之阙文也，……今亡矣夫"一句话。"阙文"的史，就是那干燥无味的太史记录，例如"夏五月，郑伯克段于鄢"一类的史文，绝没有文采的藻饰，也没有添枝添叶的细腻情节。

《仪礼》八，《聘礼》有这一段：

> 辞无常，孙而说。辞多则史，少则不达。辞苟足以达，义之至也。（郑玄注，"史谓策祝"。）

这里的"辞多则史"，与论语"文胜质则史"，都是指古代民间流行的"史的平话"，是演义式的"史"。

这种"史的故事"，或"史的平话"，起源很古，古到一切民族的原始时代。商民族的史诗：

> 天命玄鸟，降而生商。

那是商民族的史的故事。周民族的史诗，说的更有声有色了：

> 厥初生民，时维姜嫄。
> 生民如何？
> 克禋克祀，以弗无子。
> 履帝武敏歆，攸介攸止。
> 载震载夙，载生载育，——
> 时维后稷。
>
> 诞（诞有"当时"之意）弥厥月，

先生如达。（达是小羊）

不坼不副，无菑无害。

诞置之隘巷，牛羊腓字之。

诞置之平林，会伐平林。

诞置之寒冰，鸟覆翼之。

鸟乃去矣，后稷呱矣。

这是人类老祖宗爱讲爱听的"故事"，也就是"史"。这首生民诗里已有很多的藻饰，已是"文胜质"的"史"了。

古代的传说里常提到"瞽，史"两种职业人。《国语》的《周语》里，召公有"瞽献典、史献书"的话，又说："瞽史教诲，耆艾修之，而后王斟酌焉。"《周语》里，单襄公说："吾非瞽史，焉知天道？"很可能的是古代说故事的"史"，编唱"史诗"的"史"，也同后世说平话讲史的"负瞽盲翁"一样，往往是瞎子。他们当然不会做历史考据，止靠口授耳传，止靠记性与想像力，会编唱，会演说，他们编演的故事就是"史"，他们的职业也叫做"史"。

春秋时代以至战国时代各国的许多大规模的"史"的故事，就是这样编造出来的，就是这些"瞽史"编唱出来的。其中至少有一部分，经过《国语》《左传》《战国策》《史记》诸书的收采，居然成了历史了（我们不要忘记了古代还有"左邱失明，厥有《国语》"的传说）。中间虽然出了几个有批评眼光，有怀疑态度的大思想家，如孔子要人"多闻阙疑，慎言其余"，如孟子说"尽信书则不如无书，吾于武成取二三策而已矣"，——然而孔子自己说的尧舜，说的泰伯，也还不是传说里的故事吗？孟子自己大谈其舜的故事，象的故事，禹的故事，也还不是同"齐东野人之语"一样的"史"吗？

总之，古代流传的"史"，都是讲故事的瞽史编演出来的故事。东方西方都是这样。希腊文 historia，拉丁文 historia，也是故事，也是历史。古法文的 estoire，英文的 story 与 history，都是出于一个来源的。

1958 年

论初唐盛唐还没有雕板书

　　老友李书华先生最近发表了一篇《再论印刷发明的时期问题》(《大陆杂志》十八卷十期)。他的结论"西元七世纪上半期很有可能中国已有雕板印刷了",是他和我向来相信的。但他和我都没有寻到可信的实物或文件作证据。

　　他在此文里提出三件证据,不幸都不是证据,都不可用来证明唐太宗时代和玄宗时代(627—755)已有"雕板印刷"。

　　因为李先生说"上述三种材料的正确性似无疑义",我是他的老朋友,不敢不纠正他这句话的错误。

　　他的第一文件是明朝邵经邦(死在1565)的《弘简录》一段,说长孙皇后著有《女则》十篇,死后,唐太宗"令梓行之"。这是明朝学人看惯了刻板书,无意之中说出"梓行"的错话。《唐书》五十一、《新唐书》七十六,长孙后传皆无此语。《太平御览》百四一引《唐书》正传,也无此语。故这一句十六世纪人的无心之误,绝不是七世纪的证据。

　　他的第二和第三文件都是真的文件,不幸他错解其中的"刊勒""刊校"等字的意义了。今引此二件的文字如下:

　　(一)唐刘知几《史通》卷十二,说《隋书》:

　　　　《五代纪传》(梁、陈、高齐、宇文周、隋五代)并目录凡二百五十卷,书成。……唯有十志,……未有其文。又诏左仆于志宁，太史令李淳风，著作郎韦安仁，符玺郎李延寿同撰。太宗崩后，刊勒始成。其篇第虽编入《隋书》，其实别行，故俗呼为《五代史志》。（适按，李先生原引此文，删去了补撰"十志"的话，甚误，故我补引全文，使人知道"刊勒始成"的是补作的"十志"，不是《五代纪传》。）

（二）《唐书》一〇二《褚无量传》：

玄宗即位，……无量以内库旧书自高宗代即藏在宫中，渐致遗逸，奏请缮写刊校，以弘经籍之道。

《史通》里的"刊勒"，《褚无量传》里的"缮写刊校"，李书华先生都认作雕板印刷的意思，这是很错误的。他说：

刊，原意刻也，削也。……勒，亦刻也，千字文"勒碑刻铭"。

"勒"字古有"刻"的意义。《礼记·月令》，"孟冬之月……，命工师效功，……物勒工名，以考其诚"。郑玄注，"勒，刻也。刻工姓名于其器，以察其信"。《千字文》"勒碑刻铭"，也是此意。在中唐雕板印书渐渐流行的时期。元稹作《白氏长庆集序》，曾两次用"模勒"表示用雕板模刻写本的意思。元稹说：

二十年间……缮写模勒，炫卖于市井，或持之以交酒著者，处处皆是。

元稹自注云：

杨越间，多作书，模勒乐天及予杂诗，卖于市肆之中也。（《白氏长庆集》五十一）

故我们可以说，在长庆四年（824）冬十二月元稹叙述"二十年间"的事，他用"模勒"，确是指当时市肆之中写白、元两公的杂诗雕板印刷的事实。

但在前一百年刘知几（660—721）作《史通》的时候，"刊勒"二字连用或单用，都没有雕板印刷的意思。我试举《史通》卷十二论"古今正史"一篇里的一些例子如下：

（例一）孝武之世，太史公司马谈欲错综古今，勒成一史。（说《史记》）

（例二）大明六年（462），又命著作郎徐爰踵成前作。爰因何（承天）孙（冲之）山（谦之）苏（宝山）所述，勒为一书。（说《宋书》）

（例三）姚察有志撰勒，施功未竟。（说《梁书》）

（例四）魏世……崔鸿〔撰〕……《十六国春秋》，……犹阙蜀事，不果成书。推求十有五年，始于江东购获。乃增其篇目，勒为十卷。（说《十六国春秋》）

（例五）齐天保（明刻本误作宝）二年（551）敕秘书监魏收博采旧闻，勒为一史。（说《后魏书》）

（例六）五代纪传……书成，……唯有十志，……未有其文。又诏……于志宁〔等〕同撰。……太宗崩后，刊勒始成。（说《隋书》。此即李先生引的第二件）

（例七）长安（701—704）中，余与正谏大夫朱敬则，司封郎中徐坚，左拾遗吴兢，奉诏更撰《唐书》，勒成八十卷。神龙元年（705），又与兢等重修《则天实录》，编为二十卷。（末节说《国史》）

这七例都是从《史通》卷十二引来的。我们试比校这七个例子，就可以明白第六例的"刊勒"也只是"刊削编定"的意思，并有"雕板印制"的意思。

试就《史通》里再举几个例子：

（例八）书事记年，出自当时之简。勒成删定，归于后来之笔。（卷十一，《史官建置篇》）

"勒成"即编成。（比较上文例七，"勒成八十卷"，与"编为二十卷"，是同意而异文而已。）"删定"即"刊定"。

（例九）自策名仕伍，待罪朝列，三为史臣，再入东观，竟不能勒成国典，贻彼后来。（卷二十，《忤时篇》）

（例十）古者刊定一史，纂成一家，体统各殊，指归咸别。（同上）

（例十一）如创立纪年，则年有断限。草传叙事，则事有丰约。或可略而不略，或应书而不书，此刊削之务也。（同上）

（例十二）《史记·田敬仲世家》曰，田常成子以大斗出贷，以小斗收。齐人歌之曰："妪乎采芑，归乎田成子。"……田成见存，而遽呼以谥。此之不实，明然可知。……乃结以韵语，纂成歌词，欲加刊正，无可瑇革。（卷二十，《暗惑篇》）

此皆可见刘知几用"勒"作"编"字解，用"刊"作"删削""删改"解，绝无雕板印刷的意义。"勒成删定，归于后来之笔"，可见"勒"与"刊"都是笔写的事，不关雕板的事。

《玉篇》说：

勒，抑勒也。

刊，削也，定也。

《广韵》：

二十五"德""勒，邺中记曰，石虎讳勒，呼马勒为辔。"

二十五"寒""刊，削也，剟也。"

二十七"删""删，除削也，又定也。"

十七"薛""捵，刊也。"

"勒"是"抑勒"，故有约束编制的意思，故"编成一书""纂成一家之言"，都可称为"勒成"。"刊"字在刘知几时代，多作"削也，定也"讲，《史通》里只有一处用"刊"字作"刻削"讲：

（例十三）"神嘉（当作麃）二年（429）又诏集诸文士崔浩，浩弟览……等撰国书为十卷。又特命浩总监史任，……续成前史书，叙述国事，无隐恶，而刊石写之，以示行路。浩坐此夷三族。"（卷十二，说《后魏书》）

按《魏书》三十五，《崔浩传》记此事：

初，郗标等立石，铭刊《国记》，浩尽述国事，备而不典，而石铭显在衢路，往来行者咸以为言。事遂闻发。

"铭刊"即是"铭刻""石铭"即是"石刻"。《史通》此篇用"刊石写之"，即是"刻石写之"。此与前引诸例，"刊勒""刊定""刊削""刊正"，都不相同。

故我们可以说，"勒"与"刊"虽然都有"镌刻"的古义，但刘知几《史通》卷十二说《隋书》的十志"太宗崩后，刊勒始成"一句的"刊勒"显然用作"删削编纂"解，绝不关雕板印刷的事。

至于李书华先生引的《唐书·褚无量传》里的"奏请缮写刊校"一句话，也完全没有雕板印刷的意思，也只是指写本的"刊定校正"。李先生试读《褚无量传》的全文，就不会误解了。此传记褚无量校写两京的内库藏书的事，是这样的一大段，不可割裂分开：

> 无量以内库旧书自高宗代即藏在宫中，渐致遗逸，奏请缮写刊校，以弘经籍之道。
>
> 玄宗令于东都乾元殿前施架排次，大加搜写，广采天下异本。数年间，四部充备。〔玄宗〕仍引公卿已下入殿前，令纵观焉。
>
> 开元六年（718）驾还，又敕无量于〔长安〕丽正殿以续前功。
>
> 〔开元八年〕，无量病卒，年七十五，临终遗言以丽正写书未毕为恨。

读了这一大段记事，我们就可以知道褚无量在东都乾元殿做的是"缮写校正"内库藏书的事；他在西京丽正殿做的也是"写书"的事。"数年间，四库充备"，这当然不是雕板印刷的四库书。

试看《唐书》同卷的《元行冲传》，我们更可以明了玄宗开元初期在东西两京校写书的大事。《元行冲传》说：

> 先是，马怀素集学者续王俭今书《七志》，褚无量于丽正殿校写四部书，事未就而怀素无量卒，诏行冲总代其职。
>
> 于是行冲表请通撰古今书目，名为"群书四录"，……岁余，书成，奏上。……
>
> 寻以衰老，罢知丽正殿校写书事。

这就更可以说明褚无量的"缮写刊校"只是"校写四部书"，并非雕板印书。

《元行冲传》还有一段文字，可以参证"刊勒"二字的当时用法：

> 初，有左卫率府长史魏光乘奏请行用魏征所注《类礼》。上遽令行冲集学者撰《义疏》，将立学官。
>
> 行冲于是引国子博士范行恭，四门助教施敬本，检讨刊削，勒成五十卷。十四年（726）八月奏上之。

同卷《韦述传》也有一段文字，可以参勘：

> 《国史》自令狐德棻至吴兢，虽累修撰，竟未成一家之言。至述始定类例，补遗续阙，勒成《国史》一百一十三卷。

"刊勒"二字的意思不过如此，"刊校"二字也不过如此，都与雕板印书无关。

我虽然曾推测西元七世纪中国很可能已有小件的雕板印刷了，但我至今还寻不着可信的实物或文件作证据。相反的，我还可以举出几个文件来证明唐玄宗开元、天宝（713—756）时代还没有雕板书，至少还没有大件的雕板印刷。

《唐大诏令集》卷百十三有开元二年（714）七月《断书经及铸佛像敕》，中说：

> ……闻坊巷之内，开铺书经，公然铸佛。……自今以后，州县坊市等等不得辄更铸佛写经为业。……须经典读诵者，勒于寺取读。如经本少，僧为写供。

同书卷百十四有《榜示广济方敕》说:

> 朕顷者所撰《广济方》,救人疾患,颁行已久,计传习亦多。犹虑单贫之家未能缮写,闾阎之内或有不知。……宜令郡县长官就"广济方"中逐要者于大版上件录,当村坊要路榜示。仍委采访使人勾当,无令脱错。

此敕的年月是天宝五年(746)八月,已是八世纪的中叶了。

我们看了这两件敕书,不能不推想开元、天宝时代还没有雕板印书。

开元宰相张说(死在开元十八年,730)的文集里有一篇《〈般若心经〉赞》,其中说:

> ……秘书少监驸马都尉荣阳郑万钧,……学有传癖,书成草堂,乃挥洒手翰,镌刻《心经》,树圣善之宝坊,启未来之华叶。……国老张说闻而嘉焉,赞扬佛事,类之乐石。(圣善是寺名)

《心经》不过二百五十多字,写了镌刻,不是难事。但我看张说说的"题之乐石",大概还是写了镌刻在石上。

照我现在所知,我们只能举出上文引的元稹在长庆四年(824)冬十二月做的《〈白氏长庆集〉序》里说的"二十年间""扬越间,多作书模勒乐天(白居易)及予(元稹)杂诗,卖于市肆之中",——那是最早而最无可疑的中国民间雕刻小本书出卖的记载。元稹说,那是"二十年间"的事,即是贞元晚年(约当800)的事。

第二件无可疑的文件是《册府元龟》卷一百六十记的太和九年(835)十二月丁丑(初六)东川节度使冯宿奏准敕禁断印历

日版，原文说：

> 剑南、两川及淮南道，皆以版印历日，鬻于市。每岁司天台未奏颁下新历，其印历已满天下。有乖敬授〔民时〕之道，故禁之。

雕印元白两诗人的杂诗出卖，或"持之以交易酒茗"，那是小件的雕板。

"版印历日，鬻于市"，也是小件雕印。大概到了八世纪末年，九世纪初年，中国还没有大部的雕板书，并且还轻视那些雕板印卖的小书，只认作市井小人的行为。白居易自己的诗文稿，有五个写定本，三本寄存他最喜欢的佛寺里，"请不出院门，不借官客；有好事者，任就观之"。另两本留给一个侄儿，一个外孙。乐天的《〈白氏集〉后记》写在会昌五年（845）五月一日。可见到了九世纪中期，白乐天还没有想到他的"七十五卷诗草，大小凡三千八百四十首"是可以雕板印刷的。

1959，6，24 夜

中国传统与将来

  我代表出席会议的中国人说一句话：华盛顿大学主动积极地负责召集筹备这个中美学术会议，我们都要表示很热诚的感谢。最早有开这个会议的想法的人是泰勒先生（George Taylor），然而如果没有华盛顿大学的奥德伽校长（President Odegaard）、台湾大学的钱思亮校长热心赞助，会议是开不成的。这个国际学术合作的大胆尝试的几位发起人，几位合力支持的人，都抱着很高的期待，我们盼望这五天会议的收获不致于辜负他们的期待。

  我被指定在会议开幕仪式里担任一篇演讲，是我很大的荣幸，我非常感激。但我必须说，指定给我的题目，"中国传统与将来"，是一个很难的题目。中国传统是什么？这个传统的将来又怎样？这两个问题，随便一个对我们的思想都是绝大的考验。可是现在要我在一篇简短的开幕仪式演讲里回答这两个问题，我知道我一定要失败的，我只盼望我的失败可以刺激会议里最能思想的诸位先生，让他们更进一步，更深刻地想想这个大题目。

一、中国传统

  我今天提议，不要把中国传统当作一个一成不变的东西看，要把这个传统当作一长串重大的历史变动进化的最高结果看。这个历史的看法也许可以证明是一种很有用的方法,可以使人更能了解中国传统,——了解这个传统的性质,了解这个传统的种种长处和短处——这一切都要从造成这个传统的现状的那些历史变动来看。

中国的文化传统,在我的看法,是历史进化的几个大阶段的最后产物:

(一)上古的"中国教时代"。[①] 很丰富的考古资料证明,在商朝已经发展出来一个高度进步的文明,有很发达的石雕骨雕,有精美的铜器手工,有千万件甲骨卜辞上所见的够进步的象形会意文字,有十分浪费的祀祖先的国教,显然包括相当大规模的人殉人祭。后来,到了伟大的周朝,文明的种种方面又都再向前发展。好多个封建诸侯长成了大国,而几个有力量的独立国家并存竞争,自然会使战时与平时用的种种知识技术都提高。政治的方策术略愈来愈要讲求了,有才智的人得到鼓励了。《诗三百篇》渐渐成了通用的语文课本。诗的时代又渐渐引出来哲学的时代。

(二)中国固有哲学思想的"经典时代",也就是老子、孔子、墨子和他们的弟子们的时代。这个时代留给后世的伟大遗产有老子的自然主义的宇宙观,他的无为主义的政治哲学;有孔子的人本主义,他的看重人的尊严,看重人的价值的观念,他的爱知识,看重知识上的诚实的教训,他的"有教无类"的教育

---

① 译者注:上古的中国教时代,原文是 The Sinitic Age of Antiquity。胡适在民国二十年的论文 Religion and Philosophy in Chinese History(收在陈衡哲编的 *A Symposium on Chinese Culture*,上海版)里提议称中国古代的宗教为 Siniticism,现译作"中国教"。

哲学；还有大宗教领袖墨子的思想，那就是反对一切战争，鼓吹和平，表扬一个他心目中的重"兼爱"的"天志"，想凭表扬这个"天志"来维护并且抬高民间宗教的地位。

中国的古文明在这个思想的"经典时代"的几百年（公元前600至220）里经过了一个基本的变化，这是无可疑的。中国文化传统的基本特色，多少都是这个"经典时代"的几大派哲学塑造磨琢出来的。到了后来的各个时代，每逢中国陷入非理性、迷信、出世思想，——这在中国很长的历史上确有过好几次——总是靠孔子的人本主义，靠老子和道家的自然主义，或者靠自然主义、人本主义两样合起来，努力把这个民族从昏睡里救醒。

（三）第三段历史的大进化是公元前221年军国主义的秦国统一了战国，接着有公元前206年第二个帝国，汉帝国的建立，以后就是两千多年里中国人在一个大统一帝国之下的生活、经验，——这两千多年里没有一个邻国的文明可以与中国文明比。这样一个孤立的帝国生活里的很长很特殊的政治经验，完全失去了列国之间那种有生气的对抗竞争，也就是造成中国思想的"经典时代"的那种列国的对抗竞争，——是构成中国传统的特性的又一个重要因素。

我们可以举出这两千多年的帝国生活的几个特别色彩。（1）中国对于一个大一统帝国里君主专制的问题始终无法解决。（2）一个有补救作用的特点是汉朝（公元前200至公元220）在头几十年里有意采用无为的政治哲学，使一个极广大的帝国在政治规模上有了一个尽量放任、尊重自由、容许地方自治的传统，使这样一个大帝国没有庞大的常备军，也没有庞大的警察势力。（3）再一个有补救作用的特点是逐渐发展出来一个挑选文官人才的公开竞争的考试制度，这就是世界上最早的文官考试制度。(4)汉朝定出来一套统一的法律，这套法律在以后各朝代里又经过一次次的修改。不过中国的法制有一个缺点，就是不曾容许公开辩护，不能养成律师这种职业。(5)帝国生活的又一个特点是长期继续使用已成了死文字的古文作为文官考试用的文字，作为极广大的统一帝国里通行的书写交通媒介。两千多年里，这种古文始终是公认的教育工具，是做诗做文用的高尚工具。

（四）第四段历史的大进化，实在等于一场革命，就是中国人大量改信了外来的佛教。中国古代的固有宗教不知道有乐园似的天堂，也不知道有执行最后审判的地狱。佛教的大力量，佛教的一切丰富的想象，美丽的仪式，大胆的宇宙论和形而上学，很轻易地压倒征服了那个固有宗教。佛教送给中国的不是一层天，而是几十层天，不是一层地狱，而是好多层地狱，一层层的森严恐怖各各不同。轮回观念、三生宿业的铁律，很快地替代了旧的简单的福善祸淫的观念。世界是不实在的，人生是痛苦而空虚的，性是不清洁的，家庭是净修的障碍，独身斋化是佛家生活不可少的条件，布施是最高美德，爱要推及于一切有情生物，应当吃素，应当严厉禁欲，说话念咒可以有神奇的力量，——这一切，还有其他种种由海陆两面从印度传进来的非中国的信仰风尚，都很快地被接受了，都变成中国人的文化生活的一部分了。

这是一场真正的革命。试举一个例说，儒家的《孝经》告诉人，身体是受自父母，不可毁伤的。古代中国的思想家说过，生是最可宝贵的。然而佛教说，人生是一场梦，生就是苦。这种教条又引出来种种绝对违反中国传统的风气。用火烧自己的拇指，烧一根或几根手指，甚至于烧整条臂，作为对佛教一位神的舍身奉献：成了佛门弟子的一种"功德"！有时候，一个和尚预先宣布他遗身的日子，到了那一天，他自己手拿一把火点着那用来烧死他自己的一堆柴，不断念着佛号，直念到他自己被火烧得整个身体倒下去。[1]

中国已经印度化了，在一段奇怪的宗教狂热里着了魔了。

（五）再下一段历史的大进化可以叫做中国对佛教的一串反抗。反抗的一种形式就是中古道教的开创和推广。本土的种种信仰和制度统一起来，加上一点新的民族愿望的刺激，想模仿那个外来的佛教的每一个特点而把佛教压倒、消灭，这就是道教。道教徒采取了佛教的天和地狱，给它们起了中国式的名字，还造了一些中国的神去作主宰，整部《道藏》是用佛教经典作范本编造成的。好些佛教的观念，例如轮回、前生来世的因缘，都被整个儿借过来当作自己的。男女道士的清规是仿照佛教僧尼的戒律定的。总而言之，道教是一个民族主义的排佛运动，用的方法只是造出一种仿制品来夺取市场。运动的真正目的只是消灭那个外来的宗教，所以几次政府对佛教的迫害，最著名的是公元446年（北魏太平真君七年）和845年（唐武宗会昌五年）两次，都有道教势力的操纵。

中国的佛教内部也起了对佛教的种种反抗。这种种反抗的一个共同特点是要把佛教里中国人不能接受不能消化的东西都丢掉。早在四世纪，中国的佛教徒已渐渐看出佛教的精华只是"渐修"与"顿悟"，这两样合起来就是禅法（dhyana 或 ch'an，日语读作 zen），禅的意思是潜修，但也靠哲学上的觉悟，从公元400年到700年，中国佛教的各派（如菩提达摩开创的楞伽宗，

---

[1] 译者注：胡适在民国十二年的论文《读梁漱溟先生的〈东西文化及其哲学〉》（《胡适文存》二）里引胡寅《崇正辨》记的释宝崖在火焰中礼拜到"身蹈炭上"的故事，指出那种行为不是梁漱溟所谓的"向后"，而是"极端的奔赴向前"。

如天台宗）大半都是禅宗。

禅宗的所谓"南宗"——在八世纪以后禅宗成了南宗专用的名字——更进一步宣告，只要顿悟就够了，渐修都可以不要。说这句话的是神会和尚（公元670至762，据我的研究，是南宗的真正开创人）。①

整个儿所谓"南宗"的运动全靠一串很成功的说谎造假。他们说的菩提达摩故事是一篇谎，②他们的西天二十八祖故事是捏造的，他们的袈裟传法故事是骗人的，他们的"六祖"传也大部分完全是假的。③但是他们最伟大的编造还是那个禅法起源的故事：如来佛在灵山会上说法。他只在会众面前拈了一朵花，没有说一句话。没有人懂得他的意思。只有一个聪明的伽叶尊者懂得了，他只对着佛祖微微一笑。④据说这就是禅法的源头，禅法的开始。

最足以表示禅宗运动的历史意义的一句作战口号是："不著语言，不立文字，直指本心。"篇幅多得数不尽的经卷，算到八世纪的中文翻译保存下来已有五千万字之多（不算几千万字中国人写的注疏讲说），全没有一点用处！这是何等惊人的革命！那些惊人的编谎家、捏造家，真正值得赞颂，因为他们只靠巧

---

① 译者注：看胡适民国十八年的《荷泽大师神会传》（《胡适文存》四）。

② 译者注：菩提达摩是大概五世纪末到中国南方的一位来踪不清楚的外国和尚，后世的禅宗尊他为初祖。依胡适考证，达摩见梁武帝及折苇渡江故事皆是后起的传说。看他民国十六年的《菩提达摩考》（《胡适文存》三）。

③ 译者注：二十八祖故事，看胡适《荷泽大师神会传》第三节；袈裟传法故事，看胡适民国二十四年的《楞伽宗考》（《胡适文存》四）；"六祖慧能传"的问题，看《楞伽宗考》第六节。

④ 译者注：拈花微笑的故事，见《大梵天王问佛决疑经》（两种，《大日本续藏经》第一辑第八十七套第四册），出处不明。

妙的大谎竟做到了一个革命，打倒了五千万字的神圣经典。

（六）中国传统的再下一段大进化可以叫做"中国的文艺复兴时代"或"中国的几种文艺复兴时代"。因为不只有一种复兴。[①]

第一是中国的文学复兴，在八、九世纪已经蓬蓬勃勃地开始，一直继续发展到我们当代。唐朝的几个大诗人——八世纪的李白、杜甫，九世纪的白居易——开创了一个中国诗歌的新时代。韩愈（死在824）做到了复兴古文，使古文成了以后八百年里散文作品的一个可用而且很有力量的利器。

八、九世纪的禅门和尚最先用活的白话记录他们的谈话和讨论。十一世纪的禅宗大师继续使用活的文字。十二世纪的理学家也用这种活文字，他们的谈话都是用语录体记下来的。

普通男女唱歌讲故事用的都只是他们懂得的话，也就是他们自己说的话。有了九世纪的木版印刷，又有了十一世纪的活字版印刷，于是民间的，"俗"的故事、小说、戏曲、歌词，都可以印给多数人看了。十六、十七世纪有些民间故事和伟大的小说成了几百年销行很广的作品。这些小说就把白话写定了。这些小说就是白话的教师，就是推广白话的力量。假如没有这些伟大的故事和小说，现代的文学革命决不会在短短几年里就得到胜利。

第二是中国哲学的复兴，到十一、二世纪已经入了成熟期，

---

① 译者注：民国二十二年七月，胡适在芝加哥大学比较宗教系担任一组Haskell演讲，题目是"Cultural Trends in Present-day China"（今日中国的文化趋向），共六讲，第二年由芝大出版，题作 *The Chinese Renaissance*（中国的文艺复兴）。书的第三章论中国现代的新思潮、新文化运动，称作一个Renaissance，但指出自唐朝起有几段文艺复兴，与本篇此处的意思相同。

产生了理学的几个派别,几个运动。理学是一个有意使佛教进来以前的中国固有文化复兴起来,代替中古的佛教与道教的运动。这个运动的主要目的只是恢复孔子、孟子的道德哲学和政治哲学,并且重新解释,用来替代那个为己的、反社会的、出世的佛教哲学。有一个禅门和尚提到,儒家的学说太简单太没有趣味,不能吸引国中第一等的人[①]。因此,理学的任务只是使先佛教期的中国的非宗教性的思想,变得像佛教像禅法一样有趣味有吸引力。这些中国哲学家居然能够弄出来一套非宗教性的、合理的理学思想,居然有了一套宇宙论,一套或几套关于知识的性质和方法的理论,一套道德与政治哲学。

理学也有好几个派别,大半是因为对于知识的性质和方法的观点不同而发生的。经过一段时间,理学的各派也居然能够吸引最能思想的人了,居然使他们不再成群追随佛门的禅师了。而最能思想的人一旦对佛教不再感兴趣,那个伟大过来的宗教就渐渐衰落到无人理会的地步了,几乎到了死的时候听不见一声哀悼。

第三,中国文艺复兴的第三方面可以叫做学术复兴,是在一种科学方法——考据方法——刺激之下发生的学术复兴。

"无征则不信",是孔子以后一部很早的名著里的一句话[②]。孔子也曾郑重说,"知之为知之,不知为不知,是知也。"然而淹没了中古中国的宗教狂热与轻信是很有力量的大潮,很容易卷走那些求真求证的告诫。只有最好的讯案的法官还能够保持

---

① 译者注:《大慧普觉禅师宗门武库》记王安石与张方平谈论儒家自孔孟以后何以没有大师,方平说,"儒门淡薄,收拾不住,皆归释氏焉"。

② 译者注:《中庸》。

靠证据思想的方法和习惯，但是有些第一流的经学大师居然也能够有这种方法和习惯，这是最可庆幸的。要等到有了刻印书的流行，中国学者才容易有比较参考的资料，容易校正古书的文字，容易搜求证据，评判证据。有书籍印刷以来的头二三百年里，金石学的开创，一部根据仔细比较审定的资料写成的大历史著作的出现①，都可以看得出有考证或考据的精神和方法。又有一派新的经学起来，也是大胆应用这种精神和方法去审查几部儒家的神圣经典。朱子（1130—1200）就是这一派新经学的一个创始人。

考证或考据的方法到了十七世纪更走上有意的发展。有一位学者肯举出一百六十条证据来论定一个单字的古音②，又有一位学者花了几十年工夫找证据来证明儒家一部大经书几乎一半是很晚的伪作③。这种方法渐渐证明是有用处的，有收获的，所以到了十八九世纪竟成了学问上的时髦。整三百年的一个时代（1600—1900）往往被称做考据的时代。

二、大对照与将来

以上的历史叙述已把中国传统文化带到了历史变动最后阶段的前夕，——这个最后阶段就是中国文明与西方文明对照、冲突的时代。西方与中国和中国文明的第一次接触是十六世纪的事。但是真正对照和冲突的时代到十九世纪才开始。这一个半世

---

① 译者注：《资治通鉴》。

② 译者注：顾炎武考"服"字古音"逼"，举一百六十二条证据。

③ 译者注：阎若璩费三十几年写成《古文尚书疏证》。

纪来，中国传统才真正经过了一次力量的测验，这是中国文化史上一次最严重的力量的测验，生存能力的测验。

在我们谈过的历史纲要里，我们已看到古代中国的固有文明，因为有了经典时代丰富的滋养和适当的防疫，足可以应付佛教传入引起来的文化危机。不过因为本土的宗教过于单纯，中国人在一段时间里是被那个高度复杂又有吸引力的佛教压倒了、征服了。差不多整一千年，中国几乎接受了印度输入的每一样东西，中国的文化生活大体上是"印度化"了。但是中国很快地又觉醒过来，开始反抗佛教。于是佛教受了迫害、抵制，同时又有人认真努力把佛教本国化。有了禅宗的起来，佛教内部也做到了一种革命，公开抛弃了不止五千万字的全部佛教经典。因此，到了最后，中国已能做到一串文学的、哲学的、学术的复兴，使自己的文化继续存在，有了新生命。尽管中国不能完全脱掉两千年信佛教与印度化的影响，中国总算能解决自己的文化问题，能继续建设一个在世的文化，一个基本上是"中国的"文化。

早在十六世纪的末尾几年和十七世纪的头几十年，有一个新奇的但又是高度进步的文化来敲中华帝国的大门。最初到中国来的那些耶稣会士都是仔细挑选出来的，都是有准备的。他们的使命是把欧洲文明和基督教开始介绍给当时欧洲以外最文明的民族。最初的接触是很友善又很成功的。经过一段时间，那些伟大的教士已不止能把欧洲数学、天文学上最好最新的成就介绍给中国头脑最好的人，而且凭他们的圣人似的生活榜样介绍了基督教。

中国与西方的强烈对照和冲突是大约一百五十年前开始的。对着诸位这样有学问的人，这样特别懂得近代历史的人，我用不着重说中国因为无知、自大、自满，遭了怎样可悲的屈辱。我也用不着提中国在民族生活各方面的改革工作因为不得其法，又总是做得太晚，遭了怎样数不清的失败。我更用不着说中国在晚近，尤其是民国以来，怎样认真努力对自己的文明重新估价，又在文化传统的几个更基本的方面，如文字方面、文学方面、思想方面、教育方面，怎样认真努力发动改革。诸位和我都是亲眼看见了这种种努力和变化的，我们中国代表团里年长些的人有大半都是亲身参与过这些活动的。

我今天的任务是请诸位注意与"中国传统的将来"这个题目直接或间接有关系的几件事。我想我们要推论中国传统的将来，应当先给这个传统在与西方有了一百五十年的对照之后的状况开一份清单。我们应当先大致估量一下：中国传统在与西方有了这样的接触之后，有多少成分确是被破坏或被丢弃了？西方文化又有多少成分确是被中国接受了？最后，中国传统还有多少成分保存下来？中国传统有多少成分可算禁得住这个对照还能存在？

我在好些年前说过，中国已经确实热心努力打掉自己的文化传统里种种最坏的东西："短短几十年里，中国已经废除了几千年的酷刑，一千年以上的小脚，五百年的八股……"①我们还要记得，中国是欧洲以外第一个废除君主世袭的民族。中国的帝制存在了不止五千年之久，单单"皇帝也要走开"这一件事对广大国民心理的影响就够大了。

这些以及其他几百件迅速的崩溃或慢慢的消蚀，都只是这个文化冲突激荡时期的自然牺牲。

---

① 译者注：胡适在民国二十三年的一篇《再论信心与反省》（《胡适文存》四）里，极力称赞中国近代废除八股、酷刑等等的事业。

这些文化的牺牲都不值得惋惜哀悼。这种种革除或崩溃都应当看作中国从孤立的旧文明枷锁之下得到解放的一部分现象。几千年来中国的政治思想家从没有解决如何限制一个大一统帝国里君主专制的问题，然而几十年与西方民主国家的接触就够提出解决的方法了："赶掉皇帝，废除帝制"。其他许多自动的改革也是一样。八百年的理学不能指出裹小脚是不人道的野蛮的行为，然而几个传教士带来了一个新观点就够唤起中国人的道德意识，够把小脚永远废了。

中国从西方文明自动采取吸收的又有多少成分呢？这个清单是开不完的。中国自动采取的东西，——无论是因为从来没有那些东西，或者没有相当的东西，还是因为虽然有相当的东西但要差一等——确实总有几千件。中国人采取了奎宁、玉蜀黍、花生、烟草、眼镜，还有论千种别的东西，都是因为以前没有这些东西，所以愿意要这些东西。用钟表是很早的事，不要多久滴漏就被淘汰了。这是一个高一等的机械代替一个次一等的东西的最明显的例。从钟表到飞机和无线电，论千件的西方科学工艺文明的产物都可以列在我们的清单上。就智识与艺术的范围而论，这份清单可以从欧几里德起一直开到当代的许多科学家、音乐家、电影明星，这个单子真是开不完的。

然后还有一个问题，——从旧文明里丢掉冲刷掉这一切，又从近代西方文明自动采取了这上千个项目，然后中国传统保存下来的成分又还有多少呢？

不止四分之一世纪以前，在 1933 年，我有一回演讲，专论中国与日本文化反应的不同型态[①]。我指出日本的现代化可以

---

① 译者注：前引 *The Chinese Renaissance*，第一章，"文化反应的不同型态"。

叫做"中央统制型",而中国,因为没有一个统治阶级,所以中国的现代化是文化反应的另一个型态,可以叫做"长期曝露与慢慢渗透造成的文化变动"。我接着说:

> 这样,我们实在是让一切观念、信仰、制度很自由地与西方文明慢慢接触,慢慢接受感染,接受影响,于是有时起了一步步渐进的改革,也有时起了相当迅速或激烈的变动。……我们没有把哪一件东西封闭起来,我们也不武断禁止哪一样东西有这种接触和变化。[①]

过了几年,我又抱着差不多同样的看法说:

> 中国的西方化只是种种观念渐渐传播渗透的结果,往往是先有少数几个人的提倡,渐渐得着些人赞成,最后才有够多的人相信这些观念是很合用或很有效验的,于是引起来一些影响深远的变化。从穿皮鞋到文学革命,从用口红到推翻帝制,一切都是自动的,都是经过广义的"理智判断"的。中国没有一件东西神圣到不容有这样的曝露和接触,也没有一个人,或一个阶级,有力量防止那一种制度受外来文化感染浸蚀的影响。[②]

　　我从前说过的话的要点只是:我认为那许多慢慢的、但是自动的变化,正好构成一个可以算是民主而又可取的文化变动的型态,——一个长期曝露,自动吸收的型态。我的意思也是

---

① 译者注:前引 *The Chinese Renaissance*,第一章,"文化反应的不同型态",页二六。

② 译者注:见胡适的 The Westernization of China and Japan, *Amerasia*, Vol. 2, No. 5, July, 1938. p. 244。

要说，那种种自动的革除淘汰，那种种数不清的采纳吸收，都不会破坏这个站在受方的文明的性格与价值。正好相反，革除淘汰掉那些要不得的成分，倒有一个大解放的作用；采纳吸收进来新文化成分，只会使那个老文化格外发辉光大。我决不担忧站在受方的中国文明因为抛弃了许多东西，又采纳了许多东西，而蚀坏、毁灭。我正是说：

> 慢慢地、悄悄地，可又是非常明显地，中国的文艺复兴已经渐渐成了一件事实了。这个再生的结晶品看起来似乎使人觉得是带着西方的色彩，但是试把表面剥掉，你就可以看出做成这个结晶品的材料在本质上正是那个饱经风雨侵蚀而更可以看得明白透彻的中国根底，——正是那个因为接触新世界的科学民主文明而复活起来的人本主义与理智主义的中国。①

这是我在 1933 年说的话。我在当时可是过分乐观了吗？随后这几十年来的事变可曾把我的话推翻了吗？

…………

看了这许多整肃文献，我才敢相信我所推崇的那个"人本主义与理智主义的中国"在中国大陆上还存在着，才敢相信那个曾尽大力量反抗中古中国那些大宗教，而且把那些宗教终于推倒的大胆怀疑、独立思想、独立表示异议的精神，即使在最不可忍的

---

① 译者注：前引 *The Chinese Renaissance*，胡适自序，页九、十。此段里的"中国根底"一词，原文是 The Chinese bedrock。胡适在民国二十四年的"试评所谓中国本位的文化建设"（《胡适文存》四）里说："将来文化大变动的结晶品，当然是一个中国本位的文化，那是毫无可疑的。如果我们的老文化里有无价之宝，……将来自然会因这一番科学文化的淘汰而格外光大的。"

极权控制压迫之下，也会永久存在，继续传布。总而言之，我深信，那个"人本主义与理智主义的中国"的传统没有毁灭，而且无论如何没有人能毁灭。

（本文为 1960 年 7 月 10 日在西雅图中美学术会议的英文演讲，有删节）

京师大学堂开办的日期

北大的校庆究竟应该在那一天？

民国四十九年十二月十七日，台北的北京大学同学同事们在静心乐园纪念北大的第六十二周年。因为那天也是我六十九岁生日，照我们下江的算法，就是七十岁生日了，所以布置会场的老同学就在台上挂了两个大"寿"字，开会时大家还给我贺生日。

我在演说里曾说：今天一进门，李石曾先生就问我："怎么你的生日跟北大的校庆同一天？"我是光绪十七年辛卯十一月十七日生的；在五十年前（1910），我到上海美国总领事馆签证，就得检查中西历对照表，把生日换算阳历，就是1891年的12月17日。五十年前，我没有想到我将来和北京大学会发生几十年的亲切关系，当然绝对没有想到北大会和我同一个生日。

我民国六年到北大。六年十二月我告假回家乡结婚；七年十一月底，我母亲死了，我赶回家乡去，所以我在北大的头两年完全不知道北大校庆是那一天。

到民国八年十二月，我才知道北大校庆是12月17日。我当时就问北大的老辈，那个校庆日子是怎样推算出来的。我得到的答案都不能使我完全满意。因此，这几十年来，我时常想考考北大的生日究竟是那一天。

十二年前，北大五十周年，我曾请京师大学堂毕业的前辈同学邹树文先生写一篇回忆在校生活的文字，邹先生在那篇文字里曾提出 12 月 17 日的校庆日子的问题。他的猜想是：我们现在纪念的日子可能不是光绪戊戌（1898）年京师大学堂开办的日子，戊戌开办的日子可能是无从查考了，12 月 17 日可能是京师大学堂经过拳匪之乱停办了两年光绪壬寅（1902）年重开学的日子。邹先生在校名应宪，他是壬寅年入学的，他还记得他初到大学堂时，每天清早点蜡烛吃早饭，正是冬天日短的情形；开学不多时，就放年假了。所以他颇相信我们认作北大校庆的 12 月 17 日可能是 1902 年 12 月 17 日。

今年北大校庆，我讲了这段话，就向在场的二百多位北大同学建议，请罗家伦、劳干、吴相湘、全汉升……诸位有历史兴趣的朋友们考考这个问题，究竟京师大学堂创办的日子是那一天？

这几天，我收到了吴相湘先生和劳干先生考查得的资料。吴先生用的是民国二十四年国立编译馆编的《中国近七十年来教育记事》，其中有一条是：

> 壬寅十一月十八日（即 1902 年 12 月 17 日），京师大学堂招生开学。计取仕学馆生五十七名，师范馆生七十九名。

这就给邹树文先生的假设寻得证实了：北大用的校庆日子果然是壬寅年复校的日子换算阳历的。

我们还可以进一步查问：京师大学堂究竟是戊戌年什么日子筹备完成的？什么日子开学的？那年的"百日维新"的新政，慈禧太后再听政（八月初六，西历 9 月 21 日），全给推翻了，何以京师大学堂还许存在，还许开学呢？

劳干先生送给我的资料都是从《清德宗实录》四二一及四二二卷抄出的。其中有两条是：

（1）〔戊戌六月〕甲申（初二日，即 1898 年 7 月 20
日）谕：本日奕劻许应骙奏请将地安门内马神庙地方空闲府
第作为大学堂暂时开办之所一折：著总管内务府大臣量为
修葺拨用。

（2）甲辰（廿二日，1898 年 8 月 9 日）谕：孙家鼐奏
筹办大学堂大概情形一折：所拟章程八条，……与前拟定办
法间有变通之处，缕晰条分，尚属妥协。即著孙家鼐按照所
拟各节认真办理，以专责成。其学堂房舍，业经准令暂拨公
所应用，交内务府量为修葺。著内务府克日修理，交管理大
学堂大臣，以便及时开办，毋稍延缓，……至派充西学总教
习丁韪良（W. A. P. Martin）……，著赏给二品顶戴，以示殊荣。

因此，劳先生主张：

故北京大学创立之日应为光绪二十四年戊戌六月初二
日（即 1898 年 7 月 20 日）。

但此时正值暑假，且壬寅年复校之日作为校庆，通行已久，
改订或有不便。

我翻检恒慕义先生（A. W. Hummel）编辑的《清代名人传
略》里的孙家鼐传，此传是房兆楹先生写的，传中说：

京师大学堂是 1898 年 8 月 9 日创立的，第一任校长是
孙家鼐，丁韪良博士被聘为总教习。选定的校舍是福隆安的
旧邸，修葺的工程立即开始了（第二册六七四页）。

房先生根据的大概也就是上文劳先生引的《实录》六月廿二
日甲辰一条，此日批准了修改的大学堂章程八条，决定了〔西

学〕总教习，故他说京师大学堂的创立是在1898年8月9日，即阴历六月廿二日。

我昨天也翻检了《清实录》的光绪丙申、丁酉、戊戌三年全部，也查了《七十年来教育记事》，又查了何炳松的《三十五年来中国之大学教育》（在商务印书馆三十五周年纪念出版的《最近三十五年之中国教育》里），又查了梁启超的《戊戌政变记》。我用实录为主，摘出下列的一些日子及文件，试作京师大学堂筹办时期的简史：

（1）光绪廿二年丙申（1896），五月丙申（初二，西历6月12日）谕：〔刑部左侍郎〕李端棻奏请推广学校以励人才一折：著内阁议奏。适按李端棻是梁启超的妻兄，相传此折是任公先生代拟的，全文见《经世文》三编卷四十一，其大旨主张全国应设府州县学，省学，与京师大学堂。京师大学堂之议始于此折。

（2）廿四年戊戌（1898），四月己巳（廿三日，西历6月12日）下所谓"定国是"的诏书，其中说，"京师大学堂为各行省之倡，尤应首先举办。著军机大臣，总理各国事务王大臣会同妥速议奏。……"

（3）戊戌五月庚申（初八，西历6月27日）谕："前因京师大学堂为各行省之倡，特降谕旨令军机大臣，总理各国事务王大臣会同议奏。即著迅速复奏，毋稍迟延！……"

（4）戊戌五月丁卯（十五日，西历7月4日）谕：军机大臣，总理各国事务王大臣奏，遵旨筹办京师大学堂并拟详细章程缮单呈览一折：京师大学堂为各行省之倡，必须规模阔远。现据该王大臣详拟章程，……纲举目张，尚属周备，即著照所议办理。派孙家鼐管理大学堂事务。办事各员由该大臣慎选奏派。至总教习综司功课，尤须选择学赅中外之士，奏请简派。其分教习各员，亦一体精选，中西并用。所需兴办经费及常年用款，著户部分别筹拨。……

适按，此谕批准了拟定的大学堂章程，任命了孙家鼐为管理大学堂事务大臣，授权由他选择办事各员及总教习，分教习，并命户部筹拨开办费及常年用款。当时奏上的章程八十余条，是梁启超起草的。梁先生跋此五月十五日谕旨说：

> ……李端棻之奏，……虽奉明诏而束高阁者三年矣。皇上……注意学校，诸大臣奉严旨令速拟章程，咸仓皇不知所出。……当时军机大臣及总署大臣咸饬人来属梁启超代草，梁乃略取日本学规，参以本国情形，草定规则八十余条，至是上之，皇上俞允，而学校之举乃粗定。即此一事，……凡历三年，仅乃有成，其难如此！（《戊戌政变记》一）

（5）戊戌五月戊辰（十六日，西历7月5日）谕：建设大学堂工程事务，著派庆亲王奕劻，礼部尚书许应骙迅速办理。

（6）戊戌五月戊辰（十六日，西历7月5日），孙家鼐奏委派教习各员，……均依议行。

（7）戊戌六月甲申（初二日，西历7月20日）谕：本日奕劻许应骙奏请将地安门内马神庙地方空闲府第作为大学堂暂时开办之所。著总管内务府大臣量为修葺拨用。

适按 这就是"四公主府"，四公主是乾隆帝的第四女和嘉公主，其夫为福隆安，是傅恒的第二子。

（8）戊戌六月甲辰（廿二日，西历8月9日）谕：孙家鼐奏筹办大学堂大概情形一折：（此谕已见上文劳干先生引的第二条，故不再引了。）

适按 孙氏此折全文见《皇朝蓄艾文编》卷十五，此书尚未觅得。何炳松文中摘出新拟八条要点，是修正五月十五日的大学堂章程。八条之中，一为拟立仕学院，后称仕学馆；一为中西学分门宜变通，每门各立子目，多寡听人自认；一为西学宜设总教习，故此日谕旨给西学通教习丁韪良二品顶戴。何炳松又引此折中说："惟房舍一日不交，即学堂一日不能开办。拟请饬催赶办，以期早日竣工，学务得以速举。"所以此日谕旨有"著内务府克日修理，毋稍延缓"的话。六月廿九日谕又有"大学堂借拨公所，叠经谕令内务府克日修葺移交，即著赶紧督催"的话。

（9）戊戌七月乙丑（十四日，西历 8 月 30 日），有人奏请裁同文馆，并入大学堂。孙家鼐会同总理各国事务王大臣覆奏："查同文馆规模较大，经始甚难。现京师大学堂开课需时，未便将该馆先行裁撤。应俟大学堂规制大定，再行查酌办理。"从之。

看这九条资料，京师大学堂在戊戌五月十五日有了批准的章程，有了第一任"管理大学堂事务大臣"，有了经费；五月廿九日已奏派了教习各员；六月初二日又奉旨准拨用马神庙的四公主府作校舍；六月廿二日又批准了修改的章程，奏派了西学总教习丁韪良。但到了七月中旬，房舍还没有移交，所以大学堂开课还得"需时"。

过了三个星期之后，慈禧太后忽然自己收回政权，又"垂帘听政"了（八月初六，西历 9 月 21 日）。太后下旨捉拿康有为康广仁兄弟交刑部治罪（同日），又捉拿张荫桓、徐致靖、杨深秀、杨锐、谭嗣同、刘光第等人解刑部治罪（初九日，西历 9 月 24 日）。八月十三日（西历 9 月 28 日），康广仁、谭嗣同等六人以"大逆不道"的罪名被杀了。

光绪戊戌年的"百日维新"的新政，全被推翻了。然而八月十一日（西历9月26日）取消一切新政的谕旨里，还给大学堂留了一点余地："大学堂为培植人才之地，除京师及各省会已次第兴办外，其余各府州县议设之小学堂，著该地方官斟酌情形，听民自便。"

《德宗实录》卷四百卅二，第七叶下，有短短的一条二十个字：

> 〔戊戌十月〕庚子（十月二十日，西历12月3日），协办大学士孙家鼐奏开办京师大学堂。报闻。

"报闻"就是批"知道了"。这二十个字使我们知道那个筹备了许久的京师大学堂居然在10月20日开学了。

经过了绝大的政变，孙家鼐还是协办大学士，还是管理大学堂事务大臣。《碑传集补》卷一有夏孙桐《书孙文正公事》一篇，其中有这一段：

> 孝钦（慈禧太后）训政，罢新法，悉复旧制，独留京师大学堂一事，以公为管学大臣。公举黄学士绍箕为总办，事多倚之。所用多翰林旧人。时朝廷□戒更张，姑以兴学餍众望。而枢臣刚毅，大学士徐桐犹嫉视，时相龃龉。赖荣文忠（荣禄）调护未罢。

总结这篇小史，我们可以指出三个日子似乎有资格可以作为京师大学堂的成立纪念日：

（1）戊戌五月十五日（1898年7月4日），大学堂章程成立，任命孙家鼐为管理大学堂事务大臣。

（2）戊戌六月初二日（1898年7月20日），批准拨马神庙四公主府为大学堂校址。

（3）戊戌十月二十日（1898年12月3日），京师大学堂在困难的政治环境里开学。

我并不主张改订北京大学几十年来沿用的校庆日子。但我们应该知道12月17日确是壬寅年复校的纪念日，而不是戊戌年京师大学堂创立的日子。

1960，12，26夜在南港

考据学的责任与方法

历史的考据是用证据来考定过去的事实。史学家用证据考定事实的有无，真伪，是非，与侦探访案，法官断狱，责任的严重相同，方法的谨严也应该相同。这一点，古人也曾见到。朱子曾说："看文字须如法官深刻，方穷究得尽。"朱子少年举进士，曾做四年同安县主簿，他常常用判断狱讼的事来比喻读书穷理。例如他说：

> 向来熹在某处，有讼田者，契数十本，中间一段作伪。自崇宁政和间，至今不决。将正契及公案藏匿，皆不可考。熹只索四畔众契，比验前后所断，情伪更不能逃者。穷理亦只是如此。

他又说：

> 学者观书，……大概病在执着，不肯放下。正如听讼，先有主张乙底意思，便只寻甲底不是；先有主张甲底意思，便只见乙底不是。不若姑置甲乙之说，徐徐观之，方能辩其曲直。

在朱子的时代，有一位有名的考据学者，同时也是有名的判断疑狱的好手，他就是《云谷杂记》的作者张淏，字清源。《云谷杂记》有杨楫的一篇跋，其中说：

> 嘉定庚午（1210，朱子死后十年），予假守龙舒，始识张君清源，……其于书传间辩正讹谬，旁证远引，博而且确。……会旁郡有讼析赀者，几二十年不决。部使者下之郡，予因以属之。清源一阅文牍，曰："得之矣。"即呼二人叩之。甲曰："绍兴十三年，从兄尝鬻祖产，得银帛楮券若干，悉挈而商，且书约，期他日复置如初。兄后以其资买田于淮，不复归。今兄虽亡，元约固存，于法当析。"乙曰："父存而叔未尝及此，父死之后，忽称为约，实为不可。"清源呼甲至，谓之曰："按国史，绍兴三十年后方用楮币，不应十三年汝家已预有若干。汝约伪矣。"甲不能对，其讼遂决。

杨楫跋中又记张淏判决的另一案：

> 又有讼田者，余五十年，屡置对而不得其理。清源验其券，乃政和五年龙舒民与陶龙图者为市，因讯之曰："此呼龙图者谓何人？"曰："祖父也。"清源曰："政和三年五甲登第，于法不过簿尉耳，不应越二年已呼龙图。此券绍兴间伪为以诬人，尚何言哉？"其人遂俯伏，众皆骇叹。

朱子的话和杨楫的跋都可以表示十二三世纪的中国学术界里颇有人把考证书传讹谬和判断疑难狱讼看作同一样的本领，同样的用证据来断定了一件过去的事实的是非真伪。

唐宋的进士登第后，大多数分发到各县去做主簿县尉，使他们都可得着判断狱讼的训练。程子（颢）朱子都在登进士第后做过主簿。聪明的人，心思细密的人，往往可以从这种簿书狱讼的经验里得着读书治学的方法，也往往可以用读书治学的经验来帮助听讼折狱。因为这两种工作都得用证据来判断事情。

读书穷理方法论是小程子建立的，是朱子极力提倡的。小程子虽然没有中进士，不曾有过听讼折狱的经验，然而他写他父亲程珦的家传，哥哥程颢的行状，和"家世旧事"，都特别记载他家两代判断疑狱的故事。他记大程子在鄠县主簿任内判决窖钱一案，方法与张淏判的楮币案相同；又记载大程子宰晋城时判决冒充父亲一案，方法与张淏判的陶龙图案相同。读书穷理的哲学出于善断疑狱的程氏家庭，似乎不是偶然的。

中国考证学的风气的发生，远在实验科学发达之前。我常推想，两汉以下文人出身做亲民之官，必须料理民间诉讼，这种听讼折狱的经验是养成考证方法的最好训练。试看考证学者常用的名词，如"证据""左证""左验""勘验""推勘""比勘""质证""断案""案验"都是法官听讼常用的名词，都可以指示考证学与刑名讼狱的历史关系。所以我相信文人审判狱讼的经验大概是考证学的一个比较最重要的来源。

无论这般历史渊源是否正确，我相信考证学在今日还应该充分参考法庭判案的证据法。狱讼最关系人民的财产生命，故向来读书人都很看重这种责任。如朱子说的：

> 天下事最大而不可轻者，无过于兵刑。……狱讼面前分晓事易看。其情伪难通，或旁无左证，各执两说，系人性命处，须吃紧思量，或疑有误也。

我读乾隆嘉庆时期有名的法律家汪辉祖的遗书，看他一生办理诉讼，真能存十分敬慎的态度。他说："办案之法，不惟入罪宜慎，即出罪亦宜慎。"他一生做幕做官，都尽力做到这"慎"字。

但是文人做历史考据，往往没有这种敬慎的态度，往往不肯把是非真伪的考证看作朱子说的"系人性命处，须吃紧思量"。

因为文人看轻考据的责任，所以他们往往不能严格的审查证据，也往往不能敬慎的运用证据。证据不能敬慎的使用，则结论往往和证据不相干。这种考据，尽管堆上百十条所谓"证据"，只是全无价值的考据。

近百年中，号称考证学风气流行的时代，文人轻谈考据，不存敬慎的态度，往往轻用考证的工具，造成诬枉古人的流言。有人说，戴东原偷窃赵东潜（一清）的《水经注释》。又有人说，戴东原偷窃全谢山的校本。有人说，马国翰的《玉函山房辑佚书》是偷窃章宗源的原稿。又有人说，严可均《全上古三代秦汉三国两晋六朝文》是攘夺孙星衍的原稿。

说某人作贼，是一件很严重的刑事控诉。为什么这些文人会这样轻率的对于已死不能答辩的古人提出这样严重的控诉呢？我想来想去，只有一个答案：根本原因在于中国考证学还缺乏自觉的任务与自觉的方法。任务不自觉，所以考证学者不感觉他考订史实是一件最严重的任务，是为千秋百世考定历史是非真伪的大责任。方法不自觉，所以考证学者不能发觉自己的错误，也不能评判自己的错误。

做考证的人，至少要明白他的任务有法官断狱同样的严重，他的方法也必须有法官断狱同样的谨严，同样的审慎。

近代国家"证据法"的发达，大致都是由于允许两造辩护人各有权可以驳斥对方提出的证据。因为有对方的驳斥，故假证据与不相干的证据都不容易成立。

考证学者闭门做历史考据，没有一个对方辩护人站在面前驳斥他提出的证据，所以他往往不肯严格的审查他的证据是否可靠，也往往不肯敬慎的考问他的证据是否关切，是否相干。考证方法所以远不如法官判案的谨严，主要原因正在缺乏一个自觉的驳斥自己的标准。

所以我提议：凡做考证的人，必须建立两个驳问自己的标准：第一要问，我提出的证人证物本身可靠吗？这个证人有作证的资格吗？这件证物本身没有问题吗？第二要问，我提出这个证据的目的是要证明本题的那一点？这个证据足够证明那一点吗？

第一个驳问是要审查某种证据的真实性。第二个驳问是要扣紧证据对本题的相干性。

我试举一例。这一百年来，控诉戴东原偷窃赵东潜《水经注》校本的许多考证学者，从张穆、魏源到我们平日敬爱的王国维、孟森，总爱提出戴东原"背师"的罪状，作为一个证据。例如魏源说：

> 戴为婺源江永门人，凡六书三礼九数之学，无一不受诸江氏。及戴名既盛，凡已书中称引师说，但称为同里老儒江慎修，而不称师说，亦不称先生。

又如王国维说：

> 其（东原）平生学说出于江慎修。……其于江氏亦未尝笃"在三"之谊，但呼之日婺源老儒江慎修而已。

我曾遍检现存的戴东原遗著（微波榭刻本与《安徽丛书》本），见他每次引江慎修的话，必称江先生。计有：

《经考》引江说五次，四次称江慎斋先生，一次称江先生。

《经考》附录引一次，称江慎斋先生。

《屈原赋注》引四次，称江先生。

《考工记图》引三次，称江先生。

《顾氏音论跋》引一次，称江先生。

《答段若膺论韵》称江慎修先生一次，称江先生凡八次。

总计东原引慎修，凡称"先生"二十二次。其中《经考》《考工图记》《屈原赋注》，都是少年之作；《答段若膺论韵》则是东原五十四岁之作，次年他就死了。故东原从少年到临死前一年，凡称引师说，必称先生。

至于"老儒江慎修"一句话，我也曾审查过。东原在两篇古韵分部的小史里——一篇是《声韵考》的古音一卷，一篇是《六书音均表序》——叙述郑庠以下三个人的大贡献，有这样说法：

> 郑庠……分六部。
>
> 近昆山顾炎武……列十部。
>
> 吾郡老儒江慎修永……列十有三部。

这两篇古音小史里，郑庠、顾炎武都直称姓名，而江永则特别称"吾郡老儒江慎修永"，这是表示敬重老师不敢称名之意，读者当然可以明了。

故魏源、王国维提出的证据，一经审查，都是无根据的谣言，都没有作证据的资格。既没有作证据的资格，我们当然不再问这件证据足够证明《水经注》疑案的那一点了。

我再举一个例子。杨守敬在他的《水经注疏要删》里，曾举出十几条戴氏袭赵氏的"确证"，其中有一条是这样的：朱谋㙔的《水经注笺》卷七，《济水篇》注文引：

> 《穆天子传》曰甲辰天子浮于荥水。

赵氏《水经注释》的各本都把"甲辰"改作"甲寅"，刊误说：

　　甲辰，一清按《穆天子传》是甲寅。

　　戴氏两种校本也都改作"甲寅"。杨守敬提出这条作为戴袭赵之证，他说：

　　原书本是甲辰。赵氏所据何本误以为甲寅，戴氏竟据改之（《要删》七，叶九）

　　杨氏所谓"原书"是指《穆天子传》。天一阁本，《汉魏丛书》本，与今日通行本《穆天子传》，此句都作甲辰。赵潜说他依据《穆天子传》作甲寅，是他偶然误记了来源。杨守敬说"原书本作甲辰"，是不错的。

　　但杨守敬用这条证据来证明赵氏先错了而戴氏跟着错，故是戴袭赵之证，那就是杨守敬不曾比勘《水经注》古本，闹出笑话来了。这两个字的版本沿革史，如下表：

残宋本作	甲寅	《永乐大典》作	甲寅
黄省曾本作	甲寅	吴琯本改作	甲辰
朱谋㙔本作	甲辰	赵一清本改	甲寅
戴震本改	甲寅		

　　古本都作甲寅，吴琯本始依《穆天子传》改作甲辰，朱本从吴本也作甲辰。赵氏又依古本（黄本或孙潜本）改回作甲寅。戴氏依大典本改回作甲寅。

　　杨守敬所见《水经注》的版本太少了，他没有见朱谋㙔以前的各种古本，脑子里先存了"戴袭赵"的成见，正如朱子说的"先有主张乙底意思，便只寻甲的不是"。他完全不懂得《水经注》问题本来是个校勘学的问题，两个学者分头校勘同一部书，结果当然有百分之九十九以上相同。相同是最平常的事，本不成问题，更不成证据。

杨守敬在他的《凡例》里曾说：

> 若以赵氏所见之书，戴氏皆能读之，冥符合契，情理宜然。余谓事同道合，容有一二。岂有盈千累百，如出一口？

这句话最可以表示杨守敬完全不懂得校勘学的性质。校勘学是机械的工作。只有极少数问题没有古本古书可供比勘，故须用推理。绝大多数的校勘总是依据古本与原书所引的古书。如果赵、戴两公校订一部三十多万字的《水经注》而没有"盈千累百"的相同，那才是最可惊异的怪事哩！

即如上文所举"甲寅"两字的版本沿革，都是校勘学最平常的事，岂可用来作谁偷谁的证据！

我举出这两个例子来表示一班有名的学者怎样轻视考证学的任务，怎样滥用考证学的方法。我最后要举一个极端的例子来做这篇文字的结束。《水经注》卷二十四，《瓠子水》篇有一段文字，前面叙旧东河径濮阳城东北，下文忽然接着说："《春秋》僖公十三年夏会于咸"。凡熟于《水经注》文字体例的人，都知道这两节之间必有脱文，故赵戴两本都在"春秋"上校增"又东，径咸城南"六字，赵氏刊误云：

> 又东径咸城南六字，全氏曰，以先司空公本校增。

杨守敬论此条说：

> 此非别有据本，以下文照之，固当有此六字。此戴袭全之证。（《要删》二十四，叶七）

他既说这六字的校增不必有本子的根据，只看下文，即知"固当有此六字"，则是无论谁校《水经注》，都会增此六字了。为什么独不许戴东原校增此六字呢？为什么这六字可以用作戴氏袭全氏的证据呢？

用证据考定一件过去的事情，是历史考证。用证据判断某人有罪无罪，是法家断狱。杨守敬号称考证学者，号称"妙悟若百诗，笃实若竹汀，博辨若大可"，却这样滥用考证学的方法，用全无根据的证据来诬枉古人作贼。考证学随落到这地步，岂不可叹！

我们试看中国旧式法家汪辉祖自述他办理讼案是如何敬慎。他说：

> 罪从供定。犯供（犯人自己的供状）最关紧要。然五听之法，辞只一端。且录供之吏难保一无上下其手之弊。据供定罪，尚恐未真（注）。余在幕中，凡犯应徒罪以上者，主人庭讯时，余必于堂后凝神细听。供稍勉强，即属主人复讯。常戒主人不得性急用刑。往往有讯至四五次及八九次者。疑必属讯，不顾主人畏难；每讯必听，余亦不敢惮烦也。（《续佐治药言》，"草供未可全信"条）

被告自己的供状，尚且未可据供定罪，有疑必复讯，不敢惮烦。我们做历史考证的人，必须学这种敬慎不苟且的精神，才配担负为千秋百世考定史实的是非真伪的大责任。

三十五年，十，六　北平东厂胡同

（注）汪辉祖举的"据供定罪，尚恐未真"的实例：

　　乾隆壬年（1762）八月，馆平湖令刘君冰斋署。会孝丰县民蒋氏行舟被劫，通详缉捕。封印后，余还里度岁。而平湖有回籍逃军曰盛大者，以纠匪抢夺被获，讯为孝丰劫案正盗。冰斋迓余至馆，检阅草供。凡起意纠伙，上盗伤主，劫赃俵分，各条，无不毕具。居然"盗"也。且已起有蓝布绵被，经事主认确矣。当晚嘱冰斋复勘，余从堂后听之。一一输供，无惧色。顾供出犯口，熟滑如背书然。且首伙八人，无一语参差者。心窃疑之。次晚复嘱冰斋故为增减案情，隔别再讯。则或认，或不认，八人者各各歧异。至有号呼诉枉者。遂止不讯。而令库书依事主所认布被颜色新旧，借购二十余条，余私为记别。杂以事主原认之被，嘱冰斋当堂令事主辨认，竟懵无辨识！于是提各犯研鞫，佥不承认。细诘其故。盖盛大被获之初，自意逃军犯抢，更无生理，故讯及孝丰劫案，信口妄承，而其徒皆附和之。实则绵被为己物，裁制有人。即其（抢夺）本案亦不至于死也。遂脱之。

　　越二年，冰斋保举知府，入京引见。而此案正盗由元和县发觉，传事主认赃。冰斋回任，赴苏会审定案（适按：平湖县属浙江嘉兴府，孝丰县属浙江湖州府，元和县属江苏苏州府，故刘君须赴苏会审）。

　　初余欲脱盛大时，阖署哗然，谓余枉法曲纵，不顾主人考成。余闻之，辞冰斋，冰斋弗听［许］。余曰："必欲余留止者，非脱盛大不可。且失赃甚多，而以一疑似之布被骈戮数人，非惟吾不忍，……为君计亦恐有他日累也。"至是，冰斋语余曰："曩者君力脱盛大，君何神耶！"……余自此益不敢以草供为据矣。"（《续佐治药言》，四叶至六叶。参用《病榻梦痕录》乾隆廿八年此案，文字稍有删改，使人易晓。）

这篇《考据学的责任与方法》，是民国三十五年写的。今年我重读一遍，觉得还可以收存。我当时因为汪辉祖举例的文字太长，没有全抄。现在我觉得这位刑名大家的"据供定罪，当恐未真"一条大原则真是中国证据法一个重要理论，而这个大原则是需要举例说明的，所以我全抄汪先生举的一件案子的文字，作为一条小注（平湖知县刘冰斋，名国烜，奉天人）。

1960 年 12 月 28 夜，胡适记